本书是江西高校哲学社会科学研究重点招标课题（项目批准号zdzb201205）的研究成果，本书的出版还得到"南昌大学江西发展升级推进长江经济带建设协同创新中心"的资助

支柱产业
培育和发展研究

以江西省为例

RESEARCH ON CULTIVATION
AND DEVELOPMENT
OF PILLAR INDUSTRIES

黄新建 等◎著

社会科学文献出版社
SOCIAL SCIENCES ACADEMIC PRESS (CHINA)

课题组成员名单

课题组组长

黄新建　南昌大学中部中心区域经济研究所所长，
　　　　教授、博导

课题组成员

郭朝晖　南昌大学经济管理学院工商管理系系主任，
　　　　教授、博士后
付　智　南昌大学经济管理学院副教授、博士
王志平　江西师范大学历史文化与旅游学院讲师、
　　　　博士
戴淑燕　南昌大学经济管理学院副教授、博士
陈文喆　中国海洋大学管理学院讲师、博士后
陈美华　南昌大学公共管理学院讲师、博士
朱越浦　南昌大学管理学院博士
万　科　南昌大学管理学院博士
李文龙　南昌大学经济管理学院硕士
刘　娟　南昌大学经济管理学院硕士
韩雨静　南昌大学经济管理学院硕士
彭　源　南昌大学经济管理学院硕士

目　录

第一篇　江西支柱产业的培育与发展

第二篇　鄱阳湖支柱产业的培育与发展研究

第一篇
江西支柱产业的培育与发展

第一章　支柱产业的相关理论综述

工业是国民经济的主导和崛起的脊梁，支柱产业则是带动相关产业增长、壮大工业规模、转变工业发展方式、促进产业结构转型升级的中坚和骨干，支柱产业是在工业化进程中出现的产物。选择正确的支柱产业，并予以倾心培育和发展，对一国或地区的经济增长具有重要的意义：可以加速其工业化、现代化和城市化的进程，有助于欠发达地区发挥其"后发优势"，促进经济的逆结构、超阶段发展；可以发挥其关联效应和扩散效应，带动一大批相关产业的形成和发展，形成一个或一系列支柱产业链或支柱产业群，从而推动整个区域经济的增长和就业的扩大；可以促进区域产业结构的合理化、高度化，可以深化社会分工的高度化，发挥地区间竞争的比较优势，可以延续过去优势产业或支柱产业的产业寿命周期，再造区域经济的竞争优势；可以创造新的市场需求，改善公众的生活质量；可以吸引并推动科学技术的应用和发展。

第一节　支柱产业的含义及特征

一　支柱产业的含义

一般来说，支柱产业是指在国民经济或地区经济中所占比重很大，是国民收入来源的重要构成，在一定时期内构成一个国家或地区产业体系的主体，相对于其他产业对经济增长的贡献份额最大，具有稳定而广阔的市场前景，技术密度高、产业关联度强、发展规模大、经济效益好，对整个国民经济起支撑作用的产业。

二　支柱产业的内涵

支柱产业制约并体现了本阶段经济发展和产业结构的整体状况，是衡量现阶段经济发展、产业结构的重要指标。其内涵包括以下几点。

（1）需求的收入弹性大，必须具有广阔的市场和稳定的需求。

（2）供给弹性大，支柱产业不仅能为其他产业提供充足的生产资料，也必须具有较好的资源消耗效果。

（3）劳动生产率高，能够在经济发展中起良好的支撑作用。

（4）集约度高，能够形成规模经济，产生比其他产业更大的经济效益。

（5）对相关产业的带动影响作用大，必须能够带动其他相关产业的发展，具有较高的相关度。

三　支柱产业的特征

根据产业经济学理论，支柱产业的基本特征有以下几点。

（1）比重大，支柱产业产值所占国民经济或地区经济总值比重大。

（2）产出多，其产业产出占整个产业结构体系产出的比重较大。

（3）就业广，其所能容纳的就业人口占产业整体的系数高。

（4）收入多，其产业收入占外汇或利税数额大。

第二节　支柱产业同主导产业的理论异同

主导产业是指能够较多地吸收先进技术，保持高于全社会的增长速度并对其他产业的发展具有较强的带动作用的产业部门，是产业结构的核心内容和产业结构演化的中心。在经济发展过程中，主导产业占有一定比重，采用先进技术，生产率高，产业关联度高，对区域经济发展以及产业结构升级具有较强带动作用，主导产业强调潜力和未来发展态势。

主导产业的特征主要有：具有高效率，能迅速引进技术创新或制度创新；具有高速增长的能力，增长率比整个经济的增长率高；具有很强的带动其他相关产业发展的能力，也称"扩散效应"。这种扩散效应具体指：一是前向效应，主导产业部门的发展诱发出新的经济活动或产生新的经济部门；二是后向效应，即主导产业的发展对其提供投入品的产业部门的带动作用；三是旁侧效应，即主导产业部门的发展对地区的影响，包括地区经济结构、基础设施、城镇建设以及人员素质等全方位的影响。主导产业通过这几个方面的扩散带动各个产业部门的发展，引起社会经济结构的变化，为经济的进一步增长创造条件。

支柱产业与主导产业既有区别又有联系。

一　支柱产业与主导产业的区别

首先，两者从产业经济学上研究的视角不同。支柱产业主要从它在国民经济中的地位以及国民经济的发展与构成角度来考虑，主导产业主要从发展带动的角度来看。目前国外经济学家和我国许多经济学者都对主导产业的理论研究比较系统、科学，并对主导产业的选择提出了很多参考准则。美国经济学家 W. W. 罗斯托在赫希曼思想的基础上，分析了主导产业的回顾、旁侧和前向效应之后，对主导产业的功能和特点做出了较为明确的说明；日本经济学家筱原三代平提出了选择主导产业的具体准则：收入弹性基准与生产率上升基准。此外，还有根据国际贸易比较优势准则以及关联度标准来选主导产业，要求主导产业具有关联度大的特性。而在支柱产业理论方面的论述则不是很多，更多的是实践中的探索，普遍认为支柱产业应具有较高水平的生产率，使经济资源向利用效率高的部门流动，使社会福利达到最大；支柱产业对相关产业有较强的正外部效应；支柱产业创造的净产值在国民经济中占有重要地位等，加强对支柱产业的相关理论研究显得尤为重要。

其次，两者在产业寿命周期中所处的阶段不同。从产业寿命周期理论看，任何产业都有生命周期，它是由产业内的产品生命周期所决定的。一般情况下，主导产业处于幼稚期到发展期之间，具有强劲的发展态势和发展潜力，对于经济发展具有重要的推动作用，经济向更高阶段的推进必须伴随主导产业的快速和稳定成长。而支柱产业则处于成熟期，有些则已经步入后成熟期，其作用的发挥在所处阶段可能依旧明显。在整个经济发展过程中，主导产业将发挥越来越大的作用，但其作用并不稳定，容易受制度、资源、技术、市场供求和产业结构等多种因素的影响，经济发展的阶段性决定了主导产业具有明显更替性特征，不断出现新旧更替现象并呈现由低到高的发展趋势；而支柱产业的生产技术比较成熟，市场规模比较稳定，且对现阶段经济发展的贡献较大，运行状态良好，不易受其他因素的影响，具有较高的稳定性，能发挥支撑经济发展和维护社会稳定的作用。

再次，两者各自强调的目标利益不同。支柱产业立足于现实经济的效率和规模，注重可靠性和效益，具有在经济总量中占有较大份额、运行状态良好、资源配置合理、对 GDP 的贡献率高等特点，其贡献主要体现在稳定经济和扩张区域经济总量方面，可为国民经济或区域经济提供更多的积累和消费。主导产业则着眼于未来的长期发展，强调创新、未来的发展优势和带动效应，主导产业是在当前经济中未必有较大影响的产业，其资源利用效率也较低，投入产出比率可能难如人意，但其具备大规模的生产潜力，产品或服务供给量大且生产率上升速度快，产出增长率较高，容易组织大批量的生产，产品除供本地区需求外更主要向区域外输出，潜在市场容量大，产品的需求收入弹性高。

最后，两者在内在属性方面各有侧重。支柱产业的产出在区域总产出中占很大比例，是因为支柱产业在投资数量上具有优势，并具有较高水平的生产率，但它不一定具有很高的产业关联度，也不一定具有比较优势。主导产业必须具有技术上的先进性，从而可以不断创新，发挥带动作用；必须具有层次性，区域层次不同，主导产业也就不同；必须具有阶段性，随着经济发展而不断转换。

二 支柱产业与主导产业的联系

第一，从外延上看，两者是一种交集的关系。在一定区域内的某个产业可能既是当地的支柱产业，又是当地的主导产业，这种情况非常普遍。两者不是完全重叠的关系，主导产业可以发展成为支柱产业，但支柱产业不一定是主导产业，因为，主导产业很可能就是未来的支柱产业，支柱产业大都是由主导产业发展而来的。支柱产业的形成和转化是经济增长的必然结果，有其自身的形成和转化机制、由于支柱产业与主导产业之间存在着密切的前后相继性，在一定条件下，主导产业将转化为支柱产业，研究支柱产业的形成和转化必将追溯到主导产业的形成与转化。

第二，两者都在国民经济产业结构体系中占据重要战略地位，具有较高的生产率和生产率增长潜力，有较强的外部联系效果。支柱产业在国民经济中所占比重较大而对整个国民经济有着举足轻重的影响，如果一个国家或地区的支柱产业遭受打击，除非有其他产业可以相应弥补，否则整个地区的国民经济力量都会受到削弱。主导产业的重要地位则主要体现在其对其他产业的关联和带动作用。主导产业往往具有高增长率的特性，其增长率一般会大大超出国民经济平均的增长率，在经过一段时间的发展之后，有极大的可能成长为当时当地的支柱产业，支撑当地经济的发展。因此，在某些特定的情况下，一些国家或地区的主导产业就是其支柱产业。

第三，两者的发展轨迹有相似性。支柱产业往往不是一成不变的，随着经济的发展，除了一些资源禀赋支撑的基础产业之外，人们的消费结构、消费需求会发生巨大的变化，从而所要求的产业结构也要发生变化，构成支柱产业的行业也会随之变动。主导产业的序列更替性也与之类似，特定时期的主导产业是在具体条件下选择的结果，由经济发展所处的阶段所决定，一旦条件变化，原有的主导产业或产业群对经济的带动作用就会弱化、消失，逐渐被新的主导产业所代替。

第三节　支柱产业相关研究方法综述

目前国内外关于支柱产业的相关研究主要侧重在支柱产业的理论梳理和选择标准方法等方面，国内外很多学者对这两方面的研究有了较大的突破，大致可以归纳为以下几个方面。

一　国内外支柱产业研究概述

支柱产业概念的形成有两条渊源。一是来自西方区域经济学的区位理论、区际分工理论、产业聚集理论、输出基地理论。虽然这些理论没有明确使用"区域支柱产业"这一概念，但这些理论与区域支柱产业的本质密切相关。二是来自现代产业经济学和发展经济学关于支柱部门的理论。支柱部门理论的分析原理和方法被应用于区域经济研究，因而使区域支柱产业成为现代区域经济学的范畴之一。

支柱产业理论的萌芽可以追溯到古典区位论。从杜能的农业区位论到韦伯的工业区位论，再到克氏－勒施的中心地理论，在主流经济学范式下形成了一条关于生产区位空间分析的脉络。区位理论讨论的核心问题是企业根据什么原则和因素确定其最优区位。这种区位选择从整体上表现为产业活动的地域分异，而从个别区域看则是产业活动的空间聚集。到 20 世纪50 年代中期，法国经济学家帕鲁认为经济空间是"各种不同关系的集合"，是"抽象关系的构成体"。他不赞同杜能、韦伯、勒施等只注意经济活动在地球表面的区位的理论，而是强调"抽象的经济空间"，并据此提出了"推动性单位"和"增长极"的概念。他的论点被随后的保德威尔等学者发展成为增长极理论。增长极理论认为，地理空间上的增长不是均匀发生的，它以不同强度呈点状分布，通过各种渠道影响区域经济。当推动性工业嵌入某地区后，将形成集聚经济和产生增长中心，推动整个区域经济的增长。同时期的霍依特、安德路斯和蒂鲍尔等学者提出了输出基地理论。该理论认为一个区域的经济增长取决于该区域出口产业的增长，区域内经济增长的原动力使区域外部需求逐步扩大；区域经济增长的诸多变量发挥的作用是不同的。输出基地理论从区域经济增长的角度阐述了区域生产专门化的作用，并建立了系列的计量经济模型，为区域支柱产业的研究奠定了重要的理论基础。

美国经济学家罗斯托在《经济成长的阶段》中指出，经济增长总是首先发生在支柱部门或支柱产业群。他运用部门总量分析的方法，得出了经济成长阶段的依次更替与经济部门重要性的依次更替之间存在关系的结论，揭示了支柱部门不仅本身具有较高的增长率，而且能带动其他部门的经济增长。

以"空间规划"理论闻名于世的美国著名城市与区域规划学家弗里德曼对发达国家及不发达国家的空间发展规划进行了长期的研究。他在考虑区际不平衡较长期的演变趋势的基础上，将经济系统空间结构划分为核心和边缘两个部分。弗里德曼认为，中心与边缘空间不平衡程度更多的是与一个国家或地区的经济、社会和政治发展水平相关。在构建中心–边缘理论的基础上，弗里德曼以空间结构、产业特征和制度背景为标准，将区域经济发展分为四个主要阶段。弗里德曼的区域经济阶段论对区域非均衡发展理论研究的拓展有着重要影响。该理论将政治、文化等社会因素引入区域空间系统研究，打破了城市和区域发展的研究仅限于经济范围的现状，揭示了经济发展的不平等性必然会在地区间及地区内经济中心和其他地区形成空间不平等关系。这种不平等不仅意味着人均收入和社会方式等发展水平上的差距，更重要的是造成了区域间竞争机会和竞争能力的不平等。这种不平等是处理地区关系所必须正视的重要问题。

国内关于支柱产业的研究探索，始于20世纪80年代末，当时主要是介绍、学习和评价国外产业理论和产业政策研究。据相关检索，对支柱产业的分析由国家层次真正引向区域经济层次的研究，开始于20世纪90年代。课题组以"支柱产业"为关键词检索了国内1996～2012年的文献（中国学术期刊网），结果共有3000余篇。从这些文章的研究视角来看，支柱产业研究的角度，总的集中在国民经济角度和区域经济角度。从文献的年度分布来看，一个明显的趋势是1997年以后，从区域经济角度研究支柱产业的文章比例大幅上升，表明选择并优先发展支柱产业的问题，已越来越多地引起各地区的重视，支柱产业的研究表现出由国家层面向区域层面转移的趋势。

关于支柱产业，目前国内研究最为集中的方面：一是支柱产业在区域经济中的地位和作用；二是支柱产业选择的标准和方法；三是关于支柱产业成长的衡量和评价。此外，政府在支柱产业成长中的职能和作用，不发达地区支柱产业的选择和培育，利用外资与支柱产业发展的关系，特色经

择标准，可以说有很大缺陷。因为如果一个产业部门生产率不高，它本身的发展能力及其带动作用都要受到根本的限制，就很难起到作为支柱产业部门的作用。

（四）罗斯托的"支柱部门分析法"

罗斯托在 1960 年出版的《经济成长的阶段》一书中，把国民经济各产业部门按照在各国经济增长中所做贡献的差异划分为三类：主要增长部门、补充增长部门和派生增长部门。主要增长部门又被称为支柱产业部门。在这几类部门中，罗斯托特别强调支柱产业部门在经济增长中的决定作用。他认为，正确选择和建设支柱产业，是经济成长中实现经济"起飞"的基本条件，在经济增长的任何阶段，支柱产业部门的迅速扩展都是经济向前跃进的决定性因素。在经济增长的不同阶段，都会形成一系列迅速增长的具有高度生产力的支柱产业部门，这些部门将带动其他产业部门的发展，从而使经济不断增长。罗斯托率先运用部门总量的分析方法，分析了经济成长阶段与支柱部门更替之间的关系，得出了经济成长阶段的依次更替与经济部门重要性的依次变化之间的关系的结论。他认为，在特定的时期内，国民经济总的经济增长率在一定意义上是某些关键部门的迅速增长所产生的直接或间接效果。

（五）技术创新基准

支柱产业为了保持其生产上的比较优势，必须保持其生产技术上的先进性。因此，支柱产业必须在技术上进行不断创新，使其产品的科技含量不断提高，其产品链不断延长，其产品的更新换代时间不断缩短。支柱产业拥有先进的生产技术，可以生产科技含量较高的产品，可以保持在区域中的比较优势，可以增强产品在区际、国际市场上的竞争力，可以更好地推动区域发展。所以，技术创新基准是选择区域支柱产业的重要标准之一。

产业的技术创新包括产品创新、工艺创新、市场创新和管理制度创新等，通常以研究与开发（R&D）经费增长率、产品升级换代频率、管理技术创新投入增长率等指标来衡量。

（六）国际竞争基准

区域经济具有相对独立性，但在经济一体化的大环境下，它不可能再是一个封闭的自我循环系统。在当代国际经济生活中，以传统的国内生产、对外交换为特征的贸易主导型国际分工逐渐向以国际生产、跨国经营为特征的现代投资主导型国际分工过渡。因此，区域支柱产业的发展需要能够通过对世界生产要素的最佳组合、资源的最佳配置的发挥来实现世界范围的利润最大化。支柱产业只有不断增强产业的国际竞争力，才能更好地为区域经济增长、社会进步发挥更大的作用。如果区域的支柱产业只是故步自封，而不与国际市场接轨，则会被国际市场所淘汰，而丧失更好的发展机会，甚至会严重影响其在区内市场的发展。因此，具有较强的国际竞争力，也是选择区域支柱产业的重要标准之一。产业的国际竞争力通常用显性比较优势系数来度量，其计算公式为：

显性比较优势系数 =（某一产业产品的出口值 − 某一产业产品的进口值）/（某一产业产品的出口值 + 某一产业产品的进口值）

显性比较优势系数大于 1，说明该产业的产品在国际贸易中具有国际竞争优势；反之，说明该产业的产品在国际贸易中没有国际竞争优势。

（七）筱原三代平的"收入弹性基准"和"生产率上升基准"

日本经济学家筱原三代平于 20 世纪 50 年代中期提出了选择支柱产业的两条重要基准，即"收入弹性基准"和"生产率上升基准"。

第一，收入弹性基准。收入弹性基准是指选择收入弹性高的产业作为支柱产业。这里的收入弹性是指需求的收入弹性。一般认为，需求收入弹性是指某一产业产品的需求增加率与人均国民收入的增加率之比，其系数的计算公式为：

需求收入弹性系数 = 某一产业产品的需求增加率/人均国民收入的增加率

需求收入弹性系数大于 1，说明该产业产品的社会"需求收入弹性"

大；反之，说明该产业产品的社会"需求收入弹性"小。在市场经济条件下，社会需求是推动产业发展最直接也是最大的原动力，其结构变化则是产业结构变化和发展的原动力。"需求收入弹性"大的产业，其产品的增加由于能够带来更多的收入，从而能够创造更大的需求，因此这类产业能够从社会获得更大的发展动力。"需求收入弹性"大的产业不仅发展的机遇好，而且发展的效益也好，发展的速度更快，在国民经济增长中所占份额也会更大。因此，"需求收入弹性"最大化是区域支柱产业选择的重要基准之一。需求收入弹性基准是从需求角度提出的面向市场的选择基准。有巨大的社会需求是一个产业存在和发展的基础，这一基准是符合产业发展规律的。但这一基准在实际运作中应具备一些基本条件，如合理的价格体系、正常的消费结构等。

第二，生产率上升基准。社会化大生产是各产业部门相互联系、相互依存、相互作用的生产过程，任何一个产业部门的产品都离不开其他部门产品的投入而独立进行。即任何产业的发展都需要其他产业或多或少地供给。在市场经济条件下，生产率上升率高的产业会优先得到技术、资金、劳动力等生产要素的供给，也决定了区域支柱产业必须选择有较高生产率上升率的产业，即选择生产率上升快、技术水平高的产业部门为支柱产业部门。

全要素生产率上升率 ＝ （报告期全要素生产率/基期全要素生产率 － 1） ×100%

全要素生产率指综合要素生产率，即劳动生产率、资金生产率、能源生产率等各生产要素生产率的加权平均。在社会再生产过程中，生产率上升率高的产业，其技术进步速度比较快，而单位产品生产费用却比较低。这样，必然吸引各种资源向该产业流动，使该产业在技术和资源的供给上比其他产业有更多的保证，从而使该产业比其他产业发展得更快，对于一个区域的经济增长贡献作用力度更大。因此，应优先选择生产率上升率高的产业作为支柱产业。在一定时期，各产业部门生产率上升幅度是不同的，生产率上升快的产业，相应的生产成本下降也快，经济效益较好，加快发展生产率上升快的产业就能提高整个社会的经济效益。生产率上升基准是从供给角度提出的立足于生产的选择基准。

（八）比较优势标准

比较优势理论源于李嘉图，其与后来赫克夏和俄林的"比较优势基准"都主张支柱产业应是在生产上具有较大比较优势的产业部门。比较优势小或者相比较而言在生产效率上处于劣势的产业部门，不应也不可能成为支柱产业。第一，支柱产业仅具有较大的市场占有潜力是不够的，还必须能够大量地生产出产品，变为实在的市场，满足购买力的需求。生产上比较优势大的产业部门，其比较生产率比其他产业部门高，产品能够较快地大批量生产出来，满足市场需求。第二，生产比较优势大的产业部门反映了产业结构演变的趋向，生产要素向这些产业部门移动，在区域产业结构中将占有越来越大的比例，是发展前景较好的产业部门。第三，生产比较优势大的产业部门针对区域具有比较优势的生产要素，把它作为区域支柱产业部门，可以优先、重点开发利用具有相对优势的生产部门，取得较好的产业结构效益，从而带动区域经济发展。产业比较优势度的大小，可以用"比较优势系数"来衡量。其具体计算公式为：

比较优势系数＝比较集中率系数×比较输出率系数×比较生产率系数×比较利税率系数

比较集中率系数＝（某地区某产业的产值/某地区所有产业的产值）/（全国某产业的产值/全国所有产业总产值）

比较集中率系数大于1，说明该产业在产业规模上具有优势；反之，说明该产业在产业规模上处于劣势。

比较输出率系数＝（某地区某产业的产品和劳务输出量/某地区某产业产品和劳务生产总量）/（全国某产业的产品和劳务的区际交换量/全国某产业产品和劳务生产总量）

比较输出率系数大于1，说明该产业商品输出率高于全国平均输出率；反之，说明该产业商品输出率低于全国平均输出率。

比较生产率系数＝（某地区某产业全要素生产率/某地区所有产业平均全要素生产

率）／（全国某产业全要素生产率/全国所有产业平均全要素生产率）

比较生产率系数大于1，说明该产业全要素生产率高于全国平均水平；反之，说明该产业全要素生产率低于全国平均水平。

比较利税率系数＝某地区某产业的产值利税率/全国某产业的产值利税率

比较利税率系数大于1，说明该产业经济效益与全国该产业平均水平相比具有优势；反之，说明该产业经济效益与全国该产业平均水平相比处于劣势。

支柱产业选择比较优势系数最大的产业，才能最充分地利用和发挥区域的比较优势，更好地带动和引导区域发展。

（九）可持续发展基准

如果区域的支柱产业只讲求经济效益，而不追求社会效益；只顾眼前利益，而不顾长远利益；只满足当代人需要，而不考虑后代人的需要，那么该产业的发展是没有前途的。这种支柱产业自身都无法得到良好的发展，更何谈对区域发展做出杰出贡献。因此，作为区域的支柱产业必须以可持续发展作为重要的衡量标准之一。区域的支柱产业只有坚持可持续发展策略，才能做到不仅本产业得到全面、快速的发展，而且还能积极地推动本区域的经济和社会等全面、综合发展。

三　我国区域支柱产业研究的成就与不足

我国学者在西方区域经济学和产业经济学理论的基础上，紧密结合我国所处的经济发展阶段和区域经济发展中面临的实际问题，围绕区域支柱产业的选择和培育，提出了若干具有一定理论价值和实践意义的观点，为支柱产业战略实施的本土化做了大量的研究与论证，为把支柱产业的研究从国家角度转向区域层次做了开拓性工作，极大地丰富了区域研究的内容。

（一）突出实证研究

我国近十多年有关区域支柱产业的研究，十分重视实证研究，具体表现为强调将国外的支柱产业理论应用于具体区域经济发展的实践。反映在文献方面，就是对支柱产业进行系统理论研究的论著数量极少，绝大多数研究成果都是针对具体区域，针对具体产业的分析与论证，研究的基础资料，甚至不少研究成果，都直接出于各地区的政策研究机构，在结论上更突出实用性，在方法上更偏重于实证分析。客观地说，有不少研究成果对各地区产业结构的调整和区域经济发展提供了一定的科学决策依据，起到了一定的指导作用。特别是各地区在"十一五"规划和"十二五"规划的思路研究中，都纷纷提出要加大产业结构调整力度，发展各自的支柱产业。各地区支柱产业的实证研究成为关注的焦点，且成果辈出。

（二）支柱产业选择基准研究取得较大进展

我国学者在区域支柱产业研究中，根据所在地区的具体情况，消化吸收国外先进理论和方法，分别提出了"持续发展基准""市场基准""效率基准""产业关联度基准""瓶颈基准""后发展优势基准""平衡发展基准""就业基准""技术进步基准"等。但也还存在一些问题和不足，具体表现在以下三个方面。

第一，支柱产业理论在实践中的认识偏差，将支柱产业理论简单归结为支柱产业的选择基准理论。大部分学者都忽略了支柱产业产生发展的机制和条件，认为"确定合理的支柱产业的选择基准，是正确选择支柱产业从而实现产业结构合理化的前提和基础"，从而将支柱产业理论的研究重心放在支柱产业的选择基准上。在指导区域经济发展的实践方面，并未取得令人满意的结果。因为从决策层面来看，战略的制定者被越来越多的支柱产业的选择基准所困惑，使之越来越带有主观的倾向；从实践经验层面来看，中国工业化的实践也未能为支柱产业战略提供充分的经验依据，支柱产业理论似乎在市场化过程中陷入了误区。

第二，从区域分析的角度看，一些研究虽然立足于区域，分析了支柱产业的选择和形成，但并未真正体现区域的二重性，致使区域支柱产业单一化、形式化。事实上，区域既是一种产业的生产区位，或国民经济的空间构成要素，又是一个具有整体利益的主体。区域的二重性决定了区域支柱产业是在两种相关利益机制支配下形成的,因而区域支柱产业应是多层次的体系。

第三,从涉及产业的领域来看,目前大多数研究主要在第二产业,各种基准的确定和指标的设计,基本上限于工业领域的各个部门,对第一产业和第三产业的支柱产业的选择论述较少。这对于国家产业定位和产业政策的制定,或许较为合适,但对于区域来说,却有很大不足。虽然近几年来对农业支柱产业的选择也有涉及,但仅是建立在工业支柱产业选择研究基础之上,未能充分考虑到农业生产不同于工业生产的特殊性。

第二章　国内外支柱产业发展历程及经验总结

第一节　国外典型国家支柱产业演化历程

工业化过程就是产业结构不断优化升级和支柱产业不断变迁的过程。美国、日本等作为发达工业化的国家代表，其支柱产业变迁过程既遵循了产业结构演变的一般规律，又有其特殊性。考察这些发达国家在工业化进程中支柱产业的变化情况，有助于正确地选择江西省支柱产业并把握今后江西省支柱产业发展变化的轨迹。

一　美国支柱产业演化过程

美国二战前产业结构调整主要以市场调节为主，后期加强了政府的引导作用。1860 年以前，美国农业部门重要性远超过工业部门，而工业部门内部则以轻纺产业为主，轻纺产业占据主导地位；此后，钢铁、煤炭快速增长，此时，美国工业产值已是农业的 3 倍，美国工业产值比世界上其他任何国家都高，美国已经成为名副其实的工业化国家，美国从欧洲工业的边缘区和模仿者变成全世界工业发展的领头羊，重化产值超过轻纺产值，钢铁、机械制造和化工产业迅速发展，钢铁工业、煤炭工业和机器设备制造业逐步取代纺织业，成为最重要的支柱产业；1900～1950 年，随着铁路、电报电话、邮政、轮船等新的运输和通信等基础设施的建立和完善，美国出现了"大量生产"和"大量分配"的现代生产方式，造船业、电力机械业和汽车业等 3 个产业上升到十大产业行列，机器制造和钢铁业仍是支柱产业，美国重化工业产值超过轻纺工业产值，进入重化工业时代；二战后，电子、化工产业，汽车产业也迅速发展，美国重点发展资本集约型产业，把钢铁、汽车、机电作为工业发展的支柱产业；1970 年以后，美国大力发展技术集约型产业，如航天航空、IC、计算机和新材料等高新技术产业；1990 年以后，美国大力发展信息产业，加强了信息产业与其他产业的融合。

两次世界大战期间，美国支柱产业沿着某种轨迹继续发展和实现升级。20 世纪 50~60 年代，美国持续发展这些研究，使得美国在许多基础科学和科技产业上居领先地位。事实上，在二战后的 20 年间，除了纺织服装、家庭用品等少数几个产业外，美国几乎所有的产业在国际上都具有竞争优势，其中，半导体和电脑、交通运输设备（汽车、飞机、搬运机械）、日常消费用品、办公事务设备、发电与配电系统、化学和塑胶、电子通信、国防工业、休闲娱乐产品、林业和农业相关产品、医疗保健用品以及一般商业服务等具有强大的竞争优势。

在 20 世纪 70~80 年代，美国支柱产业发生了巨大改变，钢铁、汽车、工具机械、消费型电子及办公事务设备等令人瞩目的产业迅速衰落。凭借美国在科学研究尤其是基础科学研究方面的实力，美国在国防与航空产业，以及医药与生物科技等产业仍处于绝对领先地位。20 世纪 90 年代以后，美国大力发展信息产业，加大了信息产业与其他产业的融合，使一些所谓的"夕阳产业"重获生机。

和其他国家相比，多数情况下美国没有具体的产业政策，但这并不意味着美国政府对产业发展毫无作为。事实上，美国政府的角色之一是扮演生产要素的创造者。美国各级政府机构在教育、科技和基础设施建设方面持续地进行大量投资，为了创造生产要素而不遗余力。美国政府在维护市场竞争秩序上也扮演重要角色，制定并执行严格的反托拉斯法以维系自由开放的交易体系。美国政府还在应对前瞻性问题的挑战上发挥着至关重要的作用。比如，在太空探险、医疗保健和环境保护等方面为国内产业创造了新的发展空间。现任奥巴马政府提出的未来发展新能源和生物科技产业计划，也属于这一类行动计划。

二　日本支柱产业演变进程

日本的支柱产业演变大致经历了以下几个过程。

日本在工业化初期——重工业化阶段，也可以说是在经济复兴时期（1946～1955）。其支柱产业的结构大致为：在保持农业和轻纺产业发展的同时，采用"重点生产方式"政策，用美国援助的石油增产钢铁，用钢铁增产煤炭，并推动电力、化肥等部门的发展。其主要任务是完成两个转变：由农业经济向工业经济的转变，工业产值开始超过农业产值；由以轻工业为主向以重工业为主的转变。从明治维新到二战结束时为止，日本经济经历了从食品、纺织品为主的轻工业到造船、铁路为主，电力、化学、药品等新兴产业共同发展的"重工业化和化学工业化"。

日本在工业化中期——高加工度化阶段，即经济高速增长期（1956～1973）。其支柱产业结构大致为：以钢铁、电力、造船、石油化工、汽车、家电为支柱产业，产业结构主要是重工化过程，整个产业实现了高级加工化。1973 年的石油危机促使日本进行了产业结构调整，大力发展加工组装型产业和第三产业，工业中的加工、组装业逐渐取代原材料工业，成为经济增长最快的产业部门。以汽车为代表的机械工业和以家电及电子计算机为代表的电子工业占据中心位置。处于高加工度化阶段的产业对能源、原材料的依赖程度较小，对技术的依赖程度较大，工业生产朝着规模化、专业化和技术化的方向发展，工业生产要素构成也向技术密集方向发展。

日本在工业化后期——技术密集型阶段，即产业结构调整时期（1980至今）。其支柱产业结构开始有所调整：这一时期，日本大力发展新兴微电子、生物工程和新材料等高技术产业，产业结构从外需主导型转变为内需主导型。这一时期的技术得到更大幅度的发展，科技日趋成为经济发展的第一生产力，工业要素构成逐步实现了由以资本密集型向技术密集型为特征的转变。从 20 世纪 80 年代开始，微电子工业、机电一体化的机电工业以及新材料、新能源、宇航等高技术产业成为带动国民经济发展的支柱产业。日本经济开始进入以信息化、知识密集型为特征的"后工业化"发展时代。

美日支柱产业的发展与变迁给了我们诸多启示。概括地说，主要有以下几点。

第一，工业化发展阶段决定了一国支柱产业的大致范围。美国的支柱产业是不断发展变化的，这背后的决定因素是多方面的，其中最主要的是其工业化发展阶段。美国的工业化已经发展得很成熟，当前需要寻求新的技术突破来形成新的支柱产业；日本的工业化发展已经到后期，需要积极寻求技术密集型产业的技术突破。

第二，具有资源禀赋优势的产业将长期成为该国的支柱产业。长期以来，美国经济不管如何发展，农林产品特别是农业产品始终是其支柱产业之一，这和美国拥有大量的土地、森林等丰富的自然资源是分不开的。而日本的工业化发展迅速与其快速发展的科学技术紧密相关。

第三，在某些时候，大国可以同时在许多支柱产业中取得国际优势地位。二战后的 20 多年的时间内，美国几乎在所有的产业中都取得国际竞争优势。这说明，大国和小国不同，小国只能把有限的资源集中于发展某个或某几个产业，大国则不然，可以在某些特殊时期同时发展许多产业。

第四，大力加强国防计划和科学技术研究，将有利于一国保持在新兴产业中的领先优势，利用技术促进产业结构升级。美日作为先发的工业化国家，技术驱动是其工业化支柱产业发展的主要驱动力量。

第五，对国际机会的捕捉有利于一国支柱产业优势的培养和延续。美日成功抓住了一些国际机会包括两次世界大战的机会，将其有优势的产业扩展到世界各地，并使国内逐步衰落的产业在海外得以发展。

第六，促使产业分工在经济全球化中变成国际分工，产业调整不应局限于本地区、本国，而应推广到全世界范围，在接受产业转移的同时，也需要将本地丧失竞争力的产业转移到其他地区，焕发新的活力。

第七，正确发挥政府作用有利于支柱产业发展和顺利转型。发挥政府的主导作用，并不是要使政府干预企业的微观经营活动，而是要充分发挥政府的生产要素提供者、竞争秩序的维护者、前瞻性问题的决策者角色，支持支柱产业顺利发展和转型升级。

第二节　我国部分省（市）支柱产业发展概况

支柱产业理论在我国的应用始于 20 世纪 90 年代初，当时全国各地的经济发展都呈现优势产业带动其他产业发展的态势，选择和培育支柱产业，已成为区域经济发展中的战略问题，这使地方政府开始重视区域支柱产业理论的研究成果与应用。我国各级地方政府对此进行了多层次的战略研讨、规划，并采取了一系列的措施。自从 1996 年国家"九五"计划提出要着力振兴石化、汽车、机电、建筑四大支柱产业之后，各级地方政府开始自觉地进行区域支柱产业的选择，在制定地方的"九五"计划和 2010 年远景目标纲要中，纷纷提出要选择和培育各自的支柱产业，并配套出台了一系列优先发展支柱产业的政策措施。

一　东北地区工业支柱产业发展

按照各行业的区位商和产值比重等指标，辽宁省的工业支柱产业主要为：石油加工炼焦及核燃料加工业、黑色金属冶炼及压延加工业、非金属矿物制品业、交通运输设备制造业、电力热力的生产和供应业、化学原料及化学制品制造业、通用设备制造业七大行业；吉林省的工业支柱产业为：交通运输设备制造业、电力热力的生产和供应业、非金属矿物制品业、化学原料及化学制品制造业、农副食品加工业、石油和天然气开采业、医药制造业七大行业；黑龙江省的工业支柱产业为：石油和天然气开采业、石油加工炼焦及核燃料加工业、非金属矿物制品业、电力热力的生产和供应业、农副食品加工业、煤炭开采和洗选业、交通运输设备制造业七大行业。

其中，非金属矿物制品业、电力热力的生产和供应业以及交通运输设备制造业这三个行业是东北三省共同的支柱产业。此外，化学原料及化学制品制造业是辽宁省和吉林省共同的支柱产业，石油加工炼焦及核燃料加工业是辽宁省和黑龙江省共同的支柱产业，石油和天然气开采业以及农副食品加工业是吉林省和黑龙江省共同的支柱产业，这说明东北三省的工业支柱产业具有一定的相似性，未来围绕资源、项目和市场等方面的竞争可能会非常激烈。因此，东北三省从市场优化配置资源的角度，加强区域经济合作，按照"合理分工、优势互补、错位发展、重点突出"的原则，整合各地发展规划，实施发展支柱产业集群战略。

具体措施如下。第一，重视科技创新，进行科学规划。东北三省牢牢抓住发展与振兴工业支柱产业的立足点——科技创新，组织并鼓励开展工业支柱产业的课题研究，明确工业支柱产业的发展方向，把握经济社会发展的机遇，探讨振兴工业支柱产业的方式和途径，解决工业支柱产业发展过程中的重大问题，为工业支柱产业建设提供强有力的理论支持。坚持规划先行的指导思想，把制定科学可行的产业发展规划作为引导工业支柱产业发展的关键环节来抓，避免盲目性，制定切实可行的、科学的发展规划，把资源优势、技术优势转化为经济优势。第二，牢固树立依靠技术进步赢得竞争优势的观念。虽然东北三省都各自具有比较优势的支柱产业，但无论哪种优势产业，不论有无自然资源优势，都离不开技术进步，它们都是以一定程度的先进技术为支撑的。东北三省重视提高 R&D 经费投入强度，重视技术改造，通过政府和市场两条渠道进行筹资，帮助企业拓宽融资渠道，通过企业上市、吸纳外资、激活民间资本等方式，缓解资金压力。第三，创新人才引进机制，加快人才培养的步伐。东北三省充分利用实施"振兴东北老工业基地"的大好时机，从国内各地区引进经济科技发展中急需的各类科技人才，实施"以人为本"的人才战略。根据东北三省建设的需要，把人才引进和项目建设有机联系起来，加强知识产权保护工作，努力为支柱产业人才创造良好的工作环境和生活条件，加快本地区人才培养的步伐，加大人才培养、培训力度。同时，加快人才队伍的培养，重点加快支柱产业发展急需的高级人才的培养，大幅度提高支柱产业人才队伍的数量和质量。第四，加快装备工业的发展，推动技术改造。东北三省加大装备工业的投资力度和增长水平，改进装备工业的技术水平和产品质量。其中，辽宁省加大通用设备制造业和交通运输设备制造业的投资比重和产出比重，吉林省和黑龙江省加大交通运输设备制造业的投资比重和产出比重，且在这个基础上，通过宏观产业政策和技术政策，推动工业企业的设备更新和技术改造，促进技术密集型产业的较快发展及其比重的较快上升。第五，推进国有经济的产业布局调整。"十一五"期间，东北各省加快国有工业产业布局的存量调整和流量重组，同时，通过加快国有工业企业改革，发展国有控股或参股的混合所有制经济，使国有产权体制适应市场竞争和优胜劣汰的环境，增强市场机制对国有工业技术进步和结构升级的调节作用。第六，加强生态环境保护建设，走可持续发展道路。保护环境，合理开发资源，走可持续发展道路，是振兴东北老工业基地的重要条件。东北三省既是一个生态环境较好的地区，同时又是生态环境破坏相对较为严重的地区，加强生态环境保护建设，对于提高东北三省工业支柱产业竞争力具有重要的意义。

通过以上这些具体措施，东北三省工业支柱产业获得了长足的发展。从东北三省工业支柱产业增加值及占各省工业增加值的比重来看，1999 年辽宁省、黑龙江省和吉林省的工业支柱产业增加值分别为 464.22 亿元、739.79 亿元和 285.79 亿元。2005 年，辽宁省和黑龙江省工业支柱产业增加值分别为 1731.74 亿元和 1769.9 亿元，2003 年吉林省工业支柱产业增加值已经达到了 629.54 亿元，分别为 1999 年的 3.73 倍、2.39 倍和 2.2 倍。而且东北三省工业支柱产业增加值占各省工业增加值的比重都很高，2005 年辽宁省工业支柱产业增加值占其工业增加值的比重为 55.71%，黑龙江省为 82.28%，2003 年吉林省已达到 77.26%，这说明，在东北三省工业增加值中工业支柱产业的作用非常大，是不容忽视的。从东北三省工业支柱产业吸纳就业能力来看，1999~2005 年，东北三省工业支柱产业的就业人数占各省工业总就业人数的比重都超过了 50%。其中，1999~2005 年辽宁省吸纳就业最多的前三个工业支柱产业是黑色金属冶炼及压延加工业、通用设备制造业和交通运输备制造业。7 年期间，这三个支柱产业每年共吸纳就业的比率分别为 32%、30.76%、31.18%、31.06%、31.56%、30.15% 和 29.91%。这说明，在辽宁省工业主要行业中黑色金属冶炼及压延加工业、通用设备制造业和交通运输设备制造业是容纳就业的主力军；1999~2005 年吉林省吸纳就业最多的前两个支柱产业无一例外是交通运输设备制造业、化学原料及化学制品制造业。7 年期间，这两个产业每年共吸纳就业的比率分别为 29.55% 、29.47% 、30.95% 、31% 、30.7% 、28.17% 和 33.97% ，都在 30% 左右，这说明在吉林省工业主要行业中，交通运输设备制造业、化学原料及化学制品制造业是容纳就业的主力军；黑龙江省吸纳就业最多的前三个支柱产业是煤炭开采和洗选业、石油和天然气开采业以及电力热力的生产和供应业。7 年期间，这三个产业每年共吸纳就业的比率分别为 35.48% 、38.61% 、37.81% 、40.18% 、40.23% 、40.18% 和 46.52% 。由此可见，在黑龙江省工业主要行业中，煤炭开采和洗选业、石油和天然气开采业以及电力热力的生产和供应业是容纳就业的主力军。

二 深圳市支柱产业发展

2000 年，深圳市确定了高新技术产业、现代物流业和金融服务业作为深圳经济发展的支柱产业。2005 年 1 月，深圳市再次做出重大决定，把文化产业作为第四大"支柱产业"来发展，与高新技术、现代物流、金融三大支柱产业共同打造"和谐深圳、效益深圳"。

高新技术产业是深圳市第一支柱产业，多年来，在市委、市政府的正确领导下，高新技术产业保持了快速发展的良好态势。20 世纪 90 年代以来，深圳市抓住国际上 IT 产业崛起、发达国家制造业向发展中国家转移的历史机遇，制定了大力发展高新技术产业的战略决策，着手推动产业转型和优化升级，实现从加工贸易到"深圳制造"乃至"深圳创造"的飞跃，创造了高新技术产业年均增长速度超过 50% 的神话。截至 2010 年年底，深圳市已成为中国高新技术产品开发、生产和出口的重要基地，初步建立起电子信息、生物技术、新材料、光机电一体化四大领域的高新技术产业群；高新技术产业的支柱产业——电子信息产业从 2001 年起一直保持高速增长的势头，占高新技术产业产值的比重超过 90% ；电子信息产业强势品牌众多，如华为、中兴、华强集团、康佳、创维、长城科技、桑达、比亚迪、新天下、航盛等都是中国电子百强企业，其中华为、中兴等企业已成为国内高新技术产业的领军企业，开始走向国际，成为世界级的知名品牌；新能源及新材料、光机电一体化、生物医药也呈现较好的发展趋势。

深圳作为中国重要的港口城市，现代物流业已成为经济发展的支柱产业之一。深圳地处快速发展的珠江三角洲重心，依托香港，具备发展现代物流业的基础条件，有利于规模化、低成本、高效率地发展物流业；深圳毗邻香港、背靠华南，地理位置特殊，兼具国际性港口城市和海、陆、空三位一体的港口城市特点，具有良好的物流产业发展的区位优势。1996年，深圳市开始组织研究现代物流业发展战略，提出构建物流运输平台和信息平台的设想；1998年，将现代物流业发展列为经济支柱产业，并完成了《深圳市"十五"及2015年现代物流业发展规划》。经过30年的建设和发展，深圳城市功能日臻完备，物流基础设施和电子、通信领域在国内处于领先水平，在交通运输、仓储设施、信息通信、货物包装与搬运等物流基础设施和装备方面取得了长足的发展，先后建成蛇口、赤湾、妈湾、东角头、福永、盐田、下洞、沙鱼涌、内河9个港区，建成各类泊位128个，其中万吨级以上深水泊位39个、集装箱专用泊位10个、货运码头10个。

改革开放以来，深圳金融业成为深圳重要的支柱产业之一，成为全国金融改革开放的缩影。经过多年的发展，深圳已基本建成以银行、证券、保险为主体，其他多种类型金融机构并存，结构比较合理的现代金融体系，初步成为具有全国影响的区域性金融中心。2007年，深圳市国内金融机构人民币存贷款余额双双突破万亿元，证券交易、基金、创业投资、黄金、债券和外汇市场都在全国占有重要地位。金融业是占地少、消耗低，但人均产值最高的产业，是最能体现科学发展观和效益深圳的要求、体现国际化城市特征的战略产业之一。深圳市委、市政府把全力支持金融业的发展作为经济工作的重中之重，举全市之力，竭尽所能，在政策、资源、服务上进行重点倾斜，实现深圳金融业发展条件的"三个最优"（最优惠的政策、最优质的服务、最优良的环境），为把深圳打造成最适宜金融业发展的城市创造条件。

深圳发展文化产业的优势定位于市场经济体制和运作机制较完善，市场环境较好；高新技术领先有利于提升文化产业的层次；金融业发达可以为文化产业提供多样化的融资渠道；毗邻香港，对外经济合作紧密，有助于文化产品生产和服务与国际接轨。经过多年的发展,深圳文化产业已形成以相关层为主体、核心层和外围层为新兴增长点的产业结构体系。其中,新闻服务、出版发行、广播、电影、电视服务、文化艺术服务等核心层文化产业占深圳文化产业增加值的比重约为20%;文化产品制造和销售、出版和版权服务和文化娱乐服务三大传统优势行业已经成为文化产业的主要支撑力量。深圳市确立和强化文化产业作为支柱产业的地位,扶持传统的优势产业,包括文化旅游业、传媒业、印刷业、广告会展业、发行业,将其做强做大;培育潜在的文化优势产业,包括设计业、动漫与网络游戏业、娱乐业,将其转化成现实的优势产业;建立文化产业发展平台,打造文化产业展示、交易、信息平台,使深圳成为全国文化产业的集散基地、展示中国文化产业和产品的窗口。

2011年,深圳市在高新技术、金融、物流和文化产业四大支柱产业中,高新技术产业增加值为3550亿元、占整体经济总量30.9%;金融服务业增加值为1562.43亿元,占13.6%;物流业增加值为1090亿元,占9.5%;文化产业增加值为875亿元,占6.7%。高新技术产品产值增速高于工业增速7个百分点,金融服务业高5个百分点,物流业高4个百分点,文化产业高2个百分点。可见,支柱产业的支撑作用非常明显。

三 天津市支柱产业发展

"十一五"期间,天津市围绕加快构筑高端产业高地战略部署,以构建高端高质高新化产业结构为目标,以产业结构调整和加快发展方式转变为主线,以自主创新为动力,以大项目为抓手,加快壮大产业规模,优化产业结构、提升产业创新能力,八大优势支柱产业保持快速发展态势,支柱产业地位与作用日益突出。2010年,航空航天、石油化工、装备制造业等八大优势支柱产业工业总产值达到15268亿元,比2005年净增了9000亿元,占规模以上工业比重由75%提高到92%,对全市工业增长的贡献率由80%提高到90%以上。

天津市在大力推进支柱产业发展中坚持:一是全面发展与重点突破并举。在全面推动八大优势支柱产业加快发展的同时,重点加大对航空航天、生物医药、新能源新材料和国防科技等战略新兴性产业的支持力度，抢占产业发展制高点；二是规模发展与高端发展并举。以培育大企业、大产业、大集群为重点，加快壮大产业规模，积极引导和支持企业实施品牌战略、专利战略和标准战略，推进产业链向高附加值环节跃迁；三是龙头带动与产业配套并举。加大招商引资力度，积极引进国际国内行业龙头企业和配套企业，并围绕其核心产品和主导业务，鼓励本土企业加快产品和服务对接，提升产业配套能力，延长产业链条；四是集约发展与绿色发展并举。以项目集中园区，产业集群发展，资源集约利用，功能集成建设为准则，引导产业资源定向聚集，加速产业集群的形成。严格执行国家相关政策和环保标准，推动产业绿色化、生态化、低碳化发展。

天津市着力将航空航天产业围绕"三机一箭一星一站"，打造新一代大型运载火箭产业化基地和超大型航天器制造及应用产业基地，成为国家重要的航空航天产业基地，形成年产48架大飞机、70架直升机、40架无人机、12枚新一代火箭的能力；石油化工产业按照集约、节约、低碳、循环、绿色的发展模式，全力打造国家级石化产业基地，重点发展原油开采、储油、炼油、乙烯及乙烯下游产品链，形成年产原油5000万吨的生产能力，成为我国北方重要的原油生产基地、华北地区重要的石油及成品油储备基地，形成3500万吨原油炼制、年产250万吨乙烯生产能力；装备制造业则重点发展交通设备、造修船、大型工程机械、风力发电、石油石化装备、港口机械、核电装备、水电装备、超高压输变电装备、国防关键设备十大成套装备，加快发展四大部件（动力、传动、控制、基础部件）和配套产品（大型铸锻件、特种原材料），全面推进临港装备制造基地建设；电子信息产业巩固移动通信、电子材料和关键元器件、数字视听等优势产业，壮大高性能计算机服务器、集成电路、嵌入式电子、软件等潜力产业，培育物联网、信息安全、人工智能、光电子等战略性新兴产业；生物医药产业进一步做优化学制药，做精现代中药，做强生物制品，做高医疗器械，做大保健品，重点推进现代中药、化学药品、医疗器械、保健品领域的发展；新能源新材料产业重点发展绿色电池、风力发电、光伏发电、核电、生物质能等新能源产业和先进复合材料、新型功能材料、电子信息材料、化工新材料、金属新材料、生物医学材料、纳米材料等新材料产业，加快现有国家级新能源新材料产业基地建设；轻纺工业重点发展食品领域、手表及精密机械领域、家电领域、纺织服装领域、造纸及包装领域、塑料领域、自行车领域、精细化工及日用化学领域、工艺美术领域，着力打造国家级粮油产业基地、国家级自行车生产及出口基地、国家级高档手表产业基地和国家级石化原料深加工产业基地四个国家级产业基地和一批区县特色轻纺产业集群。

作为天津市经济发展支柱的八大产业势头迅猛，集聚效应进一步增强。航空航天产业形成了"三机一箭一星"的产业格局和制造、研发、设计等整体发展产业体系。电子信息产业聚集了中芯国际、曙光等知名企业，成为亚洲最大的高性能计算机生产基地，物联网重点示范行业和示范区域建设启动。汽车产业生产形势良好，已形成以一汽丰田、长城汽车、星马汽车为核心的汽车整车生产基地，集群配套能力不断增强，行业链条更加完善。石化工业发展态势良好。现代冶金业保持稳定增长。生物制药产业已聚集 100 多家企业。新能源新材料产业正在形成一定规模的产业集群。高新纺织产业链日益完善。争取到"十二五"末，天津市航空航天产业产值突破 9000 亿元，电子信息产业规模达到 7000 亿元，生物医药产业总产值达到 1000 亿元，新能源新材料产业突破 2500 亿元，轻纺工业总产值达到 3200 亿元。天津市国家级企业技术中心将达到 50 家，市级企业技术中心将达到 500 家，八大优势支柱产业中国名牌产品将达到 80 个，中国驰名商标达到 65 件以上；销售收入超百亿的企业达到 60 家，超千亿的企业达到 5 ~ 7 家，培育出 15 个百亿品牌、10 个千亿品牌。

第三节　江西当前支柱产业发展的比较分析

"十一五"期间，国家先后批复了 15 个区域发展规划，同时还出台了包括文化产业在内的 11 个产业振兴计划。各地区的资源禀赋与区位优势正在得到市场化重估，在新的格局下，将会更多地发挥市场对资源的配置作用。以往那种主要靠优惠政策来谋取竞争优势的做法，在未来一段时期也许还会有用，但在新的格局下，各地区只有发挥本地的资源禀赋优势或区位优势，才能获取更多的话语权、议价权。在各地区的比较优势重新洗牌之后，整个社会的各种资源，包括人流、物流、资金流、技术流、资本流、信息流等都会根据市场化原则进行"大开大合"的重组配置，各区域产业形态必然要往高端寻找出路。可以看到，各区域政府正重新审视自己的支柱产业，同时也对区域支柱产业理论的发展提出了新的挑战。

经过多年的实践，大部分省区市支柱产业有了较大的发展，但同时也出现区域间产业同构化、重复建设、能源和原材料争夺激烈、产能过剩、难以形成独特优势和特色等问题。具体来说：第一，区域间工业部门结构相似性大，产品结构雷同。这在微观层面上直接造成低水平重复建设和企业规模不经济两重效率的损失。第二，区域间分工协作淡化，加剧了能源紧张、原材料紧缺和部分工业生产能力过剩的矛盾。由于工业结构同构化，各区域的配套工业体系形成了自给自足的地方经济。这种趋同的经济结构直接导致区域政府为维护本地利益而对市场进行分割封锁，阻碍区域间的分工合作。第三，各地产业结构难以形成特色和优势，产业集群的构建较为困难，同时也削弱了区域经济间的互补性。这种地区产业结构雷同还导致区域经济整体上的同步性，使得区域经济在周期性的波动中同步出现经济过热或经济下滑。究其原因，主要是区域政府在规划本地区支柱产业时往往受到行政考核因素影响、迫于经济增长指标压力，产业规划政策容易出现偏差，导致支柱产业选择不准确。由于在选择区域支柱产业时不仅要考虑创新能力、增长速度、对其他产业的带动能力等指标，还要考虑短时期内能否促进区域内现有生产能力的快速提高、对招商引资的贡献以及对地方的税收贡献等因素，区域政府在支柱产业选择上容易集中于那些能通过争取国家产业优惠政策来谋求竞争优势的产业，从而出现区域支柱产业的趋同。

2003 年初，为了突出支柱产业对经济发展的带动作用，在对江西经济发展阶段、产业基础和资源优势进行深入分析的基础上，省委、省政府做出了重点培育汽车航空及精密制造、特色冶金和金属制品、中成药和生物制药、电子信息和现代家电产业、食品工业、精细化工及新型建材六大支柱产业的重大决策。选择六大支柱产业的主要依据是：一是现有基础较雄厚，在全国占有比较重要的地位；二是具有知名度高、市场前景好、后续爆发力强的核心企业和主导产品；三是核心企业和主导产品的产业关联度较大，产业成长性好，有较强的产业带动作用；四是能提供大量的就业岗位，有助于城乡富余劳动力的转移和安置；五是有一批敢有作为、善有作为的优秀企业家队伍；六是利税高，能较大地增加财政收入，有利于扩大出口，能推动开放型经济发展。

2005 年，全省六大支柱产业（规模以上，下同）企业资产总额为 1695.3 亿元，比 2002 年增长 58.5%；实现销售收入 1856.7 亿元，与 2002 年比，三年年均增长 35.8%，占全省规模以上工业的比重为 63.8%；完成工业增加值 519 亿元，与 2002 年比，三年年均增长 24.1%，占全省规模以上工业的比重为 58.8%；利税总额 194.1 亿元，与 2002 年比，三年年均增长 34.7%，占全省规模以上工业的比重为 69.4%。

"十一五"期间，各地、各部门努力创新体制和机制，充分发挥比较优势，大力发展开放型经济，重点支持高成长型的骨干企业发展、重大项目建设、产业链延伸与配套，逐步形成一批生产要素集中、众多企业集聚、配套协作程度高的产业集群，形成一批市场份额大、商务成本低、经济效益好的产业基地，在国家加强宏观调控、控制投资规模的背景下，经过 5 年左右努力，全省六大支柱产业呈现快速发展的良好势头，内在动力和活力得到明显增强，经济规模和效益得到明显提高。2010 年，全省六大支柱产业规模以上企业实现以下目标：资产总额超过 3850 亿元，年均增长 18%；实现销售收入超过 5800 亿元，年均增长 26%，占全省规模以上工业销售收入的 68% 以上；实现工业增加值 1300 亿元，年均增长 17% 以上。支柱产业实现工业增加值占全省规模以上工业增加值的 70% 以上；实现利税总额 480 亿元，年均增长 21%，占全省规模以上工业利税总额的 74% 左右；形成年销售收入超 100 亿元的核心企业 10 家以上，其中江西铜业、新余钢铁超 300 亿元，江铃集团、九江石化、萍乡钢铁、昌河集团超 200 亿元；以中心城市为依托，着力培植南昌现代制造业、九江港口产业、昌九纺织服装产业、赣南轻工产业、赣东北有色冶金产业、赣西钢铁产业六大产业集群；以特色工业园区为载体，大力建设铜、有机硅、盐氟化工、轻型汽车、新型显示、钨生产加工、稀土生产加工、特色陶瓷研发加工、中药现代化、服装鞋帽十大产业基地。

江西六大支柱产业涉及 17 个标准工业行业大类，在江西工业中有比较明显的相对优势。通过进一步做强做大，可以形成技术先进、集中度高、关联度大、特色鲜明、市场竞争力强的支柱产业群，进而成为支撑江西新型工业化产业体系的具有良好基础和发展潜力的火车头。但是，放到全国和全球大市场的同行业来比较分析，江西六大支柱产业的总体规模还偏小，产业布局还有待进一步优化调整，市场竞争力还不强，大部分产品技术含量还不高，尤其值得注意的是六大支柱产业的资源性产品供给和生态环境的制约越来越成为发展的瓶颈。主要表现在以下几方面。

1. 产业技术自主创新能力薄弱。没有持续的区域创新能力，支柱产业创新体系无法形成，产业竞争优势最终也难以实现，区域发展优势也将随之丧失。江西六大支柱产业高度化程度低，产业竞争力不强，六大支柱产业和企业研究力量薄弱，几乎没有动力进行产业结构高度化或产业结构升级工作，虽然江西省政府强调"产、学、研"结合，但目前仍然未建立有效的产业技术创新机制，企业缺乏技术研究中心，或有了技术研究中心但技术力量不强。在现有工业产品中，在国内外市场上有强大影响力的名牌产品少，高新技术产品少，产业的科技攻关能力弱，普遍缺乏自主开发、自主创新的能力，严重制约了江西经济的进一步发展和提升。究其原因，主要是教育和科技事业滞后，区域创新体系建设滞后。一方面，2003 年我国 R&D 经费按汇率换算仅相当于美国的 1/16。R&D 占 GDP 比重仅为 1.32%，明显低于美国、日本和韩国的 3% 左右的水平，而江西的科技研发投入更是长期严重不足，2003 年全省的科技三项经费仅 4300 万元，人均只有 1 元钱，R&D 经费总支出占 GDP 比重仅为 0.31%，科研投入经费严重不足，且江西科研院所的管理体制改革进展缓慢，严重影响了江西的科技创新能力的自主提高；另一方面，江西的教育目前仍处于较落后阶段，主要表现在高等教育、职业教育和农村教育等方面，江西至今没有一所全国重点大学，国家重点学科、重点实验室寥寥无几，每年从国家争取的教育与科研经费极其有限，严重制约着江西支柱产业的发展，制约着它从过去的基于资源禀赋形成的比较优势向基于自主技术创新能力而形成的竞争优势发展。

2. 支柱产业生产力布局不够优化。支柱产业的聚集度、关联度与核心竞争力是增强江西六大支柱产业发展的重点。目前，江西还没有形成一批布局集中、主导产业突出、特色鲜明的有持续高成长性的工业园区，大部分工业园区还没有形成显著的产业配套、增强产业集聚度和关联度，自我调整、招商引资力度不大，园区产业集群、产业导向不明显，工业园区交通、通信、电力等基础设施和物流、研发、人才、法律、金融等公共服务平台建设尚不到位，对建设一批六大支柱产业群的企业和项目的研发和生产基地配套力度不够。应继续建设江铃、昌河、江铜、星火有机硅、赣南稀土、中成药及生物医药、新钢、萍钢等特色工业小区，加强政策引导，引进相关企业入园落户，建立中小企业与支柱产业核心企业分工协作的关联体系，形成产业集聚，提高支柱产业的整体竞争力。

3. 资源性产品供给不足。资源的有限性，是制约我国工业化进程的重要因素，土地、水、森林、矿产资源和石油资源仍然是当代社会经济发展的物质基础。目前我国的主要矿产资源已经出现储量增长远低于开采量增长、开采量增长又低于消费量增长、国内资源保障程度快速下降、新增部分主要依赖进口的局面，江西的资源性产品供给情况也较为严峻：煤炭年产量只有 1200 万吨，且资源日益衰竭，产量逐渐下降，油气资源甚微，水力资源开发潜力有限，能源供给紧张，电力供求矛盾日益突出。未来，随着经济的发展以及电力、冶金、建材等主要耗煤工业的快速增长，江西煤炭的供求缺口将逐年增加。而自 2003 年以来，在需求的拉动下，全国煤、油价格一路狂涨，仅 2004 年全国煤、油产品价格就较上年上升了19.8 个百分点。与此同时，要求国家调整电力企业上网电价的呼声也越来越高，这将从能源供给短缺和价格不断上扬两个方面制约江西经济发展。从其他资源供给来看，江西虽然具有有色金属、贵重金属和稀有金属（如铀）的资源优势，但发展大规模现代工业的基础资源比较缺乏，如铁矿资源，江西既少又贫、铝矿罕见、铜矿丰富但品位低，省内需求一半以上需要依靠进口。江西省六大支柱产业中的钢铁、冶金、机械以及建材等都是资源高消耗型的产业，加之目前江西正在打造制造业基地，对原材料的需求与日俱增，而原材料短缺将成为制约江西未来发展的一个重要因素。

4. 产业结构调整带来的新制约。消费者越来越从品牌、质量服务等方面来选择消费，消费偏好的转变，对产品多样化、个性化的需求日益强烈；消费更多地转向休闲、文化和绿色产品，更加重视改善生活质量。消费趋势的这种变化，对江西六大支柱产业发展是一个挑战，江西大多数产品在品牌、质量服务上与沿海甚至中部省份有一定距离，品牌树立是江西支柱产业发展的突破口。江西难以推出名牌主要有以下原因：企业普遍缺乏名牌意识和承担广告投入的风险意识，难以把握和控制风险；新闻媒体广告经营的垄断，人为增加企业的广告投入成本；企业特别是民营企业缺乏产权保障，存在短视行为，没有长远目标；缺乏产生名牌的产业技术基础；沿海地区的先发优势，导致后发地区名牌树立上的"马太效应"，竞争力不强，缺乏树立名牌的经济实力；缺乏有实力的产业市场管理人才及营销队伍等。

5. 国际国内产业分工地位限制。进入 21 世纪以来，江西提出了"对接长珠闽，融入全球化"的对外开放大战略，促使江西逐步融入国际国内产业分工体系，努力成为承接国际产业转移和国内发达地区产业转移的重要区域之一，也为各国、各地区带来了更多的分工效益，扩展了发展中国家和后进地区参与国际分工以及获得外部资源和先进技术的渠道。然而，由于实力强大的跨国公司和大企业向欠发达地区转移技术和产业始终保持着一定的梯度并掌握着主动权，特别是在高技术领域，发达国家和地区在产业转移中的技术控制拉大了与不发达国家和地区的发展差距，这在一定程度上拉大了江西与发达国家及发达地区的竞争差距，主要表现在：(1) 引进公司产业转移一定程度上加剧了江西省产业结构调整的路径偏差和外部依赖；(2) 引进公司技术转让水平偏低，而且以生产设备等硬件技术为主，其技术溢出的范围十分有限；(3) 由于现阶段外商投资企业出口主要采取加工贸易方式，引进企业的产业转移在一定程度上加剧了江西省对外贸易的低水平扩张；(4) 引进公司凭借强大竞争优势，在我国国际行业中占据了较大市场份额，形成了一定的行业垄断，抑制了江西省支柱产业的市场空间。

围绕这些问题和不足，江西支柱产业应从以下方面来突破：加强技术创新体系建设，加快支柱产业技术进步；强化支柱产业产业聚集度、关联度与核心竞争力；推进体制机制创新，加快完善市场经济体制，为支柱产业的成长壮大提供良好的制度环境；继续坚持大开放战略，在融入全球化竞争中不断壮大支柱产业的实力；转变政府职能，完善支持六大支柱产业发展的支撑和服务体系；围绕创立名牌，做大做强优势企业；强化人力资源培训和加快人才引进机制，增强支柱产业的人力资本投入，建设支柱产业发展人才队伍。

"十二五"时期是江西必须紧紧抓住并且可以大有作为的重要战略机遇期。要抓住世界经济继续保持复苏上升趋势、国内经济进入新增长周期的有利时期，抓住国内外资本流动活跃、世界范围内产业结构调整加快的良好机会，抓住国家继续加大力度支持中部地区崛起政策、江西发展环境日益改善的重大机遇，着力加强宏观调控和政策引导，扩大有效投入，促进江西六大支柱产业裂变扩张和做大做强。

第四节　发达国家和地区支柱产业培育的经验启示

一　发达地区支柱产业发展的经验总结

（一）支柱产业的培育与工业化发展阶段相适应

纵观国内外，无论发达国家和地区还是落后国家和地区，工业化的发展都离不开支柱产业的推动；与此同时，支柱产业的选择又受制于工业化的发展阶段。在工业化初期，由于技术、资本的制约，支柱产业一般是劳动密集型的产业；随着工业化的进展，资本的积累，支柱产业转变为以资源、资本密集型为特征的产业；到了工业化的中后期，技术的突飞猛进，科技日趋成为经济发展的第一生产力，工业要素构成逐步实现了以资本密集型向技术与知识密集型为特征的转变，因而，支柱产业也发生相应的转变。就如日本的支柱产业紧随工业化的进程而不断调整：

在工业化初期向重工业化过渡的时期，日本经济经历了从食品、纺织品为主的轻工业到造船、铁路为主，电力、化学、药品等新兴产业共同发展的"重工业化和化学工业化"；而在工业化中期向高加工度化过渡中，工业中的加工、组装业逐渐取代原材料工业，成为经济增长最快的产业部门，以汽车为代表的机械工业和以家电及电子计算机为代表的电子工业占据中心位置；在工业化后期向技术密集型转变过程中，科技日趋成为经济发展的第一生产力，工业要素构成逐步实现了由以资本密集型向技术密集型为特征的转变。

（二）充分利用产业政策促进支柱产业发展

根据经济调节的不同，支柱产业的选择和过程有两种类型：通过市场机制来构建；依靠政府选择或干预而形成。政府对支柱产业选择的作用，主要体现在政府的政策机制中，这在日本支柱产业的选择及产业结构的调整过程中表现得尤为突出。在战后经济恢复时期，日本政府产业政策以推行"产业合理化"为政策中心，实施"倾斜生产方式"，优先发展煤炭产业，确定扶植钢铁、煤炭、电力、海运等主要的基础产业；在经济增长高速时期，政府将"推进产业高级化"作为一项基本政策，将重化学工业化作为产业结构高级化的方向，并提出了产业结构发展的"知识密集化"方向。20 世纪 80 年代提出"技术立国"的方针，今后将以"创造性知识密集化"作为产业结构的发展方向，以高尖端技术为中心的知识密集型产业作为支柱产业。

同样，在我国一些发达地区政府运用产业政策促进支柱产业发展的经验也值得借鉴。例如上海市在"八五"期间，明确提出以汽车、电子信息、钢铁、石油化工及精细化工、电站成套设备和家用电子电器 6 个产业作为上海市工业重点发展的支柱产业。重点发展六大支柱产业的政策确立后，这些产业获得快速发展，年均增长保持在 25% 以上，高于全市工业年均增长率 7.7 个百分点，成为带动上海市 20 世纪 90 年代中后期经济发展和产业结构升级的主导力量。进入"九五"之后，上海市提出加快发展电子信息、现代生物医药、新材料等高新技术产业，经过几年的培育，信息产业很快成为上海市第一支柱产业，现代生物与医药在"十五"期间成为新的六大支柱产业之一。

（三）依托产业转移培育或发展支柱产业

通过承接国际或国内产业转移机会，构建或发展壮大自身支柱产业。世界性产业转移出现过三轮大规模浪潮。第一轮发生在 20 世纪 60～70 年代，发达国家开始发展以微电子技术为主的知识和技术密集型产业，而将汽车、钢铁、造船等资本密集型产业转移出去。第二轮兴起于 20 世纪 80 年代以后，发达国家大力发展以信息技术、生物技术、新材料、新能源为主的高新技术产业，加快传统产业改造，把失去比较优势的传统产业和部分低附加值的技术密集型产业转移出去。第三轮开始于 20 世纪 90 年代，至今仍在延续。这一轮产业全球转移呈现以下新特征：产业转移的重点加速向亚太地区和我国转移；产业转移结构高度化；产业转移呈现制造、研发和服务一体化的转移态势；品牌经营成为实现产业转移的新方式。

我国深圳特区的做法就是很好的榜样。随着特区的成立，深圳牢牢抓住世界产业转移的机会。现在，深圳不但建立起门类齐全的制造业和服务业体系，而且初步完成了由传统的"三来一补"加工工业向现代工业的转变，形成了高新技术产业、金融业、物流业、文化四大支柱产业。以港口运输为龙头的深圳现代物流业发展迅猛，2010 年盐田临港仓储物流出口及转口贸易总额 58.64 亿美元。

（四）依靠高新技术发展壮大支柱产业

支柱产业是一个要求科技含量高，拥有先进科学技术的产业，也只有生产率持续、迅速增长，生产成本不断下降，才能确立支柱产业的地位，促进支柱产业的发展壮大，从而带动经济增长。近年来，国际制造业结构战略调整出现一些新的趋势：信息产业等高技术产业成为支柱产业。目前发达国家信息产业产值占国内总产值的比重已达 40%～60%，新兴工业国为 20%～40%；高新技术产业持续快速发展。随着技术进步和知识创新，主导产业的更替过程大大加快，其重心正转向以电子计算机、新材料生物技术、航空航天、机器人和智能机械为代表的高新技术主导产业。传统产业高新化。通过高新技术的广泛渗透和应用，带来传统产业生产方式的变革和产品技术含量的提高。劳动力结构智力化。制造业产业结构战略调整和经济增长方式的变化，智力已成为推动经济发展的决定性因素，智力劳动者在就业结构中的比重迅速提高。制造业竞争已由资源和低劳动力成本竞争转向技术和人才竞争。

我国一些发达地区依靠高新技术，通过高新技术的发展和渗透，成功构建了其支柱产业的经验也值得借鉴。如依靠玉米化工技术创新，长春"玉米战略"打造强势支柱产业。2004 年 9 月，我国第一条具有自主知识产权、世界领先的以玉米为原料生产多元醇的工业化生产线，在长春经济技术开发区建成投产，经济优势和战略优势尤为突出。目前亚洲最大、世界第三的玉米加工企业吉林大成集团已完成从种植基地到初加工再到精深加工的产业布局，形成年加工 230 万吨玉米的生产能力，赖氨酸产量居世界首位，用生物化工技术已开发生产出化工醇、聚酯等八大系列 100 多个高附加值产品，年销售额已超过 100 亿元，为玉米化工的发展奠定了坚实的产业基础。

二　先进发展经验对江西的启示

（一）遵循工业化发展过程的客观规律，培育江西支柱产业

工业化发展阶段决定了一国一个地区支柱产业的大致范围。美日支柱产业的不断发展是由其工业化发展阶段决定的。与美日以及我国发达地区当前需要寻求新的技术突破来形成新的支柱产业不同，江西目前处在工业化中期的后半阶段，而在这个阶段支柱产业主要是重化工业，而在当前我国提出走新型工业化道路的大背景下，发展重化工业强调集约式、高效益的重化工业发展路径，依靠信息技术、节能技术以及环保技术等领域的创新，最大限度地缓解重化工业发展与资源环境之间的矛盾，使重化工业能够以最小的资源环境代价实现自身的快速发展。加快有色金属冶炼、光

伏、电气机械及器材制造业等工业，提升它们在重化工业中的比重，将是今后一段时期产业结构升级的重点。

（二）强化具有资源禀赋优势产业，打造江西支柱产业后盾

一国或地区的支柱产业受制于该国或该地区的要素禀赋。美日长期以来以新兴技术产业作为其支柱产业，这和两国拥有快速发展的高新技术研究和人才紧密相关。江西的资源禀赋优势不在技术和资源方面，而在人力资源方面，江西拥有大量剩余劳动力，整体技术发展水平还不高，经济发展不平衡，江西还具有工业化初期的一些特征，依然具有劳动比较优势，这就决定了江西在选择支柱产业方面一定要发挥人力资源优势。而在当前国际金融危机和贸易保护主义有所抬头的形势面前，一方面要扩大内需，另一方面要稳定外需，继续扩展国际贸易，这就应把人力资源优势转变成现实的经济优势。因此，江西应充分发挥劳动力比较优势，继续发展劳动密集型产业以及高新技术产业的劳动密集型环节。同时，政府在选择和培育支柱产业时，也应注意吸取新的发展理念来培育新的增长点。这对江西开辟新的增长路径有借鉴意义。

（三）借助政策导向和市场机制，做大做强江西支柱产业群

政府优惠扶持政策在支柱产业的发展过程中能起到事半功倍的作用，正确发挥政府作用有利于支柱产业的发展和顺利转型，但关键还在于整个产业政策体系的协调配套作用，需进一步明确政府、协会和企业的职责，发挥政府的主导作用，并不是要使政府干预企业的微观经营活动，而是要充分发挥政府的生产要素提供者、竞争秩序的维护者、前瞻性问题的决策者角色。支持支柱产业顺利发展和转型升级，除了注重规划调控、政策导向、信息引导，努力为市场主体营造公平竞争环境和提供良好服务外，更应该坚持以市场为基础、企业为主体，避免损害市场机制。只有企业真正成为市场的主体，江西的支柱产业才能在市场中做大做强，并随着要素禀赋的变化和产业结构的调整而不断地更替，从而形成良性的可持续发展。在肯定市场对支柱产业的形成和转化作用的前提下，江西更应充分利用后

发优势，借鉴支柱产业的演进规律，选择一定时期的适合本地区的支柱产业，并加以扶植，以加快经济发展，缩短发展进程。

（四）积极参与国际国内分工，构建江西支柱产业链

在世界贸易准则下，充分利用对发展中国家的优惠条款，继续开拓国际市场，参与国际采购体系，加大出口品牌建设力度，大力培植重点出口产业、商品和企业。当前国际经济形势不稳定，对于省内企业实施"走出去"战略将是一个难得的机遇，可以考虑将具有竞争优势的一些产业向国际市场转移和延伸。同时，积极参与西部大开发和东北振兴战略，开拓西部和东北市场。扩大产品的市场需求，推动江西支柱产业稳步发展。抢抓国际资本转移及沿海发达地区产业向内地转移的机遇。积极引进现代制造业和以跨国公司为重点的战略投资者，鼓励其参与国有企业的改组改制，不仅有利于发展壮大支柱产业，而且有利于提高支柱产业的国际国内竞争力。加强与东部沿海地区的合作，积极承接这些地区的产业转移，构建江西支柱产业链。

（五）以高新技术装备支柱产业，提升江西支柱产业实力

大力加强新兴科学技术研究，将有利于保持在新兴产业中的领先优势。江西应加快发展光伏产业、航空制造业、电子信息、生物技术与新医药、新材料、光机电一体化等为重点的高新技术产业，增强自主创新能力，促进江西产业结构升级。通过加快科技创新成果转化，培育高新技术产业新的增长点，延伸高新技术产业链；积极利用高新技术和先进适用技术改造支柱产业，通过技术改造、创新能力建设和信息化建设，使支柱产业的技术装备水平、产品技术含量和信息化水平得以明显提高，提升产业竞争力，从而为做大做强江西支柱产业奠定坚实基础。继续支持和发展江西高科技产业群，促进江西支柱产业做大做强。以"汽车/钢铁产业集群"为重点，实施江西大制造战略；在原有的商业产业优势的基础上，扶持和发展"现代物流/商业产业集群"，这对于提升江西区位优势有重要的战略意义，同时也可积极促进江西大制造战略的实施；以南昌市为核心增长极

培育发展"教育和知识创新产业集群"、"光电信息产业集群"、"生物技术/医药产业集群";培育和扶植这些产业集群,可为江西经济向知识经济迈进奠定良好的基础,形成后发优势,在未来的区域竞争中占据优势地位。

第三章 江西支柱产业的比较选择

第一节 江西经济发展形势及发展阶段

改革开放以来，江西经济发展取得了显著进步，国民经济持续发展，综合经济实力明显增强。江西历年国内生产总值与人均国内生产总值均呈上升趋势。尤其是进入 21 世纪以来，经济发展步伐加快，2011 年全省国内生产总值达 11702.82 亿元，人均国内生产总值达 26150 元，按照可比价格计算分别是 1978 年的 26 倍和 18 倍。从全国范围来看，2011 年江西国内生产总值在全国 31 个省（直辖市）中排第 18 位，人均国内生产总值排第 20 位，远远低于全国平均水平。由此可见，江西经济发展水平低，在全国处于相对较落后的地位。

一 经济发展阶段分析

一般认为，产业发展方向应随经济发展形势的不同而呈现出差别化。因此，正确判断当前江西经济所处的发展阶段是我们科学、合理地制定产业政策的基础。

近现代经济的发展主要以工业化为标志，经济发展具有明显的阶段性。不同阶段，经济发展表现出不同的特征和任务，经济发展阶段的划分是合理确定支柱产业的前提。综合发展经济学的有关理论，本章将从人均国内生产总值、三次产业结构和城市化水平三个方面来对江西经济发展阶段进行分析。

（一）人均 GDP

西方著名经济学家 H. 钱纳里选取人均 GDP 为基准，将现代经济发展大致划分为三个阶段，即初级产品生产阶段、工业化的阶段（包括工业化初期、中期和后期）和后工业化阶段。如表 3-1 所示。

表 3-1　钱纳里等对经济增长阶段的划分

阶　　段	1	2	3	4	5
工业化阶段	初级产品生产	工业化初期	工业化中期	工业化后期	后工业化阶段
人均 GDP（2005 年美元）	745～1490	1490～2980	2980～5960	5960～11170	11170 以上

资料来源：2007 年中国社科院发布的《中国工业化进程报告》。

为了便于比较，需要将用人民币表示的人均 GDP 换算成用美元表述的人均 GDP。同时为了尽量避免计算方法与实际测度产生较大的差异和偏离，从而能够排除通货膨胀和汇率变化等方面的影响，反映货币真实价值和实际购买力，采用实际购买力评价方法计算。如表 3-2 所示的江西人均收入水平计算结果：

表 3-2　2005～2011 年江西人均 GDP 水平及相应美元折算值

（单位：元）

年　份	2005	2006	2007	2008	2009	2010	2011
人均 GDP	9940	10980.30	12523.97	14114.77	15497.13	18392.78	21471.29
2005 年汇率	8.1917	8.1917	8.1917	8.1917	8.1917	8.1917	8.1917
美元折算值	1152.39	1340.42	1528.86	1723.06	1891.81	2245.30	2621.10

注：（1）2005～2011 年的人均 GDP 为剔除价格因素后相当于 2005 年的价格水平；（2）采用 2005 年的汇率统一换算成以美元计价的人均 GDP 水平。

由表 3-2 可知，以 2005 年的价格指数测算的 2011 年人均 GDP 达到 2621.1 美元。如果按照钱纳里等人的标准模式来确定，江西自 2007 年以来就走出初级产品生产阶段，2007～2011 年处于工业化初期，并且正在逐渐过渡到工业化中期。

（二）三次产业结构

根据美国经济学家西蒙、库兹涅茨等人的研究成果，工业化进程往往伴随着产业结构迅速变化，其演进阶段也通过产业结构的变动过程表现出来。按照三次产业划分标准，结合钱纳里、库兹涅茨等关于产业结构、就业结构的标准模式以及 2007 年中国社科院发布的《中国工业化进程报告》，工业发展阶段与产业结构有如下关系，如表 3 - 3。

表 3 - 3　工业化各阶段的产业结构变化

工业化阶段	产业产值结构	就业结构
工业化前期	第一产业产值占比 > 第二产业产值占比	第一产业占比 60% 以上
工业化初期	第一产业产值占比 < 第二产业产值占比，且第一产业比重 > 20%	第一产业占比 45% ~ 60%
工业化中期	第一产业产值占比 < 20%，第二产业比重 > 第三产业比重	第一产业占比 30% ~ 45%
工业化后期	第一产业产值占比 < 10%，第二产业比重 > 第三产业比重	第一产业占比 10% ~ 30%
后工业化	第一产业产值占比 < 10%，第三产业比重 > 第二产业比重	第一产业占比 10% 以下

表 3 - 4　2005 ~ 2010 年江西三次产业结构

年份	三次产业产值构成	三次产业就业构成
2005	17.9、47.3、34.8	39.9、27.2、32.9
2006	16.8、50.2、33.0	39.1、27.5、33.4
2007	16.4、51.7、31.9	38.0、28.0、34.0
2008	15.2、51.0、33.8	37.4、28.1、34.5
2009	14.4、51.2、34.4	36.5、29.0、34.5
2010	12.8、54.2、33.0	35.6、29.6、34.8

表 3 - 4 反映的是 2005 ~ 2011 年江西三次产业结构变化。从三次产业产值构成来看。第一产业产值占比逐年降低，且一直低于 20%，但高于

10%。第二产业产值占比份额最重，呈逐年上升趋势，且一直高于第三产业产值比重。第三产业产值比重相对来讲较为稳定。因此，从三次产业产值构成来看，江西自 2005 年以来就一直处于工业化中期，且具有向工业化后期迈进的趋势。

从三次产业就业构成来看。第一产业从业人员比重由 2005 年 39.9% 的最大份额持续降为 2011 年 24.4% 的最小份额。第二、第三产业从业人员比重逐年上升。2011 年，第三产业从业人员比重首次超过第一产业从业人员比重，成为三次产业中吸纳就业人员最多的行业。由此可见，从三次产业就业构成来看，2005～2010 年，江西处于工业化中期。2011 年，江西处于工业化后期。

由以上两方面分析，可以判定江西目前经济发展介于工业化中、后期之间。

二 城市化水平

城市化是指第二、第三产业在城市集聚，农村人口不断向非农产业和城市转移，使城市数量增加、规模扩大，城市生产方式和生活方式向农村扩散、城市物质文明和精神文明向农村普及的经济、社会发展过程。从城市化定义可以看出城市化与工业化具有密切的关系。实际上，城市化与工业化相伴相生、共同发展。随着社会分工的深入，生产技术的提高，以蒸汽为动力的大机器生产逐渐取代传统的手工业生产，工业革命出现，由此开启了工业化进程。工业化对劳动力的巨大需求、机器生产应用于农业使大量的农业从业人员得到解放。因此，农村人口不断向城市转移，城市化进程开始。同时，城市化所带来的集聚效应反过来又能促进工业化。

城市化在工业化不同发展阶段所表现出来的特点是不同的。具体地讲，城市化在工业化初级、高级阶段以及后工业化阶段变化较缓慢；在工业化中级阶段，城市化发展速度较快。钱纳里等经济学家在对大量国家和地区经济结构演变的研究中发现，在工业化初期、中期、后期以及后工业化阶段所对应的城市化水平为：10%、30%、50%和80%。

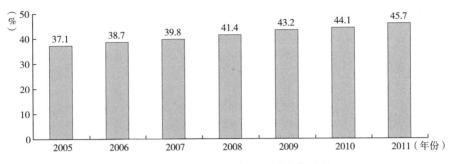

图 3 - 1 2005 ~ 2011 年江西城市化水平

分析图 3 - 1 收集的数据，2005 ~ 2011 年江西城市化进入加速发展阶段，处于 30% ~ 50%。因此，从城市化发展水平角度来看，江西处于工业化中期。

综合上述三个指标分析结果，目前江西省经济发展水平处于工业化中期阶段，且具有向工业化后期发展的趋势。相信不久，江西经济将跻身工业化后期行列。

第二节　江西支柱产业选择范围的界定

一　重新界定江西支柱产业的现实依据

早在 2003 年，中共江西省委十一届四次会议就出台了《江西省六大支柱产业发展规划》，将汽车航空及精密仪器制造业、特色冶金和金属制造业、中药和生物医药产业、电子信息和现代家电业、食品工业、精细化工及新型建材业这六大产业划分为支柱产业。经过近十年历程，这六大产业都得到较好的发展，甚至某些产业例如冶金、汽车航空等在江西经济中发挥至关重要作用。但是十年之后是否仍然可以把这六大产业列为支柱产业来培育，这是个值得商榷的问题。无论是从产业外部宏观环境来讲或是从产业内部自身条件来看都与 2003 年情况存在很大变化。

首先，外部宏观环境不同。2004 年政府工作报告中就首次提出促进中部地区崛起战略。2006 年这一战略进入实施阶段，并出台了 36 条政策措施，提出要把中部建成全国重要的粮食生产基地、能源原材料基地、现代装备制造及高技术产业基地以及综合交通运输枢纽。之后，面对金融危机对我国经济产生的冲击，国家又提出转变经济增长方式，发展战略性新兴产业的政策。虽然支柱产业的选取在很大程度上要符合特定区域的实际情况，但是在一定程度上它也要符合国家整体经济发展基调。

其次，产业结构变化。2003 年，江西属于典型的农业大省，第一产业无论是从产值还是从就业角度讲都占有高额比重，在经济发展阶段中处于工业化初期。然而，2011 年，江西逐渐褪去农业大省的外衣，第二、第三产业得到快速发展，跻身工业化中期阶段，并逐步向工业化后期过渡。从发达国家产业结构演变历程来看，工业化初期，农业、轻纺工业在区域经济发展中起支柱作用；工业化中期，电力、钢铁、机械制造等产业在区域经济发展中起支柱作用；工业化后期，以汽车、家用电器为代表的耐用消费品和以微电子技术、信息技术、航天技术、生物工程和新能源、新材料为代表的高新技术产业在区域发展中将会起支柱作用。因此，支柱产业的选取需要根据经济发展阶段的不同而有所区别。

最后，新兴产业兴起。新兴产业是由新技术产生而形成的产业或运用高新技术对传统产业改造而形成的新产业，也可由人们消费偏好变化而产生的新产业。例如，七大战略性新兴产业、现代服务业等。新兴产业代表未来产业的发展方向，对区域经济结构调整、促进区域跨越式发展具有重要意义。而且，在工业化后期，主要是新兴产业起支柱作用。

因此，结合产业发展的内外部环境因素，重点考虑江西正处于工业化中期向工业化后期过渡这一事实，需要对江西支柱产业进行重新界定。

二　江西支柱产业选取方法

支柱产业选取标准大致可分为定性和定量两种，在理论研究和实际应用中定量方法比较普遍。从定量的角度选取支柱产业的标准很多，例如，产业关联度基准、收入弹性基准和生产率上升基准等。但是，这种只重视通过基准分析来选择支柱产业的方式本身存在着两方面问题。

一方面，忽视了产业政策的主体性。选择支柱产业的目的是为了发展支柱产业，而支柱产业的发展是通过产业政策的倾斜扶持来实现的。如果不加以扶持任其自身发展,选择支柱产业也就失去了意义。而产业政策的主体是政府,它是产业政策的制定者和执行者。支柱产业选择基准实际上只是反映了产业发展的内在规律,属于经济效率范畴,但是政府的决策依据除了经济效率,还包括政治因素、社会问题,等等。因而基准虽然是产业政策的重要依据,但绝非唯一依据。

另一方面,基准分析只注重对历史数据进行定量分析,缺乏对发展趋势、可能机遇的定性把握。对历史数据进行定量分析可以掌握各行业的发展状态,这是进行支柱产业选择的重要步骤和必经阶段,但同时我们更应该结合各方面情况,关注区域未来发展趋势,从中把握住机遇,发挥后发优势,实现跳跃式发展。否则对江西这样相对落后的省份,仅注重对历史数据分析,缺乏向前看的眼光,就很难找到优势所在,进而阻碍其实现跨越式发展。

正是基于上述缺点的考虑,本节拟通过定性与定量相结合的方法来确定江西支柱产业。具体地讲,首先确定支柱产业的备选行业,然后再从备选行业中选取某些行业作为支柱产业。本节的目的就是要确定备选行业,第三、第四节再从备选行业中确定支柱产业。

三　备选行业确定准则

比较优势理论主张利用本地区的比较优势来发展传统产业,这样有利于提高资本积累速度、改变要素的禀赋结构、提高产业竞争力。该理论的问题在于基于资源禀赋比较优势而发展的地区可能会与其他地区存在产业差距,容易在产业分工中处于不利的地位,掉入"比较优势陷阱"之中。

竞争优势理论主张通过政府的产业政策扶持发展一些目前发展基础不好,但从长远来看符合产业结构演进趋势的产业,从而培育出新的、更高层次的比较优势产业。但是该理论的实行需要较高的成本和良好的外部条件,经济发展水平落后地区往往不具备这些条件。

在江西支柱产业选择过程中,如果单独考虑以上两种理论,则各自都存在局限性。仅考虑比较优势理论,则显然,江西具有比较优势的产业绝大部分都属于传统产业。一味地将这些传统部门确立为支柱产业发展,后果是很难想象的。首先，这些传统产业对资源依赖度大，对环境破坏程度强且经济效率差。其次，产业结构优化升级的路径从此将被切断。江西将沦为原材料供应地，简单加工装配基地，处于产业链低端。最后，江西在中部地区崛起、实现跨越式发展的宏伟目标将无法实现。若仅考虑竞争优势，这又忽视了江西处于工业化中期阶段这一事实。因此，在江西支柱产业选择过程中，应综合考虑比较优势和竞争优势，将两者相结合。做到既考虑当前产业发展优势，同时又兼顾产业未来发展趋势问题。所以，在确定支柱产业的备选行业时，可以参照比较优势准则和竞争优势准则。

四　工业体系中备选行业的确定

为了满足比较优势准则和竞争优势准则，在参阅大量文献研究的基础上，决定选用偏离－份额分析方法进行分析。偏离－份额分析法是把区域经济的变化看作是一个动态的过程，以其所在大区或整个国家的经济发展为参照系，将区域自身经济总量在某一时期的变动分为三个分量，即份额分量、产业结构偏离分量和竞争力偏离分量，以此说明区域经济发展和衰退的原因，评价区域经济结构优劣和自身竞争力的强弱，找出区域具有比较优势和竞争优势的产业部门，进而可以确定区域未来经济发展的合理方向和产业结构调整的原则。其分析过程如下。

假设区域 i 在经历了时间 $[0, t]$ 之后，经济总量和结构均已发生变化。设初始期（基年）区域 i 经济总规模为 $b_{i,0}$（可用总产值或就业人数表示），末期（截止年 t）经济总规模为 $b_{i,t}$。同时，按照一定的规则，把区域经济划分为 n 个产业部门，分别以 $b_{ij,0}$、$b_{ij,t}$（$j=1, 2, \cdots, n$）表示区域 i 第 j 个产业部门在初始期与末期的规模。并以 B_0、B_t 表示区域所在大区或全国在相应时期初期与末期经济总规模，以 $B_{j,0}$ 与 $B_{j,t}$ 表示区域所在大区或全国初期与末期第 j 个产业部门的规模。

区域 i 第 j 个产业部门在 $[0, t]$ 时间段的变化率为：

$$r_{ij} = \frac{b_{ij,t} - b_{ij,0}}{b_{ij,0}} \ (j=1, 2, \cdots, n)$$

所在大区或全国 j 产业部门在 $[0, t]$ 内的变化率为：

$$R_j = \frac{B_{j,t} - B_{j,0}}{B_{j,0}} \quad (j = 1, 2, \cdots, n)$$

以所在大区或全国各产业部门所占的份额按下式将区域各产业部门规模标准化得到：

$$b'_{ij} = \frac{b_{i,0} \cdot B_{j,0}}{B_0} \quad (j = 1, 2, \cdots, n)$$

这样，在 $[0, t]$ 时间段内区域 i 第 j 产业部门的增长量 G_{ij} 可以分解为 N_{ij}、P_{ij}、D_{ij} 三个分量，表达为：

$$G_{ij} = N_{ij} + P_{ij}$$
$$N_{ij} = b'_{ij} * R_j$$
$$P_{ij} = (b_{ij,0} - b'_{ij}) * R_j$$
$$D_{ij} = b_{ij,0} * (r_{ij} - R_j)$$
$$G_{ij} = b_{ij,t} - b_{ij,0}$$
$$PD_{ij} = P_{ij} + D_{ij}$$

其中，N_{ij} 代表全国增长份额，是指 j 部门的全国（或所在大区）总量按比例分配，区域 i 的 j 部门规模发生的变化，也就是区域标准化的产业部门如按全国平均增长率发展所产生的变化量。

P_{ij} 称为产业结构转移份额，指区域部门比重与全国相应部门比重差异引起的区域 i 第 j 部门增长相对于全国标准所产生的偏差，假定区域增长速度与全国平均增长速度一致，从而单独分析部门结构对经济增长的影响和贡献，P_{ij} 的值越大，说明部门结构对经济总量增长的贡献越大。

区域竞争力偏离分量 D_{ij} 代表区域份额效应，指地区与全国同一部门增长速度不同引起的偏差，反映了地区相对于全国的竞争能力，D_{ij} 的值越大，说明地区部门竞争力对经济增长的作用就越大。

PD_{ij} 称为总偏离分量，反映区域 i 第 j 个部门总的增长优势。

利用偏离 - 份额分析时，选取的时间跨度通常为 5 年。本节选取 2007~2011 年作为分析时间段，以 2007 年为基期，2011 年为末期，并把全国工业体系作为参照。通过对数据处理，得出结果，如表 3 - 5 所示：

表3-5 江西工业产业结构偏离-份额表

行业	G_{ij}	N_{ij}	P_{ij}	D_{ij}	PD_{ij}
煤炭开采和洗选业	89.09	301.44	-58.94	-153.41	-212.35
黑色金属矿采选业	102.51	70.15	-34.68	67.04	32.36
有色金属矿采选业	167.30	88.27	268.59	-189.55	79.04
非金属矿采选业	56.82	37.94	47.15	-28.27	18.88
农副食品加工业	585.91	407.11	-35.36	214.17	178.81
食品制造业	180.54	121.93	-1.96	60.56	58.60
饮料制造业	93.85	103.23	-10.05	0.66	-9.38
烟草制品业	40.08	46.31	8.92	-15.15	-6.23
纺织业	423.32	212.80	-44.03	254.56	210.53
纺织服装、鞋、帽制造业	282.63	90.77	10.85	181.01	191.86
皮革、毛皮、羽毛（绒）及其制品业	167.50	57.70	-11.58	121.39	109.81
木材加工及木、竹、藤、棕、草制品业	158.69	83.80	59.98	14.90	74.88
家具制造业	66.56	40.74	-23.39	49.20	25.82
造纸及纸制品业	129.47	87.97	-13.24	54.74	41.50
印刷业和记录媒介的复制	52.00	26.65	9.02	16.33	25.35
文教体育用品制造业	67.71	17.02	-6.94	57.63	50.69
石油加工、炼焦及核燃加工业	217.19	291.05	-66.82	-7.04	-73.86
化学原料及化学制品制造业	1307.49	520.18	-102.24	889.55	787.31
医药制造业	362.84	131.17	163.42	68.25	231.67
化学纤维制造业	6.39	39.03	-6.05	-26.58	-32.63
橡胶制品业	51.74	59.14	-28.59	21.19	-7.40
塑料制品业	192.80	114.03	-60.61	139.38	78.77
非金属矿物制品业	972.90	376.39	214.25	382.26	596.51
黑色金属冶炼及压延加工业	647.18	464.19	44.02	138.97	182.99
有色金属冶炼及压延加工业	2166.96	273.26	1001.30	892.39	1893.70
金属制品业	205.97	181.98	-68.38	92.37	23.99

行业	G_{ij}	N_{ij}	P_{ij}	D_{ij}	PD_{ij}
通用设备制造业	304.10	345.15	−231.93	190.88	−41.05
专用设备制造业	170.38	237.83	−155.45	87.99	−67.45
交通运输设备制造业	488.52	551.94	−67.51	4.09	−63.42
电气机械及器材制造业	874.40	418.99	−71.24	526.66	455.41
通信设备、计算机及其他电子设备制造业	458.14	375.64	−304.80	387.30	82.50
仪器仪表及文化、办公用机械制造业	46.23	50.83	−25.34	20.74	−4.60
工艺品及其他制造业	107.65	58.12	−10.82	60.35	49.53
废弃资源和废旧材料回收加工业	42.52	29.71	−19.17	31.97	12.80
电力、热力的生产和供应业	381.70	319.36	25.35	37.00	62.34
燃气生产和供应业	27.04	32.92	−24.17	18.30	−5.88
水的生产和供应业	15.54	5.83	−0.09	9.80	9.71

从偏离－份额表中分析可以看出：第一，N_{ij}都大于零。这说明江西工业内部各行业均属于增长型部门。其中增长份额较大的行业有农副食品加工业、纺织业、化学原料及化学品制造业、医药制造业、非金属矿物制品业、黑色金属冶炼及压延加工业、有色金属冶炼及压延加工业、交通运输设备制造业、电气机械及器材制造业等。第二，P_{ij}绝大部分都小于零。说明江西整体产业结构不合理，需加快结构调整。与全国对比，结构优势较明显的行业有：有色金属矿采选业、医药制造业、非金属矿物制品业，有色金属冶炼及压延加工业。第三，从D_{ij}来看，江西工业整体竞争优势尚可。优势较为突出的行业有农副食品加工业，纺织业，化学原料及化学品制造业，非金属矿物制品业，有色金属冶炼及压延加工业，通用设备制造业、电气机械及器材制造业以及通信设备、计算机及其他电子设备制造业。

综合上述各指标分析以及比较优势准则和竞争优势准则，以下19个行业确定为江西支柱产业的备选行业：有色金属矿采选业，农副食品加工业，食品制造业，纺织业，纺织服装、鞋、帽制造业，石油加工、炼焦及核燃料加工业，化学原料及化学制品制造业，塑料制品业，非金属矿物制品业，黑色金属冶炼及压延加工业，有色金属冶炼及压延加工业，金属制品业，通用设备制造业，专用设备制造业，交通运输设备制造业，电气机械及器材制造业，通信设备、计算机及其他电子设备制造业，电力、热力的生产和供应业。

五　第三产业体系中备选行业的确定

从世界经济发展历程来看，20 世纪 90 年代以来，作为现代服务业重要组成部分的旅游业已超过石油产业和汽车产业，成为世界第一大产业。旅游业代表了未来第三产业的发展趋势，并且旅游业与第三产业中的交通运输业、邮电通信业、商业、餐饮业及社会服务业五个产业部门高度关联。林源源（2009）研究结果表明，交通运输业、邮电通信业、商业、餐饮业、社会服务业中旅游消费剥离系数分别为 0.63%、0.25%、2.7%、4.71% 和 11.87%。因此，我们分析第三产业时仅考虑旅游业。从江西第三产业及旅游业发展的现实情况来看，仅选取旅游业来分析也是合理的。

江西具有优越的自然资源、深厚的人文环境，发展旅游业的基础条件良好。近些年，江西旅游产业发展迅速，尤其是红色旅游方兴未艾，更是成为一道亮丽的风景线。2001 年，江西旅游业实现收入为 161.4 亿元，到 2011 年其收入达到 1105.93 亿元。江西旅游业在第三产业中占据重要地位，2001 年，江西旅游业占第三产业产值为 18.31%，到 2011 年其比例达到 28.20%。因此，可以毫不夸张地说，旅游业占据江西第三产业的半边天。而且，旅游业对全省地区生产总值贡献份额也非常突出，2001 年，旅游业占全省地区生产总值的份额为 7.42%，2011 年达到 9.45%。按照通常支柱产业的判断标准，某产业的增加值在国民经济中占 5% 以上，则可把该产业列为支柱产业。由于江西旅游业的增加值缺失，但从 2011 年 9.45% 的贡献率来看，旅游业的增加值占地区生产总值的份额至少在 5% 以上。所以，从江西自身产业情况来看，旅游业已经成为支柱产业。

从全国范围来考虑江西旅游业发展情况。首先，江西旅游资源丰富。2011 年江西旅游景区总数为 115 个，其中 AAAAA 级的有 3 个、AAAA 级的有 46 个、AAA 级的有 29 个、AA 级的有 37 个。其次，旅游业发展好、吸纳就业人数多。2011 年全省入境旅游人数达 135.83 万次，国际旅游外汇收入 41500 万美元，从业人员达十多万人。再次，江西旅游业收入占全国旅游业总收入比例不断提高。2001 年，江西旅游业收入占全国旅游业总收入为 3.23%，到 2011 年，其比例达到 4.92%。总的来说，江西旅游业在全国还是具有一定的比较优势。

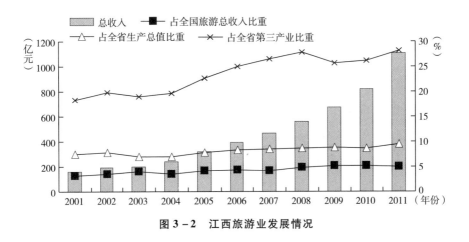

图 3-2　江西旅游业发展情况

综上分析，无论是基于比较优势准则还是竞争优势准则，旅游业都符合作为支柱产业的备选行业，且从江西旅游业发展的实际情况来看，已经成为江西的一大支柱产业。因此，可以将旅游业确立为支柱产业。下文将不再对旅游业进行论证。

第三节　江西支柱产业选择指标体系构建

一　支柱产业选择指标体系构建的原则

支柱产业选择指标体系的构建是一项复杂的系统工程，在实际构建过程中，需要以支柱产业相关理论为基础，结合江西经济发展实际情况，全面考虑各种影响因素。支柱产业的选择指标既要满足理论上的科学性和完整性，又要在数据上具有可比较性与可获得性。

支柱产业选择指标体系的合理性和科学性是进行支柱产业选择与评价

的前提与基础，也是培育支柱产业和引导支柱产业发展方向的有力保证。同时，支柱产业选择必须立足江西省情，选取恰当的指标体系。具体地讲，构建江西支柱产业选择指标体系必须遵循以下原则。

1. 科学性和目的性相结合。选择指标既要能够科学反映支柱产业的内涵与各产业实际发展情况，又要能够体现支柱产业培育的目的性。对内推动产业结构优化升级，对外提升区域核心竞争力。

2. 市场性和动态性相结合。市场环境是支柱产业成长与发展的主要因素，选择指标要能够与市场成熟度相适应，发挥市场调控的积极作用。同时要体现产业发展的动态性，充分反映支柱产业在经济发展中的作用。

3. 系统性和战略性相结合。指标选择要把握其系统性，制定的政策要与其他产业发展政策相配套，体现整体产业发展的协调性。指标选取不仅对支柱产业自身具有战略性，而且也是区域发展战略的重要部分，要体现稳定性与前瞻性、长期性与全局性的统一。

4. 选择指标数量必须适量，过多过少均不适合。指标过多，则加大了研究的烦琐性和不可预见性，且指标间的相关性可能较高。指标过少，则可能导致主导产业选择片面，代表性不足。

二　支柱产业选择指标体系设计

依据上述指标体系构建原则及支柱产业相关理论，结合江西当前经济发展态势，同时考虑数据的可获得性与可计算性。本节拟从比较优势、产业关联、经济效率以及生态效益四个方面来构建支柱产业选择指标体系。

1. 比较优势。不同区域不同阶段具有比较优势的产业各不相同，在选择支柱产业时要充分考虑在区域间以及区域内的产业相对比较优势。支柱产业的选择与培育要遵循发挥优势、因地制宜的原则，重点培育可以充分发挥区域比较优势的支柱产业，形成具有区域特色的产业结构。从比较优势角度选择的指标有两个：区位熵（X1）、比较劳动生产率（X2）。

2. 产业关联。较高的产业关联性是支柱产业的主要特征之一，关联性越大，则产业对区域经济发展的支撑性越强，对相关产业部门的辐射与带动作用越强。目前主要是通过投入产出表中的需求与供给两个角度来反映产业关联性。从需求的角度表现为后向关联系数，即影响力系数；从供给的角度表现为前向关联系数，即感应度系数。因此，这里也选取影响力系数（X3）和感应度系数（X4）两个指标来分析产业关联。

3. 经济效率。根据支柱产业特征，支柱产业自身必须具有增长性、技术性等发展优势。只有具有一定经济效益的产业，才能创造出较多的国内生产总值，吸纳更多的劳动力就业，从而起到支撑区域经济发展的作用。结合统计年鉴，确定衡量经济效益的指标主要包括以下六个：总资产贡献率（X5）、资本保值增值率（X6）、资产负债率（X7）、流动资产周转率（X8）、成本费用利润率（X9）以及产品销售率（X10）。

4. 生态效益。发达国家走过的先污染后治理道路对我们来说是一记警钟。在人口、资源和生态环境冲突日益加剧的今天，产业发展已经不能完全仅仅考虑经济效率。如果发展会对环境造成巨大的破坏，这种发展是不可持续的，最终将付出巨大的代价。这就是我们今天提倡的新型工业化、循环经济、生态经济的意义所在。因此，支柱产业选择时，必须考虑生态效益。对生态效益的衡量选取能源消耗产值率（X11）和三废治理系数（X12）两个指标。

表 3－6　江西支柱产业选择指标体系

江西支柱产业选择指标体系	比较优势	区位熵（X1）
		比较劳动生产率（X2）
	产业关联	影响力系数（X3）
		感应度系数（X4）
	经济效率	总资产贡献率（X5）
		资本保值增值率（X6）
		资产负债率（X7）
		流动资产周转率（X8）
		成本费用利润率（X9）
		产品销售率（X10）
	生态效益	能源消耗产值率（X11）
		三废治理系数（X12）

三 各项指标说明

区位熵 （X1）。一个反映区域行业生产专业化程度指标。在区域经济学中，通常用区位熵来表示某地区特定产业在全国范围内的竞争优劣情况。区位熵是指一个地区特定部门的产值（或就业人数）在地区工业总产值（或总就业人数）中所占的比重与全国该部门产值（或就业人数）在全国工业总产值（或总就业人数）中所占比重之间的比值。用公式表示如下：

$$Q_j = \frac{A_j}{B}$$

式中：Q_j 表示某地区 j 产业的区位熵；A_j 表示某地区 j 产业部门产值（或就业人数）占某地区总产值（或总就业人数）比重；B 表示全国 j 产业部门产值（或就业人数）占全国总产值（或总就业人数）比重。

当 $Q_j > 1$ 时，表明该产业在该地区的专业化程度超过全国平均水平，竞争能力较强；当 $Q_j = 1$ 时，表明该产业在该地区的专业化程度与全国平均水平相同，处于均势，优势不明显；当 $Q_j < 1$ 时，表明该产业在该地区的专业化程度低于全国平均水平，此时产业处于劣势。

比较劳动生产率 （X2）。指的是地区内某行业劳动生产率与该区域内所有行业的平均劳动生产率之比。比较劳动生产率的值越大说明该行业在区域内的生产效率就越高，比较优势越明显。

影响力系数 （X3）。影响力系数值越大，表明在国民经济发展过程中该产业部门对其他产业部门的拉动作用越大。影响力系数一般由里昂惕夫逆矩阵计算而来，投入产出表中编制了各行业的影响力系数值。

感应度系数 （X4）。与影响力系数类似，在投入产出表中都有揭示，但表达的意思不同。感应度系数反映的是某产业受其他产业部门的影响程度，其值越大，表明受其他产业影响程度越大。

总资产贡献率 （X5）、资本保值增值率 （X6）、资产负债率 （X7）、流动资产周转率 （X8）、成本费用利润率 （X9）以及产品销售率 （X10）都是反映某行业的经济效益方面的财务指标，它们都可以在江西省统计年鉴中找到。

能源消耗产值率（X11）。其值为某产业的总产值与该行业能源消费量之比。反映的是消耗单位标准煤的产业产值，数值越大说明单位能源消耗的产出越多，产业越节能。对于能源消费总量的计算，先在年鉴中找到各行业的标准煤消耗总量，再利用一个合理的价格进行计算。2011 年，动力煤的价格大致为每吨 500 元，而动力煤与标准煤相近。因此，采用每吨 500 元进行粗略计算。

三废治理系数（X12），即三废治理量与三废排放量之比。该指标反映产业对环境的污染程度，指标越大，说明该产业的污染程度越小。在计算时，废气排放、治理量不容易量化，且存在单位不统一的问题。为了分析简便，将统计年鉴中"一般工业固体废物综合利用量"代替三废治理量、"一般工业固体废物生产量"代替三废排放量，这样就近似得到三废治理系数值。

第四节　江西支柱产业选择的评价模型及其实证分析

一　支柱产业选择的评价模型

通过上节分析，确定了江西支柱产业选择评价指标体系，在这个指标体系中，包含 12 个具体指标。相对来说，选择的指标较多，并且指标之间可能具有内在相关性。例如，经济效率中 6 个指标就很可能会高度相关。综合考虑，最终选用因子分析方法。

因子分析方法是从研究相关矩阵内部的依赖关系出发，把一些具有错综复杂关系的变量归结为少数几个综合变量的一种多变量统计方法。其主体思想是"降维"，即通过对诸多变量的相关性研究，用少数几个变量来表示原来变量的主要信息，进而用以替代原来的变量解释一些经济、社会的信息等。

因子分析的一般模型为：

$X = (X_1, X_2, \cdots, X_p)'$ 为 P 元随机变量的，$EX = \mu$，$X = \Sigma$，如果可表示为：

$$X_I = \mu_i + a_{i1}F_1 + \cdots + a_{im}F_{im} + \varepsilon_i, \quad (i = 1, 2, \cdots, p, \ m \leqslant p)$$

$$
或\quad
\begin{bmatrix} X_1 \\ X_2 \\ \vdots \\ \mu_p \end{bmatrix}
=
\begin{bmatrix} \mu_1 \\ \mu_2 \\ \vdots \\ \mu_p \end{bmatrix}
+
\begin{bmatrix}
a_{11} & a_{12}\cdots a_{1m} \\
a_{21} & a_{22}\cdots a_{2m} \\
\vdots & \vdots \quad \vdots \\
a_{p1} & a_{p2}\cdots a_{pm}
\end{bmatrix}
\begin{bmatrix} F_1 \\ F_2 \\ \vdots \\ F_m \end{bmatrix}
+
\begin{bmatrix} \varepsilon_1 \\ \varepsilon_2 \\ \vdots \\ \varepsilon_p \end{bmatrix}
$$

$$或\ X-\mu=AF+\varepsilon$$

称模型 $x-\mu=AF+\varepsilon$ 为正交因子模型，称 F_1，F_2，$\cdots$，F_m 为公共因子，它们是不可观测的变量，它们的系数矩阵 A 称为因子载荷矩阵；a_{ij}（$i=1$，2，$\cdots$，p，$j=1$，2，$\cdots$，m）称为第 i 个变量在第 j 个因子上的载荷（简称为因子载荷），ε_1，ε_2，$\cdots$，ε_p 称为特殊因子，它们是不能被前 m 个公共因子包含的部分；并且满足：

$cov\ (F，\varepsilon)\ =0$，即 F，ε 不相关；

$$
E\ (F)\ =0,\ D\ (F)\ =
\begin{bmatrix}
1 & & & \\
& 1 & & \\
& & \ddots & \\
& & & 1
\end{bmatrix}
=I_m，即\ F_1，F_2，\cdots，F_m\ 不相关；
$$

$$
E\ (\varepsilon)\ =
\begin{pmatrix} 0 \\ \vdots \\ 0 \end{pmatrix},\ var\ (\varepsilon)\ =
\begin{bmatrix}
\sigma_1^2 & & & \\
& \sigma_2^2 & & \\
& & \ddots & \\
& & & \sigma_p^2
\end{bmatrix}
$$

其中 $F=\ (F_1，F_2，\cdots，F_m)'$，$\varepsilon\ (\varepsilon_1，\varepsilon_2，\cdots，\varepsilon_p)'$

用矩阵的表达方式：

$$X-\mu=AF+\varepsilon,\ E\ (F)\ =0,\ E\ (\varepsilon)\ =0,\ var\ (F)\ =I_m$$

$$
cov\ (F，\varepsilon)\ =E\ (F\varepsilon')\ =
\begin{bmatrix}
E\ (F_1\varepsilon_1) & E\ (F_1\varepsilon_2) & \cdots E\ (F_1\varepsilon_p) \\
E\ (F_2\varepsilon_1) & E\ (F_2\varepsilon_2) & \cdots E\ (F_2\varepsilon_p) \\
\vdots \quad \vdots & & \ddots \quad \vdots \\
E\ (F_m\varepsilon_1) & E\ (F_m\varepsilon_2) & \cdots E\ (F_m\varepsilon_p)
\end{bmatrix}
=0
$$

$$
var\ (\varepsilon)\ =
\begin{bmatrix}
\sigma_1^2 & & & \\
& \sigma_2^2 & & \\
& & \ddots & \\
& & & \sigma_p^2
\end{bmatrix}
$$

二 基于因子分析方法的江西支柱产业选择实证分析

依据各指标的解释，通过数据的搜集并计算得出表3-7。

表3-7 江西省2011年工业主要行业各项指标值

行　业	X1	X2	X3	X4	X5	X6
有色金属矿采选业	2.80	1.24	1.00	0.87	37.52	128.15
农副食品加工业	0.89	1.17	1.03	0.85	26.95	133.22
食品制造业	0.91	0.72	1.03	0.85	30.01	126.43
纺织业	0.94	0.56	1.10	1.00	34.25	132.18
纺织服装、鞋、帽制造业	1.44	0.42	1.17	0.92	42.44	128.29
石油加工、炼焦及核燃料加工业	0.55	3.66	0.86	1.10	20.08	82.87
化学原料及化学制品制造业	1.27	1.23	1.13	2.34	18.20	130.05
医药制造业	1.83	0.92	1.16	0.72	26.02	123.11
塑料制品业	0.76	0.75	0.86	0.42	36.16	150.14
非金属矿物制品业	1.27	0.96	1.04	0.87	30.77	130.84
黑色金属冶炼及压延加工业	0.89	1.42	1.39	3.30	10.91	109.25
有色金属冶炼及压延加工业	4.53	2.19	1.51	2.95	25.74	129.44
金属制品业	0.64	1.00	1.33	0.69	30.43	172.04
通用设备制造业	0.46	0.87	1.23	1.65	20.75	126.97
专用设备制造业	0.41	0.71	1.23	1.65	24.34	103.22
交通运输设备制造业	0.64	0.79	1.37	0.81	12.12	110.10
电气机械及器材制造业	1.08	1.05	1.20	0.96	23.01	128.59
通信设备、计算机及其他电子设备制造业	0.42	0.54	0.88	0.87	20.44	125.60
电力、热力的生产和供应业	0.81	1.72	1.13	2.28	3.41	89.15

续表

行业	X7	X8	X9	X10	X11	X12
有色金属矿采选业	43.98	3.99	16.96	95.82	144.89	0.20
农副食品加工业	45.55	7.74	5.19	99.21	374.42	0.93
食品制造业	41.82	7.40	8.20	99.76	74.08	0.99
纺织业	44.06	8.63	7.06	99.09	172.05	0.93
纺织服装、鞋、帽制造业	39.44	7.88	7.62	98.26	466.52	0.97
石油加工、炼焦及核燃料加工业	85.20	4.70	− 3.22	99.48	58.02	0.98
化学原料及化学制品制造业	56.37	4.18	7.92	98.72	108.82	0.98
医药制造业	44.51	4.23	7.47	98.14	263.10	0.69
塑料制品业	32.38	10.73	7.28	99.33	208.48	1.00
非金属矿物制品业	46.93	5.70	13.03	99.51	21.46	0.95
黑色金属冶炼及压延加工业	72.84	4.84	2.93	99.95	15.78	0.94
有色金属冶炼及压延加工业	52.66	4.22	6.22	98.57	215.50	0.92
金属制品业	34.11	6.59	7.37	98.81	246.90	0.46
通用设备制造业	52.38	3.93	7.32	99.49	283.84	0.97
专用设备制造业	42.07	6.04	8.01	98.64	291.70	0.95
交通运输设备制造业	62.21	1.83	7.18	98.93	217.00	0.88
电气机械及器材制造业	52.24	4.84	7.21	98.75	290.50	0.99
通信设备、计算机及其他电子设备制造业	46.67	6.30	5.22	98.71	358.02	0.58
电力、热力的生产和供应业	80.17	4.48	− 2.57	99.95	36.08	0.97

在进行因子分析之前，首先需要判断原始数据是否适合做因子分析。将数据输入 SPSS19 中，对其进行 KMO 样本测度和巴特莱特（Bartlett）球形度检验，得到的结果如表 3 - 8 所示。

表 3 - 8 KMO 和 Bartlett 的检验

取样足够度的 Kaiser – Meyer – Olkin 度量。		.547
Bartlett 的球形度检验	近似卡方	161.559
	df	66
	Sig.	.000

一般认为，KMO 值大于 0.5 就适合做因子分析。表 3 - 8 给出的 KMO 值为 0.547，大于 0.5，因此可以用因子分析法。

进一步的，采用主成分分析方法来确定公共因子个数。常用的公共因子确定方法有：特征值、因子累计方差贡献率以及碎石图。SPSS 处理结果如表 3 - 9 所示。

表 3 - 9 解释的总方差

成分	初始特征值			提取平方和载入			旋转平方和载入		
	合计	方差的 %	累积 %	合计	方差的 %	累积 %	合计	方差的 %	累积 %
1	4.867	40.558	40.558	4.867	40.558	40.558	2.686	22.386	22.386
2	2.412	20.104	60.662	2.412	20.104	60.662	2.649	22.079	44.465
3	1.476	12.303	72.965	1.476	12.303	72.965	2.479	20.656	65.120
4	1.062	8.852	81.817	1.062	8.852	81.817	2.004	16.697	81.817
5	.816	6.804	88.621						
6	.549	4.573	93.195						
7	.361	3.012	96.207						
8	.183	1.524	97.730						
9	.144	1.204	98.934						
10	.060	.499	99.434						
11	.047	.389	99.823						
12	.021	.177	100.000						

提取方法：主成分分析法

依据特征值大于 1 以及累计方差贡献率大于 80% 的原则，提取 4 个主因子。从表 3 - 9 可以看出，前 4 个因子的特征值都大于 1，而且它们的累

图 3 - 3　SPSS 分析提供的碎石图

计方差贡献率达到81.817%。从碎石图（见图3－3）也可以看出有4个因子的特征值大于1。因此，提取前4个主因子是比较合适的。

表 3 - 10　因子载荷矩阵

	成　　分			
	1	2	3	4
X1	.131	.772	.076	.524
X2	-.666	.202	-.428	.399
X3	-.210	.533	.745	-.110
X4	-.655	.390	.431	.226
X5	.857	-.048	-.108	.396
X6	.778	-.010	.311	.144
X7	-.947	.087	-.230	-.051
X8	.505	-.674	.059	.433
X9	.770	.384	.036	-.030
X10	-.568	-.661	.367	.110
X11	.550	-.090	.240	-.334
X12	-.474	-.532	.433	.270

因子载荷矩阵（见表3－10），列出了各项变量对应于4个公共因子的载荷值，根据该矩阵可以列出4个公共因子的表达式或因子模型。

主因子一：

F1 = 0.131X1 − 0.666X2 − 0.21X3 − 0.655X4 + 0.857X5 + 0.778X6 − 0.947X7 + 0.505X8 + 0.77X9 − 0.568X10 + 0.55X11 − 0.474X12

同理，依次可以列出主因子二（F2）、主因子三（F3）和主因子四（F4）的表达式。然后，分别将19个备选行业的12个原始指标值代入上述因子表达式中，即可求得19个行业对应的4个公共因子的因子值。

采用主成分分析法进行因子分析，公因子在许多变量上均有较高的载荷，但实际含义比较模糊，无法对各公共因子做出明确的说明。对因子载荷矩阵进行方差极大旋转后，便可提高其解释能力，旋转后的因子分析结果如表3－11所示。

表3－11　旋转因子载荷矩阵[a]

	成　分			
	1	2	3	4
X1	− .507	.378	.357	.606
X2	.025	− .214	.882	.039
X3	.025	− .191	− .217	.901
X4	.248	− .247	.377	.745
X5	− .338	.835	− .204	− .229
X6	− .180	.648	− .516	.070
X7	.253	− .686	.646	.092
X8	.370	.746	− .180	− .417
X9	− .625	.421	− .408	.090
X10	.937	− .140	.088	− .003
X11	− .132	.147	− .660	− .066
X12	.856	.029	.124	.133

经过旋转后，第一因子在X10和X12上具有很大的载荷和解释能力，这两个指标分别代表产品销售率和三废治理系数。因此，主因子一主要是反映行业的可持续发展能力，X10、X12值越大说明该行业发展潜力越大。第二因子在X5、X6和X8这三个指标上具有很大的载荷和解释能力。这些指标反映了行业经济效率，其值越大，说明行业经济效益越好。第三因子在X2和X7上具有很大的载荷和解释能力。这两个指标主要是反映行业的

生产效率，其值越大说明行业的生产效率越高。第四因子在 X1 和 X3 上具有很大载荷和解释能力。这两个指标主要是反映行业所处的竞争地位以及行业与其他行业之间的关联性大小，其值越大说明行业越具有竞争优势。

最后，根据回归分析所得到的各因子得分，采用加权平均法计算出江西支柱产业 19 个备选行业的综合得分，其计算公式为：

$$F = （40.558\% F1 + 20.104\% F2 + 12.303\% F3 + 8.852F4）/81.817$$

计算得出各备选行业的综合得分及排名情况，如表 3 - 12 所示。

表 3 - 12　各备选行业综合得分及排名

行　业	F1	F2	F3	F4	F	排名
有色金属冶炼及压延加工业	- 0.38828	1.19984	1.34594	2.88317	0.616677	1
黑色金属冶炼及压延加工业	1.02781	- 0.79661	0.54666	1.43718	0.551454	2
食品制造业	0.71806	0.84294	0.07606	- 0.464	0.524316	3
纺织业	0.56244	1.0284	- 0.17931	- 0.31436	0.470533	4
塑料制品业	0.6206	1.43073	- 0.4309	- 1.19263	0.46537	5
农副食品加工业	0.50909	0.4385	0.4032	- 0.57685	0.358331	6
电力、热力的生产和供应业	0.97384	- 1.54209	1.07123	- 0.00188	0.264707	7
非金属矿物制品业	0.07228	0.75638	0.33762	- 0.20847	0.249901	8
石油加工、炼焦及核燃料加工业	0.34139	- 0.79964	2.80544	- 1.69375	0.211354	9
纺织服装、鞋、帽制造业	0.09725	1.00494	- 0.90263	0.01585	0.161126	10
化学原料及化学制品制造业	0.06717	- 0.18596	0.28833	0.66364	0.102761	11
交通运输设备制造业	0.44234	- 0.72861	- 0.92527	0.41801	- 0.05367	12
电气机械及器材制造业	0.06571	- 0.29713	- 0.54501	0.14317	- 0.1069	13
专用设备制造业	0.22034	- 0.45149	- 0.84004	0.1253	- 0.11448	14
金属制品业	- 0.46498	0.40869	- 1.12145	0.1576	- 0.28166	15
医药制造业	- 0.97553	- 0.32815	- 0.33357	- 0.05049	- 0.61984	16
通信设备、计算机及其他电子设备制造业	- 0.40937	- 0.76262	- 0.85721	- 1.2941	- 0.65923	17
通用设备制造业	- 0.30242	- 1.96548	- 1.06674	0.3642	- 0.75387	18
有色金属矿采选业	- 3.47774	0.24736	0.74624	- 0.42161	- 1.59659	19

从表 3 – 12 可以看出，排在前六位的行业部门依次是：有色金属冶炼及压延加工业、黑色金属冶炼及压延加工业、食品制造业、纺织业、塑料制品业以及农副食品加工业。总体来看，这些产业具有良好的发展基础，对江西经济发展贡献大。排在后三位的是：通信设备、计算机及其他电子设备制造业，通用设备制造业以及有色金属矿采选业。这些行业总体发展情况不太理想，不宜充当经济发展中的支柱产业。

三　江西支柱产业的确定

对于表 3 – 12 中排名前六位的行业，其中有色金属冶炼及压延加工业、黑色金属冶炼及压延加工业、食品制造业在各方面的表现都较好。因此，可以将其列为支柱产业。但对于纺织业、塑料制品业和农副食品加工业，这三个行业在生产效率（F3）和关联效应（F4）方面表现较差，可以将它们排除在支柱产业范围之外。

支柱产业选择需要考虑多方面因素。表 3 – 12 排名靠前的只是说明该行业目前发展较好，但支柱产业选择过程中不但要关注行业现有发展水平，还要考虑政策的引导、产业的前景和成长性。交通运输设备制造业中的新能源汽车、航空工业，电气机械及器材制造业中的光伏产业，医药制造业中的中成药、生物医药等，这些行业都代表了未来产业结构调整的方向，并且江西目前也具备发展这些行业的基础条件。所以，有理由将交通运输设备制造业、电气机械及器材制造业和医药制造业确定为支柱产业重点培育。

综上分析，从工业角度最终确定的支柱产业有以下六大类：有色金属冶炼及压延加工业、黑色金属冶炼及压延加工业、食品制造业、交通运输设备制造业、电气机械及器材制造业以及医药制造业；再加上第二节中选定的旅游业。因此，本章确定的江西支柱产业有七大类：有色金属冶炼及压延加工业、黑色金属冶炼及压延加工业、食品制造业、交通运输设备制造业、电气机械及器材制造业、医药制造业以及旅游业。

第四章　江西支柱产业的培育
内容和发展路径

第一节　基于区域特色的江西支柱产业的培育模式分析

一　支柱产业一般培育模式的分类

从支柱产业发展的驱动因素角度，支柱产业发展路径可以分为三种：市场培育下的内生式、政府培育下的外推式、政府和市场共同作用的模式。

市场培育下的内生式形成与发展路径主要是指在与其他产业的市场竞争中，支柱产业在自然市场环境下依靠自身的发展潜力和特点，优先取得市场份额和生产要素，并依托比较优势在市场机制的作用下，逐步经历产业孕育和发展，持续扩大其市场份额，从而形成具有影响力的产业。从另一个角度来看，也是企业在千变万化的市场需求中，通过长期的技术引进消化或自主研发，研制出与市场需求相匹配的新产品，并将新产品大量生产，最终形成新产业的过程。在这种模式下，企业是支柱产业培育和发展的主体，在多变的市场环境下，作为独立决策者的企业，选择它认为有广阔发展前景的领域进行自主研发，开发出适合市场需求的新产品，在企业对新产品市场培育方面的先期引导作用下，新产品的市场规模逐步扩大，最终形成对经济社会全局和长远发展具有重大引领和带动作用的新产业。因此，此路径也称为市场机制作用下的内生式发展模式，这种路径以美国和欧洲等国家为代表。

政府主导型的外推式形成与发展路径主要指战略性新兴产业通过政府

政策的倾斜式扶持，优先取得必需的生产要素、经济资源和市场份额，进而经过发育－成长－发展的过程方式，实质是支柱产业在人为市场环境下进行生存竞争，并逐步谋求发展的结果。在这种发展模式下，政府依照经济社会发展的总体目标，对支柱产业制定规划，统揽一切，并以行政命令的方式强制要求地方政府与相关企业执行。此外，政府还将制定各种措施及奖惩政策促进目标的顺利实现。也就是说在与其他产业的竞争中，政府通过明确的政策导向、产业化以及对高新技术成果转化的财政政策扶持，使其获得优势地位。其实质是支柱产业在政府庇佑下发展成长起来的，这种路径以东亚各国为代表。

政府与市场共推型发展路径主要是一种市场拉动和政府推动相结合的模式。这种模式在现实生活中运用比较广泛，这种模式也是支柱产业形成与发展中最重要的一种发展方式。纯粹的市场自发模式和纯粹的政府主导模式在我国支柱产业发展环境中都是不多见的，这种发展路径是指产业在市场机制与政府政策共同构筑的环境中形成与发展。也可以理解为支柱产业的形成与发展是市场选择和政府政策扶持共同作用的结果。在这种模式下，政府与企业各司其职。其中政府负责在税收、融资、土地、基础设施、人才、项目审批等方面出台扶持支柱产业发展的各种优惠政策，为企业的产品研发，乃至众多企业聚集成产业，形成集群，并最终为支柱产业"保驾护航"。这种发展模式，由于产业获得了政府的细心"呵护"，企业的产品研发将如鱼得水，最终在一定区域形成具有战略影响的产业。

二　制约江西支柱产业发展的因素

（一）产业技术自主创新能力薄弱的制约

工业是江西经济结构中的短板，江西经济落后的症结之一就是工业化进程滞后。而在现有工业产品中，在国内外市场上有强大影响力的名牌产品少，高新技术产品少，产业的科技攻关能力弱，普遍缺乏自主开发、自主创新的能力，严重制约了江西经济的进一步发展和提升。

遍存在，政府要弥补市场失灵，充分发挥政府在公共资源配置中的引导性作用，在研发和需求领域的激励作用，在商业化过程中的服务作用，在公共领域市场的规范作用，为支柱产业的发展创造良好的环境。在市场经济体制下，政府并非要完全退出经济领域才能实现职能根本转变，只要使政府职能由市场交易主体逐步转变成为"守夜人"，承担起引导、激励、服务、规范市场的重任，与市场调节一起共同构建完善的经济运行调控机制。

基于以上提到的制约江西支柱产业发展的因素，考虑支柱产业一般培育模式的三种基本类型各自的特点，我们认为市场培育和政府扶持共同培育支柱产业的模式继承了市场和政府共同的优点，在很大程度上解决了只依靠以上两种模式的不足，这种模式把两者的长处结合起来，形成一种合力。因此，由政府推动和市场拉动共同作用的合力更有利于支柱产业的培育。

第二节　江西支柱产业培育的主要内容

一　大力发展金属新材料

江西省拥有全国最大的铜冶炼加工企业，江铜集团铜综合生产能力进入世界前列。江钨控股集团公司构筑起钨（含钼、锡、铋）、稀土、镍钴、再生金属、装备制造五大产业集群。具有相当规模和技术水平的稀土深加工应用产业集群在江西省已经形成。2011 年，江西省主营业务收入超千亿元的产业增至 5 个。其中，有色行业主营业务收入突破 4000 亿元，达4159.6 亿元，增长 53%。有色金属产业作为"龙头老大"继续引领全省产业发展。

当稀土遇到陶瓷会发生什么变化？江西省拥有了粉红色陶瓷制备技术发明专利等多项自主知识产权，开发出超细钇锆粉体、稀土陶瓷餐刀、稀土陶瓷结构件、稀土陶瓷手表等一批新材料和新应用产品，稀土钇锆陶瓷每年产能为 3000 多吨。

江铜铜箔项目年生产能力达 1.1 万吨，其装备和技术处于国内领先水平。江钨高铁公司研发的 CTMH150 铜镁合金接触线等 6 种产品主要技术指标达国际领先水平。

按规划，到 2015 年，江西省将培育壮大一批具有国际竞争力的龙头企业和特色产业基地，配套建成一批国家级创新平台和企业技术中心，金属新材料的开发、应用和产业化水平总体达到国内先进水平，打造全国金属新材料产业强省，并带动壮大一批下游产业。

二　改造和提升农副食品加工业

依托资源和品牌优势，加快发展农副食品加工制造业。加快食品工业原料基地建设，实施名牌战略和规模化战略，培育发展一批农产品加工龙头企业，推进农产品加工由初级加工向高附加值精深加工转变；进一步扩大农副产品深加工的领域和深度，在巩固提高粮食、水产品深加工产业链的同时，积极支持果蔬深加工产品发展，着力拉长和延伸产品和产业链条；依托优质农产品原料基地和食品工业龙头企业，结合一批重大项目建设，推动全省食品工业由群体优势向"品牌加规模"优势转化。

加快重组改造，大力提升和壮大江西省饮料制造业。加快推进资产重组和品牌整合。适应消费结构升级，整合全省酿酒和饮料产业，实施大企业大集团战略，进一步拉长产业链条、推进全省果蔬精深加工，提高江西饮料制造业在全国市场的竞争力。力争把江西省建设成全国重要的农产品加工基地和食品工业强省，初步建成食品工业比较优势明显、结构优化、市场竞争力较强的全国性食品工业基地，规模以上食品工业年均增长 10%以上。

三　积极发展通用设备制造业

目前，江西省的交通运输制造业的比较优势和竞争优势较为突出，汽车工业已成为江西省具有一定规模和技术基础的支柱产业，其中轻型车和微型车在国内占有一定优势，成为中国轻型车和微型车的重要生产基地之一。目前，江西省汽车工业基本上形成了以江铃和昌河为核心的整车与零部件产业链，对全省的经济发展起着举足轻重的作用。因此，要倾全省之力，积极扶持和发展江西省的汽车工业，努力建设中国最具实力的汽车工业大基地，充分发挥对全省经济的带动作用。

四　发展医药制造业

江西省的医药制造业虽然有一定的比较优势，但竞争优势还有待于进一步提高，因此，应充分利用江西省资源丰富的优势，大力发展医药制造业，将生物制药技术与现代中药相结合，重点抓好中药保护、品种开发及中药现代化产业基地建设项目、中药材优势产业链项目、医药企业 GMP 改造项目、生物技术及新药产业基地建设等项目的建设。2005 年 3 月，江西省已获准组建国家中药现代化科技产业基地，这是获准建设的全国五个省份之一。基地建设将形成适合江西省区域特点的发展模式，从而使江西中药的区域、传统、资源和政策优势转化为产业优势，促进中药产业成为江西支柱产业。在该基地建成的基础上，全省中药材种植面积可达 100 万亩，中药材良种繁育基地可达 3000 亩；中药提取物和中成药的产值可实现平均33% 左右的年增长率，中成药产值可突破 150 亿元，进一步提升产品的档次和质量，将江西中药产业推向国际市场。医药制造业以汇仁集团、江中制药集团、江西省医药集团公司三家重点医药企业，以及企业所在地为核心的具有区域特色的产业集群，努力形成规模效益和集聚效应。

五　推进生态旅游业发展

绿色生态环境良好一直都是江西省的主要对外宣传形象，"绿色家园"是江西自然环境的真实写真。为突出江西的生态、绿色旅游理念，在旅游开发建设过程中应落实到每一步工作中。在促进当地经济快速发展的同时，实现生态环境同经济社会的和谐发展，争取构建一个资源节约型、环境友好型社会。

依托人文生态环境，发展"生态乡村游""红色旅游"。俗语说"五里不同风，十里不同俗"，江西省各地风土人情和生活空间各具特色，人文生态环境丰富。江西省的旅游开发可结合各地旅游资源的特点，积极探索不同的以人文生态环境为依托的旅游发展模式。例如，可将其融入现代型农业发展，实现农村现代化、新型工业化和促进城镇化中来，加大农村原生态旅游的建设力度，打造一个绿色原生态、和谐平安的旅游形象。

同时，江西省作为我国近代革命的发源地，拥有着众多红色旅游资源。其可依据自身特色，加大对红色旅游的建设力度，加快旅游地的基础设施建设，同时可结合当前新农村建设的基础，以建设原生态旅游目的地为重点，从整体出发，着手打造"红色旅游家园、红色摇篮"品牌，并合理有效地加快现阶段"六大旅游圈"的实际建设步伐，以红色旅游为重点，引领和促进绿色以及古色型旅游的全面发展。

第三节 江西省支柱产业的发展方向

一 加强技术创新体系建设，加快支柱产业技术进步

要在大力发展劳动密集型产业的同时，不失时机地推进产业升级，增强资本密集型和技术密集型产业的竞争优势；促进整个国民经济的物质技术基础和手段实现现代化，采取有利于改变在国际制造业分工体系中主要从事加工低等级低附加值产业的积极措施，改变为跨国公司"打工"的状况，实现由"江西制造业基地"向"江西创新基地"的转变；要采取有利于改善国际贸易条件的积极措施，增加技术密集型制造业的国际竞争力，促进出口产品的结构升级换代；特别是针对江西发展所面临的资源短缺，尤其是优质能源短缺所出现的矛盾，工业科技创新目标的选择要着眼于努力解决能源、原材料、水和森林等资源短缺与国内市场需求量日益增长的矛盾。重点建立以企业技术研发中心为主要载体的企业技术创新体系，以产学研联合为纽带的科技成果转化体系，区域性技术创新支持体系，中小企业技术创新中介服务体系，以政策法规为主要方式的政府技术创新引导体系。组织实施重大技术创新专项计划，推动共性技术和关键技术的创新和集成，形成一批拥有自主知识产权的核心技术，培育具有核心竞争能力的企业和产品。坚持先进技术引进与消化吸收和自主创新相结合，有选

择、有重点地发展高新技术产业，加快传统产业的改造升级，努力转变经济增长方式，提高经济运行质量。

二 优化支柱产业的生产力布局

努力争取更多的项目列入国家技术改造各类专项计划。继续大力招商引资，为企业引进战略性投资，实施合资嫁接。制定完善的江西省支柱产业重点产品技改投资目录，优先支持高新技术产业化项目和优势特色企业改造，努力促进支柱产业核心企业增强发展后劲和提高核心竞争力。与此同时，做大做强一批有高成长性的工业园区。工业园区要在加强产业配套、增强产业集聚度和关联度上狠下功夫。要按照土地集约化经营、资源循环利用的要求，搞好建设规划。同时，更要注重搞好产业规划，依据地区优势，突出产品特色。在此基础上，通过自我调整，招商引资，不断提高园区配套能力，做大做强一批布局集中、主导产业突出、特色鲜明的高成长性工业园区。另外，要适应产业集群发展的要求，加快园区交通、通信、电力等基础设施和物流、研发、人才、法律、金融等公共服务平台建设，不断改善园区经济发展环境，增强园区对支柱产业群的配套力，强化园区产业导向，建设一批支柱产业的企业和项目研发和生产基地。着力建设江铃、昌河、江铜、星火有机硅、赣南稀土、中成药及生物医药、新钢、萍钢等特色工业小区。加强政策引导，引进相关企业入园落户，建立中小企业与支柱产业核心企业分工协作的关联体系，形成产业集聚，提高支柱产业的整体竞争力。

三 以战略性新兴产业带动支柱产业升级

战略性新兴产业是以重大技术突破和重大发展需求为基础，对经济社会全局和长远发展具有重大引领作用，知识技术密集，物质资源消耗少，成长潜力大，综合效益好的产业。江西必须围绕战略新兴产业，培育上述产业链。同时，要将自身的功能定位在产业链的两头，发展附加值高的产业链功能。

按照区域功能定位的要求，着力建设高端产业功能区。有条件的情况

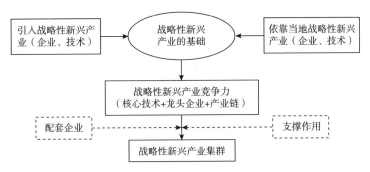

图 4－1　战略性新兴产业的发展路径

下积极吸引相关产业内跨国公司区域性总部和国内知名公司的总部和行业内的研究开发机构、市场研究机构等落户江西，引导相应产业链的发展趋势。其次，从各产业链内部产业联系来看，有一些产业在各个产业链中都扮演着关键性的投入来源角色，包括金融业、信息传输服务业、计算机服务业、软件业、科技交流和推广服务业、广告业等为生产者服务业的高端服务业，这些产业是培育江西战略新兴产业链至关重要的产业，必须优先发展。再次，在研究与开发方面，江西既要突出产品和技术的自主研发，也要强调创意产业的发展。最后，在产业链的制造生产环节上，江西需要有区域性思维，尤其是促进与发达地区实现产业链的区域分工，鼓励相关产业内的企业将生产制造环节迁移到江西。

四　推进产业发展体制机制创新，为支柱产业的成长壮大提供良好的制度环境

做强做大江西支柱产业，必须运用体制创新和科技创新两个"强动力"。江西与先进地区的发展差距，既有技术基础的差距，更有思想观念和体制机制的差距。种种不适应市场经济发展的旧体制、旧机制严重束缚着人们的思想，扼杀人们的积极性和创造性。因此，要坚决冲破一切妨碍发展的思想观念，坚决革除一切影响发展的体制弊端。要把加强技术创新与加强体制创新、机制创新、观念创新、政策创新与管理创新紧密结合起来，通过深化经济体制、科技体制、教育体制和政府机构的改革，形成以企业为主体的产学研合作的技术、管理创新机制，建立政府引导、企业为主、银行支撑、社会

业、医药制造业、医疗仪器设备及器械制造业、工艺美术品制造业在内的6个制造业部门以及金融业、广告业、科学研究事业、专业技术服务业、科技交流和推广服务业、卫生事业、农林牧副渔服务业7个服务业部门。未来首先以南昌、樟树为中心，依托南昌生物产业国家高技术产业基地和樟树中药产业传统优势，重点推进中药现代化，建设治疗艾滋病新药、抗癌原料药、新型功能糖、血细胞分析仪器、磁共振成像系统等产业化项目，积极培育生物医药、生物农业等新兴产业，形成从生物医药到生物医疗器械、生物医学工程、生物农业的完整产业链。其次以形成我国中部重要的生物产业研发、生产和出口基地为目标，依托现有的生物产业基础发挥生物技术科研力量雄厚、生物技术企业集中、市场环境相对完善等优势，促进产业集聚，实现规模效应，带动中部产业结构优化升级。同时，重点发展生物农业、生物制药和化学合成创新药物，加快发展现代中药，积极培育生物能源和生物材料等生物产业的发展，逐步形成创新体系完善、产业特色鲜明、布局合理的国家综合性生物产业研发、生产和出口基地。

五 生态旅游业

整合生态旅游资源，发展"多色旅游"。江西境内生态旅游资源丰富，整合有限的旅游资源，实现旅游地竞合。以旅游信息化建设为切入点和手段，加快旅游资源的整合，打造旅游业集群，形成"一区（鄱阳湖生态旅游区）带两圈（赣中南红色经典旅游圈与赣西绿色精粹旅游圈）"的产业布局，使重点旅游城市和景区聚集优化、整体升级。加快建设旅游精品线路体系，重点打造一条中国（江西）文化山水极品旅游线路和赣北环鄱阳湖五彩精华旅游线、赣中南红色经典旅游线、赣西绿色精粹旅游线、鄱阳湖体原生态旅游线四条黄金旅游线路；配套建设多条特色旅游线路；以当前的生态为基本点，并主要围绕两个地方的名村、名镇和名窑等一些特色生态旅游资源来实现两地之间生态旅游产品的有效错位发展。而在各自的产品发展战略上，婺源可以进一步深入原生态主题，将当前古村文化同自然生态所体现出来的"天人合一"的思想观念不断地呈现和彰显出来，同时也将其他一些文化合理有效地引入生态旅游当中。

第五章　江西支柱产业的布局研究

第一节　打造南昌核心增长极的支柱产业

依据国家相关产业政策，立足南昌市优势产业基础，放眼国际国内市场需求，在打造南昌核心增长极的背景下，南昌市以重点发展五大战略性支柱产业为主阵地，进一步优化产业结构，加快转变经济发展方式。这五大支柱产业分别是：以江铃汽车集团、江铃控股和凯马百路佳等企业和小蓝汽车配件产业基地为核心的汽车及零配件产业，以晶湛科技、联创光电、鸿源数显、赛维等核心企业为代表的光电光伏产业，以洪都集团、洪都航空、昌河飞机为代表的大飞机及零部件产业，以先锋软件为代表的软件和服务外包产业，以江中制药、汇仁集团、诚志股份、济民可信、桑海集团等核心企业为代表的生物和新医药产业。目前，五大产业发展迅速，但依然存在许多问题和不足，因此我们要根据各产业发展现状探讨发展之路。

一　以合作开放增强汽车及零配件产业的竞争力

南昌市的汽车及零部件产业重点布局在小蓝经济技术开发区，适度布局在南昌经济技术开发区和新建县工业园。2011 年，全市汽车产量为20.37 万辆，比 2010 年增长 2 个百分点，规模以上汽车及零部件企业实现主营业务收入 437 亿元（占全市所有规模以上企业销售收入的 14.7%），比 2010 年增长 28 个百分点，实现利税总额 56 亿元，比 2010 年增长 26 个百分点，其中龙头企业江铃集团实现了主营业务收入 309 亿元。市场仍有上升空间，但增长幅度将趋于平稳。由于国内人均汽车保有量仍远低于国际平均水平，市场有很大上升空间，但增长速度随着基数的不断增加将有所下降。

汽车及零部件产业的发展应坚持走开放和合作的道路，支持汽车工业与跨国公司和国内汽车企业合资、合作、兼并、重组，增强汽车工业竞争力和抗风险能力。重点增加品种，发展商务用车、研发家用轿车和客车，通过资本运作等措施来实现产量的扩张。建立完善售后服务和消费金融服务等配套服务体系，扩大市场份额。引进一批汽车零部件生产企业，增强汽车生产配套能力。

二 以新技术调整重振光电光伏产业

南昌有一批光伏生产企业，如江西赛维 LDK、江西赛维 BEST、通用太阳能电力有限公司等，逐步形成了光伏产业集群雏形。2011 年，新能源企业实现产值将近 100 亿元，主要产品产量为单晶硅 118 吨，多晶硅 128 吨，单晶硅片 3500 万片，薄膜太阳能电池 10MW，太阳能电池组件 150MW。部分企业的电池转换效率位居世界前列。

目前，发展光电光伏产业，技术重点是提高光电转换率，新要求是节能环保。当今市场主流晶硅电池光电转换率约 16.5%，薄膜太阳能电池光电转换率约 10%，不断提高光电转换率不仅是光伏企业技术进步的重要目标，而且也是光伏产业向前发展的必然要求。节能环保是产业发展的新要求。光伏电池是环保的新能源，光伏产业生产环节也要采取新技术、新工艺降低能耗，减少排放，逐步达到减量化、无害化和资源化的目标。

三 以"一城二园区"促进航空工业集聚

大飞机及零配件航空工业以"一城二园区"为载体（一城即南昌航空工业城，二园区包括景德镇直升机产业园区和九江红鹰飞机产业园区），发挥航空工业集聚效应。据统计，2010 年，江西民用航空器制造产值为 12.7 亿元，全国排名第 16 位，占全国总产值的 6%，还有较大的增长空间。2008~2010 年的航空航天器制造工业总产值平均增长率方面，江西排名第 20 位，具有非常重要的地位。

2010 年初，国家发改委正式批复南昌航空产业国家高技术产业基地，使得江西的航空产业有了一个集聚的载体。该基地将重点研发制造大飞机大部件、先进教练机、系列直升机、农用飞机、无人机等航空产品，以形成特色鲜明的航空高技术产业基地。洪都集团凭借"厂所合一"的体制优势，融"生产、研制、预研、构思"为一体，发展成为我国教练机、农林飞机等航空科研生产基地。

四　以产业链形成软件和服务外包业竞争点

在国务院确定南昌市为中国服务外包示范城市之后，南昌已发展了400 多家软件和服务外包企业，其中包括微软、IBM、贝塔斯曼欧唯特等国内外知名的服务外包企业落户南昌，被业界誉为世界服务外包产业发展的"南昌模式"。

随着软件和服务外包产业的不断发展，产业比重将持续提高。产业基地和产业园建设已成为以产业链为基础的软件和服务外包产业发展的基本途径和形成竞争优势的基本载体。围绕产业链主导产品配套产业布局，形成最优化的产业链各环节，发挥产业链优势和集群优势成为产业发展的新竞争点。

五　应用高新技术，发展生物和医药产业新的增长极

南昌生物和新医药产业代表企业主要有江中制药、汇仁集团、诚志股份、济民可信、桑海集团等。南昌生物医药产业现有规模以上工业企业 81家，其中药品生产企业 50 家，医疗器械生产企业 31 家。目前，药品生产占全省总量的 50%，医疗器械生产占全省总量的 80%。

提高企业的新技术、新产品开发的首要条件就是生物和新医药企业增强产品应变能力和竞争能力。随着工业信息化的推进，电子、生物、膜分离、超临界萃取、冷冻干燥、超高温瞬时灭菌等高新技术将在生物和新医药产业生产和产品开发中得到更为广泛的应用，这必然提高产品的科技含量，推进食品及生物医药产业的发展进程。另外，质量安全也非常重要，必须严格贯彻执行《食品药品安全法》，切实加大监管力度，整个行业也

将采取更加严格的措施，切实确保生物医药质量安全。工业化发展到一定程度的必然趋势就是产业集聚，南昌市即将发展以江中、汇仁、洪达等大企业、大集团为核心，以各类开发区为依托，以区域化集聚、专业化分工和社会化协作为特点的生物和新医药产业集群的新增长极。

第二节　推进九江沿江开发带发展的支柱产业

九江地处赣、鄂、湘、皖四省接壤腹地，万里长江、五千里京九大动脉、八百里鄱阳湖在这里交汇。2007 年，江西省把九江沿江开发作为全省的重大战略推进，规划把九江建成长江沿岸和中部地区重要的经济中心城市和港口城市，在政策、资金、项目等多方面给予大力扶持。近年来，全市以工业化为核心，以大开放为主战略，大力推进工业化进程，全市依据自身具有的特点及资源对经济结构进行调整，取得明显成效，初步形成了以石油化工、纺织服装、冶金建材、汽车机械制造等支柱产业为支撑的工业体系。目前，四大产业发展势头良好，但是与我国发达地区的同行业相比，依然存在差距和不足，因此，如何推进各产业的发展值得我们思考。

一　延伸石化产业链

九江是江西省重要的沿江石油化工基地和港口城市。其石油化工业代表企业主要有九江石化总厂、化建巨石、赣北化工厂、新康达化工等。2011年，九江石化工业收入约 120 亿元，占全省石化总收入的 60% 左右。九江石油化工业有着良好的产业基础和技术人才，存在着很大的发展空间。

现今，发展石化产业可以按照专业化、系列化、大型化、集聚化和规模经济的要求，以九江石化总厂、化建巨石、赣北化工厂、新康达化工等核心企业为依托寻求与国外大型化工企业特别是跨国化工企业合资、合作的契机，在稳定现有的原油加工能力的基础上，调整石化产业结构和产品结构，加快技术进步的步伐，促进产品升级换代，以三烯、三苯为原料，大力发展合成材料、有机化工和精细化工产品，形成有机化工原料、化肥、有机硅系列产品基地，促进石化产业整体竞争能力的提高，使九江市石化行业在经济总量、生产工艺技术、科技创新能力、产品结构、市场占有率、综合竞争力等方面赶上并达到国内先进水平，跻身石化强市行列。政府重点支持九江石化公司"炼化一体化"工程建设，开发石油化工中下游系列产品。在现有的石化工业基础上，加快100万吨延迟焦化装置、80万吨柴油加氢精制装置技术改造项目，投资兴建80万吨～100万吨乙烯项目以及与"国家重点鼓励发展的石化产品技术目录"中"大型乙烯及后加工"条款一致的符合国家产业政策的项目，加快"炼化一体化"建设。新建符合规模效益的烷基苯生产线，延伸石化产业链。

二　推进纺织服装业产业集群

2010年，九江市服装企业有20余家，其中规模以上企业150余家，主要企业有：鸭鸭集团、龙达化纤、华孚纺织等。2009年以来，全市规模以上纺织服装业主营业务收入每年以30%以上的速度增长，2012年达到593.6亿元。纺织业是九江传统优势产业，已经形成比较完整的产业体系。九江发展纺织业具有很大的优势，首先，发展纺织业的原料丰富；其次，拥有大量熟练而廉价的产业工人。九江已经具备了发展和壮大纺织工业的基础和条件。

目前，九江纺织业的发展一是要加快现有纺织企业改制进程，采取多种方式盘活现有的存量资产；二是为企业发展创造良好的环境，搞好软环境建设，并以此来造就一批本土品牌企业，吸引外地的优势企业和外资企业，带动上下游企业和相关产品生产企业落户九江，形成纺织产业群体和产业链；三是加快技术改造和设备升级步伐，扩大采用国际先进的自动络筒机、新型精梳机、无梭织机等关键设备，提升纺织机械机电一体化水平，用电子信息技术改造与提升纺纱、织造、染整和服装加工设备，着重推广应用电子分色、电子印花、电子制版、电子配色、电子提花等电子控制技术；四是加快建设以先进、高效、稳定的企业信息网络系统为基本单位的行业信息网络，构建结构合理、内容完善、查询便捷的行业信息数据库和注重实效的信息服务体系，为企业决策层提供决策运行手段的管理平台。重点发展以羽绒服、牛仔服、西服为重点的品牌服装及纺织品和针织内衣。提高服装设计能力和加工制作水平，并创新设计理念，紧跟时代潮流，培育一批全国性的著名品牌。

化纤工业主要是粘胶纤维扩建项目。九江化纤厂与金鹰集团独资建设年产 6 万吨短丝生产线项目，形成 9 万吨粘胶短丝和 1 万吨粘胶长丝的生产规模，从而有可能成为全国最大的粘胶纤维生产基地。这一重点项目符合国家产业政策，推动粘胶纤维企业形成规模经济，延伸纺织业的产业链。

三　提升建材和冶金业

2011 年末，全市建材企业有 1100 余户，从业人员有 5 万余人。其中规模以上建材企业有 121 户，现价工业增加值全市累计 69.28 亿元，主营业务收入为 136.5 亿元。2011 年全市水泥产能为 1400 万吨。九江成为全省最大水泥生产基地。冶金业主营业务收入为 140 多亿元，龙头企业萍钢九江分公司通过"以新代旧、综合利用"技术改造，顺利投产，萍钢将实现年产量 600 万～800 万吨的历史跨越。

建材冶金工业是九江重要的优势产业，并具有良好的发展趋势。九江建材冶金工业发展的思路是：建材业要以建筑业需求为主要市场，以治理环境、综合利用和节能节土为重点，以科技进步、技术创新为动力，以现有企业改造和招商引资为基本途径，坚持发展先进生产力与淘汰落后工艺技术相结合，在巩固水泥及其制品等传统建材产品优势的同时，积极发展新型建材，支持大企业大集团的发展，鼓励市内企业与国内外大型企业开展合资合作和产品深加工，延伸产业链，发展产业集群，使建材工业真正成为九江名副其实的支柱产业。冶金业主要是通过技术改造，增加产量，另外要做好招商引资服务工作，大力发展冶金业。

四　增强汽车机械制造业竞争力

九江汽车机械制造业的主要企业是昌河铃木九江分公司。2011 年，昌河铃木九江分公司坚持以"211 战略"和"3231 框架协议"为引领，以精益生产、绩效管理为手段，围绕"七个调整"，着力提升"盈利、成长、创新"能力，全面实施目标管理，推进产能提升工程、新品研制扩能改造工程、成本工程和质量工程。通过全体干部员工的共同努力，管理水平得到提升，生产经营呈现良好的发展态势。全年实现整车销售 39275 辆，同比增加 1651 辆，增长 4.39 个百分点；其中：利亚纳 19773 辆，同比增加 14710 辆，增长幅度高达 290.54 个百分点；福瑞达 18710 辆；派喜 792 辆。实现发动机销售 73354 台。

昌河汽车作为九江沿江开发带汽车机械制造业的龙头企业，应加快其微型汽车的发展，迅速扩大其生产规模，使九江开发区成为国内微型汽车的重要生产基地。充分发挥昌河微型车的相对优势，通过合资、合作等形式，形成 10 万辆以上家用汽车和 15 万台以上发动机的生产能力，并不断增加产量，提高质量，树立品牌，争取将昌河汽车研发中心落户开发区，以提高汽车的设计开发能力。加快新产品开发研制，支持和鼓励昌河汽车和一批具有发展潜力的汽车零部件产品企业与国内外有实力的厂家合作，推动汽车及零部件产业结构优化升级，形成新的竞争优势，提高市场占有率。此外，尤其重要的是汽车项目，扩建年产 10 万辆微型家用汽车和新建 15 万台发动机生产线，支持昌河公司成为全国最具竞争力的微型汽车生产基地。这两个汽车关联项目符合国家产业政策，可以促进九江汽车工业规模化发展并提高汽车产业竞争力。

第三节　推动鄱阳湖生态经济区发展的重要支柱产业基地

鄱阳湖生态经济区是我国重要的生态功能保护区，又是长江三角洲、珠江三角洲、海峡西岸经济区等重要经济板块的直接腹地，是中部地区正在加速形成的重要增长极，是中部制造业重要基地和中国三大创新地区之一，具有发展生态经济、促进生态与经济协调发展的良好条件。

在鄱阳湖生态经济区的高效集约发展区，集聚了鄱阳湖生态经济区的绝大部分工业、服务业和农业，是区域经济的主体。通过大力发展光电、新能源、生物医药及航空等战略性新兴产业和高新技术产业，建成一批先进的制造业基地、高新技术产业重要成长基地和国家级重点生态旅游示范区、现代商贸物流及现代信息服务中心，打造成为中部地区崛起的重要战略支点和带动区，促进国家中部地区崛起战略的实施。

通过实施高效、高强度集约开发，大力发展现代生态农业、新兴工业和现代服务业等生态产业，努力提升由南昌核心增长极、九江沿江产业带、昌九工业走廊等组成的高效集约发展区的经济总量和发展质量，成为带动和辐射全省经济发展的核心增长区和强大引擎，并策应吉泰工业走廊建设和赣南中央苏区振兴战略实施，带动周边地区和革命老区加快发展。

一　积极发展战略性新兴产业

把战略性新兴产业作为鄱阳湖生态经济建设的脊梁和推进新型工业化的重中之重，加快半导体照明、光伏、新能源汽车及动力电池、航空、生物医药、绿色食品等产品、产业基地建设。

1. 半导体照明产业。依托南昌高新区半导体照明（LED）工程产业化基地和联创光电、晶能光电等核心企业，以硅衬底芯片产业化及 LED 中下游应用技术和产品为方向，围绕半导体照明材料、半导体照明芯片、半导体照明封装和半导体照明应用四个环节，加快发展外延材料和芯片、LED封装、半导体照明应用产品、关键配套，形成完善的产业链和产业配套体系。

2. 光伏产业。进一步保持和发展光伏产业链前端优势，加快向产业链中下游延伸，重点发展高纯硅料、硅片、电池及组件、系统集成与配套产品，打造从高纯硅料到发电系统、应用产品的完整产业链。提高产业配套水平，大力发展光伏设备制造、多晶硅配套、组件封装材料、薄膜太阳能电池基底材料和导电材料等配套产业，使坩埚、切割磨料、电子配件等关键配套产品达到规模生产能力。

3. 新能源汽车及动力电池产业。以南昌、景德镇及新余等规划区内县（市、区）为重点，以研发生产节能和新能源汽车为重点，积极研发生产永磁电机、锂电池、超级电容和整车控制系统，带动锂电池正负极材料、电解液、隔膜等产品的生产，提升锂矿矿产采选冶水平，形成较完整的产业链。南昌、景德镇发展以混合动力汽车、纯电动汽车为重点的节能和新能源汽车整车，积极研发生产城市出租车、公交车、城市功能专用车等多种类型的新能源汽车。新余等规划区范围内县（市、区）发展以磷酸铁锂、锰酸锂动力电池为重点的动力电池，着力研发生产高比能量、高比功率、制造成本低、使用寿命长、适用范围广的动力电池；着力推进产业链延伸，大力研发生产富锂锰基、三元正极材料等动力电池的原材料产品，加快建设电池、驱动电机及整车电子控制系统。

4. 航空产业。以南昌、景德镇、九江为重点，着力构建"一城二园"的空间格局，即南昌航空工业城和景德镇航空产业园、九江红鹰飞机产业园。

5. 生物医药产业。以南昌、樟树、抚州、景德镇为中心，重点发展现代中药、生物制药、原料药及中间体制造等，形成从生物医药到生物医疗器械、生物医学工程、生物农业的完整产业链，努力把鄱阳湖生态经济区建成全国重要的中药现代化产业基地。

二　大力发展先进制造业

加强信息技术、生物技术、现代管理技术与制造业的融合，按照环境友好型、集群配套发展的要求，发挥龙头骨干企业的辐射效应和带动作用，促进企业集群式、链式化发展，加快建设一批先进制造业基地，重点在电子信息、汽车、船舶和港口机械、装备制造、高精铜材等领域实现突破。

1. 电子信息产业。以南昌、九江、景德镇、鹰潭等为中心，重点培育壮大通信（含民用通信和专用通信）、新型元器件、应用电子产品、消费电子产品等市场需求大的产品，加大第三代移动通信、数字广播电视等领域应用创新产品的研发和产业化，实现产业规模在全国排位前移、在全省工业中的地位和作用明显提升。

2. 汽车及零部件产业。以江铃集团、昌河汽车为龙头，发挥南昌、景德镇、九江交通便利、产业配套能力较强、科技人才云集的优势，构建汽车及零部件生产基地。

3. 船舶和港口机械制造业。加快建设九江船舶制造基地、九江船舶配套基地和南昌豪华游艇产业基地，重点建设九江市的彭泽、湖口、瑞昌三个全省船舶产业示范基地，争取将九江市列为全国的出口船舶制造基地。

4. 装备制造业。以南昌、九江、景德镇、鹰潭以及宜春、抚州、新余规划区内县（市、区）为重点，着力提高装备制造技术水平和创新能力，发展成为技术先进、市场空间大、对国民经济起重要支撑和带动作用的重点产业。

5. 高精铜材制造业。以鹰潭、南昌为中心，利用铜资源和铜产业优势，在稳步扩大铜冶炼能力的基础上，以高精度、高性能、高附加值的线材、棒材、管材、板材和带材等产品为重点，延伸产业链，发展配套产业。发展特种漆包线、电线电缆用铜线等，延伸电力电器用铜产业链；发展精密铜管、内螺纹散热铜管等，延伸家用电器用铜产业链。

三 改造提升传统优势产业

加快先进适用技术对传统优势产业的升级改造，重点推动陶瓷、钢铁、新型建材、纺织服装、炼油及精细化工、现代家电等产业提高产品等级、层次，优化产品结构，增强市场竞争力。

1. 钢铁产业。加快产业结构调整和优化产业布局，提升产业发展水平。依托新余、九江、南昌等地的钢铁企业，建设新余优特钢及其金属制品产业基地、九江新型钢铁产业基地、南昌汽车零部件用钢和汽车零部件精品生产基地，加快发展以优特钢材为主的金属新材料，提升线、棒材产品的档次。

2. 新型建材产业。淘汰落后水泥产能，加快发展新型干法水泥，开发新型建筑材料。加快水泥行业结构调整，淘汰全部落后水泥产能。建筑陶瓷产业形成以高安、丰城等区域组成的泛高安陶瓷产区，形成产品研发、原料、色釉料、制瓷、包装和产品集散等完整产业链为方向，进一步做大做强建筑陶瓷。以景德镇市区及浮梁县为重点，依托景德镇陶瓷研究所、景德镇陶瓷学院，重点发展新、优、特、高技术陶瓷。以宜春樟树、江西宏宇能源发展有限公司为重点,加快建设两条日产 700 吨浮法太阳能超白玻璃生产线;以巨石九江公司和长江玻纤公司为重点,加快玻纤及深加工产品发展。加大利用各种工业生产过程中产生的石煤灰、粉煤灰、硫酸渣、煤矸石等废弃物的力度,重点发展墙砖砌块和板材、多功能(轻质、高强、保温、隔热、防火、无毒)复合墙体材料及制品,新型柔性防水材料、三元乙丙(EPDM)橡胶和聚氯乙烯(PVC)等高分子防水片材,橡胶改性沥青、聚氨酯等防水涂料,弹性硅酮、聚硫和聚氨酯等密封材料,刚性防水材料等。

3. 纺织服装产业。以服装业为龙头,带动化纤、棉纺、针织产业发展,调整产品结构、增加花色品种、培植知名品牌,建设南昌、九江、抚州特色纺织服装工业基地。

4. 炼油及精细化工产业。大力发展九江沿江石化产业带,依托九江石油化工生产基地,重点建设九江年产千万吨原油加工综合配套装置、百万吨乙烯生产装置、改造二甲苯装置,打造东部地区千万吨级燃料型炼油化工生产基地,大力发展相关联配套产业。

5. 现代家电产业。培植主导产品,推进技术升级,加快整机生产上规模、上水平。以南昌、景德镇为重点,发挥区内电子元器件产业优势,加快科技成果产业化,突出家电的整机扩产、重要零部件配套,做大数字视听产品、家用空调产业,加快配套部件生产,推进无氟压缩机上档次。南昌依托奥克斯、TCL 南昌公司、南昌海立公司等核心企业,重点发展家用空调器、家用冰箱和冰柜等;景德镇依托四川长虹华意分公司、华意压缩公司等核心企业,重点发展家用冰箱以及家用空调器等制冷设备用无氟压缩机等。

第四节 振兴赣南等原中央苏区的支柱产业

赣南等原中央苏区是中国共产党在土地革命战争时期创建的以瑞金为中心,地跨赣、闽、粤三省广大地区的中央革命根据地,是全国苏维埃运动的中心和大本营,是中华苏维埃共和国党政军首脑机关所在地,是人民共和国的摇篮,是苏区精神的发源地。

但是与全省和全国的发展相比,赣南等原中央苏区仍是全国较大的集中连片特殊困难地区,经济发展基础依旧十分薄弱,总体发展水平低、发展差距大、群众生产生活条件差、各项社会事业发展缓慢等问题仍未根本性解决,脱贫致富实现全面小康的任务还很艰巨。

加快赣南等原中央苏区振兴发展,有利于优化区域发展布局,打造区域经济发展新的增长极,有利于更好地推动国家集中连片特困地区扶贫攻坚计划实施,缩小区域差距,有利于促进生态环境与经济建设协调发展,有利于发挥区域资源优势,实现经济社会可持续发展。

一 大力发展现代农业

1. 大力支持发展特色农业,做强脐橙产业,发展油茶、毛竹、花卉苗木等特色林业,支持油茶示范基地县建设。

2. 积极支持发展蜜橘、茶叶、白莲、生猪、蔬菜、水产品、家禽等特色农产品;

3. 择优支持发展休闲农业、乡村旅游,拓展生态产业。

赣南等原中央苏区第一产业在经济中仍占据较大比重,同时也是江西粮食、蔬菜、水果的主产地,大力发展赣南等原中央苏区现代农业具有重要意义。一方面从优化品种、提高单产、稳定播种面积着手确保粮食安全生产,同时鼓励优势产区集中发展油料、水果、茶叶、花卉等大宗农产品,促进农产品专业化、集约化生产经营;另一方面大力扶持农业龙头企业,促进产业优化升级。鼓励龙头企业引进先进适用的生产加工设备,改造升级贮藏、保鲜、烘干、清选、分级、包装等设施装备,支持龙头企业以农林剩余物为原料的综合利用,开展农林废弃物资源化利用、节能、节水等项目建设,使之在带动农户生产、增收中发挥积极作用。

二 积极推进优势产业发展

1. 积极推进优势矿产业发展。随着稀土在国民经济中战略地位的突出,赣南等原中央苏区的稀土资源优势愈发明显。科学合理、环保地开发利用稀土资源，成为赣南等原中央苏区发展壮大稀土产业的一个契机。加快技术改造和关键技术研发力度，促进稀土、钨等精深加工，发展高端稀土、钨新材料和应用产业，加快制造业集聚，建设全国重要的新材料产业基地。一方面通过提高稀土产业集中度来加强工业基础设施建设、提升整体竞争力，从而将资源优势有效转化为市场优势；另一方面大力发展清洁开采技术，保护资源环境，发展高附加值的深层次产品，将稀土产业打造成赣南等原中央苏区支柱产业，促进产业转型升级。

2. 促进提升制造业发展水平。大力发展电子信息、现代轻纺、机械制造、新型建材等产业，积极培育新能源汽车及其关键零部件、生物医药、节能环保、高端装备制造等战略性新兴产业，形成一批科技含量高、辐射带动力强、市场前景广阔的产业集群。

3. 支持赣州新型电子、氟盐化工、南康家具等产业基地建设。传统的劳动密集型产业仍是赣南等原中央苏区的主要产业，创造良好环境，促使传统产业良性发展是为赣南等原中央苏区吸引资本、引进技术、促进原苏区就业的重要途径。一方面对传统产业进行信息化改造，充分利用现代网络信息技术改善企业的管理运营理念，建立新型的科学管理模式。企业通过现代化网络信息技术打破地域壁垒，突破信息闭塞瓶颈，使生产经营能更好地适应社会需求，扩展企业的生存空间，如网上交易可以帮助企业打破地理、时间的限制，开拓广阔的市场。另一方面对传统产业进行技术创新，加大高新技术的引进、消化和利用，特别是节能环保技术，促进生产方式转变；加大科研与开发投入，提高自我创新能力，建立有自主知识产权的核心技术优势；加强企业内部员工技术培训和人才培养。

三 着力促进绿色产业发展

1. 促进红色文化旅游产业大发展。支持创建国家 5A 级旅游景区，推动红色旅游与生态旅游、休闲旅游、历史文化旅游融合发展。

2. 支持将赣州、吉安列为全国木材战略储备生产基地建设，支持环境保护和治理，支持城镇污水处理厂和污水管网建设，支持开发区、工业园、产业园污水处理设施建设。

3. 大力支持发展循环经济。支持赣州建设铜铝有色金属循环经济产业园，推进资源再生利用产业化；积极开展公伴生矿、尾矿和大宗工业固体废弃物综合利用，发展稀土综合回收利用产业。

四 继承苏区传统，大力发展文化产业

红色文化是赣南等原中央苏区地区的一大特色，除红色文化外，庐陵文化、宋城文化、客家文化以及丰富的自然资源更是赣南等原中央苏区优秀的文化遗产，充分发掘利用这些文化资源，推动该地区文化事业发展，加速文化产业的兴起大有可为。

1. 深入推进文化体制改革创新，完善政策保障机制。文化体制改革是解放和发展文化生产力的根本途径，是推进文化繁荣发展的强大动力。加快政府职能转变，推进政企分开、政事分开，鼓励有实力的文化企业跨地区、跨行业、跨所有制兼并重组，培育文化产业领域战略投资者，加大对文化体制改革的扶持力度，构建充满活力、富有效率、更加开放、有利于文化科学发展的体制机制。

2. 加强公共文化设施建设，创造良好的文化氛围。增强公共文化产品和服务供给。公共博物馆、图书馆、文化馆、纪念馆、美术馆等公共文化设施免费向社会开放。统筹文化、教育、科技、体育和青少年、老年活动场所规划建设，综合利用、共建共享，最大限度地发挥公益文化单位的社会效益。增加农村文化设施、文化产品、文化服务、文化人才总量，缩小城乡文化发展差距，推进城乡文化一体化发展。创建苏区欣欣向荣的文化氛围。

3. 优化布局，引导文化产业良性发展。根据各地特点，因地制宜，科学布局，引导项目、资金、人才、科技、金融等优势要素集聚，形成新的经济增长点和文化产业高地。深入推动相关产业融合发展，大力发展高层次、高质量、高效益文化产业，推动文化与工业、农业、科技、金融、旅游、体育、信息、物流、软件、服务外包、城市规划建设的融合发展，形成文化引领经济、经济支持文化、文化经济互动的发展格局。

第六章　推进江西支柱产业发展的政策建议

第一节　完善政策体制、营造产业发展良好环境

一　应强化政策支撑体系，大力扶植支柱产业

继续坚定不移地执行一系列扶持工业发展的政策措施，在及时兑现各项优惠政策的基础上，以政府名义制定《关于加快工业支柱产业发展的若干意见》。设立江西工业支柱产业发展专项资金，用于支柱产业基础建设与技术开发等。发挥政府有关部门职能搭建协调的平台，成立各类协会中介组织，如建立行业协会、行业政策研究中心、测试和质量控制中心、科研试验室等。同时，以发展支柱产业为目标，组织力量，筹划新的发展重点，制定和实现与支柱产业相配套的技术政策。制定配套政策是发展科技型支柱产业的根本保障，因为支柱产业的发展涉及工商、金融、税务、教育与政府的许多部门，必须有配套的政策，理顺各方面的关系，调动多方面的积极性，为支柱产业的发展创造良好的社会环境。为此，应围绕项目安排、资金投入、人才培训、成果奖励以及科技信息、专利、技术、咨询服务等方面，制定一些扶持支柱产业发展的政策，为支柱产业发展创造比较宽松的环境，有效地推动支柱产业的发展。

二　强化环境支撑体系，加大招商引资吸引力

通过创建一流投资环境，吸引人流、物流、资金流、技术流、信息流等各类要素聚集江西。一是创造一流的政务环境。加强机关效能建设，大

力提倡"真抓实干、深入一线、锐意创新、负责担当、艰苦奋斗、淡泊名利"六种作风；深入推进行政审批制度改革，继续减少和规范行政审批，大力推进和规范网上审批，提高行政审批效率。二是创造一流的创业环境。认真贯彻落实国家和省级各项优惠扶持政策，制定市级配套政策，加大配套扶持力度；加快公共服务平台建设，完善金融、物流、信息、人才、进出关等服务体系。三是创造一流的人文法治环境。加强和创新社会管理，大力弘扬"大气开放，诚信图强"的城市精神，建设社会信用体系，营造"诚实、守信"的社会环境，形成文明、诚信，纳百家之长的良好人文环境。

三 培育会展支撑体系，提高企业知名度

加紧建设具有国际水准的大型展馆，力争将江西制造业博览会培育成具有一定国际知名度的品牌会展，举办产业发展高层论坛，进行重大宣传、技术交流和推广活动，支持企业创品牌，提高企业知名度和认可度。

第二节 提升创新能力、加快结构升级

技术创新是产业国际竞争力的制高点，是产业发展的源泉和取得长期竞争优势的基本保证。国外经验表明：增强技术创新能力对一个国家和地区产业经济的安全和繁荣起着关键性作用。随着我国经济逐步融入国际化，技术创新在提高产业国际竞争力中的地位越来越突出。因此，江西也必须制定和实施切实有效的政策措施，加快支柱产业技术创新体制的建设，推动支柱产业的发展。

一 把握产业发展方向，实施技术创新国际化战略

在产业全球化的背景下，应紧跟国际经济技术发展趋势，引进、消化和吸收国际先进技术，抢占产业技术的制高点，加快建立起一批战略性高新技术，保证产业的高成长性；此外，采用高新技术成果和先进适用技术，改造江西具有比较优势的传统支柱产业，不断提高传统产品与服务的

技术含量和附加值。

二 完善技术创新机制，不断开发新产品

克服高等院校、科研院所和企业相互脱节的弊端，有效地协调和整合技术创新部门的技术资源，培植核心技术，不断开发新产品。如开展技术转让进行联合开发，共建研究开发机构，共建企业的技术中心和博士后流动站；企业在高校设立奖学金，委托高校举办各种专门的培训班，企业与高校联合办教育，办研究生班等。实行特殊政策，发展高新技术园区，建立技术市场，生产力促进中心，工程技术研究中心、创业服务中心等中介服务机构，促进产、学、研合作网络的形成。在科技计划上把促进产、学、研结合作为最重要的目标，在资助机制上向鼓励产、学、研结合的方向倾斜，加强创新体系的整体集成，发挥科技力量的整体优势。此外，建立完善技术转移市场机制也是至关重要的。

三 技术创新的主体是企业

加大企业科技投入力度，使其成为研发投入的主体。目前江西企业的技术研发能力、转化能力、利用能力比较低，其重要原因在于研发投入严重不足，政策措施不到位、不配套。长期以来由于企业对新技术的需求不足，江西企业还没有成为技术创新的主体。因此，必须加大对支柱产业企业技术创新的投入，并制定和实施财政、税收、投资、金融等优惠政策来激励和保护企业开展技术研究与开发，建立起以产品创新为核心的技术创新机制，不断提高自主创新能力；同时采用跨国经营等方式，创造条件，与国外的高新技术企业建立起竞争与合作关系，以便掌握更多的新技术、新成果和核心技术，提高支柱产业的发展能力。

资源密集型产业和劳动密集型产业在江西产业中仍占据较大的比重，也是目前江西产业在国际竞争中有相对竞争优势所在，而产业中附加值高的技术密集型、资本密集型产业比重较小，产业竞争力也处于劣势。因此，在产业发展战略上，江西应该制定加速产业结构调整的政策，主动引入创新机制，加速产业结构调整，尽量获得与新技术相关的新的生产函

数，积极采取措施促进生产要素向支柱产业部门转移，使支柱产业高度增长。根据这种思路要求，当前江西应该把发展重点放在发展高加工度和高附加值产业。具体而言，就是通过产业政策，扶持汽车、航空、特色冶金、现代中药和生物制药以及以电子信息等高新技术产业等产业群，延伸与完善产业链。因此，发展高加工度和高附加值产业，是江西产业实施赶超发展战略的正确选择。在产业结构调整过程中，首要的是应建立和完善产业技术创新体系，从提高产业技术水平入手，营造技术创新体系。强化企业技术创新主体地位，形成利益驱动机制，建立健全技术开发机构，形成引进、消化、吸收紧密结合的技术创新机制，加大企业技术创新的投入，并在投入来源上实行多元化战略，吸收各方资金投入，建立技术创新激励机制，造就技术创新人才。

第三节　壮大产业集群、推动跨越发展

产业集群是最大、最好的投资发展环境。产业集群产生专业化、低成本、自主创新三大效应，对于提升产业竞争力十分有益。按照"政府引导，市场化运作，经济杠杆撬动"的原则，围绕六大支柱产业，采取重点企业寻求配套、本地企业主动配套、外来企业跟进配套、工业园区支持配套、鼓励企业出去配套、新落户主机企业自主配套等多种模式，实施专业化协作配套工程，大力扶持一批专业化协作配套的"小巨人"企业，提高主机企业本地配套率，进一步延伸产业链，放大产业集群效应，建立和完善与江西六大支柱产业相适应的产业配套体系。

一　强化产业支撑，强力推进"产业倍增"战略

坚持传统优势产业与战略性新兴产业"双轮驱动"，通过聚焦的方法，加速鄱阳湖生态经济区规划确定的光电、新能源、生物、航空、有色金属深加工、汽车及零部件六大产业基地的主导产业及其大企业、大项目优先向省会南昌集聚，引领在全国乃至全球有影响力的产业向南昌集聚，尽快形成一批强力支撑南昌发展的大企业、大产业。一是打造汽车及零部件、

食品和生物医药、新材料三个千亿元产业。依托江铃集团、正邦集团、南烟、双汇、煌上煌、汇仁集团、江中、江西铜业、江钨集团等为代表的龙头企业，打造中部地区重要的汽车制造基地、全国重要的绿色食品生产基地和生物医药产业基地、中部地区重要的新材料产业基地。二是打造航空制造、纺织服装、电子信息、机电、新能源、软件和服务外包六个超500亿元产业。依托中航工业洪都、联创光电、泰豪科技、赛维、微软等为代表的龙头企业，打造全国重要的通用飞机、大飞机主要部件研发生产基地、中部地区重要的纺织服装生产基地、中部地区重要的机电产业基地、全国重要的新能源产业基地和全国重要的软件与服务外包产业基地。三是建设区域性商贸物流中心、金融中心、文化创意中心、旅游集散中心和运营中心，打造红谷滩中央商务区和"百亿商圈"。

二　建设重大平台，提高园区、产业集群区发展

批准设立江西鄱阳湖生态经济先导区。在南昌市自九龙湖新城沿赣江下行到鄱阳湖约600平方公里区域，设立江西鄱阳湖生态经济先导区。省市共同规划建设，赋予区域内更大的改革权、试点权和发展权。支持先导区内（含高新区、经开区）发展"飞地经济"，积极探索不同的管理模式和利益分享机制，开展省市、市县之间的广泛合作。

支持全省工业园区和产业集群区扩区发展。支持南昌国家级和省级开发区整合扩区，小蓝经济开发区升格为国家级开发区；批准在省域内建设一批工业、服务业特色基地（集聚区）和全国小微企业工业创业示范园区，在进贤县设立省级工业园区。工业园区是南昌工业支柱产业发展的主战场，也是产业集群的载体。通过提高园区土地利用率，提高园区承载能力，强化支柱产发展载体。在加强园区内水、电、道路、交通、厂房、服务设施等基础设施建设的同时，严格控制园区单位面积固定资产投资额，注重引进大企业、大项目，并为大型骨干项目、主导产业项目和重点配套项目预留充分的发展空间。根据比较优势突出、产业特色鲜明、相互密切协作、错位发展的良性发展格局的要求，实施差异化发展战略，全面整合全市工业园区资源。汽车产业向小蓝工业园和经济技术开发区集中；电子

信息产业重点向高新技术产业开发区积聚，医药产业重点向高新技术产业开发区、经济技术开发区和桑海经济技术开发区积聚。

三 积极支持发展现代产业

支持南昌产业集中布局集聚发展。在省级层面统筹协调相关大企业大项目优先布局南昌，支持南昌加速形成汽车及零部件、食品和生物医药、新材料三个千亿元产业，打造航空制造、纺织服装、电子信息、机电、新能源、软件和服务外包六大超 500 亿元产业集群。加密省内出城高速路网，高速外环和城市道路的连接线工程纳入高速路网整体工程。加快推进过昌的高铁和城际铁路建设。加快龙头岗等赣江沿江码头建设，推进南昌港与九江港一体化。加快建设南昌国际航空港、轨道交通、中心城区快速道路网络、城市组团快速通道和过江通道建设。

第四节 实施人才工程、加快发展高新技术产业

各级政府要充分发挥政策优势，制定一系列吸引人才、放活人才、稳定人才的政策，做到瞄准项目抓人才，抓住人才上项目，为支柱产业的发展提供人才保证。

健全人才使用激励机制，改革用人制度，建立促使优秀人才脱颖而出的人才激励和合作竞争机制，充分发挥现有人才的能动性、创造性。运用政府宏观调控和政策引导，完善人才合理流动的法律法规，发挥市场经济资源配置基础性作用，充分发挥科技人才的优势和潜力。加强知识产权保护工作，制定有利于创新创业的收入分配制度，努力为支柱产业人才创造良好的工作环境和生活条件，发挥现有人才的积极性和创业精神，在稳定现有队伍的基础上充分发挥他们的作用。加大人才培养、培训力度。支持和鼓励现有支柱产业工作人员进行终身教育，帮助他们不断更新知识，以适应飞速发展的现代科技经济发展的要求。加快人才队伍的培养，重点加快支柱产业发展急需的高级人才的培养，努力造就一批能跟踪国际先进水平的技术学科带头人、有技术创新能力的中青年科技骨干，跨学科的复合

型创新人才、具有开拓创新精神的企业家和支柱产业管理人才，大幅度提高支柱产业人才队伍的数量和质量。进一步营造引进和使用人才的良好环境，大力吸引国内外人才参与江西支柱产业建设。认真落实和鼓励出国留学人员、回国专家和企业家来赣工作的各项政策，做好他们在工作安置、科研资助等方面的工作，积极吸引他们来赣参与江西的支柱产业建设。加大引进外国专家工作力度，鼓励和吸引外国专家以各种方式为江西支柱产业建设服务。充分利用实施"西部大开发战略"的大好时机，从国内各地区引进经济科技发展中急需的各类科技人才。根据江西建设的需要，把人才引进和项目建设有机联系起来，以项目为载体，有针对性地引进急需的高级管理人才和技术专家。

必须坚定不移地实施人才工程，大力引进人才，为人才营造一个良好的工作和生活环境，充分发挥他们的聪明才智，利用人才工程大力发展江西的高新科技产业。高新科技产业是今后发展的重点，江西的产业结构要想有所跨越，在扎扎实实进行工业化的同时要大力发展高科技产业。发展高科技产业不仅有利于提升和改造传统产业，培育和形成新兴支柱产业，促进国民经济快速、持续发展，而且有利于加快优化调整产业结构的步伐。

第五节　加强生态保护、促进可持续发展

保护环境，合理开发资源，走可持续发展道路，是振兴老工业基地的重要条件。江西既是一个生态环境较好的省份，同时又是生态环境遭到破坏的省份。加强生态环境保护建设，对于提高江西支柱产业国际竞争力有两个重要的意义。一是江西生态环境比较脆弱，加强生态环境建设，既是适应人们消费需求进入更高层次的需要，也是充分挖掘独特资源优势的需要，还是大力改善投资环境，吸引境外直接投资的需要。这也是发挥江西资源优势，克服资源导向的局限性，促进资源导向与市场导向相结合、向市场导向转变、提高产业国际竞争力的必然选择。二是从国内外的经验与教训来看，保持经济、生态环境与社会三个方面的协调，实现可持续发展

更符合人类文明发展的趋势，这也正是世界各国正在力求追寻的道路。江西现在的经济实力，可以投入更多的资金支持环保事业，粮食已基本满足需求，并连年剩余，正是生态脆弱地区实行退耕还林、还草、还湖，改善生态环境的良好时机。江西要注重提高产业的综合竞争力，而不要单纯强调产业的经济效益，只有这样，产业才能保持长期的竞争力。

第二篇
鄱阳湖支柱产业的培育与发展研究

第七章　鄱阳湖生态经济区自然与社会经济发展现状

第一节　鄱阳湖生态经济区自然条件概况

鄱阳湖生态经济区是以鄱阳湖为核心，以鄱阳湖城市圈为依托，以保护生态、发展经济为重要战略，努力把鄱阳湖生态经济区建设成为全国生态文明与经济社会发展协调统一、人与自然和谐相处的生态经济示范区和低碳经济发展先行区。2009年12月12日国务院正式批复《鄱阳湖生态经济区规划》，标志着建设鄱阳湖生态经济区正式上升为国家战略。这是新中国成立以来，江西省第一个纳入国家战略的区域性发展规划，是江西发展史上的重大里程碑，对实现江西崛起、经济社会发展新跨越具有重大而深远的意义。

鄱阳湖生态经济区一直以来是江西经济最发达的地区，自然资源、旅游资源丰富，生态保护良好，工业基础较好，具有较明显的比较优势。湖区水路交通网不断完善，贯通全国南北的第三条大动脉京九铁路和沟通华东和华南的主干线浙赣铁路均经过湖区；105、206和320国道穿越本区；昌九高速公路、九景高速公路以及环湖公路的建成明显改善了鄱阳湖地区的交通状况。水路运输条件得天独厚，江西六大港口中的三大港口：南昌港、九江港和鄱阳港都在湖区。

鄱阳湖地区千百年来为中华文明的发展做出了重要贡献。在未来发展中，鄱阳湖地区既肩负着保护"一湖清水"的重大使命，又承载着引领区域经济社会又好又快发展的重要功能。

一　自然地理状况

鄱阳湖位于江西省北部，长江中下游南岸，是我国最大的淡水湖泊。

鄱阳湖以松门山为界,分为南北两部分,北面为入江水道,南面为主湖体,主湖体与赣江、抚河、信江、饶河、修水五大河流尾间相接,其水系由这五大河流组成,流域控制面积 16.22 万平方公里,占江西省面积的97%左右。

根据鄱阳湖生态经济区规划,该区域包括南昌市、景德镇、鹰潭 3 个市,以及九江市的浔阳区、庐山区、德安县、星子县、永修县、湖口县、都昌县、武宁县、共青城、九江县、彭泽县和瑞昌市 12 个县(市、区),新余市的渝水区、抚州市的临川区、东乡县,宜春市的丰城市、高安市、樟树市,上饶的余干县、鄱阳县、万年县、吉安的新干县(见图 7-1),共计 38 个县(市、区),国土面积 5.12 万平方公里,2008 年总人口为2006 万人,地区生产总值为 3948 亿元。

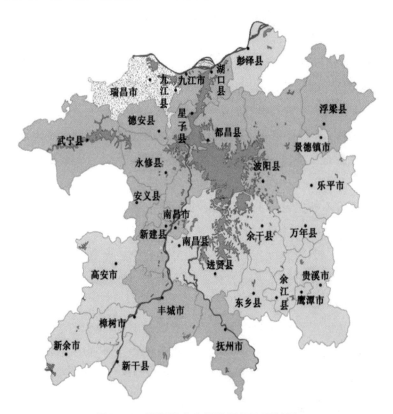

图 7-1 鄱阳湖生态经济区行政区划图

二　自然资源状况

(一) 水资源状况

鄱阳湖生态经济区气候暖湿，光照充足，雨量充沛，属于亚热带湿润性季风气候，降水量大，多年平均降水量 1426.4 毫米；受季风气候影响，降水量年内分配也不均匀，4~6 月降水量最多，占全年总量的 47.4%。

鄱阳湖入湖水量主要由"五河"水系组成，多年平均入湖水量 1297 亿立方米，占出湖水量 (入长江水量) 1494 亿立方米的 86.8%，入、出湖水量的年内变化很大，主要集中在 4~7 月，约占全年总量的 66%。

参照江西省水利规划设计院资料计算的平原丘陵区地表径流量多年平均值为 131.4 亿立方米，年径流深为 734 毫米；最大年径流量 216 亿立方米，年径流深为 1205 毫米；最小年径流量 44.1 亿立方米，年径流深为 246 毫米。鄱阳湖生态经济区不同保证率的平原丘陵区地表径流量如表 7-1 所示。

表 7-1　平原丘陵区地表径流量

单位：亿立方米

平均值	50%	75%	90%
131.40	123.10	89.22	64.48

根据 2006 年江西省水资源公报，鄱阳湖 (评价面积为 2184 平方公里) 全年水质情况：优于Ⅲ类水占 57.8%，Ⅲ类水占 24.3%，劣于Ⅲ类水占 17.9%，主要污染区域为乐安河口、赣江南支口、赣江主支口、都昌和蛤蟆石，主要污染物为总磷和氨氮。

(二) 土地资源状况

鄱阳湖生态经济区土地总面积为 21122 平方公里，土地利用类型主要为耕地、林地和水面等。其中，耕地占土地总面积的比例为 20.0% (63.7% 为水田)、林地为 26.8%、水域为 29.8%、草地为 11.9%、建设用地为 5.8%。湿地是地球上水陆相互作用形成的一种独特生态系统。鄱阳湖湿地包括鄱阳湖水域、洲滩、岛屿等，面积达 3841 平方公里，占鄱阳湖总面积的 80%。每年越冬期聚集着国家一、二级保护珍禽 50 多种，建有鄱阳湖国家自然保护区，被列为国际重要湿地名录。鄱阳湖季节性水位变化，使得冬季"水落滩现"形成众多的浅水洼地和洲滩。湖泊滩地是湖泊洪、枯水位之间的过渡地带，因此湖泊滩地具有水域与陆地的双重功能。鄱阳湖高水位面积与低水位面积相差 3604 平方公里，滩湿地面积达 2787 平方公里，为中国其他湖泊所罕见，这也为其生物资源的丰富多样奠定了基础。

鄱阳湖生态经济区土地资源具有以下鲜明特色：（1）各种土地类型齐全，并呈环状分布，外环是山地，中环是丘陵岗地，内环是滨湖平原，环心是鄱阳湖；（2）鄱阳湖是吞吐型过水性湖泊，有洪水一片、枯水一线的独特的自然景观，也造就了鄱阳湖大面积的湖滩漕州生态系统和湿地环境；（3）滨湖平原土质肥沃，且集中连片，特别适宜农业规模开发，这是该区成为全国农业生产重要基地的主要原因；（4）鄱阳湖生态经济区各种地貌类型相映生辉，风景秀丽，形成了湖区丰富的旅游资源。

但是鄱阳湖泥沙淤积，湖区水土流失问题日益严重。鄱阳湖流域多年平均年进湖（包括五河控制站以下区间）泥沙量（悬移质，下同）为 $2104 \times 10^4 t$，多年平均年出湖泥沙量为 $935 \times 10^4 t$，湖泊平均年淤积泥沙量达 $1200 \times 10^4 t$ 左右。入湖沙量主要来自五河水系，其总量为 $1834 \times 10^4 t$，占 87.2%；区间泥沙量为 $70 \times 10^4 t$，占 12.8%。泥沙输送主要集中在五河主汛期 4~7 月，同期输沙量占年输沙量的 79.3%。流域的来沙主要淤积在水流较慢的河床以及河道的分叉口、扩散段、弯曲段凸岸和湖盆区，淤积的泥沙抬高河床，淤堵水道和湖泊。

（三）生物资源状况

鄱阳湖区域生物资源的基本特点是：种类多、数量大、珍稀濒危物种多。在我国五大淡水湖泊中，鄱阳湖生态经济区的生物资源最丰富，生物量最大，生物多样性程度也最高。

鄱阳湖植被面积 2262 平方公里，占鄱阳湖洲滩湿地面积的 80.8%。

湖区植物资源十分丰富，现有植物种类 380 余种，全湖单位面积生物量为 1208 克/平方米。分为 4 个植物带：（1）湿生植物带，分布在高程 13 ~ 17 米的洲滩上，面积为 519 平方公里；（2）挺水植物带，分布在高程 12 ~ 15 米的浅滩上，面积约为 225 平方公里；（3）浮叶植物带，分布在 11 ~ 13 米高程上，面积约为 637 平方公里；（4）沉水植物带，分布在 9 ~ 12 米高程的水体中，面积约为 1366 平方公里。

鄱阳湖水生维管束植物资源十分丰富，不仅种类多，且生物量也较大。现已查明有水生维管束植物 102 种，分属于 38 科，植被面积达 2262 平方公里，占全湖总面积 2797 平方公里（水位高程 17.53 米计）的 80%。

鄱阳湖生态经济区有鱼类 139 种，占江西省鱼类总数的 82%，是江西最大的鱼库。其中经济价值较大的有鲤、鲫、鲢、鳙、青、草、鳜、鲌等 10 余种，年产量达 2550 万公斤以上。

据统计，鄱阳湖生态经济区记录鸟类有 310 种，占全国鸟类总数的 25.41%，其中属于国际《湿地公约》指定范围的水禽 122 种；鄱阳湖生态经济区兽类 52 种，属国家一级保护动物的有白鳍豚，属国家二级保护动物的有江豚、河麂、水獭、穿山甲、小灵猫等。

（四）矿产资源状况

鄱阳湖地区矿产资源丰富，种类繁多。其中，南昌市矿藏以非金属建材矿为主，兼有燃料、矿泉水等各类矿产 28 种。九江市矿产资源丰富：已发现的矿种有金属、非金属、能源矿产三大类 80 种，已探明储量的有 44 种，其中金、锑、锡、萤石储量居江西省首位，铜居第二，钨居第三，石灰石、石英砂、大理石、花岗石、瓷土等蕴藏丰富，矿产潜在价值在千亿元以上。其中，已探明的可采煤炭储量 4.9 亿吨；高安市境内已探明的矿产资源有 26 种，主要有煤、石灰石、高岭土、石英石、瓷石、耐火黏土、铜、铝、锌、铁、金等。其中煤炭储量 2.6 亿吨，位居江西省前列；石灰石仅出露范围内的储量就达 13.4 亿吨，且品位较高，在全国都享有知名度。其他主要非金属矿产资源也具有分布广、品质优的特点，开发价值较大。

表 7 - 3　鄱阳湖生态经济区各项指标

指　　标	鄱阳湖生态经济区	全省	鄱阳湖生态经济区占全省比重（％）
移动电话年末用户（户）	8522464	12770000	67
国际互联网用户（户）	1298268	2070000	63
全年用电量（万千瓦时）	3050831	5467700	56
工业用电量	2068779	3783300	55
社会消费品零售总额（万元）	11654682	20827862	56
当年实际使用外资金额（万美元）	264195	360368	73
城镇固定资产投资完成额（万元）	23436821	43253781	54
房地产开发投资完成额（万元）	3218644	5476570	59

全区旅游业稳步发展，逐渐成为第三产业的支柱产业。2008 年全区实现旅游总收入 397 亿元，占全省旅游总收入的 71%。鄱阳湖生态经济区是江西旅游资源最为集中的区域，人文旅游资源和自然旅游资源均比较丰富，旅游资源类型齐全、品位高、空间组合状况良好，具体如表 7 - 4 所示。

表 7 - 4　鄱阳湖生态经济区旅游资源各项指标

	全区总计（个）	全省总计（个）	全区占全省比重（％）
世界遗产	2	2	100
世界重要湿地	1	1	100
全国重点宫观	3	3	100
全国重点寺院	3	4	75
4A 旅游区	16	23	69.6
中国历史文化名城	2	3	66.7
全国工农业旅游示范点	4	6	66.7
国家重点风景名胜区	7	11	63.6
中国优秀旅游城市	5	9	55.6
国家级森林公园	20	39	51.3
5A 旅游区	1	2	50
全国重点文物保护单位	23	51	45.1
全国爱国主义教育示范基地	4	11	36.4

城镇体系趋于完善，城市化步入快速发展阶段。2008 全区城市化水平达到 43.99%，比全省平均水平高出 8 个百分点。城镇固定资产投资完成额达 23436821 万元，占全省完成额的 54%；房地产开发投资完成额 3218644 万元，占全省完成额的 69%。

依托南昌生物产业国家高技术产业基地和樟树中药产业传统优势，重点推进中药现代化，建设治疗艾滋病新药、抗癌原料药、新型功能糖、血细胞分析仪器、磁共振成像系统等产业化项目，积极培育生物医药、生物农业等新兴产业；以鹰潭、南昌为中心的铜冶炼及精深加工产业基地，以江铜集团为龙头，提高铜冶炼水平，重点开发铜引线框架、铜板带、铜箔、特种漆包线等高精度、高性能产品；依托新钢、萍钢、南钢现有生产能力建立优质钢材深加工基地，以超量或等量淘汰省内落后钢铁产能为前提，以区域市场需求为导向，重点发展船板、弹簧钢、建筑用钢、线材等钢材深加工产品，提升钢材深加工水平等。

全区发展环境发生巨大变化。城乡建设加快，面貌焕然一新。实现出省主通道和省会到县区市公路高速化。生态环境得到有效保护，省级监控的地表水断面中Ⅰ至Ⅲ类水质占83.1%。政务环境建设深入推进，投资软环境明显改善。

全区人口密度大，区内分布不均。全区人口平均密度达到392人/平方公里，是全省平均人口密度264人/平方公里的1.48倍。人口分布如图7-3所示。

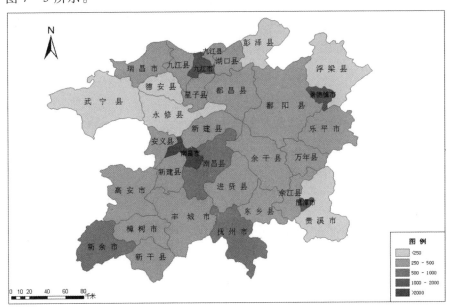

图7-3 鄱阳湖生态经济区人口分布情况

全区社会事业全面发展。农村中小学办学条件明显改善，职业教育发展较快，高校在校生数量进一步扩大，人才进出基本平衡。2000～2007年鄱阳湖生态经济区高等教育发展情况和中小学教师数发展情况如图7-4和7-5所示。

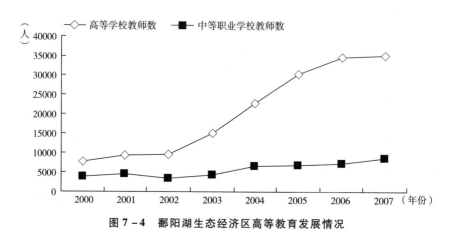

图 7-4　鄱阳湖生态经济区高等教育发展情况

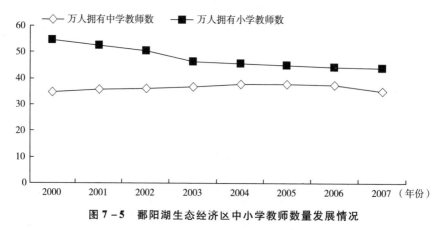

图 7-5　鄱阳湖生态经济区中小学教师数量发展情况

全区疾病预防控制体系和医疗救治体系得到加强，该区集中了全省重要的医院及疾病预防控制中心，2008年拥有医院和卫生院所933个。2000～2007年鄱阳湖生态经济区医疗卫生设施发展情况如图7-6所示。

全区重点领域科技攻关取得新进展，科技成果转化加快。广播电视人口综合覆盖率进一步提高。全民健身运动蓬勃开展，成功举办第五届全国

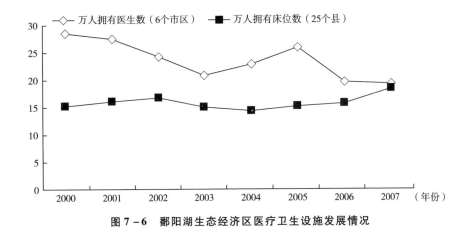

图 7 - 6　鄱阳湖生态经济区医疗卫生设施发展情况

农民运动会。计划生育成效显著，低生育水平保持稳定。

全区人民生活水平进一步提高。城镇居民人均可支配收入和农民人均纯收入快速增长。价格总水平基本稳定。就业、社会保障和扶贫工作取得明显成效。城镇登记失业率控制在 4% 以下。民生保障进一步增强，社会和谐度进一步提升。

二　鄱阳湖生态经济区社会经济发展的 SWOT 分析

（一）鄱阳湖生态经济区社会经济发展的优势分析

1. 区位优势

无论是自然地理位置，还是经济地理位置，鄱阳湖生态经济区均处于东西结合，南北交汇的接合部，在江西经济发展中具有重要的战略地位。鄱阳湖生态经济区可以就近吸收发达地区转移过来的资金、技术及管理经验，并将自己的比较优势产品输送到发达地区，为发达地区提供一定的基础性服务。

2. 资源与成本优势

鄱阳湖生态经济区与沿海相比在资源和成本上具有一定的比较优势。一是矿产资源特别是有色金属储量丰富；二是鄱阳湖生态经济区的旅游资源丰富，水域面积辽阔，生态环境好，是沿海地区的"后花园"；三是鄱阳湖生态经济区的水资源和土地资源相对宽裕；四是与沿海地区相比，鄱阳湖生态经济区具有经济成本梯度差的优势。

3. 生态优势

鄱阳湖是我国最大的淡水湖，也是我国四大淡水湖中唯一没有富营养化的湖泊，其流域面积约占江西省流域面积的97%，占长江流域面积的9%，其注入长江的水量超过黄、淮、海三河水量的总和。同时鄱阳湖还是国际重要湿地，被誉为中国的"大陆之肾"、世界的"生命湖泊"，被联合国列为世界湿地保护名录和世界自然基金会划定的全球重要生态区之一，也是中国唯一的世界生命湖泊网成员。

4. 后发优势

作为欠发达地区，一方面，通过借鉴发达地区的经验教训，可以少走弯路，降低经济社会发展的成本和代价；另一方面，通过"拿来主义"吸收发达地区的成功经验，引进其先进管理方法、技术、资金和人才，乃至先进的制度、理念来促进本地区的发展都是欠发达地区独有的后发优势。

5. 南昌、九江经济发展的比较优势

南昌、九江地处"北京－天津－上海－广东－武汉"经济大三角之内，经济发展多层面、多角度受到这些地区的影响，昌、九经济发展呈现良性趋势。昌、九江经济发展水平和运行质量属全省最高层次，业已形成全省经济的增长极。

（二）鄱阳湖生态经济区社会经济发展的劣势分析

1. 鄱阳湖生态经济区经济基础薄弱、总量偏小

尽管近几年鄱阳湖生态经济区发展较快，经济社会发展取得了一定的成就，具备了进一步发展的基础和潜质，但是相对于沿海地区，其经济总量依然偏低，人均水平也较低，尤其是基础薄弱、发展后劲和内在增长动力不足的局面未根本改观，欠发达地区的地位依然没有改变。

2. 投资环境有待进一步改善

鄱阳湖生态经济区的投资环境与条件整体上落后于经济发展的需要，导致沿海地区的产业转移受到限制。同时也阻碍了自身产业结构调整与技术改造。从硬环境看，重大的工业项目少对鄱阳湖生态经济区发展的制约

是明显的，交通、能源等基础设施改善的余地仍很大。从软环境看，经过改革开放三十余年的发展，鄱阳湖生态经济区的发展环境大有改观，但是依然有待进一步改善和优化。

3. 社会事业发展滞后

一是教育事业发展滞后。鄱阳湖生态经济区的教育落后主要是在高等教育、职业教育和农村教育等方面：鄱阳湖生态经济区内没有一所全国重点大学，国家重点学科、重点实验室更是寥寥无几，每年从国家争取的教育科研经费也极其有限；而江西省职业教育培养出来的学生，远远满足不了工业化发展对专业技术人才的需求。二是区域创新体系建设滞后。长期以来，鄱阳湖生态经济区的科技投入严重不足，而且区内的科研院所管理体制改革进展缓慢，尤其是区域创新体系建设滞后，致使区内技术水平差，产品的科技含量不高，科技攻关能力弱，普遍缺乏自主开发、创新技术的能力，极大地制约了鄱阳湖生态经济区经济进一步发展。

（三）鄱阳湖生态经济区社会经济发展面临的机遇分析

1. 区位优势加产业梯度转移的机遇

鄱阳湖生态经济区地处中部，承东启西，贯通南北，既处于长江经济带和京九经济带的中心腹地，又是唯一同时毗邻长江三角洲、珠江三角洲以及海峡西岸经济区的区域，地理位置较为优越。随着区内开放型经济的发展以及"泛珠江区域合作框架协议"的实施，鄱阳湖生态经济区将日益融入长三角和珠三角区域经济圈。

2. 交通运输体系的多样化、快速化带来的机遇

目前，鄱阳湖生态经济区内基本上形成了纵横交错的交通运输网络。区内通达性良好，区际的运输通道正在逐步形成与完善。京九线、浙赣线呈十字交叉于南昌；直通武汉、长沙、上海、浙江、北京、福州等的高速公路与全国各省相通的二纵四横的省道；长江航运九江码头与赣江航运，有南昌、九江等空运港口。

3. 国家宏观政策调整的机遇

在国家"西部大开发"和"振兴东北老工业基地"的战略实施过程

中，区域经济已经形成对中部夹击的发展态势，国家从政策、资金、重大建设布局等方面对中部地区给予支持，宏观政策将会较以往更多地考虑中部地区的利益，这也是鄱阳湖生态经济区经济实现崛起的重要机遇。

4. 全球经济低碳化发展带来的机遇

近年来，低碳经济已经成为社会经济发展的一个重要方向。这是鄱阳湖生态经济区发展的一个重大机遇。鄱阳湖生态经济区应以此为契机，调整产业结构与能源结构，加快建立以低碳农业、低碳工业、低碳服务业为核心的新型经济体系。

（四）鄱阳湖生态经济区社会经济发展面临的挑战分析

1. "三农"问题严重制约了鄱阳湖生态经济区经济社会的协调、和谐发展

（1）农业特别是粮食问题长期以来一直制约鄱阳湖生态经济区经济发展。尽管，鄱阳湖生态经济区自新中国成立以来不间断地向国家输送粮食，但是湖区红壤的地力差。如何进一步提高农业生产基础设施水平，提高农业生产的经济效益，转变农业经济增长方式，以及建立农业增产增收的长效机制，将是鄱阳湖生态经济区乃至江西农业需要长期探索的重大课题。

（2）农村问题。尽管近几年来湖区不断加大对农村的各项投入，但由于财力有限，以及历史欠账太多，广大农村社会发展十分落后，农村基础设施、农村教育、卫生及文化等水平还很低，农村的养老保险和大病统筹保险等社会保障体系和制度建设等才刚刚起步，都还有相当长的路要走。

（3）农民问题。湖区60%的人口在农村，500余万农村富余劳动力需要转移、安置。如何进一步提高农村劳动力的素质，提高其职业技能，以及如何拓宽就业渠道，安置农村富余劳动力，都是亟待解决的问题。

2. 能源、原材料等供应与工业化进程的需要极不协调

鄱阳湖生态经济区的煤炭年产量只有500万吨，且资源日益衰竭，产量逐渐下降；油气资源甚少，水力资源开发潜力有限，能源供给形势较为严峻。

湖区虽然具有有色金属、贵重金属和稀有金属（如铀）的资源优势，但发展大规模现代工业的基础性资源比较缺乏。如铁矿资源，湖区既少又贫，铝矿罕见，铜矿略为丰富，但品位低。原材料短缺将可能成为制约湖区未来发展的一个重要因素。

3. 区域竞争给鄱阳湖生态经济区的产业发展带来了很大的压力

首先，沿海发达地区也存在相对欠发达的区域。为了促进区域发展，广东、浙江、福建等发达省份也出台一系列强有力的政策，包括改善基础设施、完善产业配套、优化投资环境、税收和土地优惠等措施鼓励本省资金向这些地方转移。另外，中西部通过国家发展规划的区域，在产业转移和吸收利用外资上，也对鄱阳湖生态经济区造成很大的竞争压力。

三　鄱阳湖生态经济区社会经济发展的重点

（一）工业

1. 建立承接产业转移的工业园区

在南昌、九江、景德镇、新余等地建立适宜规模的中小企业集群或工业园，可加快吸收外企投资入户，接收沿海发达地区产业转移。同时，也可促进省内产业结构的调整与优化组合。

2. 强力打造昌九工业走廊

以昌九工业走廊提升南昌、九江的经济实力和科技管理水平，按照"以点穿线，以线带面，以面带片"的构想，努力把昌九工业走廊建设成鄱阳湖生态经济区经济发展的枢纽与极核区，成为区域经济发展的典范。

（二）旅游业

鄱阳湖生态经济区山川秀美，人文景观丰富，有南昌、景德镇两座国家级历史名城；有庐山、龙虎山及三清山 3 个国家级风景名胜区；还有中国第一大淡水湖鄱阳湖及鄱阳湖候鸟保护区。区内各类风景名胜区、景点达 300 余处。应加快庐山国际化建设，在鄱阳湖地区开展生态湖泊建设，大力发展生态旅游。

（三）基础设施建设

1. 加快建设省内省际高等级公路

在现有高等级公路网的基础上，加快建设和提升与长江三角洲、珠江三角洲、海峡西岸经济区连接的高速公路网。保证在省内 3 小时直达，省际 8 小时直达。

2. 加快建设公开、透明的通信信息公众网

建设连接国际、国内的长距离、高速度、大容量的数字通信网，为湖区经济发展提供信息平台。

3. 完善铁路运输与内河运输设施

加大铁路电气化改造力度，保障长江、赣江航运畅通，提高码头中转能力。

（四）人才开发与储备

一方面制定合理的人才引进与使用机制，大量吸引人才到湖区开发落户；另一方面利用省内高校的人才培养基地，加大人才（尤其是高素质、复合型人才）的教育培养力度，同时力争在湖区内建设一所全国性的重点知名高校。

第二节 鄱阳湖生态经济区各县（市、区）社会经济发展现状

本节的分析范围包括鄱阳湖生态经济区规划的 38 个县（市）区，以便能够系统、深入地了解鄱阳湖生态经济区社会经济发展的状况。

表 7-5　2008 年鄱阳湖生态经济区各县市三次产业结构及社会经济发展水平

区　域	产业结构	二、三产业比重（%）	人均 GDP（元）	人均财政收入（元）
余干县	40.9：32.7：26.4	59.1	5029	383
南昌市区	1：55：44	99	58543	3654
南昌县	13：65：22	87	23544	2104
新建县	20：47：33	80	18838	1056
进贤县	20.4：51.2：28.4	79.6	16815	579
安义县	15：49：36	85	14912	896
九江市区	1：57.6：41.4	99	58231	1357
九江县	20：57：23	80	8656	925
武宁县	24：52：24	76	9872	847
永修县	17：62：21	83	12107	1206
德安县	12：62：26	88	10380	1016
星子县	20：44：36	80	7216	788
湖口县	16：67：17	84	11449	1330
都昌县	29：37：34	71	3836	320
彭泽县	25：49：26	75	7272	589
瑞昌市	16：62：22	84	10550	1100
鹰潭市区	9.3：40.2：50.5	90.7	28250	2498
余江县	39：42：19	61	7270	741
贵溪市	7：75：18	93	29434	3947
景德镇市区	2：58：40	98	36636	2467
浮梁县	20：59：21	80	15203	1075
乐平市	12：57：31	88	12589	993
临川区	14：35：51	86	13855	449
东乡县	19：51.6：29.4	81	12049	1040
渝水区	22.4：52.3：25.3	77.6	36857	1117
新干县	26.0：48.4：25.6	74	11851	1142
丰城市	19.6：50.1：30.3	80.4	12565	1258
樟树市	18.6：54.7：26.7	81.4	18241	1915
高安市	23.3：47：29.7	76.7	10739	866
万年县	18.7：49.6：31.7	81.3	9344	701
鄱阳县	30：34.9：35.1	70	3911	217

就 2008 年发展数据看，所研究的有 36 个县市均为工业主导型县市。2008 年各县市的产业结构均比"十五"初期更加合理，第二产业比重都有不同程度上升，各县市均形成了各具特色和比较优势的支柱产业。但社会经济发展中出现的问题是：工业增长具有一定的外延型扩张特征，企业自主创新意识和投入不足，第三产业对国民经济拉动作用不明显，现代服务业发展力度有待加大，节能减排工作依然艰巨，可持续发展任务繁重。

为了便于分析，将表 7 - 5 中属于同一地市的县区合并，并增加农民人均收入这一指标，具体数据见表 7 - 6。

表 7 - 6　鄱阳湖生态经济区产业结构等指标

区　域	产业结构	二、三产业比重	人均 GDP	人均财政收入	农民人均收入
余干县	40.9 : 32.7 : 26.4	59.1	5029	383	3732
南昌市	5.8 : 55.7 : 38.5	94.2	36105	4985	5774
九江市	15.4 : 51.9 : 32.7	84.6	14785	1391	4417
鹰潭市	10.9 : 63.6 : 25.5	89.1	23222	3255	5100
景德镇市	8 : 60 : 32	92	20646	1814	5253
临川区	14 : 35 : 51	86	13855	449	5679
东乡县	19 : 51.6 : 29.4	81	12049	1040	5566
渝水区	22.4 : 52.3 : 25.3	77.6	36857	1117	6004
新干县	26.0 : 48.4 : 25.6	74	11851	1142	5109
丰城市	19.6 : 50.1 : 30.3	80.4	12565	1258	5214
樟树市	18.6 : 54.7 : 26.7	81.4	18241	1915	5144
高安市	23.3 : 47 : 29.7	76.7	10739	866	5082
万年县	18.7 : 49.6 : 31.7	81.3	9344	701	3719
鄱阳县	30 : 34.9 : 35.1	70	3911	217	2603

根据表 7 - 7 中的第二和第三产业比重、人均 GDP、人均财政收入、农民人均收入四个因素，利用 SPSS 16.0 对鄱阳湖生态经济区各县市做聚类分析，得出四类社会经济发展水平不同的地区，相对发达地区：南昌市、渝水区；相对比较发达地区：景德镇市、樟树市、鹰潭市；相对落后地区：九江市、临川区、东乡县、丰城市、高安市、万年县、新干县；相

对比较落后地区：余干县、鄱阳县。

一　两个相对发达地区

1. 南昌市

南昌市是江西省的省会，全国 35 个特大城市之一，城市发展潜力大。近几年，该市国民经济保持平稳快速增长，社会事业取得全面进步，民生状况得到进一步改善，生态文明得到进一步发展。

2008 年南昌市全年实现地区生产总值为 1660.08 亿元。其中，第一产业增加值为 96.45 亿元；第二产业增加值为 924.73 亿元；第三产业增加值为 638.90 亿元。

2008 年该市完成农林牧渔及服务业现价总产值为 171.14 亿元。其中，农业产值为 65.15 亿元；林业产值为 2.02 亿元；牧业产值为 64.59 亿元；渔业产值为 36.13 亿元；服务业产值为 3.25 亿元。

2008 年该市完成规模以上工业增加值为 543.30 亿元，工业已成为南昌市的主导产业并形成了电子信息和家电、汽车制造和配套、医药和食品、纺织服装、新材料五大支柱产业。

2008 年，南昌市共完成城市基础设施投资 130.38 亿元。洪都大桥、英雄大桥、青山湖隧道工程竣工；艾溪湖截污工程、玉带河建设与清淤、解放东路二期改造、昌东大道一期改造、紫阳大道综合改造工程、青山湖清淤及东岸整治顺利完成；南昌国际体育中心开工建设；并启动了城市轨道交通可行性研究报告编制工作。

2008 年，南昌市年末社会从业人员为 277.59 万人。其中，第一产业为 74.72 万人，第二产业为 67.31 万人，第三产业为 135.56 万人。年末在岗职工为 58.98 万人，在岗职工平均工资为 26959 元。

2. 渝水区

2008 年渝水区完成地区生产总值 70 亿元。财政总收入 10.18 亿元，其中地方财政收入 5.51 亿元。规模工业企业实现销售收入 110.4 亿元。三次产业比例为 22.4∶52.3∶25.3。全社会固定资产投资 43.69 亿元，其中工业项目完成 32.5 亿元，占 74.4%。外贸出口 1543 万美元。

渝水区新农村建设成效明显，2008年安排"三农"专项资金1670万元；发放各项农业补贴6649.7万元，农民从中人均增收171.8元。农业产业化进程加快，新增省级龙头企业5家，市级龙头企业25家。农村基础设施进一步完善。该区项目建设加速推进，工业项目快速实施，6000吨硅料、500兆瓦太阳能电池等项目一期工程竣工投产；20万吨模具钢、15万吨冷轧薄板等一批项目陆续投产；70万吨电工钢等一批重大项目完成前期工作。基础设施项目推进有序，特色产业集群初步形成。该区规模工业企业实现增加值26.2亿元。年销售收入上亿元企业达23家。

渝水区第三产业稳定发展，货运产业扩张迅速。2008年货运车辆总吨位达2.9万吨，上缴税金1.2亿元。农村流通服务体系建设得到加强，社区服务业加快发展，水果批发市场、农资交易市场等一批市场建设项目顺利推进。人民生活持续改善，社会消费品零售总额为14.8亿元。城镇居民人均可支配收入13190元，农民人均纯收入6003.6元。该区民生工程建设有序，各项社会事业协调推进。与人民群众直接相关的社会保障、教育、卫生等民生工程支出达1.6亿元，同比增加5000万元，占该区财政新增支出的20%。

渝水区社会经济发展中存在的主要问题是农业产业化水平不高，农民增收长效机制还未健全；涉及人民群众切身利益的问题较为突出，就业、社保、维稳等工作压力增大；政府及其部门服务水平有待提高，干部素质、作风还不能完全适应新形势、新任务的要求。

二 三个相对比较发达地区

1. 景德镇市（包括昌江区、珠山区、乐平市、浮梁县四个县市区）

近几年，该市经济总量明显壮大，发展质量明显提高，增长速度明显加快，民生状况不断改善，社会事业全面进步，呈现经济繁荣、社会和谐的喜人局面。

2008年景德镇市实现生产总值321.98亿元，从三次产业看，均完成或超额完成计划目标，其中：第一产业完成25.58亿元；第二产业完成193.5亿元；第三产业完成102.9亿元。全社会消费品零售总额达99.28

亿元。景德镇市农业基础地位不断巩固，全面落实粮食直补、农资综合补贴、良种补贴等惠农"五项补贴"。全年粮食播种面积 132 万亩。粮食总产再创新高，总产量达 54.5 万吨。农业结构调优调强，茶叶、蔬菜、养殖等主导产业规模不断壮大。实施新型农民培训工程，劳动力转移培训人员 1.2 万人次，农村公路建设完成 273 公里。该市工业生产稳定发展，保持了较高的增速。工业增加值实现 164 亿元，其中规模以上工业增加值完成 131.25 亿元。该市第三产业稳中有升。商贸流通繁荣发展，农产品集贸市场基础设施不断完善。交通运输、邮电通信业继续保持高位增长。旅游产业加速做大做强，陶瓷文化旅游兴起热潮，该市旅游经济总收入达 44 亿元。大力推进节能降耗，发展循环经济。

2008 年景德镇市城镇以上固定资产投资达 222 亿元。建设经济适用住房面积 10 万平方米；经济适用住房受益户数 1670 户；享受廉租住房受益户数 1397 户。在就业和保障方面，城镇新增就业 3.07 万人，新增转移农村劳动力 3.7 万人。城乡居民收入水平明显提高，其中城镇居民人均可支配收入达到 13591 元，农民人均纯收入达到 5253 元。

近几年，景德镇市农业形成了"南菜、北茶、城郊养"的产业格局，结构不断调整优化，规模效应凸显，高效经济作物快速发展。在工业领域，形成了机械家电、航空汽车、化工医药、新型陶瓷、电子信息、电力能源、特色食品加工六大支柱产业。

景德镇社会经济发展存在的主要问题有：陶瓷企业自主创新的能力缺乏，设备更新速度滞后。工业产业结构比较单一，对陶瓷的依赖性很强，资源利用方式粗放，而技术进步、劳动者素质提高、管理创新等对经济增长的贡献不足。

2. 樟树市

2008 年，樟树市完成国内生产总值 98.5 亿元，完成固定资产投资 52.97 亿元，完成财政收入 10.34 亿元，规模以上工业企业完成主营业务收入 105.08 亿元，完成工业增加值 35.1 亿元，农民人均纯收入达 5143.58 元，实际利用境外资金 4550 万美元，外贸出口 2130.41 万美元。

樟树市农业生产得到新发展，全年粮食播种面积达 118.64 万亩，总产达 51.63 万吨，实现了连续五年增产目标；生猪出栏达 76.05 万头，再次被列为全国生猪调出大市；水产品产量达 4.2 万吨，被列为江西省 30 个渔业发展重点县市之一。

樟树市产业发展进一步提速，药、酒、盐、机械五金制造四大支柱产业累计实现增加值 27.83 亿元，实现销售收入 84.06 亿元，实现利税 11 亿元。医药产业荣获中国产业集群研究院颁发的中国县域产业集群竞争力百强称号，成为江西唯一入选产业集群；食品产业荣获中国食品工业协会颁发的 2007~2008 年度全国食品工业强市称号；盐化基地被认定为"江西省盐化工产业基地"。

樟树市民生工程再创新佳绩，全年投入改善民生资金 1.8 亿元，该市民生工程目标责任状中八大项工作任务全面完成。城镇新增就业人数 11040 人，城镇就业率达到 98%，新增转移农村劳动力人数 15984 人。

当前樟树市社会经济发展中存在的主要问题是经济结构还不够优化，农业产业化进程不快，工业主导作用还没有发挥到位，发展后劲和活力还不够强劲，带动该市发展的重大工业项目还不多。

3. 鹰潭市（包括月湖区、余江县、贵溪市三个县市区）

近几年，鹰潭市农村经济稳步发展，铜产业集聚效应显著，工业经济增势强劲，民生工程建设进展顺利，各项社会事业全面发展。

2008 年全年实现生产总值 256.6 亿元，三次产业结构调整为 10.9∶63.6∶25.5，财政总收入 36 亿元，其中地方财政收入 16.3 亿元。该市农业产业化实现了新的突破。规模以上农业产业化龙头企业实现销售收入 23.6 亿元。农业基础设施建设力度加大，完成了白塔渠（西片）水利血防改造及 41 座病险水库除险加固，新建农村公路 500 公里。该市铜产业集聚效应显著，工业经济增势强劲。全年实现规模以上工业增加值 143 亿元，工业增加值占生产总值的 61%。工业园区发展迅速。节能减排加大了重点领域、重点行业、重点企业的节能力度。该市市场消费日趋繁荣，全年社会消费品零售总额 61.3 亿元，旅游经济继续保持良好发展态势。大物流稳步推进。

鹰潭市民生工程建设进展顺利，各项社会事业全面发展。城镇新增就业 3 万人，城镇就业率达 96.5%。城乡居民生活水平进一步提高，城镇居民人均可支配收入 12808 元，在岗职工平均工资 18700 元，农民人均纯收入 5100 元。

鹰潭市的社会经济发展中存在的主要问题有：产业结构不合理；农业基础薄弱，生产方式落后，结构升级缓慢，优质产品较少；工业内部结构不尽合理，企业组织规模过小，产业集中度低，专业化水平不高；第三产业中新兴产业发展滞后。

三　七个相对落后地区

1. 九江市

九江市包括浔阳区、庐山区、德安县、星子县、永修县、湖口县、都昌县、武宁县、共青城、九江县、彭泽县和瑞昌市十二个县市，修水县除外，下同。

2008 年九江市生产总值 656.65 亿元。财政总收入 60.97 亿元，社会消费品零售总额 187.11 亿元；城镇居民人均可支配收入 12889 元，增长 14.3 个百分点；农民人均纯收入 4417 元。旅游业保持稳定增长。

九江市全年粮食总产 144.98 万吨，实现连续五年丰收；水产品总产 35.71 万吨，其中特种水产 10.5 万吨；棉花种植 73.7 万亩，总产 8.21 万吨；油料产量 13.54 万吨；生猪养殖向专业化、规模化发展，出栏 171.64 万头。新农村建设继续走在江西省先进行列，投入 2.1 亿元，建设 1473 个试点村，农民生产生活条件得到改善，农村面貌有了新的变化。

九江市全年规模以上工业增加值 213.21 亿元；规模以上工业企业主营业务收入 800.6 亿元。工业园区集约发展水平提升。

2008 年九江市交通基础设施建设稳步推进，公路通达率 90% 以上，城镇化率达到 43.05%。口岸扩大开放纳入国家规划，九江港获准对台湾港口直航。沿江开发对投资者的吸引力进一步增强。

2008 年九江市新增城镇就业 6.8 万人，发放小额贷款 1.61 亿元，扶持 4003 名下岗失业人员自主创业，带动 10474 人就业；提高了城乡低保补助标准，扩大医疗救助范围，取消了病种限制，提高了救助标准；启动 20

万平方米经济适用住房建设，惠及 3000 户城市中低收入家庭，推进廉租房和经济适用房建设向县级拓展。

九江市社会经济发展中存在的主要问题有：起支撑作用的骨干项目和企业偏少；城区发展相对滞缓；经济结构优化、产业结构升级缓慢、产业层次偏低，市本级支柱财源单一，县域经济底子较弱，城乡发展不均衡，投融资体制建设滞后。

2. 临川区

2008 年临川区生产总值完成 147.6 亿元；社会固定资产投资 105 亿元。财政总收入完成 4.8 亿元，社会消费品零售总额达到 63.49 亿元，城镇居民人均可支配收入达到 12325 元，农民人均纯收入达到 5679 元，超过江西省平均水平。

临川区农业生产稳定增收，农业产业化加快推进。新增省级龙头企业 3 家、该区农业产业化龙头企业固定资产累计达 7.7 亿元。农业机械化水平不断提高，农机装机总容量达到 66 万千瓦，农业生产综合能力进一步增强。

临川区招商引资质量提升，工业发展提速增效。全年新引进 500 万元以上工业项目 47 个，新引进 5000 万元以上工业项目 16 个，其中亿元以上项目 6 个，实际进资 3.61 亿元，引进区外资金 18.86 亿元，实际利用外资 1386 万美元，完成出口创汇 1972 万美元。规模以上工业企业 104 家，规模以上工业增加值达到 20 亿元以上。34 户重点企业实际入库税收 1.28 亿元，占该区工业税收的 92%，重点企业支撑能力进一步增强。

临川区民生工程扎实推进。全年新增城镇就业人数 6572 人，城镇就业率达 94.7%，发放扶持创业小额贷款 3962 万元。城镇居民最低生活保障水平进一步提高，全年累计发放低保资金 2286.4 万元；农村低保覆盖面进一步扩大，总人数达到 26809 人，全年累计发放低保资金 1058 万元。

临川区社会经济发展中存在的主要问题包括：财政实力不强，保工资、保运转、保民生等各项刚性支出增多，加上体制等因素的影响，财政困难的状况还没有得到根本改变；园区基础设施配套建设相对滞后，工业经济的支撑作用还有待于进一步增强；招商引资引进的大项目不多，特别是具有带动作用、产业聚集能力强的项目不多；农业基础设施比较薄弱，抗击自然灾害的能力不强，农业产业化水平不高，农民持续增收的渠道有待进一步拓宽。

3. 东乡县

2008 年东乡县生产总值达 52.2 亿元，三次产业结构为 19：51.6：29.4。财政总收入 4.5 亿元，规模以上工业增加值 17 亿元，全社会固定资产投资 41.8 亿元，出口创汇 1900 万元。实际引进县外境内资金 24.75 亿元，社会消费品零售总额 22 亿元，城镇居民人均可支配收入 12234 元，农民人均纯收入 5566 元。

东乡县"三农"工作扎实推进。投入新农村建设资金 2018 万元，新建房 2500 平方米；试点村村容村貌发生明显变化。粮食种植面积达 69.26 万亩，粮食总产量 28.48 万吨。对横山、何坊和蛮桥三座中型水库和 49 座小（二）型以上水库进行了除险加固；治理水土流失面积 2.2 万亩。

东乡县民生工程顺利实施，城镇职工参加基本养老保险 38907 人，促进弱势群体就业再就业，城镇下岗失业人员再就业 1681 人，零就业家庭就业安置率 100%。提高基础教育办学水平，投入 8000 万元新建北港小学、扩建实验中学、改建职教中心。

东乡县经济社会发展中的问题主要表现在：产业层次不高、经济结构性矛盾日益显现；工业化程度不高，支撑产业发展的大项目、好项目不多，尤其是缺乏具有核心竞争力的大企业、大集团；财税减收因素大大增加，增收压力较大；社会管理和公共服务水平还有待提高。

4. 丰城市

2008 年该市实现生产总值 169 亿元，三次产业结构为 19.6：50.1：30.3；财政总收入 16.9168 亿元，规模以上工业增加值 49.2 亿元，全社会固定资产投资 84.3 亿元，外贸出口 3000 万美元，社会消费品零售总额 34.33 亿元，农民人均纯收入 5214 元。

丰城市"一园三区三基地"产业布局框架全面拉开，初步形成了 14.5 平方公里的建设规模，中心园区税收达到 9.06 亿元，增长 50.8 个百分点。以工业园列为江西省循环经济示范园区为契机，不断延伸"煤－电－建"、

"煤－气－电"、"煤－焦－化"循环产业链。

丰城市民生工程实现"四个全覆盖",推动社会事业协调发展。2008年安排财政投入资金5.16亿元,实施68项公共财政政策。城乡困难群众最低生活保障全覆盖、城乡困难群众大病医疗救助全覆盖、城乡居民医疗保障全覆盖、城乡义务教育免费和困难家庭学生资助政策全覆盖"四个全覆盖"目标全面实现。

丰城市经济社会发展中存在的主要问题:经济结构不尽合理,产业发展存在差距,第一产业所占比重偏高,农业现代化水平不高;第二产业结构问题突出,粗放式经济特征明显,传统型产业多,高新技术型产业少;第三产业层次较低,专业化市场少,辐射范围小。

5. 高安市

2008年高安市完成生产总值86.88亿元。其中第一产业增加值20.68亿元,第二产业增加值40.31亿元,第三产业增加值25.89亿元。三次产业的比例为23.8∶46.4∶29.8。该市财政总收入突破7亿元大关,全社会固定资产投资继续快速增长,达到40.05亿元,社会消费品零售总额实现27.4亿元。

2008年高安市农林牧渔业总产值实现20.68亿元,粮食播种面积达156.6万亩,粮食总产68.6万吨,棉花播种面积6.98万亩,总产0.64万吨,油料播种面积61.7万亩,蔬菜种植面积17.37万亩,总产量27.14万吨。该市2008年规模以上工业实现工业总产值91.99亿元,实际利用外资4445万美元,实现外贸出口2438万美元。工业园区、建陶基地分别完成工业产值77.52亿元和6.25亿元,社会消费品零售总额实现27.4亿元,同比增长23.1个百分点。财政总收入实现7.0026亿元,地方级财政收入4.246亿元。

高安市社会事业协调发展。2008年共落实配套资金3375.17万元,用于实施60项公共财政政策,支持"民生工程"。社会保障和就业取得新进展,新增就业岗位13642个,城镇登记失业率控制在1.5%。建设经济适用房1.176万平方米,廉租房2800平方米,解决中低收入家庭住房困难230户。社会保障体系进一步健全,1.5788万名城市低保对象已实现动态管理的应保尽保，2.445 万名农村特困群众已纳入农村低保范围。

当前高安市社会经济发展中还存在的一些突出矛盾和问题主要包括：国民经济总量仍然偏小，整体素质和效益还不高，结构性矛盾和体制性障碍仍然比较突出；农业受冰冻灾害和农产品价格波动的影响，农民增收困难。财政负担过重，可用财力不足。

6. 万年县

2008 年万年县实现生产总值 34.55 亿元，完成财政总收入 2.7276 亿元，全部工业增加值完成 16 亿元，全社会固定资产投资完成 30 亿元，全部工业增加值占 GDP 的比重达到 46.3%。

万年县三次产业协同发展。三次产业比例为 18.7：49.6：31.7。农村经济活力进一步增强。粮食总产量达到 4.22 亿斤。工业主导地位进一步突出，工业园区共完成基础设施投入 1.8 亿元，入园企业达 215 家，实现主营业务收入 51.02 亿元，安排就业 12406 人。第三产业进一步繁荣。全年共接待游客 25.4 万人次，实现旅游综合收入 1.48 亿元。社会消费品零售总额 13.1 亿元。突出产业和重大项目招商，实际引进县外资金 41.2 亿元，实际利用外资 1502 万美元。

万年县主动适应国家主体功能区划分，积极策应鄱阳湖生态经济区建设，共规划实施重大项目 40 个，总投资 50 亿元。县城建成区面积已扩大到 9.7 平方公里，县城人口达 9.3 万人，县城亮化率、硬化率、绿化覆盖率和绿地率分别达到 98%、98%、39.6%、36.9%；进一步完善了乡镇功能规划，加大了城镇建设力度。

万年县社会事业不断发展，全年新增城镇就业 7934 人，新增转移农村劳动力 10266 人，城镇就业率达 97%；城镇职工参加基本养老保险 3.7 万人；城镇居民基本医疗保险覆盖率和农村新型合作医疗覆盖率均达到 100%；发放城市低保金 722 万元、农村低保金 385 万元、大病医疗救助金 280 万元。

万年县经济发展存在的主要问题包括：产业层次不高、经济结构性矛盾更加突出；带动性强的产业、项目不多，财政增收难度进一步加大，项目融资压力加大，经济建设的投入受到较大影响，机制体制有待进一步完善，机关效能有待进一步提高。

7. 新干县

2008 年，新干县完成生产总值 373840 万元，可比增长 15.4 个百分点。该县全年民营经济实现增加值 239716 万元，占 GDP 的比重为 64.1%。2008 年，财政总收入 36310 万元，占 GDP 的比重达 9.7%，税收收入占财政总收入的比重达 81.9%，标志着新干县经济运行质量正在快速提升；经济运行效益提升，新干县规模工业企业实现产品销售收入 55.1 亿元，实现利税总额 6.9 亿元；民生事业再创佳绩。全年用于民生工程的资金达 1.8 亿元。就业和再就业工程有效实施。该县农业生产发展势头良好，农业机械化水平进一步提高，该县拥有各类农机具 4.86 万台（套），总动力达 32.9 万千瓦，农机化综合水平达 53.9%。该县工业园区快速发展，园区增长极作用日益凸现。工业园区全年完成基础设施投资 56870 万元，园区现有工业企业 137 户，全年完成工业总产值 528004 万元，上缴税金 28847 万元，安置就业 11944 人。

新干县人民生活持续改善。在岗职工人均工资 15815 元，农民人均纯收入 5108.74 元，居民人均居住面积达到 35.55 平方米。新农村建设扎实推进，新修农村公路 138 公里，硬化进村主干道 130 公里、巷道 111 公里。社会保障体系日益完善，城市低保和农村特困群众救助面进一步扩大。

新干县经济社会发展中还存在一些矛盾和问题主要包括：规模工业比重不大，竞争力还不强，特别是缺乏带动性强的大项目和大企业；发展方式比较粗放、安监环保的压力比较大；发展有效投入不足，财政增长缺乏大宗稳定税源，收支矛盾依然比较突出；农村基础设施薄弱，农业产业化程度不高，附加值偏低，农民增收难度较大；民生工程惠及面有待进一步拓宽。

四　两个比较落后地区

1. 余干县

2008 年，余干县 GDP 达到 48.13 亿元，财政总收入 3.66 亿元，规模以上工业增加值 11.6 亿元，城镇固定资产投资 27.4 亿元，社会消费品零

售总额 14.57 亿元，农民人均现金收入 3732 元，实际引进县外资金 34.2
亿元。

2008 年，余干县种植水稻 170 万亩，粮食总产量达 13.7 亿斤。该县
工业主营业务收入首次突破 60 亿元，规模以上工业增加值 13.5 亿元。用
于民生的财政支出超 2 亿元，占财政总支出的 30% 以上。

余干县社会经济发展中存在以下一些问题：经济结构不合理，第一产
业比重明显偏高；规模工业少，粗放型经济增长方式仍制约着结构优化和
效益提高；城镇化水平较低，城镇服务功能不完善；财政收支矛盾仍然突
出，支撑财政稳定增长的产业不明显；农业产业化进程缓慢，农民增收缺
乏新渠道。

2. 鄱阳县

2008 年鄱阳县实现地区生产总值 59.1 亿元，财政总收入 3.3 亿元，
全社会固定资产投资 38 亿元，社会消费品零售总额 19.6 亿元，城镇在岗
职工年平均工资 12992 元，农民人均纯收入 2603 元，三次产业结构为
30：34.9：35.1。2008 年该县名优水产品养殖基地建设加快，水产品总量
13.2 万吨，实现产值 12 亿元。

鄱阳县始终把民生工程摆在重要位置。教育方面，新建了招生规模
3500 人的九年义务制湖城学校，完成了鄱阳一中、实验中学扩建工程。社
会保障方面，城镇职工参加基本养老保险 5.39 万人；农村低保人数 6.05
万人，城市低保人数 1.79 万人。医疗保障方面，新型农村合作医疗参合人
数 108.6 万人，参合率 91.56%。再就业方面，发放再就业小额贷款 1703
万元；城镇净增就业 5231 人，城镇就业率 97%。住房保障方面，建设经
济适用住房和廉租住房 3.2 万平方米，402 户群众受益。

鄱阳县国民经济和社会发展中存在的问题主要有：工业化水平较低，
工业增加值占 GDP 增加值的比重仅为 16.3%，是江西省的 1/3；财政减收
因素较多，农民增收任务艰巨，增收渠道还需拓宽；统筹城乡发展需要进
一步加强，政府职能转变有待进一步完善。

第八章 鄱阳湖生态经济区指标体系的构建

生态经济将成为 21 世纪国际经济竞争的制高点。与沿海经济发达省市相比，江西省经济虽然欠发达，但具有生态环境优势，完全有条件在发展生态经济中大显身手、后来居上。为此，江西应该遵循经济学中的比较优势原则，充分利用生态环境比较优势，实施生态经济发展战略，构建完善的生态经济系统，将生态环境优势转化为产业优势。

第一节 生态经济的内涵及理解

一 生态经济的相关概念

生态经济是指在一定区域内，以生态环境建设和社会经济发展为核心，遵循生态学原理和经济规律，把区域内生态建设、环境保护、自然资源的合理利用、生态的恢复与该区域社会经济发展及城乡建设有机结合起来，建立人与自然和谐共处的生态社区，实现经济效益、社会效益、生态效益的可持续发展和高度统一。

生态经济的本质就是把经济发展建立在生态环境可承受的基础之上，在保证自然再生产的前提下扩大经济的再生产，从而实现经济发展和生态保护的"双赢"，建立经济、社会、自然良性循环的复合型生态系统。

生态经济系统是生态系统和经济系统相互作用、相互交织、相互渗透而构成的具有一定结构和功能的复合系统。它是一切经济活动的载体，任何经济活动都是在一定的生态经济系统中进行的。

生态经济系统的运行，实际上就是人类有目的地开发利用生态系统和自然资源的过程，是使自然资源各要素实现合理配置、科学利用的过程。

二　生态经济的特征

生态经济的特征体现在以下三个方面。

1. 时间性，指资源利用在时间维上的持续性

当代人不应牺牲后代人的利益换取自己的舒适，应该主动采取"财富转移"的政策，为后代人留下宽松的生存空间，让他们同我们一样拥有均等的发展机会。

2. 空间性，指资源利用在空间维上的持续性

区域的资源开发利用和区域发展不应损害其他区域满足其需求的能力，并要求区域间农业资源环境共享和共建。

3. 效率性，指资源利用在效率维上的高效性

即"低耗、高效"的资源利用方式，它以技术进步为支撑，通过优化资源配置，最大限度地降低单位产出的资源消耗量和环境代价。

三　生态经济系统发展的基本规律

1. 生态经济系统发展演化是一种系统内生的动态过程

在此所说的内生并不是外部作用不存在，相反，生态经济体统作为开放的大系统，无时无刻不在和外界环境存在物质和能量的交换，只是这些外原动力并不是系统发展演化的直接原因，它们只有经过生态经济系统内部的反馈机构及非线性动力学自组织机制才能发生作用。

2. 发展演化是一个旧质产生新质的过程，是一个间歇性飞跃的过程

生态经济学有效地吸收了热力学、耗散结构理论的精华，将注意力转向系统非平衡的研究，发现了生态经济系统从低层次有序结构向高层次跃进的机理——非平衡状态下的非线性涨落。这一点对社会、经济和生态的发展具有重要的意义。

3. 发展演化是不可逆的过程

生态经济系统作为地球上存在的高层次的复杂系统，其演化发展过程是极其复杂的，但这种复杂性掩盖不了其演化的实质是非可逆过程。

第二节 江西建设鄱阳湖生态经济区的战略意义

建设鄱阳湖生态经济区的重大战略意义，可以从以下两个角度去把握。

一 从国家战略高度去把握

总结起来，至少有以下四个方面的重大意义。

1. 有利于探索生态与经济协调发展的新路子

建设鄱阳湖生态经济区，就是要遵循产业经济生态化、生态经济产业化的理念，转变发展方式、实现科学发展。

2. 有利于探索大湖流域综合开发的新模式

建设鄱阳湖生态经济区，就是要吸取国内外大湖流域综合开发的经验教训，着力保护和修复湖泊生态系统，有效控制滨湖和江河源头地区的人为破坏，合理开发环湖平原地区，探索大湖流域保护、治理、开发的新经验。

3. 有利于加快构建国家促进中部地区崛起战略实施的新支点

建设鄱阳湖生态经济区，就是要充分发挥优势条件，着力发展高效生态农业，突出发展先进制造业，大力发展高技术产业，积极发展现代服务业，加快实现中部地区"三个基地、一个枢纽"的战略目标。

4. 有利于树立我国坚持走可持续发展道路的新形象

建设鄱阳湖生态经济区，加强生态建设，强化环境保护，推广生态文化，为世界生态环境保护做出应有贡献。这有助于消除国际社会上的一些忧虑、怀疑和误解，有助于为我国开展国际生态经济合作交流提供重要平台，展示我国负责任的大国形象。

二 从立足江西的角度去审视

建设鄱阳湖生态经济区，是江西迄今为止第一个上升到国家层面的重大战略，其对江西未来发展的重大意义是显而易见的。

1. 是贯彻落实科学发展观的生动实践

建设鄱阳湖生态经济区，就是要下决心保护好鄱阳湖的生态环境，保护好江西的青山绿水，使江西在经济社会又好又快发展的同时，山更绿、水更清、天更蓝、环境更优美。

2. 是实现江西加快崛起、赶超进位的有效途径

鄱阳湖生态经济区的基础设施、产业基础、资源条件和城市化水平等各方面条件都走在全省前列，是江西最容易实现单兵突破，进而带动整体崛起的战略高地。因此，抓好了鄱阳湖生态经济区建设就抓住了江西崛起的基础，抓住了江西崛起的希望，抓住了江西崛起的关键。

3. 是争取江西在全国区域发展格局中有利地位的战略抉择

建设鄱阳湖生态经济区，目的就是充分发挥江西生态环境好的优势，更好地策应国家新一轮区域发展战略，提升和突破江西原有的区域发展战略，从而有助于争取在全国区域发展格局中的有利地位。

第三节　鄱阳湖生态经济区指标体系的建立

一　鄱阳湖生态经济区指标体系的指导思想

建立鄱阳湖生态经济区指标体系的指导思想具体而言：（1）鄱阳湖生态经济区的核心是发展，包括经济发展和人的发展，是以开发为导向的可持续发展；（2）鄱阳湖生态经济区的发展是一种复杂的系统发展过程，经济、自然资源、社会和科技的协调发展是整个发展的基础；（3）其重要标志和原则是生存环境的改善和资源的永续利用；（4）指标研究不仅要注重指标设置范围的全面性，并应将重点放在鄱阳湖生态经济区发展的整体性、综合性上。

二　鄱阳湖生态经济区指标体系的基本原则

1. 科学性原则

指标体系要建立在科学的基础之上，能充分反映生态经济发展的内在

五 指标说明

1. 人均 GDP

该项指标是衡量经济发展水平最普遍的一个标准，人均 GDP 越高表示经济福利水平越好，人民经济生活水平越高。计算公式为：

$$人均国内生产总值 = \frac{国内生产总值（万元）}{总人口数} \qquad (8.1)$$

2. 人均地方财政收入

人均地方财政收入是指一个地区在一定时期内实现的地方财政收入（主要由税收收入构成）与这个地区的常住人口的比值。该项指标越大，表示地方经济发展水平越高。计算公式为：

$$人均地方财政收入 = \frac{地方财政总收入（万元）}{地区总人口数（人）} \qquad (8.2)$$

3. 城镇化率

该项指标越高，表示人口向城市聚集的过程和聚集的程度越高，一个国家或地区经济社会发展水平和人民生活水平就越高。计算公式：

$$城镇化率 = \frac{城镇人口数}{地区总人口数} \times 100\% \qquad (8.3)$$

4. 全社会固定资产投资总额

该指标是反映固定资产投资规模、速度、比例关系和使用方向的综合性指标。计算公式：

$$全社会固定资产投资总额 = 50 万元以上固定资产投资额 + 住房投资额 \qquad (8.4)$$

5. 万元 GDP 能耗

该项指标越高，表示能源消费水平越低，能源利用效率越高，经济结构越合理。计算公式：

$$万元 GDP 能耗 = \frac{能源消耗总量（吨标准煤）}{国内生产总值（万元）} \qquad (8.5)$$

6. 高新技术产业产值占 GDP 比重

是指高新技术产业工业增加值与国内生产总值的比值。计算公式：

$$高新技术产业产值占 GDP 比重 = \frac{高新技术产业工业总产值（万元）}{国内生产总值（万元）} \times 100\% \tag{8.6}$$

7. 产值利税率

指报告期已实现的利润、税金总额（包括利润总额、产品销售税金及附加和应交增值税）占同期全部工业总产值的百分比。计算公式：

$$产值利税率 = \frac{利税总额（万元）}{工业总产值（万元）} \times 100\% \tag{8.7}$$

8. 人口自然增长率

指在一定时期内（通常为一年）人口自然增加数（出生人数减死亡人数）与该时期内平均人数（或期中人数）之比，用千分率表示。计算公式为：

$$人口自然增长率 = \frac{本年出生人数 - 本年死亡人数}{年平均人数} \times 100\%$$

$$= 人口出生率 - 人口死亡率 \tag{8.8}$$

9. 劳动人口平均受教育年限

衡量一地区劳动力文化水平的高低，其计算方法为：

$$劳动人口平均受教育年限 =$$

$$\frac{\sum（每一教育程度所占人口数 \times 该教育程度的受教育年限）}{劳动总人口} \tag{8.9}$$

10. 教育卫生文化支出占财政预算支出的比重

该指标越高，说明政府对文教卫事业投资越大，其计算公式为：

$$教育卫生文化支出占财政预算支出的比重 = \frac{教育科学支出 + 医疗卫生支出 + 文化事业费}{财政预算支出} \tag{8.10}$$

11. 每万人拥有公共文化设施面积

该指标衡量了居民的文化生活基本状况，其计算公式为：

$$每万人拥有公共文化设施面积 = \frac{公共文化设施占地总面积（平方米）}{总人口（万人）} \tag{8.11}$$

12. 民政事业费支出占财政预算支出比重

该指标越高，说明政府对安定群众生活，以及恢复再生产能力，具有较好的控制力。其计算公式为：

$$民政事业费支出占财政预算支出比重 = \frac{民政事业费}{财政预算支出} \times 100\% \qquad (8.12)$$

13. 社会环境协调系数

衡量一地区环境状况的重要指标，是污染物排放量和人口二者年增长率的比值。其计算方法为：

$$社会环境协调系数 = \frac{污染物排放量年增长率}{人口平均增长率} \qquad (8.13)$$

14. 森林覆盖率

是反映一个国家或地区森林面积占有情况或森林资源丰富程度及实现绿化程度的指标。计算公式为：

$$森林覆盖率 = \frac{森林面积}{土地总面积} \times 100\% \qquad (8.14)$$

15. 空气质量优良率

$$空气质量优良率 = \frac{空气质量状况优的月份数 + 空气质量状况良的月份数}{12} \times 100\%$$

$$(8.15)$$

16. 水环境功能区水质达标率

计算公式：由同一功能水体不同断面的水质达标率计算该功能水体的平均水质达标率；再由不同功能水体的达标率计算地表水或近岸海域的功能区水质达标率。

17. 工业废水排放达标率

工业废水排放达标量指报告期内废水中各项污染物指标都达到国家或地方排放标准的外排工业废水量，包括未经处理外排达标的，经废水处理设施处理后达标排放的，以及经污水处理厂处理后达标排放的。

$$工业废水排放达标率 = \frac{工业废水排放达标量}{工业废水排放总量} \times 100\% \qquad (8.16)$$

18. 城镇人均公共绿地面积：计算公式是：

$$城镇人均公共绿地面积 = \frac{城镇总人口}{城镇公共绿地面积} \times 100\% \tag{8.17}$$

19. 环保投入占 GDP 比重

是指对保护环境所投入的资金与国内生产总值的比例。其计算公式为：

$$环保投入占 GDP 比重 = \frac{环保投入资金额}{国内生产总值} \times 100\% \tag{8.18}$$

20. 工业固体废物综合利用率

指通过回收、加工、循环、交换等方式，从固体废物中提取或者使其转化为可以利用的资源的程度。计算公式为：

$$工业固体废物综合利用率 = \frac{工业固体废物可利用量}{工业固体总废物量} \times 100\% \tag{8.19}$$

21. 城镇居民人均可支配收入

该指标衡量了城镇居民生活水平的变化情况。其计算公式为：

$$\begin{aligned}城镇居民人均可支配收入 = &人均总收入 - 交纳所得税 \\ &- 个人交纳的社会保障支出 - 记账补贴\end{aligned} \tag{8.20}$$

22. 农村居民人均纯收入

指农村住户当年从各个来源得到的人均总收入相应地扣除所发生的费用后的收入总和。计算方法：

$$\begin{aligned}农村居民人均纯收入 = &总收入 - 税费支出 - 家庭经营费用支出 \\ &- 生产性固定资产折旧 - 赠送农村亲友支出\end{aligned} \tag{8.21}$$

23. 城镇人口就业率

指城镇就业人口占劳动力人口的比重，其中就业人员指从事一定社会劳动并取得劳动报酬或经营收入的人员。其计算方法为：

$$城镇人口就业率 = \frac{城镇就业总人口}{劳动力人口} \tag{8.22}$$

24.

$$养老保险参保率 = \frac{养老保险参保人数}{劳动力人口} \tag{8.23}$$

25.

$$失业保险参保率 = \frac{失业保险参保人数}{就业总人数} \tag{8.24}$$

26.

$$医疗保险参保率 = \frac{医疗保险参保人数}{人口总数} \tag{8.25}$$

27. 基础设施投资占全社会固定资产投资比重

该指标反映了城市基础设施的建设情况，也是衡量居民生活条件的重要指标。其计算公式为：

$$基础设施投资占全社会固定资产投资比重 = \frac{基础设施投资总额}{全社会固定资产投资总额} \tag{8.26}$$

28. 人均社会消费品零售额：

$$人均社会消费品零售额 = \frac{年末社会消费品零售总额}{总人口} \tag{8.27}$$

29. 人口密度

人口密度是一定时期内单位面积土地上居住的人口数。计算公式为：

$$人口密度 = \frac{人口聚居数}{该区域的面积} \times 100\% \tag{8.28}$$

30. 人均耕地面积

$$人均耕地面积 = \frac{人口总数}{耕地面积} \times 100\% \tag{8.29}$$

31. 研发投入占 GDP 的比重

$$研发投入占 GDP 的比重 = \frac{研发经费（R\&D）}{国内生产总值（GDP）} \times 100\% \tag{8.30}$$

32. 万人专利授权数：

$$万人专利授权数 = \frac{专利申请批准量}{总人口} \times 10000 \tag{8.31}$$

第九章　鄱阳湖生态经济区现代产业体系发展的总体构架

第一节　现代产业体系的内涵

党的十七大报告提出："发展现代产业体系，大力推进信息化与工业化融合，促进工业由大变强，振兴装备制造业，淘汰落后生产能力。"

一　现代产业体系的内涵

中国政策研究部门和理论界对现代产业体系的内涵进行了多维度的解读。下面将对其中几种有代表性的观点进行简要的评述，进而探讨现代产业体系的基本内涵。

2007 年 11 月新华社发表《发展现代产业体系》，从产业发展的角度解读党的十七大报告。该文对"什么是现代产业体系"做出了初步的回答："现代化的过程，就是在科技进步的推动下，经济不断发展、产业结构逐步优化升级的过程。"

2008 年 7 月，广东省委省政府正式公布了《关于加快建设现代产业体系的决定》。该决定明确界定了现代产业体系的定义："现代产业体系是以高科技含量、高附加值、低能耗、低污染、自主创新能力强的有机产业群为核心，以技术、人才、资本、信息等高效运转的产业辅助系统为支撑，以环境优美、基础设施完备、社会保障有力、市场秩序良好的产业发展环境为依托，并具有创新性、开放性、融合性、集聚性和可持续性特征的新型产业体系。"

浙江大学区域与城市发展中心陈建军教授认为：现代产业体系可以被认为是产业体系的一个子集合，应该具有更多的"现代元素"；即符合科学发展观"两高两低一自主"（高科技含量、高附加值、低耗能、低污染、自主创新）的那些产业。

向晓梅从系统论的角度定义现代产业体系："现代产业体系可以看作是产业在横向联系上具有均衡性和协调性，在纵向发展上形成完整的产业链，产业具备良好的制度素质、技术素质和劳动力素质，产业结构与消费结构之间形成良好互动，产业发展与资源、环境相协调，与国际产业发展相衔接的产业链完整、优势集聚、竞争力强的产业系统。"

综上所述，现代产业体系是相对于传统产业体系而言的，其目的是实现产业结构的优化升级，其核心是一个先进制造业、现代服务业和现代农业互相融合、协调发展的系统，是中国转换经济发展方式、实现科学发展、构建资源节约环境友好型社会的产业载体。

二 国际视角下的现代产业体系

国外虽然没有明确提出"现代产业体系"的概念，但是自20世纪80年代开始，美国等发达国家兴起的产业体系实际上就是现代产业体系。

美国：农业成为制造业之母。在美国现代产业体系的形成过程中，农业始终发挥着主导支配作用，广泛而深刻地渗透到整个经济体系中，并最终形成了围绕农业而生存、增长的制造业格局。构建现代产业体系，必须把资源约束条件放在第一位。在美国特定的资源约束条件下，农业的主导支配作用十分突出。

日本：扶持培育支柱产业群。二战后，日本政府为恢复经济，先后确定并扶植了电力、石油、化工、钢铁、造船、汽车、机床和家用电器等相互关联、互相促进的战略性主导产业，并以此推动了战后日本经济的高速增长。

意大利：推动中小企业集聚。以小企业、大容量，小产品、大市场，小集群、大协作而闻名的产业集聚区，在意大利经济中占有十分重要的地位，提供了制造业70%以上的增加值、80%以上的就业容量和50%以上的出口总额。

国际视角下的现代产业体系突出表现在以下几个方面：一是发达国家的产业体系中第三产业的比重一般都在 70% 以上，而在第三产业中，包括金融中介服务业、文化信息服务业、生产服务性产业的比重在 50% 以上；二是发达国家的第二产业增加值在 GDP 所占比重不大，但是绝对量不小，科技含量高。比如，尽管美国工业比重只有 16%，但产业科技含量非常高，劳动密集型工业基本上都已经转移到其他国家。

发达国家的经验显示，在现代工业和农业的发展过程中，服务业的价值链越来越长，服务业所占比重不断提升将是大势所趋。因此，从国际视角看，现代产业体系是一种第三产业特别是现代服务业占较大比例、第二产业科技含量高的产业体系。

第二节　现代产业体系的特征

现代产业体系具有创新性、开放性、融合性、集聚性、可持续性和市场适应性等特征。

一　创新性

创新性是现代产业体系的动力特征，创新是发展现代产业体系的第一推动力。现代产业体系的创新不是在一个孤立封闭的系统中完成，创新一方面同具体的产业状态息息相关；另一方面，创新又要受到相关的支持系统发展情况的制约。一个完整的创新系统应该包括知识创新、技术创新、制度创新等，以发展现代产业体系为目标，通过多维度的创新来化解产业发展中的瓶颈。所谓技术创新，就是"企业家把一种从未有过的生产要素和生产条件的新组合引入生产体系，导入一种新的生产函数"。制度创新在现代产业体系中具有重要地位，它是产业创新能否获得成功的基础和保障。

二　开放性

开放性是现代产业体系的效能特征，是经济全球化和区域经济一体化的内在要求。当前以国家为中心的国际分工格局呈现出紧密联系的金字塔结构。美国等发达国家位于国际分工的最顶层，一方面大力发展以微电子技术为中心的信息产业和以生物技术、新材料、新能源为主的高新技术产业；另一方面，把失去比较优势的传统产业和一部分低附加值的技术密集型产业转移到其他国家，实现产业结构高级化的战略目标。亚洲"四小龙"等新兴工业化国家或地区通过大量吸收发达国家的投资，承接美日转移出来的重化工业等资本技术密集型产业，使经济增长有了新的推动力，并促使产业结构迅速升级。

三 融合性

融合性是现代产业体系的结构特征，也是现代产业发展的基本趋势。这种融合首先是表现在信息技术对包括工业、农业和服务业在内的所有产业的渗透和嵌入；其次是服务业对工业、农业的融合和渗透，从产业的发展到产业链的发展；再次是各产业内部更低层次部门间的相互渗透和融合；最后是文化与产业的融合。

四 集聚性

集聚性是现代产业体系的空间特征。现代产业体系的形成过程就是产业的空间结构不断调整、产业集聚化、最终形成产业集群的过程。美国经济学家迈克尔·波特教授认为，产业在地理上的集聚，能够对产业的竞争优势产生广泛而积极的影响。[8]基于产业链的联系、运输成本的节约、公共设施成本的分摊、信息沟通的便捷和包括技术扩散效应和学习效应在内的多种形式的正的外部性，产业集群成为国家、区域获得竞争优势的基本途径之一。

高新技术园区是现代产业体系集聚性特征的重要体现。创办高新区，是适应经济全球化和日益激烈的国际科技竞争的挑战，为创造竞争优势而形成的一种产业空间组织形式，它是连接科技创新与经济发展的纽带。高新技术产业集群一旦形成，可以有利于产业结构升级和提高地区竞争优势。

五　可持续性

可持续性是现代产业体系的标志性特征。现代产业体系通过科学技术改造传统产业，调整和优化产业结构，体现了循环经济的理念。高质量、高效益和低消耗、低污染是现代产业体系可持续性发展的必然要求。

现代产业体系中的主导产业服务业以及新兴产业形态如信息产业、创意产业均有助于减少自然资源的消耗量，降低人均废物排放量，有效缓解人口通货膨胀率所带来的能源紧缺、资源枯竭与生态环境危机。

六　市场适应性

市场适应性是现代产业体系的基本特征。现代产业体系不断适应消费结构和市场需求的变化，适应经济发展的新要求，在满足市场需求新潮流中占据有利地位，从而实现经济发展的高效益和高增长。

在现代经济发展过程中，市场需求表现出越来越明显的多变性和动态性，现代产业体系必须不断适应消费结构和市场需求结构的上述发展趋势，使生产方式和生产组织形式更具有灵活性和市场适应性。

第三节　"可持续"条件约束下现代产业体系的构建

1987 年，世界环境与发展委员会在《我们共同的未来》中将可持续定义为："既满足当代人需要，又不对后代人满足其需要的能力构成危害的发展。"萌芽于 20 世纪 60 年代的循环经济，倡导在物质不断循环利用的基础上发展经济，要求"按照自然生态系统物质循环和能量转换的定律"，"通过清洁生产技术、废物回收技术"，使资源利用效率最大化，废物排弃量最小化。在现代产业体系的构建上，"可持续"作为一个约束条件，与循环经济之间存在着内在的逻辑关系。如果说"可持续发展"是构建现代产业体系的一个目标状态，那么，循环经济就是实现经济、社会可持续发展这个目标状态的基本手段和模式。循环经济作为现代产业体系实现可持续发展的重要手段，而且，以资源再利用、环境维护业为内容的循环经济产业也是现代产业体系中的一部分。

在"可持续发展"条件约束下，为避免走入用传统经济理论指导现代产业体系建设的误区，我们认为，现代产业体系的构建应该从以下几个方面着手。第一，充分发挥价格机制的资源配置功能。第二，加快循环经济立法，从环境、资源的立法层面上推进现代产业体系的建设。第三，实行"绿色"财政、金融制度。另外，针对生态产业链中技术创新的极端重要性，鼓励拓展集中处理途径和环保产业，积极推进传统产业的生态转型。第四，转变政府在现代产业体系中的主导推动作用，明确企业构建现代产业体系的主体作用。

第四节　鄱阳湖生态经济区现代产业体系的总体构架

建设鄱阳湖生态经济区，形成发挥区域资源优势和保护生态环境的产业布局、发展方式和消费模式，探索经济发展与生态保护互动共生的操作模式，不仅有利于统筹鄱阳湖和环湖地区的保护与发展，实现江西"生态立省"与"加快发展"的有机统一，而且有利于形成区域经济增长极，带动整个江西的经济社会发展。

一　鄱阳湖生态经济区现代产业体系的构成

鄱阳湖生态经济区现代产业体系应以循环经济为核心。要树立循环理念，探索发展循环经济的有效途径，推动"资源－产品－污染排放"所构成的传统模式，向"资源－产品－再生资源"所构成的循环经济模式转变。

1. 大力发展生态工业

在进一步整合各类工业园区的基础上，推进工业园区的生态化改造。积极推行清洁生产，推进资源节约与综合利用，发展壮大环保产业。以现有工业园区为依托，进行优化组合。加快工业园区建设生态化，加大园区基础设施改造，加大原有基础工业、重化工业和机械制造业的技术改造升级。

2. 积极发展生态农业

发挥鄱阳湖生态经济区大型商品粮基地的作用，进一步巩固江西省粮食主产区的地位。启动生态农业示范县建设，建设一批绿色食品和有机食品生产基地，以畜禽生态养殖示范为抓手，大力发展绿色畜牧业。建立农产品生产、加工绿色认证体系，变"绿色壁垒"为绿色动力，扩大绿色农产品的出口。

3. 发展生态旅游业

进一步挖掘和整合生态旅游资源，规划、设计并推出一批生态旅游产品。建设若干主题型生态旅游区，使生态旅游成为鄱阳湖生态经济区的重要品牌，带动全省旅游业整体水平的提高。

4. 加快发展现代服务业

积极发展现代物流业，加快建设现代物流基地和配送中心，开展跨行业、跨地区、跨所有制的现代物流配送业务。加快发展金融业。引进境内外金融机构，特别是已邀请在沿海地区落户的外资金融机构在南昌设立办事处或分支机构。

二　鄱阳湖生态经济区现代产业空间布局的构思

（一）产业空间布局的总体思路

以科学发展观为指导，按照国家主体功能区的划分，对鄱阳湖生态经济区产业进行合理布局，在鄱阳湖核心区及周边的庐山、三清山、龙虎山、龟峰、瑶里等国家级自然保护区组成的禁止开发区，主要发展生态旅游、生态农业、生态文化。在五河沿岸 2 ~ 3 公里和鄱阳湖湖岸 3 公里滨湖 12 县（区）范围内组成的限制开发区，主要发展生态旅游、生态文化、生态工业、生态服务业。南昌作为特大城市，应强化金融、商业、物流、工业、旅游功能，集聚发展现代服务业、高新技术产业和都市型工业。九江、景德镇、上饶、鹰潭、抚州要定位于大城市，走新型工业化道路，大力发展汽车、医药、电子信息、食品、石化、造船、有色金属、旅游等产业。

（二）产业空间布局的基础原则

1. 要符合区域总体规划要求

产业用地规模和产业选择必须有所限制，应以不损害区域整体形象，以不破坏人的生活质量和区域的生态环境为前提；城市空间结构模式、产业布局形成必须符合区域发展目标，有利于优化人们的生活环境。

2. 要体现生态产业发展的内在规律

重视产业布局的整体性和协调性，体现产业发展的内在规律，构筑高效、合理的产业发展链、技术扩散链、市场分工链，提高经济运行的效率。

3. 要确保能够可持续发展

在优化原有产业布局的同时，要充分顾及是否为新兴产业和外来产业留下进入的空间。把目前无力解决或没有理想解决方案的问题留给后人完成，对目前没有理想规划方案的地区宁可保护起来，留给后人开发。

4. 要与区域基础设施的承载能力和外部环境的配套能力相协调

在考虑区域的发展和产业空间布局上，一定要抵得住"诱惑"，耐得住"寂寞"，控制好发展节奏。努力把产业的空间布局范围控制在财力和基础设施足以支持、生态环境足以承载的地区。

5. 要契合外部产业转移趋势

充分考虑到国际及东部沿海地区产业向内地转移的类型和特点，以及长珠闽产业结构调整可能出现的产业转移类型，在产业发展方向上做好对接准备，以促进鄱生态经济区承接更多的外来资本和外溢产业。

（三）产业空间布局的战略重点

鄱阳湖生态经济区现代产业空间布局的重点是：做大一个中心，打造五条产业带。做大一个中心，即做大做强南昌这一中心城市，通过提升中心城市产业带动鄱阳湖生态经济区。打造五条产业带，即昌九先进制造业产业带、浙赣铁路沿线高新技术产业带、沿长江临港生态产业带、鄱阳湖生态农业产业带、鄱阳湖生态旅游产业带。

三　鄱阳湖生态经济区现代产业发展的支撑体系

（一）构建统一的基础设施支撑体系

包括经济基础设施和社会基础设施。要进一步加强各市县间多方式、快速度的交通联系，构建区域性高效、便捷的交通运输网络系统。要实现信息资源共享，加快建设覆盖鄱阳湖、连接国际国内的信息化基础设施和综合服务体系，鼓励各市、县政务信息、经济信息、科技信息、文化教育信息、人力资源信息、医疗卫生信息、旅游与交通信息等资源上网，强化鄱阳湖生态经济区域的资源共享。

（二）要探索市场一体化的有效管理体制，构建商品市场和要素市场支撑体系，以市场一体化为核心来推动经济一体化发展

一是要培育一体化的商品市场、资本市场、技术市场和劳动力市场，促进各类专业市场和特色市场的合理分布与分工。二是要构建区域产权交易共同市场，通过资产纽带联系，实现企业之间和市县之间的资产重组。三是尽快建立能与国际接轨的市场运作规则，统一市场准入和市场退出机制，推动鄱阳湖生态经济区统一大市场的建设。

（三）要构建信息、技术和管理三大平台，完善人才、研发、金融和服务四大支撑体系

依托鄱阳湖生态经济区域现有的信息资源和信息网络，统筹开发整个区域的信息资源，加快信息技术推广应用，发展城市群电子商务。打破传统的技术研究开发模式，提升科技创新能力，加大技术转移和科技资源共享。引导鼓励金融部门增加对高新技术产业的投入，扩大社会融资，完善科技风险投资机构，建立以技术创新服务机制、信息咨询机构、科技经纪人机构、科技评估机构等为主体的科技服务体系，在产权、技术、人才、资金的大循环中，使鄱阳湖生态经济区域城市产业集群科技创新和产业化能力不断发展壮大。

第十章 鄱阳湖生态经济区生态工业发展模式

第一节 生态工业的理论基础和实践形式

一 生态工业的概念及内涵

（一）概念

生态工业（EcologicalIndustry）是依据工业生态学原理，运用生态规律、经济规律和系统工程的方法，仿照自然界生态过程物质循环的方式来规划、建设、经营和管理，以资源节约、产品对生态环境损害最轻和废弃物多层次利用为特征的一种新型工业组织形态和发展模式。

（二）内涵

生态工业的主旨是为了实现经济与环境的双赢，遵循"3R"原则（Reduce，Reuse，Recycle），使进入工业系统的物质和能量以互联的方式进行交流，从而形成以低开采、高利用、低排放为特征的"资源—产品—再生资源"的物质能量闭路循环的工业经济模式。首先，生态工业将整个工业体系和人类赖以生存与发展的自然环境纳入考察范围，通过不同企业间物质和能量交换，实现资源和能源的高效利用。其次，生态工业认为"废物"可以重新作为原料用于工业生产，达到变废为宝的目的，从而促进物质在整个工业系统中高效循环利用和人类社会的可持续发展。

生态工业要求物质与能量高效组合利用，并与自然生态相协调，不构成或很少构成环境危害，追求的是系统内各生产过程从原料、中间产物、废物到产品的物质循环，达到资源、能源、投资的最优利用。生态工业的主攻方向是综合运用生态规律和经济规律，从宏观上协调工业经济系统的结构、功能和生态、经济、技术的关系，促进工业经济系统的物质流、能量流、信息流的合理运转和系统的稳定、有序、协调发展，建立微观的工业生态经济平衡，从而促进区域经济、社会和生态环境的协调发展。

二　生态工业的理论基础：工业生态学

1990 年美国国家科学院与贝尔实验室共同组织了首次"工业生态学"论坛，对工业生态学的概念、内容、方法及应用前景进行了全面系统的总结，基本形成了工业生态学的概念框架。它描述的是一种工业仿生系统，它通过模仿生态系统物与物之间的关系来实现工业系统的可持续发展，在该系统中一种工业活动的废物（产出）是另一种工业活动的原材料（投入）。总体可以归为四类：（1）将工业生态学看作人类经济活动和它们相互关系的总和；（2）将工业生态学看作工业系统和自然系统的类似物；（3）将工业生态学视为循环、流动和网络化的分析框架；（4）将工业生态学看作产品和制造过程设计以及提高效率的一种途径。

美国 Indigo 发展研究所的 Ernest Lowe 教授在总结各位学者工业生态学观点的基础上，对工业生态学进行了比较全面的描述，并得到了广大学者的认可。他认为：工业生态学是研究工业系统和生态系统的相互作用的系统方法；工业生态学寻求对工业活动的重新设计，从而减少人类活动对生态环境的影响且使之控制在自然系统可以承受的水平之内；工业生态学是一门多学科交叉的科学，它将多个领域的规划和研究联系在一起，包括生态学、工程学、经济学、企业管理、公共管理和法律学等；工业生态学通过寻求策略来提高资源流动的效率和减少对环境的影响（一般称其为"工业新陈代谢"）；工业生态学试图将人类的生产和消费活动由线性的、不经济的传统模式转变为一个闭环系统，在这个系统中，工业部门、政府机关和消费者的废弃物将最大可能地被重新利用、再循环和再制造。工业生态学是"可持续科学"的重要组成部分，广义而言，它为协调环境和技术领域的公共政策设计提供了客观基础。

工业生态学的三大基本特点：（1）工业生态学是用一种全面的、一体化的视角来分析工业体系的所有组成部分及其同生物圈的关系问题；（2）工业生态学研究的范围是指与人类活动相关的物质和能量流动与储存的总体，主要运用非物质化的价值单位来考察经济；（3）工业生态系统强调科技的推动力。

三 生态工业的实践形式：生态工业园

生态工业园是生态工业的实践，是包含若干工业企业、农业、居民区等的一个区域系统。它通过模拟自然生态系统建立工业系统"生产者－消费者－分解者"的循环途径和食物链网，最大限度地充分利用资源和减少环境的负面影响，最终达到工业可持续发展的目标，实现经济发展和环境保护"双赢"。这也是解决我国人口、资源、环境与经济社会发展问题的重要途径之一。

（一）生态工业园的定义

到现在，生态工业园还没有形成统一的定义，主要的定义有以下几种。

定义一：1995 年 Cote 和 Hall 提出，生态工业园是保存自然与经济资源，减少生产、材料、能源、保险、治理费用和负债，提高操作效率、质量、工人健康和公众形象，提供来自废料利用和销售获益机会的工业系统。

定义二：Lowe，Moran 和 Holmes 提出，通过管理环境和资源利用的合作，寻求增强的环境和经济效益；通过协作，工业园区寻求一种集体的利益，这种利益大于所有单个公司利益的总和。这样的加工与服务商务社区（群体）就是生态工业园。

定义三：1996 年 8 月由美国总统可持续发展委员会（PCSD）召集的专家组认为，生态工业园是一个市场共同体，商务企业之间及商务企业与所在社区之间相互合作，有效的共享资源（信息、材料、水、能源、基础设施和天然生境），产生经济效益和环境质量效益，为商业企业和当地社区带来可平衡的人类资源。

定义四：PCSD专家组提出的另一个定义是生态工业园是一种工业系统，它有计划地进行能源和原材料的交换，寻求资源和原材料使用的最小化，废物最小化，建立可持续的经济、生态和社会关系。

定义五：2006年，中国环保总局的定义是依据循环经济理念、工业生态学原理和清洁生产要求，生态工业园通过物流或能流传递等方式把不同工厂或企业连接起来，形成共享资源和互换副产品的产业共生组合，建立"生产者—消费者—分解者"的物质循环方式，使一家工厂的废物或副产品成为另一家工厂的原料或能源，寻求物质闭环循环、能量多级利用和废物产生最小化。

综合上述的定义并结合研究需要提出的生态工业园的定义是：生态工业园是指以工业生态学及循环经济理论为指导，按照工业园区生态经济系统的物质合理循环、能量合理流动、信息高效调控、人力资本密集运用以及价值高效增值的原理，将园区内彼此靠近的工业企业集聚成一个相互依存，类似于生态食物链过程的"工业生态系统"。

（二）生态工业园的特点

生态工业园最本质的特征在于企业间的相互作用以及企业与自然环境间的作用，对生态工业园主要的描述是系统、合作、相互作用、效率、资源和环境。与传统工业园相比，一般认为生态工业园具有以下特征：（1）在生态工业园的实践过程中，环境、生态谋划的思想观念和责任感贯穿其中。主要体现在：园区的各主体，特别是企业和主管单位领导，能够清楚地认识园区的发展对环境的潜在和现实影响，并积极地承担起预防和改善的责任，让环境管理部门进入企业或园区的战略决策部门，制定环境管理制度，推行绿色采购、绿色营销，进行生态设计，采用生态工艺等；园区员工经常参与各种形式的培训和宣传活动，提高资源利用效率，减轻环境污染，保护生态环境的思想在园区内成为共识，并体现在切实的行动上；能严格遵守国家、地方关于环境保护的法律法规，积极参与环境管理认证。（2）强化各企业、各职能部门之间的关系，形成物质循环、能量流动和信息传递的复杂网络结构；弱化园区与外部自然环境之间的关系，使两者达到和谐。生态工业园致力于强化企业之间和企业内部职能部门之间的关系，寻求潜在的合作机会并形成物质循环、能量流动和信息传递的复杂网络结构。（3）在功能上，生态工业园致力于实现物质的循环、能量的梯级利用、信息的快速有效传递和价值的极大增值，实现经济与生态的协调。生态工业园作为当代高水平生产的代表，本质上要求比一般工业园有更高的单位经济产出。但同时，现代生态工业园承担了更多的生态和社会责任。一方面使工业系统更好地融入生态系统，实现了对环境、生态的保护；另一方面可能降低企业的生产成本并树立园区和企业良好的形象，增强竞争力和可持续发展能力。这是实现更大经济效益的可供选择方式。（4）具有环境基础设施和建设，园区企业共享这些设施，企业、园区和整个社区的环境状况得到持续改善。（5）倡导技术创新和采用生态工艺。生态工业园中的企业更倾向于开发和采用先进的清洁生产技术，通过淘汰高能耗、高污染、低效率的老工艺，建立低能耗、无污染、高效率的新生态工艺。（6）具有明确的主题，但不仅仅只是围绕单一主题而设计运行，同时满足多方面的需求，包括企业的经济利益、生态平衡、社区的利益。

（三）生态工业园的特殊技术要求

生态工业园相对于传统的工业园区有着鲜明的特点和非常大的优势。因此生态工业园在建设、改造和实践过程中需要一些特殊的技术要求，以达到协调生态平衡与经济利益之间的关系。具体体现以下几个方面。

1. 物质集成

物质集成主要是根据园区产业规划，确定成员间上下游关系，并根据物质供需方的要求，运用过程集成技术，调整物质流动的方向、数量和质量，完成工业生态网的构建。物质集成可从三个层次来体现生态工业的思想：在企业内部，要实施清洁生产；在企业之间，将废物作为潜在的原料或副产品相互利用，通过物质、能量和信息的交换，优化园区内所有物质的使用和减少有毒物质的使用；在园区之外，充分利用物质需求信息，形成辐射区域，使园区在整个经济循环中发挥链接作用，拓展物质和能量循环空间。

2. 水系统集成

生态工业示范园区中，可以将水细分成更多的等级，例如超纯水（用于半导体芯片制造）、去离子水（用于生物或制药工艺）、饮用水（用于厨房、餐厅、喷水池）、清洗水（用于清洗车辆、建筑物）和灌溉水（用于草坪、灌木、树木等景观园艺）等。在水的多用途使用时，有时需要进行必要的水处理，以除去水中的有害固体物质和液体物质，尽量提高水的纯净度。水处理方法可根据不同的情形采用冷却、分离、过滤、超滤、反渗透、消毒、沉淀、生物处理、湿地处理等工艺。水处理设施可作为生态工业示范园区的一部分并且在经济上自负盈亏。

3. 能源集成

能源集成不仅要求园区内各企业寻求各自的能源使用，实现效率最大化，而且园区要实现总能源的优化利用，最大限度地使用可再生资源（包括太阳能、风能、生物质能等）。一种途径是能源的梯级利用。根据能量品位逐级利用，提高能源利用效率。另一种途径是热电联产。应因地制宜地利用工业锅炉或改造中低压凝汽机组为热电联产，向园区和社区供热、供电，从而达到节约能源，改善环境，提高供热质量的作用，同时也能节约成本、提高经济效益。

4. 技术集成

在规划和建设中，从产品设计开始，按照产品生命周期的原则，引进和改进现有企业的生产工艺，应用高新技术、抗风险技术、园区内废物使用和交换技术、信息技术、管理技术等以满足生态工业的要求，建立最小化消耗资源、极少产生废物和污染物的高新技术系统。

5. 信息共享

园区内各企业之间有效的物质循环和能量集成，必须以了解彼此供求信息为前提。这些信息包括园区有害及无害废物的组成、废物的流向和废物的去向信息，相关生态链上产业（包括其辐射产业）的生产信息、市场发展信息、技术信息、法律法规信息、人才信息、相关工业生态其他领域的信息等。

6. 设施共享

实现设施共享可减少能源和资源的消耗，提高设备的使用效率，避免重复投资。对于一些资金尚不十分充足的中小型企业而言尤其重要。园区内的共享设施包括：（1）基础设施，如污水集中处理厂、固体废物回收中心、消防设施、绿地等；（2）交通工具，如班车、其他运输和交通设备；（3）仓储设施，如入园成员的闲置仓库等；（4）闲置的其他维护设备、施工设备等；（5）培训设施等。

四　生态工业园的国内外发展现状

（一）国内生态工业的发展现状

我国于 1999 年开始启动生态工业园区示范项目。2002 年，国家环境保护总局正式确认广西贵港生态工业园区和广东南海生态工业园区为国家生态工业示范园区。2003 年，国家环境保护总局组织通过了《山东鲁北国家生态工业示范园区建设规划》《天津经济技术开发区国家生态工业示范园区建设规划》的论证。

我国的国家生态工业示范园区，部分生态工业园的概况见表 10 - 1。

表 10 - 1　部分国家生态工业示范园区的基本情况

园区名称	主导产业/核心企业	园区特色
广西贵港生态工业园区	甘蔗制糖	目前已形成两条较完善的生态工业链：一条是用甘蔗榨糖，榨糖后的蔗渣用来造纸，对纸浆生产过程中的废碱回收再用，用回收废碱后的白泥生产建材；另一条是将榨糖产生的废糖蜜作酒精，用酒精废液生产甘蔗复合肥卖给蔗农回用于蔗田。
广东南海生态工业园区	高新技术环保产业	规划建设环保设备加工、可降解塑料生产、吸声材料和环保陶瓷、绿色板材等主导产业群，企业之间以副产品和废物、次级能源等形成工业生态链，建立资源再生园、零排放园和虚拟生态园，实现园区、企业和产品三个层次的生态管理。

续表

园区名称	主导产业/核心企业	园区特色
内蒙古包头生态（铝业）工业园区	铝电联营	以铝业为龙头，以电厂为基础，电厂粉煤灰制建材，电厂同时向市区供热供暖。
湖南长沙黄兴生态工业园区	远大空调，抗菌陶瓷，环保设备等	以远大空调及其配套产业为主导的电子工业生态链，抗菌陶瓷及配套产业为主导的新材料工业生态链，多种农产品深加工为主导的生物制品工业生态链，环保设备和环保型建材为主导的环保产业链为主，架构各生态链之间相互耦合的生态工业网络。
山东鲁北生态工业园区	鲁北化工集团	已形成了磷铵副产磷石膏制硫酸、联产水泥，海水一水多用和盐碱电联产三条工业生态产业链。园区已从单纯磷铵生产变成磷铵、硫酸、硫基复合肥、水泥、海水综合利用、硫酸钾、氯化镁等多种产业的企业群。

如表 10-1 所示，基本特点为：（1）空间分布上，东部、中部、西部地区都有。（2）园区类型上，贵港园区、包头园区、石河子园区、鲁北园区、天津园区属于现有改造型，南海园区和黄兴园区可属于全新规划型。（3）在有无园区核心企业上，贵港园区、黄兴园区、包头园区和石河子园区都有园区核心企业，而南海园区没有。（4）在园区产业数量多少上，黄兴园区和包头园区的产业数量较多。（5）在与其他产业的关系上，与第一产业（农业、畜牧业）密切相关的有贵港园区黄兴园区和石河子园区，与第三产业（旅游业）密切相关的有石河子园区。

我国的生态工业园区的建设还处于初级的发展阶段，但是现有的生态工业园区都已经形成了各自独特的发展特色。

从表 10-1 中可以看出我国现有的部分生态工业园都是很好地利用了工业生态学的原理进行建设的，做到了使得整个工业园的"减量化、再利用、资源化"。

2009 年 5 月，江西省的第一个国家级生态工业示范区—南昌高新技术开发区正式获得国家的批准，这也标志着鄱阳湖生态经济区的生态工业发展进入新的阶段。

（二）国外生态工业园的发展

20世纪90年代以后，生态工业园项目如雨后春笋般在世界各地出现，由于国情不同，各国生态工业园发展模式也不尽相同，所取得的效果也就有所差异。

丹麦于20世纪70年代在卡伦堡（Kalundborg）地区改造成的工业共生体系，成为世界上第一个生态工业园区，并且其架构得到不断的改进，现今仍成功运作，为以后生态工业园区的出现提供了范例。

在美国，生态工业园的建设涉及生物能源的开发、废物处理、清洁工业、固体和液体废物的再循环等多行业的多个层次，并不局限于资源循环和清洁生产等理念，各具特色（部分美国生态工业园的情况见表10-2）。

表10-2 美国部分生态工业概况

生态工业园	园区概况
查尔斯角可持续技术工业园	第一家生态工业园，工业区、海岸沙滩生境保护区和废水处理湿地；农业、海产品和水产养殖、遗产旅游、艺术品、手工艺品和土特产、研究、教育和新产品；持续利用资源。
费尔菲德生态工业园	生产石油、有机化学品，改造原有的工业企业组成和结构，新招募化工公司、环境技术公司和物资再循环者与废物交易公司，实现碳的循环。
布朗斯维尔生态工业园	虚拟生态工业园，共享物质和能源，新招募的工业企业实现与现有企业互补和增强废物交换。
恰塔努加生态工业园	玻璃厂旧址上建公园，紧邻低收入居民区和联邦超基金点；山谷建混合用途绿地公园，作为生活/工作社区；弹药厂旧址建立生态工业园；中南工商业区建环境技术联合企业。

加拿大于1993年在伯恩赛德（Burnside）启动了"生态系统与工业园"项目，并对生态工业园生态特征与规律进行研究，为加拿大最大工业区之一，占地1300多亩，1300多家企业，涉及数十个行业。

法国Oree致力于环境调控计划行动标志（Programme d'actions lableise pour la maitrise de l'environment，简称PALME），PALME是一个生

态园区的生态标识，主要强调对园区的环境管理，目前法国至少有两个工业园区具有 PALME 特征。

1996 年荷兰鹿特丹港生态工业园开始进行规划和建设，2002 年全国有 60 个左右的生态工业园区项目，现今鹿特丹港生态工业园区项目由 85 家大中型企业组成，其目标是建成以石油工业和石化工业及其支持行业为主的生态工业园区。

除此之外，亚洲、南美洲、澳大利亚、南非和纳米比亚等地也建立了许多生态工业园区项目，据初步统计，至少有 60 项，仅日本就有 30 多项。其中，日本的山梨和藤则生态工业园区是较为著名的生态工业园区项目，到目前为止，日本有超过 60 个项目处于发展或规划之中，这些项目大体可以分为三类：（1）生态工业园区；（2）生态城镇项目；（3）工业共生体和零排放。其他亚洲国家的情况是：泰国正致力于把全国 29 个工业园全部改造成生态工业园。印度尼西亚正在建立物质交换网络。印度纳罗达工业区正在兴建类似我国贵糖集团模式的以制糖业为主题的生态工业园。菲律宾的生态工业园区项目也正在进行。

（三）国内外生态工业园的发展对鄱阳湖生态经济区发展生态工业的启示

通过上面对国内外的生态工业园发展的梳理，可以得出一些很有用的启示。

1. 建立和完善相关政策法律

美国、日本的经验表明，通过建立一整套完善的法律体系能明确政府、企业和个人在建立生态工业园区中的权责关系。应加强环境执法监管，尽快建立促进循环经济的法律法规体系，提高企业守法意识，推动企业积极主动开展清洁生产、发展循环经济，明确政府、企业和居民在推进循环经济发展中的责任和义务。

2. 搭建完善的园区信息平台

有利于政府掌握园区的发展动态，更便于企业间的相互合作和园区物质、能量在园区内、周围区域及区域间流动和交换，提高园区资源利用率，减少污染物排放，促进园区的持续发展。

3. 加强高科技的研发

环保部门应率先组织专家，针对鄱阳湖生态经济区典型行业废弃物的循环利用现状开展摸底调查和再生技术研究，选择条件较好的地区建设一批以废弃物再生循环利用为主的静脉产业园区，形成动、静脉产业园区互动发展的新机制。

4. 改善环境基础设施

尽快改善环境基础设施建设滞后的局面，实现工业废水的达标排放和固体废物的无害化处理，推进废弃物的综合利用，打牢环境保护的基础。

第二节　鄱阳湖生态经济区走生态工业道路的必要性

温家宝总理提出要"永葆鄱阳湖'一湖清水'"，同时也需要借助鄱阳湖生态经济区优越的地理位置来大力发展经济，带动整个江西的经济在中部地区崛起。这样就要求江西的发展得走一条有别于发达国家的工业化之路。

上面给出的生态工业是适合江西鄱阳湖地区发展需要的，生态工业的原理就是利用生态系统最终实现零排放，增加经济收入的同时，把环境污染危害降到最低以及能源的消耗减到最小。因此，鄱阳湖地区走生态工业的道路是十分必要的。

一　鄱阳湖生态经济区的使命所决定

鄱阳湖地区肩负着生态环境保护和经济崛起的两大历史使命，是其他地区无法替代的。鄱阳湖地区的政府必须抓住机遇，加快发展，但是，这种发展必须是以兼顾生态环境为前提的协调发展，只能是可持续发展，为此，鄱阳湖生态经济区必须走循环经济的道路，而工业的循环经济就是工业生态化，也就是生态工业，在中观上的实践形式是生态工业园，微观上就是企业的清洁生产。

二　鄱阳湖生态经济区的资源特点决定

长期以来鄱阳湖生态经济区的工业过度依赖于资源的初级开发和利用，由于技术含量低，在开采加工过程中资源浪费较为严重。这种粗放型的工业发展模式若不能尽快得到改变，则将加速资源的损耗，并增大再开采的成本。这决定了只有实施循环经济和可持续发展理论指导下的生态工业，用清洁生产和工业生态学来指导工业的发展战略，设计资源利用方案，规范企业生产行为，方能保证资源永续利用，实现真正的可持续发展。

三　充分保护生态环境，改善鄱阳湖生态经济区域环境质量

生态工业强调以生态为中心，工业体系与生态环境相协调，实行循环经济模式。大力发展生态工业园区，将能够减少许多污染源和废物源，同时园区企业将通过更为创新的清洁生产方法，进一步提高资源的有效利用率，减轻环境负担，为改善鄱阳湖地区的生态环境和兼顾经济快速发展，提出新的解决方法。

四　生态工业有利于经济的可持续性发展

鄱阳湖生态经济区现有的工业园存在着资源浪费、环境破坏与污染等问题，同时，也由于环境、资源的约束，发展受到一定的制约。生态工业园可以有利于规模经济，增强集聚效应。（1）生态工业园区共同的原料采购以及副产品交换，原料和产品都达到了规模批量，所在区域的当地政府一般都为生态工业园区优化使用土地资源、统一建设公用设施创造了条件，使单个企业降低生产和流通成本。（2）生态工业园区企业和产业的集聚会享受到更多的政策优惠，也会降低当地政府与园区管理者的管理成本，增强优惠政策的实施效果，这种共享成本的办法可以使园区企业通过合作获得更大的经济效益。（3）在市场经济条件下，生态工业园区企业共生和产业共生更多地依靠交易方式进行，频繁的交易活动能够分摊初始投资成本，并提高投资的经济效益，且不断巩固这种共生关系，使园区的生态共生网络更加稳定。

生态工业园区环境的改善，将会改善人的生存环境，带来良好的社会效益，使生态工业园成为所在社区经济发展的基地，促进所在地城市的可持续发展。

第三节 鄱阳湖生态经济区生态工业的发展模式

通过以上几章对于生态工业的梳理，以及分析鄱阳湖为什么要走生态工业之路后，对鄱阳湖生态经济区生态工业发展模式情况进行进一步的分析。生态工业是遵照 3R 原理安排生产的，最终的目的就是要按照生态系统的运作实现对环境的零污染和"三废"的零排放，而实现生态工业最适合也是最有效的形式就是发展生态工业园。鄱阳湖地区的生态工业发展也多以发展生态工业园为主。所以研究整个鄱阳湖生态经济区的生态工业的方向就是其最重要的发展模式——生态工业园。

一 鄱阳湖生态工业总体发展

目前，鄱阳湖地区的发展速度稍落后于其他湖泊地区，也正是这个原因，鄱阳湖的生态环境要远远好于其他湖泊（如洞庭湖、巢湖、太湖等）。随着工业的迅速发展，鄱阳湖地区的生态环境面临着巨大的挑战，如何处理好经济增长与资源环境之间的矛盾，协调社会经济与资源环境的发展，是当前和今后一个时期的重要任务。

发展循环经济符合江西省省情，目前也是最佳时机。鉴于此，江西省委、省政府提出要走新型工业化道路的发展战略，要求大力发展循环经济，制定了《鄱阳湖生态经济区规划》，而且国务院 2009 年 12 月 12 日正式批复《鄱阳湖生态经济区规划》，标志着建设鄱阳湖生态经济区上升为国家战略。这也表明，江西省为永葆鄱阳湖"一湖清水"迈出实质性一步，也是鄱阳湖地区生态工业的新篇章。

与此同时，有关部门也要求要在鄱阳湖生态经济区内企业中积极倡导清洁生产审计，大力打造"环保园区"，开展创建环保模范企业活动，将循环经济理念引入各地的招商引资工作，推动循环经济的发展。因此，鄱阳湖生态经济区乃至整个江西省的生态工业园区开始快速发展起来。

（一）鄱阳湖地区生态工业的特征分析

研究一个地区的生态工业，须看该地区的工业是否满足生态工业的五个方面的特征：（1）工业生产链条必须能形成理论上的闭合回路；（2）具备工业生产企业之间相互合作相互影响的生态循环链条；（3）具备生态工业的微观载体，如生态工业园或者其他模式；（4）工业废弃物可以综合利用；（5）应有比较先进的工业生产技术作为技术保障。就鄱阳湖地区的发展生态工业而言，主要遇到的一些问题有以下几方面。

1. 鄱阳湖生态经济区工业发展大多以粗放型为主

鄱阳湖地区规划中的八大支柱产业有不少由于技术的原因，对生态环境有相当大的破坏力。在提出建设《鄱阳湖生态经济区》以前，大多数的企业没有生态工业、清洁生产等概念，主要追求的是经济利益的最大化，因此产生很多的高污染、高消耗、高排放的企业。

2. 工业生态链条并没有完全形成

鄱阳湖生态经济区大部分工业园内的企业并没有形成工业链和工业代谢关系，集聚经济效益差，导致工业园总是在生产—消费—污染的困境中徘徊。部分工业园区只注重近期开发，忽视远期建设，只注重企业数量，忽视产业连接。

3. 鄱阳湖生态经济区废水污染严重

鄱阳湖拥有丰富的水资源，很多企业都以牺牲水资源为代价来发展生产，造成大量的废水，同时废气、固废的排放量也比较高。具体见表10-1。

表 10-3　单位产值工业三废排放量（以南昌为例）

单位：万吨；亿标准立方米

城　市	2005 年百万元值排放量			2006 年百万元值排放量			2007 年百万元值排放量		
	废水	废气	固废	废水	废气	固废	废水	废气	固废
南　昌	0.2176	0.013	0.0045	0.2068	0.0121	0.0032	0.197	0.013	0.003
全国平均	0.1404	0.015	0.0047	0.1103	0.0145	0.0043	0.087	0.0125	0.0040

数据来源：中华人民共和国环境保护部网站。

4. 工业废弃物回收综合利用效率低下，缺乏工业废弃物综合回收利用体系

鄱阳湖地区的工业废弃物回收综合利用效率低下，主要表现为一方面工业"三废"利用产值总体水平不高（如表 10 - 4）；另一方面则是工业"三废"处理能力有限，鄱阳湖地区乃至整个江西省没有形成一套完整的"三废"综合回收利用体系。

表 10 - 4　江西省"三废"利用产值

指　标	2005 年	2006 年	2007 年
"三废"综合利用产品产值（万元）	178811	252892	324863

资料来源：《江西省统计年鉴》（2008）。

《鄱阳湖生态经济区规划》的出台和通过是鄱阳湖生态经济区进一步发展生态工业的有利时机。在前面几章，我们分析了生态工业园是生态工业的实践形式，下面我们从鄱阳湖生态工业园的发展情况来分析鄱阳湖地区的生态工业发展模式。

二　鄱阳湖生态经济区生态工业发展模式——生态工业园

截至 2009 年 12 月，江西省省政府已经批准 21 家工业园建设成为生态工业园的规划，其中隶属鄱阳湖生态经济区的生态工业园有：南昌高新技术产业开发区、九江出口加工区、宜春经济开发区、抚州金巢经济开发区、鹰潭工业园区、新余经济开发区、南昌经济技术开发区、共青城经济开发区（青年创业基地）、武宁工业园区、抚北工业园区、景德镇高新技术产业园区 11 个工业园，包括国家生态工业示范园 1 个（南昌高新技术产业开发区），省级生态工业园 10 个。本节将对鄱阳湖生态经济区的生态工业园区总体情况给出分析。

由表 10 - 5 我们可以发现鄱阳湖生态经济区的生态工业园占地面积都比较大，有利企业的集聚，而且由于它们都是建立在原来工业园区的基础之上的，产业定位已经十分明确，所以这些工业园要完成工业园生态化的过程就必须要建立适合其产业链发展的产业体系。

表 10 - 5　鄱阳湖生态经济区生态工业园产业发展情况

序号	工 业 园 名 称	产 业 定 位	占地面积
1	南昌高新技术产业开发区	光机电一体化、电子信息、生物医药	680
2	南昌经济技术开发区	家电空调、汽车制造、现代造纸	980
3	九江出口加工区	纺织、电子、汽配	281
4	江西共青城经济开发区	服装、食品、包装	300
5	江西武宁工业园区	纺织、化工、医药	266.67
6	江西新余经开发区	机械、食品、化工	1333.3
7	江西鹰潭工业园区	铜加工、机械、服装	1113.3
8	江西宜春经济开发区	机械、医药、新型材料	1100
9	江西抚州金巢经济开发区	医药、纺织、机械	1333.3
10	江西抚北工业园区	建材、化工	666.7
11	江西景德镇高新技术产业园区	汽车零部件、医药、电子	2000

由表 10 - 6 可以看出鄱阳湖生态经济区的生态工业园都保持高速的发展，其工业增加值平均的同比增幅在 23% 以上，说明了这些工业园都有巨大的发展潜力，从而为生态工业园的改造和深化发展奠定了良好的物质基础。

生态工业园可以是实体的工业园区，也可以是按照产业链建立，通过现代物流连接起来的虚拟生态工业园。对于鄱阳湖生态经济区生态工业发展模式的研究将从这三个方面加以研究和分析。

（一）改造型的鄱阳湖生态经济区生态工业园

改造型园区是对现已存在的工业园区或大型工业企业，按照生态工业学的原理，通过适当的技术更新改造，或引进新的产业、项目、工艺流程等，以期在其区域内成员间建立起物质、能量的多层利用关系和废物处理及回收再利用关系，实现经济、社会和生态环境效益三赢。我国的绝大多数的生态工业园都属于这一改造型的生态工业园，鄱阳湖生态经济区的生态工业园的建设目前也属于改造型的。

表 10 - 6　鄱阳湖生态经济区生态工业园的 2008 年 12 月产值情况（缺少九江出口加工区数据）

单位名称	企业用电量（万千瓦时）		主营业务收入（万元）		利润总额（万元）		工业增加值（万元）	
	本年累计	同比增幅（%）	本年累计	同比增幅（%）	本年累计	同期累计	本年累计	同比增幅（%）
南昌经济技术开发区	116508	15.72	2792327	24.9	100308	76166	912917	15.1
南昌高新技术产业开发区	226068	-5.93	5171943	14.16	190403	225121	1630615	6.82
江西景德镇高新技术产业园区	7702	29.34	516846	52.11	30647	11390	176303	33.43
江西武宁工业园区	17242	33.39	437439	26.35	38790	23494	151681	25.89
江西共青城经济开发区	4664	-22.4	358866	33.59	13263	10558	140105	18.07
江西新余经济开发区	59445	24.3	2375863	59.26	352946	143465	682856	36.65
江西鹰潭工业园区	14477	62.3	1287159	14.26	21197	17159	256868	11.16
江西宜春经济开发区	17701	17.71	537737	35.77	34736	31205	191209	26.26
江西抚州金巢经济开发区	18009	26.97	674003	48.12	25079	21757	202149	30.61
江西抚北工业园区	16542	13.64	523344	40.53	15543	12617	162552	28.53

生态工业园建设和发展状况案例。

2009 年 5 月国家环保部通过了《南昌高新区国家生态工业示范园区建设规划》，这标志着南昌高新区成为中部首家被批准建设国家级生态工业园的国家级高新区。

作为江西省唯一的国家级高新技术产业开发区，南昌高新区始终将"生态立区、绿色发展"的理念贯穿到园区规划建设和企业生产之中，坚持走新型工业化道路，实施"优先发展高新技术产业，重点发展软件产业，大力发展先进制造业，配套发展第三产业"的发展战略，致力于实现区域内工业体系与生态环境的协同发展，推动环境、经济和社会的共同进步。

南昌高新技术开发区主要由新型材料产业、电子信息产业、光机电一体化产业、生物医药产业四类高科技研发产业为主导产业，同时辅以现代服务业等产业构成南昌高新区的产业链。南昌高新区环境保护投资指数已连续四年超过 2%，绿化覆盖率更达 50% 以上，并一举顺利通过 ISO14001 环境管理体系认证。在环境管理上，高新区始终坚持"既要金山银山，更要绿水青山"的招商原则，加强对入区项目的审核，实行"环评一票否决制"，将污染源拒之门外；对已批准入区的产业项目，坚持环境影响评价。

南昌高新技术开发区的生态产业链的规划具有几个特点（由于南昌高新开发区目前的生态示范园刚刚通过国家的批准，因此有很多的规划内容并未实施，本文只对其规划的内容进行讨论）。

1. 构建循环经济虚拟产业园是完善生态工业链的主要形式

如图 10 - 1 所示，南昌高新区的实体园区并不能完全满足生态开发区的需要，因此，需要借助虚拟工业园来完善高新区的生态产业链。

虚拟型生态工业园利用现代信息技术，首先在计算机网络上建立成员间的物、能交换联系，然后在现实中通过供需合同加以实施。由于南昌高新区的现有产业多为电子信息、光电子和软件技术的零件制造和组装企业，相应的研发机构很少，因此应充分利用信息技术和网络优势，突破地域限制，以研发中心技术服务为媒介，着眼于寻找园区外企业构建虚拟生态产业链。同时，为完善生态网络，逐步形成较完善的循环经济虚拟产业园，南昌高新开发区应该同与之相联系的企业和工业园区共同建设信息、技术交流平台，以该平台为支撑，近期内实现物流系统、静脉产业和技术信息的共享。

2. 构建主导产业绿色供应链是园区健康发展的可靠保证

南昌高新开发区以电子信息产业为主导，电子信息产品制造企业作为区内的"关键种企业"，其产业供应链的各个环节，从原材料获取到产品生产、使用过程都会产生危害环境的废弃物。因此，无论从发展经济还是保护环境方面，将绿色制造理念引入供应链的构建和实施过程，构建作为园区主导行业的电子信息产业绿色供应链，是解决区内环境与发展问题的有效手段。

3. 建立企业孵化器，推进生态工业科研成果产业化

南昌高新区内的大学研究或合作机构不多，只有南昌大学和浙江大学等少数的几家研究机构，为了建立企业孵化器，应大力加强与大学或其他研发机构的合作，为生态工业技术研发和科技成果转化提供不断优化的孵化环境和条件。

4. 资源和能源系统集成是降低资源消耗的重要途径

南昌高新区园区内的水耗和能耗情况一直比较严重，其中，水耗：2007年园区工业总用水量为 600.07 万 t，新鲜水总用水量为 270.17 万 t，生活用水量为 300.70 万 t，市政绿化等公用用水量为 29.20 万 t。能耗：2007 年高新区规划区内工业总综合能耗为 16.34 万吨标准煤。其中耗电量为 3.63 亿度（14.66 万吨标准煤），占全部能耗的 89.77%；燃油消耗量为 10436 吨（1.52 万吨标准煤），占全部能耗的 9.31%；煤气消耗量为 $1129717m^3$（0.15 万吨标准煤），占全部能耗的 0.92%。

因此，在规划中应该有相应的水集成和能源集成，以降低资源消耗，来达到生态工业的"减量化"目标，提升园区综合竞争力。

5. 规划中的产品废物代谢链符合生态工业的要求

如图 10 - 2，高新区生态产业废物代谢链总图中，水的回收再利用有专门的处理规划，符合生态工业中的"再利用"，而其他的利用光电产品、电子信息产品的废弃物都有规划相对应的产品回收设计，以及重复利用的规划。如规划中有，把垃圾中转站的园区废物分为高热值可燃物品，不可燃物品，废塑料等，对于高热值可燃物则当作垃圾焚烧发电站的原材料，废塑料通过处理后重新利用，不可燃物品经过处理可以用来当作建筑材料

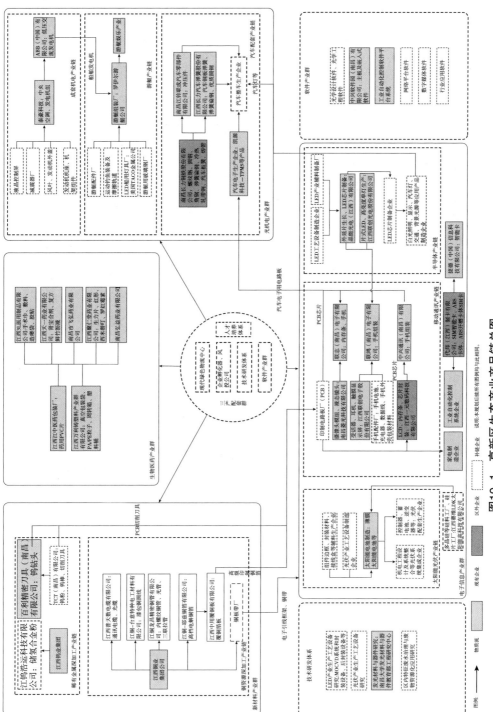

图10-1　高新区生态产业产品链总图

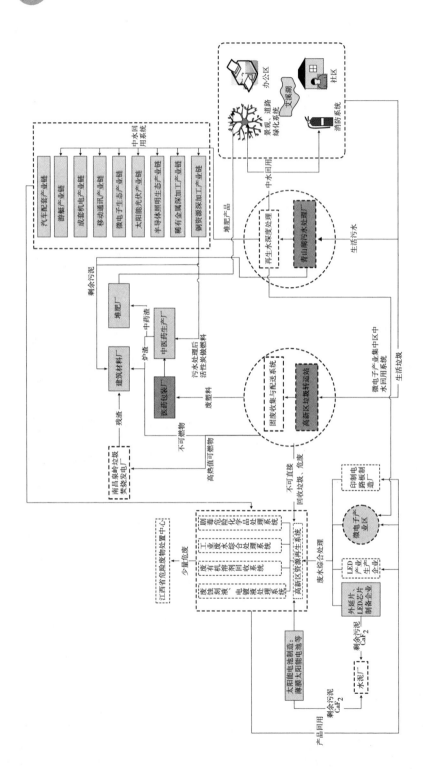

图10-2 高新区生态产业废物代谢链总图

厂的原材料，从而达到整个产业链的循环。

（二）全新型的生态工业园

全新型园区是在事先园区规划和设计的基础上，从无到有地按照生态工业园区的规划设计方案进行建设，使园区达到资源充分利用，主副产品多层利用、废弃物循环利用，排放无污染。

鄱阳湖生态经济区发展生态工业不能够完全只靠对原有的工业园进行改造，还应该要有的放矢地建一些全新的生态工业园，这些全新的工业园可以帮助完善鄱阳湖生态经济区的产业体系，提高鄱阳湖生态经济区产业的竞争力。

1. 鄱阳湖地区全新型生态工业园应该重点发展的行业

根据《鄱阳湖生态经济区规划》的内容，鄱阳湖地区将重点发展八大产业，分别是生物医药产业、环保有色金属产业、电子信息产业、新材料产业、生态光伏产业、应用软件产业、节能环保汽车产业、绿色陶瓷产业8大产业基地。

（1）环保有色金属产业

鄱阳湖生态经济区的铜、钨、钽、铌等有色金属企业应通过技术改造来发展生态经济，对一些生产方式落后、产品质量低劣、环境污染严重、原材料和能耗高、基本无力进行技术改造的企业则应坚决依照有关法规和条例进行取缔和淘汰。

（2）新材料产业

在新金属材料方面，要充分利用江西省的稀土优势，在南昌等市实现稀土新型功能材料的产业化；充分利用江西省铜资源优势，在南昌、鹰潭等市发展高纯铜及铜合金高新技术产品；充分利用江西星火有机硅的资源优势，在九江、南昌等市发展适用江西省汽车、纺织、电器等行业的有机硅聚合物生产。可以借鉴星火工业园的成功经验，依照生态工业和循环经济的原理，在南昌、鹰潭等地建立新的生态工业园，大力发展新材料产业。

（3）节能环保汽车产业

要以江铃、昌河汽车为龙头，立足于发展小排量的微型面包车和轿车，同时加大技术投入，积极引进、研发环保节能型汽车和乙醇汽车等多能源汽车、混合能源汽车，提高企业的核心竞争力。

2. 建立全新型的生态工业园的模式选择

（1）资源利用模式

生态工业园的资源利用模式一般有：供应链循环模式、废弃物互用模式和混合模式。鄱阳湖地区的新材料产业建设可以仿效星火工业的废弃物互用资源利用模式。一方面强化治理，积极支持星火有机硅厂升级换代，大力支持其搞好净化水、混炼胶及污水处理等配套设施建设，实现结构内循环；另一方面，通过广联博引，吸引一批有机硅下游产品开发企业入驻园区，进行深度开发，变废为宝，延伸产业链，实现循环利用。

（2）企业地位模式

生态工业园的企业地位模式可以分为中心型模式、平等型模式和多元型模式。

鄱阳湖地区发展节能环保汽车产业时，在规划全新的生态工业园时就应把园区的企业地位模式设为以江铃、昌河为中心的生态工业园（如图10－3所示）

（三）虚拟共生型的生态工业园

虚拟共生型园区是利用现代信息技术和交通运输技术，在计算机上建立成员间的物、能交换联系，然后再在现实中通过供需合同将园区内外企

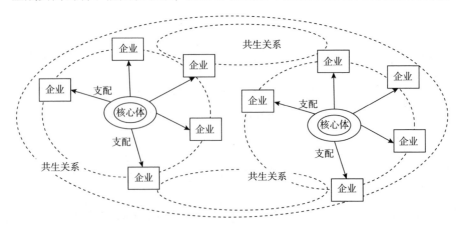

图 10－3　以昌河－江铃为中心型企业的生态工业园简易共生图

业联在一起，形成地域上比较分散，经济上比较紧密的工业共生关系。其优点有：（1）节省土地资源和建园成本。虚拟型生态工业园不需要购置土地和建设基础设施等的投资，建立起来的代价相对较小，另外因其不需要占用土地，可以节约大量的土地和耕地资源，防止建园造成的生态破坏。（2）企业合作范围更广。虚拟生态工业园允许更多的厂商加入，虽然运输成本的存在可能会限制一些企业的合作，但有机会寻找更多的上游和下游企业，使废物得到再利用。而且这种模式减少了对某特定企业的依赖性，避免了生态供应链中断导致的生产波动。（3）形式灵活多变。虚拟生态园不限于特定的范围，可以有多种形式的开展，按其定义应该是一定区域内的工业联合体，物质能量在所有企业之间按照生态规律循环流动。

其缺点就是虚拟生态工业园由于地域的差异，企业之间的稳定性较差，企业须承担昂贵的运输等费用。相对于其他两种形式，虚拟生态工业园的物流成本要高很多。

鄱阳湖生态经济区的生态工业园基本上都是改造型，也就是说，这些工业园的内部不可能存在这一条完整的生态产业链，这些工业园或研发，或制造，或组装，各有侧重点。由此就应该要辅助于虚拟生态工业园形成新的虚实结合的工业园（如图 10-4）。

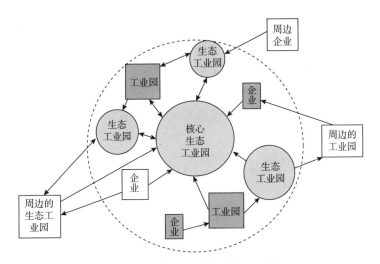

图 10-4　虚实结合的生态工业园

第四节　鄱阳湖生态经济区走生态工业道路的建议

鄱阳湖生态经济区发展生态工业是一个庞大而复杂的系统工程，需要各方面的共同努力。其中，最重要的就是政府的引导和管理，制定相应的规章制度，企业要认识到生态环境的重要性，让全社会参与到保护生态的行列中，这样才可以保护鄱阳湖的"一湖清水"。

一　建立生态工业发展的支撑体系

生态工业发展的支撑体系包括废弃物回收利用体系、技术支撑体系、法律和政策支撑体系和设施共享体系四大体系。其中，废弃物回收利用体系是生态工业发展的核心内容，技术支撑体系是生态工业能否发展的动力所在，而法律和政策支撑体系是生态工业发展的制度保障，基础设施体系是生态工业发展的物质保障。技术支撑体系、法律和政策支撑体系和设施共享体系都是为废弃物回收利用体系服务的，目的在于保障该体系更好地运行。

（一）政府引导

各级政府要建立工业园区生态化建设与改造领导小组，对推进过程中的各项重大问题及时进行研究、协调和部署。要建立健全各项目标责任考核体系，把生态工业园区的建设与改造，企业清洁生产的目标分解为具体的年度目标，纳入各级政府及主要领导干部的任期责任制，实行年度考核。

具体来说，应做到规划"一核心，多个产业带，多个点"，在原有的基础上，进行科学规划，建设生态工业园，推广科学的清洁生产。

建设和改造工业园区的时候，政府应做到：（1）要加大对工业园区生态化建设与改造的宣传，形成良好的舆论氛围，动员社会各界参与工业园区生态化建设与改造。要抓紧编制生态化建设与改造计划及实施方案，制订具体的年度计划，认真组织实施。明确生态化建设与改造中的鼓励类、限制（禁止）类和淘汰类产业目录；明确区内现有企业的改造目录；明确区内公共基础设施建设与改造项目地。（2）加强监督。园区内各企业之间有效的物质循环和能量集成，必须以了解彼此供求信息为前提。因此，应积极引导各类园区建立循环经济信息系统和咨询服务体系，及时向企业发布有关循环经济的技术、管理和政策等方面的信息。同时，应加大行政监管和执法力度，通过行政、经济和法律等手段对企业的环保工作进行监察，严肃查处环保违法行为，维护环保法律法规的权威和人民群众的环境权益。

政府的引导可以对入园企业进行挑选，吸引相关企业和有产业链上物质交换的企业入园，并监督这些企业的生产符合生态化。

（二）制度创新

制度创新包括：环境和资源的产权制度、资源和环境的税收制度、政府的绿色采购制度、财政金融制度、环境责任制度等。

1. 环境和资源的产权制度

要采用环境和资源产权制度安排的形式，根据使用者付费和污染者负担的原则，使环境和资源成本形成其真实成本的一部分。一方面，可以促使大多数的企业降低排放，缓解其成本压力，在一定程度上保护生态环境；另一方面，清晰的产权制度可以刺激市场经济的快速发展。

2. 资源和环境的税收制度

引入各种生态税，重点扶持"减废、再用"等循环技术的开发和应用。同时，增强企业开发和应用循环技术的能力，降低绿色产品的生产成本，增加市场需求。鄱阳湖地区征收填埋和焚烧税可以推升周边企业成本，从而促使企业从成本控制的角度增加再生资源的利用。这样既可以保护环境，又可以增加政府的税收，同时也有利于企业的循环技术更新。

3. 政府的绿色采购制度

政府应加强循环经济的宣传导向，促使公众接受政府购买成本推高的循环技术学习效应，在支出收益合理的情况下，可优先购买环境友好型的替代品，尤其是购买实施国际环境标准企业的绿色产品，来推进对环境负责的采购方式。企业在政府采购的推动下可以加强"干中学"效应，以循环技术为支撑，生产成本会不断降低，增强竞争力。

4. 财政金融制度

政府可以通过金融市场，政府拨款，环境保护补助资金，社会捐款等渠道依法筹集环境友好型项目的绿色投资基金。对于一些开展环境友好型生产审核以及实施环境友好型的中小企业，可以向投资基金机构申请低息或无息贷款。列入重点污染防治和生态保护的项目，由于其公共产品的性质应列入政府的财政投资计划等。

5. 环境责任制度

生产者承担产品生命周期内全部或部分成本，直接参与废弃产品的管理、负责产品回收以及限制淘汰有毒有害危险材料的使用等为直接责任；提供关于产品环境性能信息，以及如何以环境友好方式再用或再生等信息为责任；对于将废物管理责任与生产者挂钩，要求生产商对它们的产品在使用寿命终结之后对环境的负面影响承担经济和具体责任。

（三）大力发展科技创新

发展生态工业的核心就是科技创新，生态工业区别于传统工业就是把新科技融入生态工业的各个地方。环境无害化技术主要包括污染治理、废物利用和清洁生产技术三大类型。

在第三节中我们有提到，鄱阳湖生态经济区发展生态工业存在一些问题，其中就有鄱阳湖地区的"三废"特别是工业废水排放量较大，也没有"三废"处理和利用体系。一方面因为政府的引导不够，另外一个更重要的原因是技术不到位。所以就要求企业和相关研发单位不断的技术创新，以解决"三废"处理和再利用的问题。把这些绿色新型科技运用到鄱阳湖的生态工业区的各行各业当中，让鄱阳湖地区实现真正的可持续性发展。

（四）完善基础设施体系

发展生态工业园，无论是改造型还是全新型的生态工业园，齐全的基础设施是必要条件，需通过 ISO14001 环境管理体系认证。

完善的基础设施包括水集成系统，能源集成系统，以及其他的基础设施。水和能源集成系统如污水集中处理厂、固体废物回收和再生中心，它们首先满足的条件就是园区内的企业和居民的生产和生活需求，其次就是最大限度地节约水资源和其他能源。鄱阳湖地区的生态工业园还没完成水和能源的集成，在今后的改造过程中，该基础设施的改造是必不可少的。

二 建立生态型的特色产业集群

鄱阳湖生态经济区应重点培植有特色的工业产业集群以促进生态工业的建立和发展：一是新能源、铜冶炼及精深加工产业、优质钢材深加工、炼油及化工产业群；二是光电产业、航空航天、生物产业等高新技术产业群。通过发展生态型的特色产业集群，使企业群落实现比每个企业优化个体所实现的个体效益的总和还要大得多的群体效益。

鄱阳湖地区确定的八大产业基地，分布在不同地方，因此要实现产业群式的群体发展不能靠一般生态工业园，可以借鉴虚拟型的生态工业园的运作原理。以串联形式通过消化或利用不同工业企业的废弃物，借助于现代信息技术手段，用信息流连接价值链建立区域内的产业发展的能量流动梯次结构，充分发挥协同工作和优势互补的作用，组成一个联系密切的虚拟产业群，从而带动产业基地以及现代物流的共同发展。

三 加快推进企业实行清洁生产

鄱阳湖生态经济区走生态工业的道路，要求企业要落实清洁生产。

目前，企业层面先进的循环经济实践就是清洁生产和绿色制造，它们体现在符合技术经济可行性的绿色产品设计、绿色能源选用、绿色原料选择、绿色车间布局、绿色工艺规划、绿色包装设计、绿色回收再用等原则。

加快推进企业实施清洁生产，需要的是政府、企业等各个方面共同作用，使生态工业的支撑体系良好运作：政府引导，制定有利于企业清洁生产的规章制度、企业认真落实清洁生产。

四　全社会参与，倡导绿色消费

绿色消费引导绿色生产，而公众的环境意识又决定其消费偏好。所以建立生态工业最终要落脚于公众环境意识的提高。倡导绿色的消费政策是构建生态型工业最重要的环节。

2008 年的经济危机，使得我国的国内消费疲软，在目前的情况下，倡导绿色消费不仅可以创造新的消费热点，拉动消费，更重要的是处于买方市场的消费需求会更有效地引导绿色生产。

大力倡导绿色消费，使整个社会的物资回收、能源的有效使用能够更加合理，以缓解鄱阳湖生态经济区的能源压力和环境压力。

生态工业不仅仅局限于片面的工业，还可以扩展到人民大众。如在生态工业园内，最重要的一部分就是员工，员工若有工业生态化的思想，就会自觉地按照工业生态化的要求做好一点一滴，每个员工把这种生态化的思想传播给其他人，则整个社会在工业生态化就很容易达成一致，从而减少企业和政府由于人们思想不同而带来的无形损失。

第十一章　鄱阳湖生态经济区生态农业发展模式

第一节　生态农业的内涵

一　生态农业的概念

（一）广义的生态农业

从广义上来说，生态农业是按照生态学原理和生态经济规律，因地制宜地设计、组装、调整和管理农业生产和农村经济的系统工程体系。

（二）狭义的生态农业

从狭义上来说，生态农业是以生态学理论为主导，运用系统工程方法，以合理利用农业自然资源和保护良好的生态环境为前提，因地制宜地规划、组织和进行农业生产的一种农业。生态农业既是有机农业与无机农业相结合的综合体，又是一个庞大的综合系统工程和高效的、复杂的人工生态系统以及先进的农业生产体系。

二　生态农业的特点

农业生态系统是一个自然、生物与人类社会生产活动交织在一起的复杂的大系统，它是一个"自然"再生产与经济再生产相结合的生物物质生产过程。所谓"自然"再生产过程，是指种植业、养殖业与海洋渔业等，实质上都是生物体的自身再生产过程，不仅受自身固有的遗传规律支配，还受光、热、水、土、气候等多种因素的影响和制约，即受到自然规律的支配。

三 生态农业指导思想

以保护鄱阳湖生态经济区的生态环境为核心，将生态工程和农业工程更好地结合，探索我国南方大湖地区农业发展和农业开发的新模式；以发展低投入、低消耗、高产出、高效益的农业为基本目标；以增加农民收入为出发点和归宿点；以生态学和生态经济学原理及系统工程方法，实行生物措施、农艺措施与工程措施相结合为基本方法，用科学技术手段提高农业发展的含金量，更好地挖掘农业生产的潜力。

四 生态农业的基本原则

（一）以开发促进保护，以保护推动开发原则

坚持走"生产发展、生活富裕、生态良好"的开发与保护并重的发展道路，农业发展与生态环境相协调、发展速度与质量效益相统一。

（二）产业化带动原则

要立足资源和区位优势，以市场为导向，优势资源与优势产业相匹配，促进产业集聚和提升，推进湖区农业优势产业生产、加工、流通一体化进程，提高产业整体素质、效益和竞争力。

（三）统筹城乡发展原则

以自然资源和农业生态环境保护为重点，大力发展农业循环经济，统筹城乡经济社会发展、统筹人与自然和谐发展，使农业与第二、第三产业、农村与城市、经济与生态相互促进、协调发展。

（四）可持续发展原则

必须走可持续发展道路，按照科学发展观的要求，既满足当代人的需

求，又不损害子孙后代的利益，正确处理社会经济、人口、资源、环境的关系，实现社会效益、经济效益、生态效益的可持续发展。

五　生态农业的总体思路

围绕保护鄱阳湖生态经济区自然资源与生态环境的特征，实施生态保障、基础先行、科技支撑、产业化推进四大战略，着力推进水稻、油料、棉花、水果、蔬菜、茶叶、生猪、水禽、牛和水产十大产业，实施农业生态环境保护、农业生产基础设施建设、农业科技提升、农机装备推进、动植物保护、农产品质量安全、农业信息服务与农产品市场建设、农产品加工延伸和农业气象信息服务九大工程建设，突出发展重点、优化发展环境，提升农业发展的质量和竞争力。

六　国内生态农业的研究进展

从 20 世纪 80 年代初，"生态农业"这个概念首次被专家学者提出至今，中国的生态农业之路走了近 30 年的时间，在这 30 年内，我国有了不同类型、不同规模、形式各异的生态农业示范区 2000 多个，其中有 300 多个国家和省级生态农业示范县，有 7 个生态农业建设点被联合国环境规划署授予"全球环保 500 佳"称号，现有浙江、海南等 9 个省份正在开展生态省的建设。生态农业作为一种传统的生产模式又被赋予了新的含义，中国的生态农业在理论和实践上都取得了很大的发展。回顾我国的生态农业发展，大致经历了起步阶段、探索阶段和稳定发展三个阶段。

起步阶段：1980 年～20 世纪 80 年代中期。1980 年，西南农业大学的叶谦教授在中国农业经济学会首次提出"生态农业"的概念，认为农业的未来要求在农业生态系统中主宰一切的人，必须善于遵循自然规律和经济规律办事，力求促进和维护良性循环，经常保持最佳平衡状态的生态系统，这种高效的生态系统就称之为生态系统；1981 年中国科学院院士、著名生态学家马世俊提出了"整体、协调、循环、再生"的生态工程和建设原理；1981 年 3 月，中共中央、国务院指出"只要保持合理的生产结构，建立良好的大农业生产体系，就能取得综合发展的结果"。同年，中国农业生态环境保护协会在江苏常熟市召开的"开创农业新局面"讨论会上，提出"发展生态农业，开创农业环境保护工作新局面"倡议书。1982～1984 年三年接连发出三个中央 1 号文件，都强调根据我国人多地少底子薄的国情，农业要"走充分发挥我国传统农业技术优点的同时，广泛借助现代科学技术成果，走投资省、耗能低、效益高和有利于保护生态环境的道路"。

探索阶段：20 世纪 80 年代中期～90 年代初。1984 年 5 月国务院发布《关于环境保护工作的决定》，指出"要认真保护农业生态环境，积极推广生态农业，防止农业环境的污染和破坏"。1984 年 11 月，城乡建设环境保护部与农牧渔业部在江苏吴县联合召开"全国农业生态环境保护经验交流会"，研究部署在全国开展生态农业的试验示范工作。

1985 年，国务院环境保护委员会对生态农业的试点工作提出了具体要求，在 17 省、自治区、直辖市建立了生态农业试点，从而使我国生态农业进入健康发展之路。1987 年 5 月，在安徽阜阳召开了生态农业理论问题研讨会，会后出版了《中国生态农业》一书。1988 年 10 月，在四川省大足县召开了长江中下游地区如何保持和建设良好生态环境与优先开发问题研讨会，会后出版了《论生态意识于农业环境》一书。1989 年 8 月，农业部联合有关学术团体在内蒙古海拉尔召开了草地生态问题研讨会，会后出版了《中国草地生态研究》。

在上述理论研究工作的推动下，生态农业的试点规模进一步扩大到山东五莲、河北迁安、山西闻喜、湖北京山等一批县市。1991 年 5 月，"全国生态农业（林业）县建设经验交流会"在河北省迁安县召开。会后出版了《中国生态农业的崛起》。会议提出，在 5～10 年内，要在现有生态农业试点的基础上，在三江平原、内蒙古牧区、松辽平原、黄淮海地区、黄土高原、河套地区、四川盆地、江汉平原、华南丘陵、云贵高原、京津沪城郊、沿海经济技术开发区等，选择几十个县级规模的区域，建成技术成熟、适于大面积推广的生态农业试验区。

稳定发展阶段：20 世纪 90 年代初期以后。1993 年 12 月，召开了"第一次全国生态农业县建设工作会议"，确定了国家首批 51 个生态农业建设试点县。中国生态农业从此进入了一个以县为单位，进行有计划的整体建设的新阶段。国务委员陈俊生在会上代表国务院讲话，充分肯定了生态农业试点建设的成绩，并高度赞扬了生态农业工作者的创新精神。

到 1998 年，全国有不同类型的生态农业试点 2000 多个，分布在全国的 30 个省（自治区、直辖市）及 4 个单列市，其中国家级生态农业示范县 102 个，省级 300 多个，地市级 10 多个，还有几个省市正逐步发展成为生态农业省。生态农业试点推广面积超过 666.67 万 hm^2，同时引导 20 多万名生态农业户走上生态致富的道路。

经过近 30 年的发展，我国生态农业建设从无到有，从小范围试验到大面积实施，使全国各地区的生态户、生态村、生态乡、生态县蓬勃发展，有力地推动了我国传统农业向生态农业发展。多年的探索实践表明，生态农业是解决人口、资源、环境之间矛盾的有效途径，实现了经济、环境和社会三个效益的统一，是农业和农村经济可持续发展的必然选择。

七　国外生态农业的研究进展

国外生态农业的发展早于中国，各国的生态农业在实践中总结经验，在理论基础上又有更高水平的综合，经过一段时间的发展后均有了较大的收获。生态农业在国外也大致经历了三个阶段的发展。

探索阶段：20 世 70 年代至 80 年代初。1970 年由美国土壤学家 W. 阿尔伯卫奇（W. Albreehe）第一个提出了生态农业这一概念。他把运用生态学原理和系统科学的方法，现代科学成果与传统农业技术精华相结合建立起来的具有生态合理性、功能良性循环的一种现代化农业发展模式称之为生态农业。1972 年国际有机农业运动联合会（简称 IFOAM）应运而生，世界各国也相继制定政策扶持和促进生态农业的健康发展。1981 年，英国生态农业专家 M. K. 沃尔辛顿（M. K. Worthington）认为，生态农业是一种生态上能够保持平衡，能量上能自我维持、低输入，经济上有生命力，在环境、伦理和审美方面可接受的小型农业系统。

实践阶段：20 世纪 80 年代。1980 年，在玛雅农场召开了国际会议，与会者对该生态农场给予高度评价。生态农业的发展在这时期引起了各国的广泛关注，无论是在发展中国家还是发达国家都认为生态农业是农业可持续发展的重要途径。在德国，政府对生态农业的扶持有三大方面：一是对生产的扶持；二是对营销的扶持；三是对生产合作社的扶持。日本、美国等国家也大力帮扶生态农业，鼓励传统农业向有机农业的转变。

稳步发展阶段：20世纪90年代至今。这一阶段，"生态型农业"已为许多国家政府所推行。加拿大、瑞典、荷兰等国实施了"生态农业计划"；英国同时使用并实施了"生态农业""有机农业"和"可持续农业"；日本提倡"可持续农业"，积极开展了"自然农法"和"自然食品"生产；菲律宾、泰国分别创办了"马雅农场""蜀农场"等。实践说明市场对生态农产品的需求旺盛，使愈来愈多的人们加入了生态农业的行列。

八 国内外生态农业发展对鄱阳湖生态经济区的启示

（一）加大环境保护力度，为生态农业的发展提供充足的保障

建立农业生态环境监测管理体系，强化条件和手段，提高监管能力。加强农业环境资源监测评估等基础性工作，创新生态补偿机制，确保鄱阳湖生态经济区生态环境得到有效保护和持续改善，为全省农业实现优质、高产、高效、生态、安全目标提供基础保障。

（二）夯实基础，为生态农业的发展提供良好的内外部条件

加大农业基础设施建设投入力度，提高农业综合生产能力；加快农产品产后处理、加工和流通为重点的市场体系和信息服务体系建设，为生态农业发展坚实的基础条件。

（三）大力推广科学技术，为生态农业的发展提供必要的技术支撑

落实国家关于农业科技推广体制改革部署，增强农业科技创新和成果转化能力，加快重大技术研发创新，加大农民培训力度，加快科技成果转化和实用技术应用，加强现代农业科技园区建设、大力推广普及生态农业技术。

第二节　鄱阳湖生态经济区发展生态农业的必要性、紧迫性和可行性

一　发展生态农业的必要性

（一）符合发展现代农业的客观要求

生态农业可以有效利用生物的互利共生和能量的物质转移规律，优化农业生态系统结构，实现系统的最低消耗、最高效能和防御自然灾害的能力，以及对自然、经济、社会风险的承载能力，从而实现农业投入的节约性和最低风险性，为现代农业的持续发展，创造一个良好的客观条件。

（二）是改变农业生产落后的主要途径

目前，鄱阳湖生态经济区农业所面临的问题依然是无效生产能力过剩，有效需求不足的矛盾。因此，发展生态农业，调整农业内部产业结构形成一种融种、养、加、产、供、销、商贸为一体的产业链，提高农产品的附加值，增加积累，多业并存，全面发展。而发展生态农业正是实现农业产业化的基础和必然条件。

2009 年 12 月 12 日，国务院正式批复《鄱阳湖生态经济区规划》，规划的批复意味着鄱阳湖生态经济区的生态农业发展迎来了一个新的历史时期。

二　发展生态农业的紧迫性

（一）农业投入不足，基础设施落后

资金投入不足一直是鄱阳湖生态经济区"三农"发展的最大障碍，投入不足导致农业基础设施，如农村道路交通、水利设施、农田基本设施等陈旧老化，抗灾能力弱，难以保障农作物的高产稳产。

（二）重经济，轻环保

环湖区一些企业，特别是畜牧业养殖企业，相关环保设施落后，甚至是空白，没有按环保要求对动物粪便进行无害化处理，厂区卫生环境差，对当地的环境造成破坏。究其原因，不是现有技术没有到位，而是许多企业根本就不愿把大笔资金投入到环保设备配置上。

（三）人口压力大，环保意识较差

2008 年底，鄱阳湖生态经济区总人口约 2200 万，并且外来流动人口呈进一步增加趋势。整个鄱阳湖生态经济区的贫富差距较大，既有县域经济实力较强的县市，也有国家级贫困县，贫穷落后地区的居民接受教育水平普遍偏低，环保观念的落后，会导致政府在招商引资过程中降低环保要求，企业和农民在生产生活中也忽略相关环保措施。

表 11 - 1　鄱阳湖生态经济区人口密度

	人口密度（人/平方公里）		
	鄱阳湖生态经济区	全国	江西省
南昌市区	3635		
南昌县	511		
新建县	300		
进贤县	1201		
安义县	138		
九江市区	157		
德安县	244		
星子县	350		
永修县	183		
湖口县	426		
都昌县	394		
武宁县	104		
瑞昌市	306		

续表

	人口密度（人/平方公里）		
	鄱阳湖生态经济区	全国	江西省
彭泽县	233		
鄱阳县	354		
万年县	336		
余干县	403		
抚州市区	500		
东乡县	349		
乐平市	421		
新余市区	459	748	247
景德镇市区	1729		
鹰潭市区	1504		
贵溪市	233		
余江县	388		
丰城市	469		
樟树市	417		
高安市	331		
新干县	250		

（四）农业效益与生态安全二者难以兼顾

粗放型经济增长方式尚未根本转变，产业结构不尽合理，经济社会发展与生态环境保护之间的矛盾较为突出。

（五）适合生态农业发展的机制尚不健全

资源与生态环境评价指标和技术标准尚不健全，党政领导干部环保实绩考核机制未完全落实，偏重经济发展、轻视环境保护的现象不同程度存在。

（六）经济发展与资源短缺的矛盾日益显现

鄱阳湖生态经济区资源较为匮乏，随着经济社会发展和人口的增长，资源制约日益明显，尤其表现在耕地资源上；水资源时空分布的不均衡与宝贵的水资源遭到浪费并存，水资源利用效率较低；森林覆盖率虽总体水平较高，但林木分布不均；能源探明储量不足，尤其是煤、石油等战略能源对外依赖度强，能源消耗量大，自给率低。

三　发展生态农业的可行性

（一）在全省农业发展格局中的突出地位

鄱阳湖生态经济区的农业资源丰富，农业人口较多，是江西省乃至长江中下游平原水稻、棉花、水产、水禽的传统主产区，具有非常优越的基础和先天条件。但是，随着农业生产中对化肥和农药的依赖程度和使用剂量逐年增多，生态环境恶化的趋势越来越明显，生态农业的发展形势愈发严峻。

表 11 - 2　鄱阳湖生态经济区农业发展的总体水平

	耕地总面积（公顷）	生态示范区总面积（公顷）	农林牧渔业总产值（亿元）	粮食总产量（万吨）	油料总产量（万吨）
江西省（A）	2146447	9554870	1426.90	1904.21	84.70
鄱阳湖生态经济区（B）	1040552	1593270	780.64	1374.93	61.76
B 相当于 A	48.48%	16.67%	54.71%	72.20%	72.92%
	水产品总产量（万吨）	肉类总产量（万吨）	地膜使用总量（吨）	化肥总施用量（吨）	农药使用总量（吨）
江西省（A）	196.06	247.30	38071	1326508	88883
鄱阳湖生态经济区（B）	187.86	149.01	6835	594862	34491
B 相当于 A	95.82%	60.25%	17.95%	44.84%	38.80%

（二）优越的自然条件

江西省自然资源丰富，生态环境优美，全省森林覆盖率高达 60.07%，水资源丰富，全省气候温暖，日照充足，雨量充沛。鄱阳湖生态经济区的生物资源丰富，生物多样性也极高。

（三）较好的产业基础

鄱阳湖生态经济区是一个农业比较发达的区域，也是长江中下游地区乃至全国重要的商品粮和商品棉基地，重点建设了一批优质农产品供应基地，培植了一批优质农产品品牌，扶持了一批农业产业化龙头企业。

（四）良好的政策环境

国家的大政方针为江西农业发展带来了前所未有的发展机遇。近年来，省委、省政府提出了把江西建成融入国际国内分工体系的先进制造业基地、优质安全农产品生产加工基地、高素质劳动力培养输送基地和面向海内外的旅游休闲后花园等"三个基地，一个后花园"的发展思路，在全省一盘棋的发展战略格局中，农业占有突出地位。这些文件和政策的出台及实施为鄱阳湖生态经济区未来农业发展发展创造了良好的政策环境。

（五）独特的区位优势

鄱阳湖生态经济区位于沿长江经济带和沿京九经济带的交汇点，是连接南北方、沟通东西部的重要枢纽，通达的交通使得鄱阳湖生态经济区具有强大的发展生态农业、推广生态农业的优势。

鄱阳湖生态经济区在我国区域经济发展新构架中的区位优势明显，依靠科技进步，提高农产品的生产率和农产品质量来大力发展生态农业成为鄱阳湖生态经济区农业的一条可持续发展之路。可以借助沿海发达地区的改革开放和经济发展优势，为鄱阳湖生态经济区的农产品进入并占领东南沿海地区和大城市的消费市场提供跳板，以此来参与国际农产品市场的竞争，是形成鄱阳湖生态经济区农业发展的优势所在。

第三节 农业产业结构分析

一 研究区概括

鄱阳湖生态经济区位于江西省中北部，其范围包括东湖区、西湖区、青云谱区、湾里区、青山湖区、浔阳区、庐山区、九江县、珠山区、昌江区、浮梁县、月湖区、临川区、渝水区、南昌县、新建县、进贤县、德安县、星子县、永修县、湖口县、都昌县、武宁县、共青城开发区、鄱阳县、余干县、瑞昌市、彭泽县、万年县、安义县、丰城市、樟树市、高安市、东乡县、乐平市、贵溪市、余江县、新干县共 38 个县（市、区），国土面积 5.12 万平方公里，2007 年末总人口 1979.4 万人，地区生产总值3210 亿元。

二 模型的建立

根据偏离一份额分析法，一个地区或部门的经济增长可以分为 3 个部分：区域份额分量（N_{ij}）、产业结构偏离分量（P_{ij}）和区域竞争力偏离分量（D_{ij}）。假设 i 区域在经历了时间 $[0, t]$ 之后，经济总量和产业结构均已发生变化，有模型计算公式如下。

全国第 j 个产业部门在 $[0, t]$ 的变化率为：

$$R_j = (B_{j,t} - B_{j,0})/B_{j,0}(j = 1, 2, 3, \cdots, n) \tag{11.1}$$

区域第 i 个产业部门在 $[0, t]$ 的变化率为：

$$r_{ij} = (b_{ij,t} - b_{ij,0})/b_{ij,0}(j = 1, 2, 3, \cdots, n) \tag{11.2}$$

区域 i 产业经济规模进行标准化：

$$b'_{ij} = (b_{ij,0} * B_{j,0})/B_0(j = 1, 2, 3, \cdots, n) \tag{11.3}$$

因此，区域 i 第 j 个产业部门在 $[0, t]$ 时间段的增长量 G_{ij} 可以分解为份额偏离分 N_{ij}，结构偏离分量 P_{ij} 和竞争力偏离分量 D_{ij}，其表达式为：

$$N_{ij} = b'_{ij} \times R_j , \quad P_{ij} = (b_{ij,0} - b'_{ij}) \times R_j , \quad D_{ij} = (r_{ij} - R_j) \times b_{ij,0}$$

$$PD_{ij} = P_{ij} + D_{ij} , \quad G_{ij} = N_{ij} + P_{ij} + D_{ij} = b_{ij,t} - b_{ij,0}$$

区域 i 内的各项经济指标计算公式为：

$$N_i = \sum_{j=1}^{n} b'_{ij} \times R_j (j = 1,2,3,\cdots,n) \tag{11.4}$$

$$P_i = \sum_{j=1}^{n} (b_{ij,0} - b'_{ij}) \times R_j (j = 1,2,3,\cdots,n) \tag{11.5}$$

$$D_i = \sum_{j=1}^{n} (r_{ij} - R_j) \times b_{ij,0} (j = 1,2,3,\cdots,n) \tag{11.6}$$

$$G_i = N_i + P_i + D_i = b_{i,t} - b_{i,0} \tag{11.7}$$

当评价各个区域的总体产业的综合情况时，需要将单一产业的情况进行归总，故引入变量：$K_{j,0}$、$K_{j,t}$，为 i 区域的 j 部门在初年和末年占全国相应部门的比重，计算如下：

$$K_{j,0} = b_{ij,0} / B_{j,0} , \quad K_{j,t} = b_{ij,t} / B_{j,0}$$

为衡量整个区域的产业情况，引入 L，W，U 三个重要的指标，分别为区域相对增长指数、区域结构效果指数和区域竞争效果指数。计算如下：

$$W = \sum_{j=1}^{n} K_{j,0} \times B_{j,t} / \sum_{j=1}^{n} K_{j,0} \times B_{j,0} : \sum_{j=1}^{n} B_{j,t} / \sum_{j=1}^{n} B_{j,0} (j = 1,2,3,\cdots,n) \tag{11.8}$$

$$U = \sum_{j=1}^{n} K_{j,t} \times B_{j,t} / \sum_{j=1}^{n} K_{j,0} \times B_{j,t} (j = 1,2,3,\cdots,n) \tag{11.9}$$

$$L = b_{i,t} / b_{i,0} : B_t / B_0 = \sum_{j=1}^{n} K_{j,t} \times B_{j,t} / \sum_{j=1}^{n} K_{j,o} \times B_{j,0} : \sum_{j=1}^{n} B_{j,t} / \sum_{j=1}^{n} B_{j,0} \tag{11.10}$$

$$= W \times U (j = 1,2,3,\cdots,n)$$

三　鄱阳湖生态经济区农业产业偏离—份额分析

（一）数据来源与处理

本节以鄱阳湖生态经济区为研究对象，分析数据来源于《江西省统计年鉴》（2005、2009），基期是 2004 年，末期是 2008 年，t 值为 5 年，选取的主要指标有：鄱阳湖生态经济区各县市区 2004 年、2008 年的种植业增加值（单位：亿元）、牧业增加值（单位：亿元）、林业增加值（单位：

亿元)、渔业增加值(单位:亿元)、服务业增加值(单位:亿元)。参照的区域为江西省以上指标的相应数据。

表 11 - 3　鄱阳湖生态经济区农业

县市区	种植业(08)	种植业(04)	林业(08)	林业(04)	牧业(08)
南昌市区	24.35	4.17	0.86	0.339	36.76
南昌县	13.28	15.02	0.11	0.111	10.49
新建县	11.32	9.7	0.46	0.25	8.35
进贤县	9.71	8.84	0.3	0.15	7.64
安义县	2.49	2.96	0.29	0.38	1.35
九江市区	3.74	2.16	2.79	0.1	15.68
德安县	1.2	1.63	0.37	0.24	1.01
星子县	0.87	1.9	0.18	0.12	0.84
永修县	3.73	5.16	0.2	0.19	1.25
湖口县	2.71	3.67	0.12	0.1	0.65
都昌县	3.78	4.51	0.05	0.09	1.17
武宁县	3.13	5.03	1.02	1.05	2.15
瑞昌市	2.9	3.17	0.48	0.35	1.78
彭泽县	3.21	5.02	0.3	0.36	0.8
九江县	3.12	4.3	0.2	0.19	0.9
抚州市区	33.14	16.33	4.48	0.9	37.56
东乡县	3.64	5.08	0.42	0.5	5.38
景德镇市区	2.87	1.17	1.49	0.25	10.19
乐平市	9.12	11.18	0.26	0.44	1.96
浮梁县	5.13	4.17	1.36	0.68	1.57
鹰潭市区	8.86	1.08	1.45	0.22	9.92
贵溪市	5.86	7.26	1.07	0.82	3.05
余江县	3.73	4.56	0.23	0.48	5.53
新余市区	19.64	11.74	4.45	0.96	14.81
丰城市	20.29	17.4	1.2	1	6.71
樟树市	7.79	7.58	0.41	0.21	6.1
高安市	10.12	10.83	0.6	0.51	7.48
新干县	5.8	6.47	0.42	0.46	2.77
鄱阳县	10.1	14.04	0.4	0.42	3.02
万年县	4.13	5.37	0.83	1.22	1.8
余干县	5.36	5.93	0.28	0.24	4.36

县市区	牧业（04）	渔业（08）	渔业（04）	服务业（08）	服务业（04）
南昌市区	8.46	13.33	1.74	1.55	0.23
南昌县	14	5.73	5.94	0.58	0.6
新建县	5.75	6.17	4.02	0.47	0.51
进贤县	2.56	9.26	8.73	0.42	0.22
安义县	2.55	1.64	1.81	0.22	0.17
九江市区	1.38	18.24	1.46	0.63	0.419
德安县	1.22	0.29	0.36	0.04	0.041
星子县	0.71	1.8	1.63	0.03	0.1
永修县	1.53	2.3	2.91	0.41	0.24
湖口县	1.14	1.74	2.29	0.13	0.03
都昌县	2.15	3.53	4.57	0.04	0.13
武宁县	3.42	2.32	2.17	0.08	0.09
瑞昌市	1.75	2.13	1.91	0.14	0.06
彭泽县	1.65	2.08	2.92	0.25	0.14
九江县	0.88	1.74	1.87	0.07	0.12
抚州市区	7.61	11.69	2.09	2.18	1.5
东乡县	5.32	0.53	1.05	0.04	0.11
景德镇市区	1.41	1.63	0.23	1.29	0.15
乐平市	3.74	1.56	1.2	0.28	0.38
浮梁县	1.63	0.33	0.16	0.18	0.23
鹰潭市区	1.07	2.39	0.38	0.14	0.03
贵溪市	4.2	1.91	1.4	0.42	0.18
余江县	4.8	0.91	1.15	0.05	0.06
新余市区	5.46	3.6	2	1.06	0.51
丰城市	7.17	4.69	4.59	0.15	0.24
樟树市	10.53	2.51	2.61	0.24	0.2
高安市	6.08	1.9	1.66	0.12	0.121
新干县	3.01	0.63	0.91	0.12	0.16

续表

县市区	牧业（04）	渔业（08）	渔业（04）	服务业（08）	服务业（04）
鄱阳县	5.24	6.72	7.3	0.72	0.5
万年县	2.94	0.56	0.91	0.14	0.09
余干县	3.51	8.46	7.49	0.3	0.17

注：①（08）代表 2008 年的数据，（04）代表 2004 年的数据；②种植业，包括粮、棉、油料、糖料、麻类、烟叶、蔬菜、药材、瓜类和其他农作物的种植，以及茶园、桑园、果园的生产经营，还包括原副业中的采集野生植物和农民家庭兼营工业。林业，包括林木的栽培（不包括茶园、桑园和果园的栽培、管理和收获等活动）、林产品的采集和村及村以下（即原生产大队、生产队和社员）的竹木采伐，以及原副业中的野生杂柴、小山竹产值。牧业，包括除渔业养殖以外的一切动物饲养和放牧，以及原副业中的捕猎野兽、野禽。渔业，水生动物和海藻类植物的养殖捕捞。服务业，农业服务业作为现代农业的重要内容，不仅在推动现代农业发展中担当着重要的角色，也是建设现代农业的一个重要切入点。它有着丰富的内涵，至少包含以下几个方面的内容：一是良种服务；二是农资服务；三是农技服务；四是培训服务；五是信息服务；六是流通服务；七是休闲服务；八是保险服务。

根据上述 SMM 模型，运用 MINITAB 统计分析软件对鄱阳湖生态经济区所含 38 个县市区 2005～2008 年这五年的农业产业结构变化进行了分析，总体效果指数如表 11-4，N_i 代表区域份额，P_i 代表产业结构份额，D_{ij} 代表区域竞争力份额，G_i 代表增量，W，U 分别为结果效果指数和区域竞争效果指数。

表 11-4 2004～2008 年鄱阳湖生态经济区内农业总体效果指数

县市区	Ni	P_i	D_i	G_i	L	W	U
南昌市区	0.85	8.73	52.33	61.91	3.64	3.23	3.13
南昌县	1.92	19.01	-26.42	-5.49	0.60	0.53	0.53
新建县	1.03	10.77	-5.27	6.54	0.94	0.83	0.84
进贤县	0.86	9.60	-3.63	6.83	0.94	0.84	0.88
安义县	0.39	4.38	-6.65	-1.88	0.54	0.48	0.47
九江市区	0.25	3.69	57.44	61.39	8.57	7.62	7.08
德安县	0.19	1.87	-2.64	-0.58	0.59	0.52	0.52
星子县	0.19	2.29	-3.23	-0.74	0.59	0.52	0.54
永修县	0.47	5.05	-7.66	-2.14	0.56	0.49	0.51

续表

县市区	Ni	P_i	D_i	G_i	L	W	U
湖口县	0.34	3.27	−5.49	−1.88	0.52	0.46	0.49
都昌县	0.50	5.56	−8.94	−2.88	0.53	0.47	0.49
武宁县	0.58	6.19	−9.83	−3.06	0.52	0.46	0.47
瑞昌市	0.35	3.62	−3.78	0.19	0.73	0.64	0.66
彭泽县	0.47	4.93	−8.85	−3.45	0.47	0.41	0.43
九江县	0.35	3.49	−5.17	−1.33	0.58	0.51	0.54
抚州市区	1.53	17.03	72.28	90.85	2.97	2.64	2.54
东乡县	0.68	6.49	−9.22	−2.05	0.59	0.52	0.52
景德镇市区	0.17	2.11	20.79	23.07	5.79	5.15	4.79
乐平市	0.93	8.48	−13.18	−3.76	0.55	0.49	0.50
浮梁县	0.37	3.91	−2.58	1.70	0.88	0.78	0.77
鹰潭市区	0.15	1.53	18.30	19.98	5.79	5.14	5.10
贵溪市	0.75	7.20	−9.50	−1.55	0.63	0.56	0.56
余江县	0.62	5.85	−7.06	−0.60	0.67	0.59	0.60
新余市区	1.11	11.01	10.77	22.89	1.49	1.32	1.33
丰城市	1.60	14.53	−13.49	2.64	0.77	0.68	0.71
樟树市	1.19	11.47	−16.75	−4.08	0.57	0.51	0.50
高安市	1.08	9.35	−9.40	1.02	0.74	0.66	0.68
新干县	0.60	5.55	−7.43	−1.27	0.63	0.56	0.57
鄱阳县	1.32	13.61	−21.48	−6.54	0.54	0.48	0.49
万年县	0.55	5.57	−9.19	−3.07	0.50	0.44	0.45
余干县	0.73	8.54	−7.85	1.42	0.77	0.68	0.71

（二）农业产业结构现状分析

为了便于直观的表达这 38 个县市区的农业产业结构的总体效果，采用统计软件对其进行离差平方和的聚类分析。

表 11 - 5　聚类分析各项指标系数

步骤	聚类数	相似性水平	距离水平	号	类号	值	个数
1	30	97.9227	0.19	12	30	12.00	2
2	29	97.8202	0.20	11	14	11.00	2
…	…	…	…	…	…	…	…
26	5	68.923	2.90929	1	16	1	2
27	4	62.6526	3.49629	6	18	6	3
28	3	56.7319	4.05057	2	3	2	26
29	2	45.7884	5.07505	1	6	1	5
30	1	36.6333	5.93211	1	2	1	31

由于聚类数由 3 变到 2 时，指标的相似性水平改变最大，故在鄱阳湖生态经济区的这 38 个县市区中，其农业的发展总体状况可以分为三大类。

四　结果分析

(一) 农业产业化水平最高的县市区 (Ⅰ)

农业产业结构最好的县市主要分布在各个设区市的市区所在地，其中，又主要集中在中部东部地区的南昌市、九江市、景德镇市、鹰潭市、抚州市，其产业结构的特征表现在：(1) 农业产业效益较好，人均产值较高。与其他县市区相比，Ⅰ区从事农林牧渔业的单位产出明显较高。可以看出，各设区市的农业投入产出的效益较好，单位农林牧渔业劳动力的贡献率高，南昌市区和九江市区等Ⅰ区的县市区明显好于其他地区。(2) 与全国其他县市区的农业产业结构相比有自身相对的优势，例如南昌市所辖的青山湖区，农业产业已经形成了以资源的可持续利用和生态环境保护为前提，以无公害农产品生产为中心，以绿色大米技术、种养加复合生态技术等为手段的现代农业体系；临川区在稳定粮食生产的基础上，不断优化农业结构，培植主导产业和区域特色产业，推动农业产业化进程不断加速。

（二）农业产业化水平次高的县市区（Ⅱ）

农业产业结构较好的县市主要分布在鄱阳湖平原，包括东部的乐平市、鄱阳县、余干县，西南部的丰城市、高安市、樟树市、渝水区、新干县等县市。这些地区不论是农业增长速度，还是产业结构、总体竞争力都不及南昌市区、九江市区等，但是农业产业的优势还是十分明显的，呈以下特点：（1）规模大、产量高。商品粮基地的总数占全省的20%以上，前十名中Ⅱ区包揽了6个名额；油料总产量更是前6名均分布在Ⅱ区；肉类总产量前5名中，有3个分布在Ⅱ区。可以说Ⅱ区的主要县市区的农产品在量上的优势是比较明显的，甚至大于农业化水平较高的Ⅰ区。（2）区域特色农业发达。南昌县是江西省传统的产粮大县，是全国首批创建绿色食品水稻标准化生产基地县之一；高安市以"畜、花、菜、棉"四大产业为支柱的农业产业化发展迅速；鄱阳县依托毗邻鄱阳湖的优势，大力发展水产捕捞业，是全国水产百强县。樟树市围绕做大做强中药材、粮食、生猪、水禽、蔬菜5大主导产业，实施农工贸一体化经营，实现了增长方式由数量型到品牌效益型的转变；进贤县盛产粮、油茶叶、时鲜瓜果、蔬菜，小麦、大豆、芝麻产量居全省之首，以军山湖清水大闸蟹为主的水产品，产量居全省第一。（3）品牌效应好，产业初具规模化、大型化、专业化。经过多年的建设，在Ⅱ区已经形成了多个在国内叫得响，享誉海内外的农业品牌，如：鄱阳县的"珠湖银鱼""鄱阳湖藜蒿""鄱阳湖白莲"，进贤县的"军山湖大闸蟹"、樟树市的"玉珠大米"和"春丝面条"、南昌县的"国鸿猪肉"等，并形成了仁和集团、正邦集团、国鸿集团等一批国家级的农业产业龙头企业，对当地农业产业化、规模化起到极大的推动作用。

（三）农业产业化水平较低的县市区（Ⅲ）

Ⅲ区由于农业发展的外部条件受自然因素的制约，尤其是农业生产对外部的环境所依赖的光热水土资源禀赋较低，对其农业产业的发展有极大的限制。例如：武宁县四周多山，耕地面积少。同样，浮梁县境内也以中低山、低山和丘陵为主，不利于对农业产业贡献最大的种植业发展。

第四节　生态农业模式的空间布局

一　生态农业产业选择

由 SMM 模型计算公式并根据鄱阳湖生态经济区在 2004～2008 年度种植业、林业、牧业、渔业、服务业的收入以及江西省同年份的各项农业产业收入数据，计算农业各产业的偏离 – 份额指数，得表 11 – 7，其中 N_{ij} 代表区域份额分量，P_{ij} 代表产业结构偏离分量，D_{ij} 代表区域竞争力偏离分量。分析表 11 – 7 可知鄱阳湖生态经济区在 2004～2008 年这五年内，各县市农业结构以种植业和牧业为主，渔业次之，接下来是林业，服务业所占比例最低。种植业、牧业的实际增长量普遍大于全省份额，表明这期间鄱阳湖生态经济区种植业的增长推动全省农业的增长。各县市区种植业、林业、牧业、渔业、服务业各产业的基本情况：由 N_{ij} 都 > 0，可知鄱阳湖生态经济区的各农业产业部门在全省都属于增长产业部门，说明近五年来农业有良好的发展势头；由 P_{ij} 都 > 0，可知产业部门结构基础总体来说较好，普遍具有相对的结构基础优势；由种植业产业 D_{ij} < 0 的县市区有 25 个，林业产业 D_{ij} < 0 的县市区有 22 个，牧业产业 D_{ij} < 0 的县市区有 24 个，渔业产业 D_{ij} < 0 的县市区有 23 个，服务业产业 D_{ij} < 0 的县市区有 27 个，说明区域内各个县市区的大多数产业部门的区域竞争力较差。综合来讲，鄱阳湖生态经济区的各县市农业基础好、势头足、但存在较严重的竞争力问题，该区域的农业以传统农业为主，存在产品单一、农业机械化程度低、缺乏竞争力、效益较低等问题，严重制约着该区域农业的发展。突破传统农业的枷锁，因地制宜，选择合适的生态农业发展模式，显得尤为迫切。

二 生态农业的空间区划及结果显示分析

运用 Arcgis9.2 软件，建立鄱阳湖生态经济区各县市区种植业、牧业、林业、渔业、服务业 N_{ij}、P_{ij}、D_{ij} 值的属性数据库，在空间上选取交集操作功能（Intersect），通过处理得到两个或多个图层的交集部分，并且原图层的所有属性信息（本文主要选取 P_{ij} 属性信息）将同时显示出来，即 $X \in A \cap B$（A、B 分别是进行交集的两个图层）。结果如下图所显示：种植业的优势区主要分布在：南昌市区、南昌县、新建县、进贤县、安义县、永修县、湖口县、都昌县、武宁县、瑞昌市、彭泽县、九江县、抚州市区、东乡县、乐平市、浮梁县、贵溪市、余江县、新余市区、丰城市、樟树市、高安市、余干县、万年县、鄱阳县 25 个县市区，这些地区与当地土地覆盖的类型中水田、旱田的空间分布特征高度一致。牧业的优势区主要分布在：南昌市区、南昌县、新建县、安义县、进贤县、德安县、都昌县、武宁县、瑞昌县、彭泽县、抚州市区、东乡县、景德镇市区、浮梁县、乐平市、鹰潭市区、贵溪市、余江县、新余市区、丰城市、樟树市、高安市、新干县、鄱阳县、余干县、万年县 26 个县市区，在面积上仅次于种植业，与种植业的地域分布相比，更加集中。渔业的优势区主要分布在：南昌县、新建县、进贤县、星子县、永修县、湖口县、都昌县、彭泽县、樟树市、鄱阳县 10 个县市区，渔业优势区主要集中在滨湖周边的县市，沿湖岸线集中分布。林业优势区主要分布在：万年县、贵溪市、武宁县、丰城市、抚州市区、新余市区 6 个县市区，从地域分布的特征来看，主要零散的分布于鄱阳湖生态经济区外围的县市区，与当地的高程对应可以发现，林业优势区多集中在海拔 200 米～1000 米的山地丘陵地区。服务业的优势区主要分布在大中城市的周边地区，例如南昌市区周边的新建县、南昌县、永修县、丰城市，抚州市区的临川区，新余市区的渝水区，九江市区的庐山区和浔阳区，景德镇市区的浮梁县、乐平市和鄱阳县。考虑到服务业产业涉及的农业技术服务、培训服务、信息服务、流通服务、休闲服务、保险服务对人力资源、交通、市场的的要求较高，因此大城市周边的县市区因交通便捷度好、人力资源丰富等优势，其服务业产业发展水平普遍较高。

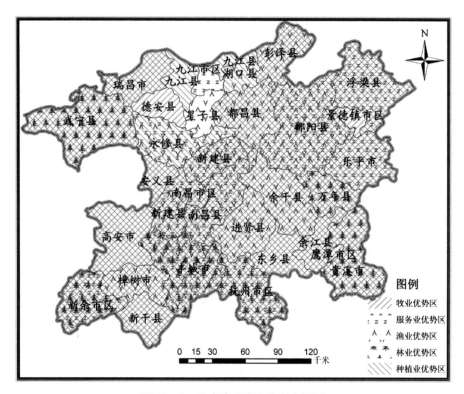

图 11-1　生态农业产业空间布局图

三　多元优势产业区生态农业模式的选择

(一) 典型地区

鄱阳湖生态经济区多元产业优势区所在的县市区主要包括：南昌县、新建县、抚州市区、新余市区、丰城市、鄱阳县、武宁县、浮梁县、彭泽县、都昌县、永修县、南昌市区、进贤县、余干县、贵溪市、樟树市、乐平市。

(二) 生态农业模式

针对多元产业优势区农业类型多、效益好、规模大的特点，可以发展立体生态农业模式。改变过去单一作物生产的土地生产方式和单一作物产量产值提高的追求目标，以提高土地的利用程度，在同一单位生产面积上因地制宜地进行空间多层次、作物多元化和产品多样化的生物生产系统结构设置。

基于土地覆盖类型，充分考虑鄱阳湖生态经济区多元产业优势区所在的县市区产业优势度的结构特征，结合交通条件对该县的生态农业模式进行空间划分。新余市发展"种-养-沼-加"的生态农业模式；丰城市和樟树市要着力发展"猪-沼-渔-牧-粮"生态农业模式；抚州市的生态农业模式是在丰城市和高安市的基础上根据自身农业产业特点，尤其是林果业较发达的基础上改良形成的"猪-沼-粮-果"生态农业模式；贵溪市则在发展传统的"猪-沼-粮"模式的基础上，大力发展与旅游相关的农业产品，提高种植业和养殖业的增加值；中部的南昌县、新建县和进贤县的绝大部分地区都可以选择轮作套种的立体生态农业模式；乐平市和余干县较适合发展"种-养-沼-加"生态农业模式；鄱阳湖生态经济区的北部永修县和浮梁县因其境内拥有丰富的旅游资源，易于开发生态观光农业；鄱阳县北部、彭泽县、都昌县则集中发展"粮-牧-渔"生态农业模式。

四　二元优势产业区生态农业模式的选择

二元产业优势区是指有 2 个农业优势产业适宜于某一地区的发展。鄱阳湖生态经济区二元产业优势区所在的县市区主要包括：瑞昌市、湖口县、安义县、高安市、新干县和东乡县。

从这几个县市区的农业产业优势度来看，牧业和种植业具备较大的竞争力，建立"猪-沼-传统农作物、油茶种植基地"生态农业模式在这些县市区可以得到较好的推广与普及。针对不同县市区的资源优势，还可以在此基础上着力发展新型生态农业模式。

五　一元优势产业区生态农业模式的选择

一元产业优势区是指有 1 个农业优势产业适宜于某一地区的发展。鄱阳湖生态经济区一元产业优势区所在的县市区主要包括：九江市区、九江县、星子县、德安县、景德镇市区。

九江县是全国优质棉生产基地、全省第二产棉县和全国"百强县"之一，也是全省重点产油县和全国植物油收购先进县；在优势种植业的发展下，大力发展基础较不错的渔业，实现上农下渔的"种渔生态农业模式"，种植业渔业相互促进，保持生态平衡。

畜牧业发达的德安县、景德镇市区、鹰潭市区可以继续发挥畜牧业的优势，突破传统的发展模式，进行共生养殖，分层养殖；同时注重科技和生态提高畜牧业产品的质量，提高区域的农业产业收入。

渔业较发达的星子鄱阳湖水资源丰富，以水产养殖为特色，也是农民收入的主要来源。这一区域可以发展生态养殖，巧打"高效"和"生态"两张牌，建设高标准的各类水产养殖示范基地，形成广大渔民致富兴渔的现代产业。

服务业发达的九江市区可以着力于发展农业生态旅游，发展九江市区的生态旅游业要以庐山为主线，城郊农业产业园区辅助，使生态和经济达到循环。

第五节　发展生态农业的对策和建议

一　统筹规划，强化综合发展决策

鄱阳湖生态经济区的生态农业发展模式选择应考虑到当地的情况，选择经济、社会和生态效益兼顾的发展模式。在发展目标定位上，也应考虑不同地区资源条件的差异，本着优化区域布局，突出地方特色的原则来进行合理规划，既坚持社会、经济和环境优化的同步发展，又要兼顾增加农民收入，调动农民生产积极性，力争实现各区域内能流、物流、资金流、信息流的持续、高效、稳定和协调。在规划过程中，还应明确重点生态工程建设项目，以获得整体效益，提高系统的稳定性。

二　建立多元化投融资体系，政府资金倾斜

开拓多种融资方式，广辟资金渠道，加大对生态农业建设的投入，逐

步形成以企业投入为主体、政府扶持为导向和补充的生态农业建设多元化投入体系。要积极推进生态农业建设项目的市场化、产业化进程，充分发挥市场机制在资源配置中的作用，推动生态农业建设和环保项目的社会化运作。

三　引进科技人才，完善服务体系

发展高效生态农业，提高农业综合效益，技术要求高而且综合性强，人才是关键，需要培养各类人才。一是鼓励在外创业者返乡创业。二是培训培养部门干部。三是配齐配强农、林、牧、渔专业技术人员。

充分依托科研院校、组织培训专业技术人员，不断提高专业水平，不断更新知识机构，不断提高服务能力。首先，努力创造条件，发育生产要素市场。其次，要加快发展无公害农产品、绿色农产品专业化流通体系。最后，鼓励发展农民合作经济组织，大力发展联结市场与农户的多种中介服务组织。

四　提高集约化程度，走新型农业产业化道路

推进产业化经营是发展鄱阳湖生态农业的重要途径。发展"龙头企业＋合作社＋农户"的生产模式，密切龙头企业与农户的联系，建立健全利益共享、风险共担的利益联结机制。

具体的措施有：重点是深化农业科研体制改革，构建区域农业科技创新体系；加强农业重大技术攻关，增强农业科技创新能力；深化农技推广体制改革，加大农业科技推广力度；加快推进农业机械化，提高农业物质装备水平。

五　完善农业功能分区，提高利用效率

结合鄱阳湖生态经济区的农业区位特征，根据空间分析结果和湖区农业发展实际和农业产业化经营的要求，积极探索土地流转的保障机制，加快推进土地使用权流转，并逐步向经营大户、能人和龙头企业集中，发展规模经营，实现鄱阳湖生态经济区土地资源的优化配置。通过完善农业生

态功能区，来提高农业土地利用的效率。

六　重点治理农业面源污染

首先，严格确定控制目标，严格控制农、牧、渔业生产活动，控制使用农用化学品，禁止排放养殖污水和生活污水，防止渔业养殖因密度过大造成水质恶化。其次，应该大力推进农村环境整治工程建设，以"沼气"建设为纽带，开展对农户环境综合治理，推广生态农业模式。最后，推广平衡配套施肥技术，规划建立废弃地膜综合利用基地，对回收的地膜进行加工、再利用。

七　重视宣传、教育，促进公众参与的自觉性和积极性

各级政府及部门应该通过全方位、多层次的宣传和引导，提高全民的农业生态环境保护意识和法治观念，形成人人保护生态环境，个个参与生态农业建设的社会氛围。将鄱阳湖生态经济区建设成为经济繁荣、城乡一体、社会文明、人民安居乐业、生态循环的现代生态农业示范区。

第十二章　鄱阳湖生态经济区
旅游产业发展模式

　　鄱阳湖湖区的旅游资源非常丰富，且具有山江湖多元空间一体、类型齐全高丰度构成、内涵丰富品位高、互补性强组合好、交通便利可进入性强等诸多优势和特点，具有重大的旅游开发价值。为使鄱阳湖湖区发展成为集旅游、度假、休闲、娱乐为一体的世界知名的旅游区和度假目的地，重点打好名山、胜水、候鸟、名城牌，建设以庐山、鄱阳湖、南昌为核心的鄱阳湖大旅游网络，带动湖区旅游业发展，振兴湖区经济，使湖区农民脱贫致富，把江西建设成为沿海发达地区休闲旅游的"后花园"，探索湖区经济可持续发展道路。

　　为此，要确立政府主导型的产业联动、市场主导下的精品名牌、开发机制下的管理创新、适度开发的湖区旅游业可持续发展战略模式：第一，合理规划鄱阳湖生态经济区旅游生产力布局；第二，构建环湖旅游网络体系，形成以南昌、九江为一级旅游集散地，吴城、波阳为二级旅游集散地的湖区旅游整体发展格局；第三，做好鄱阳湖生态经济区旅游整体形象策划，根据客源市场的需求，构建特色精品旅游线路。

　　在做好旅游产业开发的同时，必须处理好旅游发展与资源及环境保护的关系，协调好旅游业发展与其他产业发展的关系，真正实现鄱阳湖生态经济区社会、经济、文化、生态的可持续发展。

第一节 鄱阳湖生态经济区旅游资源现状及评价

结合鄱阳湖生态经济区旅游资源情况，遵循微观与宏观调查、定量与定性分析、具体与综合认识相结合的方法，对鄱阳湖生态经济区旅游资源进行综合整体性评价。

一 资源情况

（一）世界级旅游资源

（1）《世界遗产名录》"世界文化景观"－庐山；（2）"世界地质公园"－庐山；（3）《国际重要湿地名录》－鄱阳湖湿地。

（二）国家级旅游资源

（1）九江：中国优秀旅游城市九江，全国重点风景名胜区云居山－柏林湖、国家重点保护寺观云居山真如寺、九江能仁寺，国家级森林公园鄱阳湖口森林公园，"中国百强园林"石钟山，全国工农业旅游示范基地共青城农业旅游区。（2）庐山：中国旅游胜地四十佳、国家地质公园、国家级风景名胜区、国家首批 4A 级景区庐山，国家森林公园庐山山南、马祖山、三叠泉、天花井、莲花洞，全国重点文物保护单位庐山观音桥、白鹿洞书院、庐山会议旧址及庐山别墅建筑群；国家重点保护寺观东林寺。（3）南昌：中国历史文化名城、中国优秀旅游城市南昌，国家 4A 级景区滕王阁、天香园，全国重点风景名胜区梅岭－滕王阁、国家森林公园梅岭、全国重点文物保护单位八一起义旧址群、2002 年"全国十大考古新发现"之一的进贤李渡元代烧酒作坊遗址，"中国府第文化博物馆"汪山土库。（4）鄱阳湖：国家级自然保护区鄱阳湖湿地候鸟保护区。

（三）省级旅游资源

1. 九江

（1）九江市区：省级文物保护单位有 19 处：东林寺、恭乾禅师塔、赐经亭、西林寺塔、大圣塔、锁江楼、仙人洞摩岩石刻、御碑亭、美孚洋行、日本领事馆旧址、烟水亭、九江海关姑塘分关、九十九盘石刻、天池寺附近石刻、松门别墅、黄龙寺摩岩石刻、国民革命军第二十四军叶挺指挥部、同文书院、儒励女中办公楼、庐山中四路 286 号别墅，省级历史文化名城九江、省级自然保护区庐山；（2）九江县：省级文物保护单位有 7 处：岳飞母亲姚太夫人墓、岳飞妻李夫人墓、陶渊明墓、陶靖节祠、二十五师南昌起义出发地—马回岭火车站、神墩遗址、浔阳城遗址；（3）星子县：省级文物保护单位有 5 处：秀峰石刻（含玉渊石刻）、玉涧桥、醉石馆石刻、南康府谯楼、"一见心寒"墓；（4）德安县：省级文物保护单位有 2 处：石灰山遗址、万家岭战役遗迹，省级森林公园"义门陈"；（5）永修县：省级文物保护单位有 1 处：真如寺及僧塔；省级森林公园柘林湖百岛、省级自然保护区云居山；（6）湖口县：省级文物保护单位有 1 处：石钟山石刻（含石钟山古建筑）；（7）都昌县：省级文物保护单位有 1 处：汉枭阳城遗址。

2. 南昌

（1）南昌市区：省级文物保护单位有 6 处：青云谱、佑民寺铜钟、新四军军部旧址、绳金塔、洪崖石刻、黄秋园居室；（2）新建县：省级文物保护单位有 8 处：万寿宫、梦山石室、常里湖遗址、朱权墓、汉紫金城遗址、新庵里摩崖石刻、铁河古墓群、邓小平旧居（含劳动车间），省级候鸟与湿地自然保护区南矶山、省级森林公园象山、省级森林公园梦山；（3）南昌县：省级文物保护单位有 3 处：蛮英塔、三国东吴墓、令公庙日军大屠杀遗址，省级自然保护区青岚湖；（4）进贤县：省级文物保护单位有 3 处：昼锦坊和理学名贤坊、钟陵节凛冰霜坊、珠子塔，进贤县青岚湖省级自然保护区；

3. 上饶

（1）鄱阳县：省级文物保护单位有 2 处：观音堂塔、莲山汉墓；（2）省级资源保护区康山；

4. 余干县

5. 鄱阳湖

省级自然保护区都昌、鄱阳的鄱阳湖白鳍豚江豚产卵场保护区。

（四）其他较有影响的旅游资源

1. 九江

（1）九江市区：琵琶亭、浔阳楼、九江长江大桥、烟水亭、甘棠湖、八里湖；（2）九江县：狮子洞、涌泉洞、鸵鸟养殖场、陶渊明墓、赛城湖、长冈湖、赤湖；（3）德安县：胡耀邦墓、德安园艺场；（4）永修县：吴城镇、易家河温泉；（5）星子县：天下第一泉谷帘泉、蓼南蚌湖候鸟观赏站、沙湖山候鸟观赏点、秀峰、星子温泉、落星墩、周瑜点将台、爱莲池、归宗寺、康王谷、太乙度假村；（6）湖口县：湖口大桥、鞋山、黄茅潭、白港湖、南港湖、西周遗址石刻；（7）都昌县：南山、老爷庙、大港水库、新妙湖、陶侃母墓。

2. 南昌

（1）南昌市区：青山湖、艾溪湖、象湖、东湖百花洲、水观音亭、孺子亭公园、人民公园、方志敏烈士墓；（2）南昌县：武阳曹雪芹祖居、三江古村落、瑶湖、永木黎家明清建筑群；（3）新建县：厚田沙漠、溪霞湖；（4）进贤县：君山湖、金溪湖、文港毛笔镇。

3. 上饶

（1）鄱阳县：芝山、东湖、颜真卿荐福神道碑、荐福寺、双港塔、油盐洞、永福寺塔、军民水库、白沙湖鸟岛、滨田水库；（2）余干县：东山岭、琵琶洲、三江口、忠臣庙、小石山石刻、金山寺。

二 鄱阳湖生态经济区旅游资源的总体特征评价

（一）山江湖一体——多元空间组合

鄱阳湖生态经济区展现在我们面前的是横无际涯，烟波浩渺，波澜壮阔的景象。它与中国第一大河——长江，千古名山——庐山浑然一体，形成了风光无限、多种要素组合、大气魄的美景，堪称世界奇绝之景观。湖区内旅游资源得天独厚，境内水资源分布甚广。

（二）高丰度构成——资源类型齐全

鄱阳湖生态经济区旅游资源不但数量多，具有高丰度构成，而且种类多样、类型齐全，具有明显的多样性特征。经过调查研究，其密集型的资源类型主要表现为：（1）生态旅游资源：鄱阳湖生态经济区内生物资源极为丰富，水生生物以藻类、浮游动物和水生植物为主，其中维管束植物已查明的有 102 种，植物分布面积达 2262 平方公里。鱼类是鄱阳湖最重要的经济水生动物，共有 122 种，优势种群为鲤鱼和鲫鱼，约占渔获量的 1/2。湖滩洲地生长着非地带性的草甸和各种湿生植物。这些为鸟类特别是冬候鸟觅食提供了良好的环境条件，鄱阳湖国家级湿地候鸟保护区是中国生物多样性保护区中 35 个关键区之一，是各种水鸟特别是白鹤越冬的理想栖息地。湖区内还有丰富的森林资源，森林植物多达 2400 种，主要为常绿阔叶林。（2）历史文化旅游资源：鄱阳湖生态经济区历史文化旅游资源众多。如南昌既有八一起义旧址群，也有中国大笔水墨写意画发祥地——青云谱和中国古典音律的发祥地——梅岭洪崖，还有就是江南三大名楼滕王阁。九江历史悠久，自古称"七省通衢"，其历代发生的重大军事文化政治事件赋予了九江旅游资源极高的历史价值。湖口县是李烈钧领导二次革命的誓师地。还有鄱阳的芝山、余干的忠臣庙等。（3）宗教文化旅游资源：宗教旅游资源是鄱阳湖生态经济区的一大特色，区内名山众多，名刹迭兴，宝塔连云，形成了丰富的宗教文化。区内庐山、云居山、南山、大孤山和石钟山、西山、梅岭等名山，自古以来寺庙遍布，著名的有东林寺、西林寺、大林寺、真如寺、能仁寺、老爷庙等寺庙，宗教游览内容丰富。（4）山岳风光旅游资源：鄱阳湖生态经济区内也不乏山岳风光旅游资源，其特点是资源多而广且又相对集中。如九江庐山、湖口县石钟山、永修县云居山、都昌县南山、南昌梅岭、余干县李梅岭等，终年云蒸霞蔚，山势雄奇，植被繁茂，风景绚丽，气候宜人，属中亚热带季风型气候，四季分明，雨量充沛。

（三）内涵丰富——资源品位高

鄱阳湖生态经济区旅游资源具有高品位特征，其中，具备世界级的旅游资源两处：有列入《国际重要湿地名录》的鄱阳湖和列入《世界遗产名录》和"世界地质公园"的庐山，庐山同时还是国家级风景名胜区，国家级地质公园，中国旅游胜地四十佳，首批国家 4A 级旅游景区；具备国家级的旅游资源品位的有：国家级自然保护区 1 个，国家级森林公园 7 个，全国重点风景名胜区 3 个，国家级历史文化名城 1 个，全国重点文物保护单位 4 个，中国优秀旅游城市 2 个，国家重点保护寺院 3 个，国家 4A 级景区 3 个，全国工农业旅游示范基地 1 处，"中国府第文化博物馆" 1 处，"中国百强园林" 1 个。

（四）互补性强——资源组合度好

鄱阳湖生态经济区内具有丰富的地质地貌旅游资源、水体旅游资源、生态旅游资源、历史古迹旅游资源、宗教文化旅游资源、社会风情旅游资源等，可见区内旅游资源具有多样性、完整性、丰厚性和互补性。互补性景区景点的聚集以及在线路安排上的协调和一致，可以让游客花费较少的金钱和时间游览景点，同时一个景点的游客也容易被吸引到该景点群或同一旅游线路的其他景点，从而实现聚集效应。

（五）交通便利——资源可进入性强

鄱阳湖生态经济区地处我国南部和北部、西部和东部地区的接合部，具有经济交流中转的战略地位。良好的交通条件，使鄱阳湖生态经济区具备了较好的空间进入性，方便了游客的旅行生活，为旅游业加快发展创造了条件。

第二节 鄱阳湖生态经济区旅游开发战略模式

一 旅游资源开发的战略构想

（一）开发建设联动化

旅游业的发展不能仅仅依靠旅游项目和景点的开发。旅游业作为综合性极强的服务行业，其产业关联度较高，波及效应强，能带动其他诸多产业的发展。鄱阳湖生态经济区发展旅游经济正是适应了经济结构调整和转型的大趋势，要在这样的转型时期抓住机遇，实现经济的快速增长。

从鄱阳湖旅游业的开发现状来看，存在着许多与其他相关部门发展不协调的地方，由此极大制约了旅游业和地方经济的发展速度，亟待解决的问题主要有以下几点：（1）政府的服务职能有待加强。鄱阳湖周边县区应进一步统一认识，明确旅游业定位，加大政府调控力度、开展宏观运作与管理，增强服务功能。（2）城市的功能建设极需完善。鄱阳湖周边市区应下大力气进行城市规划和建设，重点完善旅游基础设施。（3）新闻媒介与教育部门应提供导向服务。通过新闻媒介的广泛宣传，一方面，提升湖区旅游产品的知名度，树立品牌形象；另一方面，增强鄱阳湖生态经济区人民的旅游发展意识，将旅游观念深入人心。教育部门在提高旅游从业人员和当地居民的素质方面也起着十分重要的作用，应得到层次化、系统化的建设。

（二）投资主体多元化

没有投入就没有产出，对鄱阳湖生态经济区旅游资源的开发是长期性投资项目，需要大量的资金投入。由于鄱阳湖周边县区财政普遍偏紧，仅仅依靠政府投入来发展旅游业是不现实的。必须进一步解放思想、转变观念，采取多种措施、鼓励、吸引集体、个人和外商投资旅游业，实行投资主体多元化。

（三）区域产品网络化

以鄱阳湖为龙头，与周边地域丰富的自然、人文景观相结合，形成名山、名江、名湖、名城为一体的旅游带，实现鄱阳湖生态经济区旅游业的规模经营、集约经营、网络经营、跨县市经营，有利于精品、特色产品的推出。与国际湿地组织进行广泛的网络协作，加强国际交流与协作，在寻求国际湿地组织帮助的同时也有利于进一步提升鄱阳湖地区的国际知名度。

（四）经营管理科技化

当今社会科学技术高速发展，要实现旅游业健康、快速的可持续发展仅靠传统经验进行粗放式的开发经营是行不通的，必须实施"科技兴旅"策略。其具体表现为运用科学的方法和手段对鄱阳湖地区的旅游资源进行深入的研究、科学的分析，制定出合理的、经济的旅游项目和产品。

另外，推行科学的现代企业制度，使鄱阳湖生态经济区旅游企业真正成为产权明晰、权责明确、科学管理、自负盈亏的现代化产业。变革旅游业传统的操作方式，运用电子金融业务解决"多次消费、一次结账"的问题，完善饭店、旅行社、旅游交通等内部运营管理网络、横向联合网络，增强企业竞争力。

二　湖区旅游业发展的战略模式

（一）政府主导型的产业联动战略

发展旅游业需要政府的大力支持、引导。政府的主导作用主要表现在以下几个方面：（1）基础设施方面：政府要加强交通、住宿、餐饮、通信、教育、医疗卫生等基础设施建设，尤其要重点加强对鄱阳湖生态经济区内部的交通基础设施建设。（2）法规建设方面：政府应根据鄱阳湖地区内各地现有的规章制度，制定出整个旅游区统一的法规，并将总体法规进一步细化，同时，还要针对湖区湿地实际，制定具有针对性的规章制度，在整个旅游区实现法治化管理。（3）资源管理保护方面：湖区应建立综合性的管理协调机构，强化政府职能，用法律和经济手段达到资源的有效管理和保护。

总之，实施政府主导型的战略模式，就是要充分利用政府职能，为企业搭建信息平台，改善企业竞争环境，从而促进地区旅游业的发展。

（二）市场主导下的精品名牌战略

旅游业是一个市场化程度相当高的行业，这就决定了旅游业的发展要以市场为导向，走市场经济的发展路子。

鄱阳湖湖区必须在众多的旅游资源中挖掘出最具地方特色的旅游项目进行优化组合，开发出独具特色的旅游产品，走品牌化经营道路。

从客源市场上看，在开发旅游产品时，既要注重中青年旅游市场的产品开发，又应当开发出一系列适合老年人的旅游产品。

从旅游者对于旅游活动的参与性上看，可以在湖区选定几块特定区域，大力发展各种观光农业，实行旅游者参与制度，旅游者可以自种自采，提高旅游者自我参与兴趣。

（三）开发机制下的管理创新战略

如何做大、做强、做活鄱阳湖旅游业，实现鄱阳湖旅游业的快速发展，在很大程度上要靠管理。良好的管理不仅能带来巨大的经济效益，还可以带来良好的社会效益和环境效益。（1）管理体制创新。要实行管理体制改革和创新，实现湖区由计划型管理体制向市场型管理体制转轨。在鄱阳湖生态经济区建立一个具有权威性指导性的管理协调机构，统一管理、统一规划、统一协调，以树立鄱阳湖地区的旅游整体形象，提高综合效益。（2）企业管理创新。要通过深化改革，鼓励企业向集团化、联合化、规模化发展。以资本为纽带，大力加强组建跨地区、跨所有制的骨干旅游企业集团，实行规模经营；一些小旅游企业则实行灵活管理，多样经营，从而实现大小企业各具特色，互为补充，共同发展。

（四）适度开发的可持续发展战略

旅游资源一旦遭到破坏就很难恢复，因此要协调好开发与保护的关系，走可持续发展的道路。

在可持续发展战略的选择上，要避免侵害鄱阳湖生态经济区脆弱的生态系统，预防和控制环境破坏和污染，积极治理和恢复已遭破坏的生态环境。同时，应教育和提高人民的可持续发展意识，继承和发扬当地文化，使其在新形势下不断革新和发扬光大。

第三节 鄱阳湖生态经济区旅游生产力布局与旅游功能区划

一 旅游生产力总体布局的战略构想

调整鄱阳湖生态经济区旅游生产力布局,对于鄱阳湖生态经济区域旅游业的总体规划和地方经济的发展具有重要而深远的意义。

调整鄱阳湖生态经济区旅游生产力总体布局的思路是,继续巩固发展湖西地区传统旅游目的地,充分发挥庐山龙头作用,打好冬季候鸟品牌,辐射和带动湖东地区旅游业的发展。重点在湖东地区开发出 1~2 个核心景区,湖西地区则通过旅游产品创新与旅游线路组合等方式带动湖东地区旅游业的发展。

二 旅游区划建设

(一) 旅游区划分的原则

(1) 区域一体化原则:进行旅游区划的前提条件,是将鄱阳湖生态经济区作为一个整体来进行旅游开发,因而协调各地、各景区之间的关系十分重要。(2) 资源 + 市场导向原则:注重市场需求对旅游产品的影响,把握市场脉搏和发展趋势,有利于推出适销对路的高品位旅游产品。(3) 突出主题原则:树立精品意识,着力打造鄱阳湖旅游品牌,以庐山为龙头带动整个鄱阳湖生态经济区旅游业的共同发展。

(二) 旅游区划设想

根据对鄱阳湖生态经济区域旅游资源分布的状况,旅游资源结构、品位、差异性和互补性,资源保护与管理的便利性以及旅游线路组织的合理性、可能性等因素的分析,可将鄱阳湖生态经济区划分为以下几个不同的功能区:(1) 文化观光与山水览胜旅游区:本旅游区包括九江市区、庐山、九江县、湖口县、星子县等地。本区具有突出的资源优势和区位优势。主要旅游产品有文化观光、休闲度假、避暑疗养、会议研修、科考教育、宗教朝圣和生态旅游等。主要客源市场包括西欧、北美、东亚、东南亚等国际市场和国内的北京、上海、武汉、广州、香港等地。（2）水域风光与湖泊生态旅游区：本旅游区包括德安县、永修县和都昌县三地。主要景区（点）有吴城镇（含鄱阳湖候鸟自然保护区）、共青城、柘林湖、云居山、南山风景区、陶侃母墓等。本旅游区以吴城镇和永修县城为旅游集散地。主要旅游产品有湖滨休闲度假、水上运动、候鸟观赏、工业旅游、农家乐园和宗教朝圣等，其中以鄱阳湖候鸟观赏考察为主打旅游产品。主要客源市场是西欧、北美、日本等国际市场和国内京九沿线重要城市以及省内的南昌等地。（3）革命胜迹与文化观光旅游区：本旅游区以国家级历史文化名城南昌市为旅游集散中心城市，包括南昌县、新建县和进贤县。主要旅游产品有文化观光、红色旅游和休闲康乐游。主要客源市场有西欧、北美、东亚、东南亚等国际市场和国内的上海、北京、广州、武汉、香港等地。（4）农渔生态与水乡休闲旅游区：本旅游区包括鄱阳县和余干县两地。主要旅游产品有水域风光游和农家乐特色旅游等。项目设计主要体现游客参与性和水乡特色。主要客源市场是省外的上海、杭州、南京、合肥、厦门、福州、广州、深圳等地和省内的南昌、鹰潭、景德镇、上饶等地。

第四节　环湖旅游网络构建与重点旅游产品建设

一　环湖旅游网络构建

（一）鄱阳湖现有的旅游格局

目前，鄱阳湖生态经济区旅游业的发展呈现"F"形产品布局和"十"字形大交通格局。在旅游产品布局上总的情形是：西强东弱、北重南轻，上下两头大，中间小，西部沿九江、庐山、星子、共青城、永修（云居山、柘林湖）、吴城、南昌一线，已经有很成熟的旅游产品，是江西旅游发达的地区，交通的可进入性很好；而东部都昌、鄱阳、余干目前无成熟的旅游产品推向市场，旅游基础设施也不具备，旅游业还未启动发展，交通的可进入性也较差。北部有湖口石钟山、庐山、星子秀峰等成熟的景区（点）；南部除南昌市区外，新建、南昌和进贤三县旅游开发的力度还很小，产品知名度较低。上下两头有南昌、九江（含庐山），中间永修还难以与南昌、九江相提并论。

（二）环湖旅游网络建设的战略构想

为了促进湖区经济的全面发展，把鄱阳湖作为一个整体进行旅游开发是一项有益的尝试。可以通过环湖旅游网络的建设来带动湖区东部经济的发展。（1）皖赣铁路和浙赣铁路能够为湖区东部地区的外部交通提供有力支持。这两条铁路可以连接江浙、上海、福建和安徽等地，前三者是我国重要的旅游客源输出地，后者与鄱阳湖生态经济区域相邻，休闲观光旅游市场应具有较大潜力。（2）鄱阳距景德镇、鹰潭较近，如果公路交通条件得到改善，从鄱阳到两地均只要 2 个小时左右。景德镇、鹰潭是江西重要的旅游集散中心，而且鹰潭是华东重要的铁路交通枢纽，有大量的流动人口，景德镇还是国际上著名的瓷都，每年吸引大量的国内外旅游者。

综上所述，鄱阳湖生态经济区域从整体上可建设形成三横两纵的"日"字形旅游产品网络体系和大交通网络体系。其中的三横，上横是长江黄金水道线和九景高速公路线，下横是浙赣铁路线，中横是拟拓展的吴城至鄱阳（或都昌）的鄱阳湖水上线；两纵分别是京九铁路和皖赣、闽赣铁路。从而将鄱阳建设成为湖区东部的旅游集散中心，推动湖区旅游业的整体发展。

二 重点旅游产品建设

鄱阳湖生态经济区发展旅游业既包括传统旅游地庐山、石钟山、吴城、南昌、九江等地的深度发展与创新，又有新的旅游景区的开发与建设，将两者结合起来，双管齐下，互动发展，组合的重点旅游产品系列有以下几方面。

（一）文化观光与自然生态之旅

本旅游产品是以历史文化名城南昌、九江、古镇吴城、世界文化景观庐山、自然保护区鄱阳湖水体为依托，充分借助其区位优势和资源优势，利用现有旅游基础设施条件，主要针对国际和国内客源市场重新进行旅游线路组合而形成的精品旅游线路。

（二）知识度假与康体疗养之旅

本旅游产品是以庐山、鄱阳湖为依托，利用庐山丰厚的历史文化积淀、众多的人文与自然景观、宜人的气候，星子县的温泉等要素，结合鄱阳湖的生态农业、养殖业而推出的。重点面向国内市场，逐步开发国际市场。

（三）水域观光与湖滨休闲之旅

本旅游产品主要是利用鄱阳湖辽阔的水面和优质的湖滨沙滩，依托吴城现有的旅游条件和基础设施，开发休闲旅游精品。重点发展水上运动项目和鄱阳湖渔家特色菜肴系列，增强产品的丰度。主要针对的客源市场是省内大中型城市和周边省份的周末休闲度假旅游市场。

（四）湿地科考和候鸟观赏之旅

鄱阳湖周边的吴城、南昌、星子等地均可开展湿地生态科考活动。许多旅游者专程来鄱阳湖就是为了观赏候鸟和湿地生态风光的，它不仅能满足人们的休闲需要而且能拓宽人们的知识面或进行某些领域的科学研究。

（五）农渔生态与水乡风情之旅

本项旅游产品包括参观生态农业、旅游者参与果蔬采摘、渔家风情观光、品味渔家特色菜肴、做一天渔家人等。主要客源市场是周边大中型城市的市民。

三　构筑江西旅游的"山江湖"工程

鄱阳湖生态经济区旅游资源组合的优势就在于大山大江大湖名城的完美组合，形成华夏大地独具特色和影响力的旅游资源体系，具备了构建具有全国意义和世界影响的多功能旅游区的条件。鄱阳湖旅游地体系依托不同的旅游集散地，根据不同的旅游资源组合，可以建立大、中、小、特四个层面的江西旅游的"山江湖"产品工程。

其中最大层面的"山江湖"旅游产品工程，是指以九江为依托组合的"庐山—长江—鄱阳湖"旅游产品体系。该产品体系集世界名山——庐山、中国第一大河——长江、中国第一大淡水湖——鄱阳湖为一体，具有观光游览、休闲度假、文化考察、生态旅游、会议商务旅游等多种功能。

中间层面"山江湖"旅游产品工程，是指以南昌为依托组合的"梅岭—赣江—鄱阳湖"旅游产品体系。该产品以全新的理念组合了南昌地区的旅游资源，力求展示历史文化名城"依山临江傍湖"的特有景致和内涵，提升南昌城市形象，拓展南昌旅游空间，深化南昌旅游内涵。

小层面"山江湖"旅游产品工程，是指以永修为依托组合的"云居山—修河—柘林湖"旅游产品体系。该产品以生态旅游的理念组合永修县的旅游资源，力求使永修县的旅游资源实现优势互补和良性互动，巧打文化生态牌。

特色层面的"山江湖"旅游产品工程，是指以湖口县为依托组合的石钟山及其周边水域构成的旅游产品。这是特殊而又典型的"山江湖奇观"，只需进行宣传并展开周边环境整治，回归历史，找回失去的意蕴，石钟山可以建设成为世界山江湖旅游的经典工程。

第五节　鄱阳湖生态经济区旅游产品线路设计

一　旅游产品线路设计原则

（1）以资源保护为前提进行旅游产品线路设计。（2）以旅游线路为纽带，不同产品优势互补，联动协作。（3）充分利用异质旅游资源优势，力求体现地方特色。（4）把握市场走势，开发知识性、多样性、参与性相结合的旅游产品，取得社会、经济、环境综合效益。（5）寻求突破湖区旅游资源条块分割的现状，以组合的资源，整体的形象，系列的精品，共同构筑鄱阳湖旅游目的地。

二　旅游产品线路设计

一个区域内的若干景点分布在不同的空间位置，游览这些景点的先后顺序与连接方式可有多种不同选择，由此组合产生成不同的旅游线路。

（一）跨省旅游产品线路组合分析

将鄱阳湖作为整体目的地或将其主要资源作为特色产品，总的思路是以旅游资源的空间组合状况为依据，以客源市场为导向，联合国内其他著名景区景点，形成特色精品旅游线路，实现客源共享利益共生。

1. 北京—上海—南昌—鄱阳湖

南昌，是京九线上唯一的省会城市，加之又处于大"十字"铁路枢纽，交通区位优势使其成为京九沿线和东南沿海发达省市的重要旅游目的地之一。南昌是"军旗升起的地方"，上海是"党旗升起的地方"，北京是"国旗升起的地方"；北京有八达岭万里长城，鄱阳湖有冬季候鸟组成的"白色长城"，打好"三旗"和"北有万里长城，南有白色长城"这一垄断型形象品牌，市场前景将十分广阔。

2. 江苏太湖—江西鄱阳湖—湖南洞庭湖

中国北方气候干燥，缺少清山秀水，所以他们更加渴望体验水域风情及沿途民风民俗。因此，要把江南名湖这些美丽的珍珠连成一条完整的项链，作为中国江南人文风景湖泊产品系列推出，展示在游人面前。

3. 浙江普陀山—安徽九华山、黄山—福建武夷山—江西庐山—湖南衡山

普陀山曾是观音菩萨的道场，九华山曾是地藏王菩萨的道场，黄山具有"黄山归来不看岳"之称，庐山人称"匡庐奇秀甲天下"，衡山古称"五岳独秀"，这些江南的名山植被丰富、风光秀美、文化底蕴深厚。把江南名山聚集一体开展名山观光游、修学考察游、自然探险游能够满足广大市场需求。

4. 武汉市黄鹤楼—岳阳市岳阳楼—九江市浔阳楼—南昌市滕王阁

黄鹤楼以崔颢《黄鹤楼》、岳阳楼以范仲淹《岳阳楼记》、滕王阁以王勃《滕王阁序》、浔阳楼以《水浒传》对此楼有详细记载而名扬天下，它们可以组合成修学旅游产品、观光休闲产品推向市场，吸引学生和关注此类人文资源的群体。

在推销以上各旅游产品时，加上特色美食，让游人既饱眼福又饱口福，以增加此区域旅游产品的市场吸引力和竞争力。

（二）鄱阳湖省内连线合作旅游产品

突出绝特山水、陶瓷艺术、佛道文化、赣鄱风情、红色摇篮、绿色家园的资源特色，将鄱阳湖作为旅游精品和知名旅游目的地纳入江西旅游精品线路和轴环旅游网络体系中，组合好省内精品旅游线。

（1）赣鄱山湖古城文化游：南昌—吴城—庐山—九江—石钟山—龙宫洞—景德镇；（2）赣鄱山湖古城宗教游：九江—庐山—南昌—龙虎山—圭峰—三清山；（3）赣鄱革命传统教育游：九江—庐山—共青城—南昌—井冈山—赣州—瑞金；（4）赣鄱山湖古城生态游：南昌梅岭—鄱阳湖候鸟保护区—庐山山南—彭泽桃红岭保护区；

要努力使以上四条旅游线路成为特色精品线路，同时，针对海内外市场需求，还要积极开发以下旅游线路：（1）九江（庐山）—鄱阳湖—南昌—樟树阁皂山—新余仙女湖—宜春明月山山水观光旅游线；（2）南昌—鄱阳湖—鄱阳—乐平—婺源文化生态旅游线；（3）九江（庐山）—鄱阳湖—南昌—抚州—乐安流坑文化考察旅游线。

三 鄱阳湖生态经济区域内部旅游产品线路

鄱阳湖生态经济区域内部旅游产品开发一要发挥域内自然地理特色和自然景观旅游资源优势；二要发掘区域内保留的丰富人文胜迹和民俗文化资源；三要充分依托鄱阳湖水体及周边县区水文生态和农林资源优势；四要注意旅游产品的有机结合，互为补充。

（一）黄金旅游线

（1）名山大湖冬季旅游线：庐山观雪景—吴城看候鸟—鄱湖捕鱼虾；

（2）水域风光旅游线：南昌—永修柘林湖—永修吴城—德安共青城—星子落星墩、秀峰—都昌老爷庙—湖口石钟山、鞋山。

（二）精华专题线

（1）军事史迹考察游：三国周瑜史迹（九江市烟水亭）—清中期湘军、太平军史迹（石钟山）—近代"二次革命"史迹（李烈钧与湖口起义）—现代抗日战争史迹（德安万家岭大捷遗迹）—南昌八一起义旧址群—南昌新四军军部旧址—南昌县塘南惨案史迹（令公庙日军大屠杀遗址）—元末朱陈大战史迹（余干县为主）；（2）宗教文化寻觅游：九江市能仁寺—庐山东林寺—永修真如寺—南昌佑名寺—新建西山万寿宫；（3）宋明理学考察游：濂溪书院—濂溪墓—白鹿洞书院—星子爱莲池；（4）生态农业观光游：庐山云雾茶厂—九江县鸵鸟养殖场—星子鄱阳湖捕捞区—德安园艺场—共青城果园—余干县渔村—鄱阳县田园农庄；（5）生态康体运动游：新建县厚田沙漠—永修县柘林湖—星子县温泉—（彭泽县桃红岭）；（6）名人别墅探访游：牯岭别墅群—松门别墅—星子太乙度假村；（7）陶渊明田园文化游：九江县陶渊明墓、陶渊明祠堂—庐山区东林寺—星子县栗里陶村、醉石、康王谷—（彭泽县五柳先生遗迹）。

（三）特色精品线

（1）鄱阳湖湿地候鸟考察游：鄱阳县白沙洲鸟岛—余干县康山—新建县南矶山、象山—永修县吴城镇—星子县沙湖山；（2）鄱阳湖沙滩草滩游：新建县厚田沙漠—新建县南矶山候鸟—吴城沙滩候鸟；（3）鄱阳湖北部文化游：都昌县老爷庙—湖口县石钟山—庐山区东林寺—浔阳区烟水亭、浔阳楼、能仁寺—九江县陶渊明祠堂—星子县白鹿洞书院、观音桥、秀峰—永修县云居山、吴城镇—共青城胡耀邦墓；（4）鄱阳湖南部生态游：南昌县青岚湖—新建县象山、南矶山、厚田沙漠—湾里区梅岭—永修县吴城候鸟和云居山、柘林湖；（5）鄱阳湖山水休闲游：九江—庐山牯岭—星子秀峰—星子温泉—鄱阳湖—永修柘林湖—南昌。

第六节　发展鄱阳湖生态经济区旅游业的对策建议

一　调整农业产业结构，巩固农业基础地位

农业为旅游业提供劳动力、食品、旅游商品原材料等物质基础。而湖区东西部经济发展很不平衡，湖区农业生产结构不合理。因此，要振兴鄱阳湖生态经济区社会经济，必须根据市场条件变化的预期，调整农业产业结构，实行产业化经营，重点建设生态避洪农业和生态立体农业示范区，进而为旅游业的发展提供坚实的基础。

二　保护林业资源，优化生态环境

鄱阳湖发展旅游业最具魅力的就是它所拥有的湿地生态环境。湖区周边有众多森林植被分布，这对于保持湖区生态平衡、美化亮化环境具有重要价值。然而由于采育失调，导致近年来湖区森林覆盖率下降，种群高度退化，沙化面积不断扩大，进而对候鸟的栖息地和人民的生产生活都产生了不同程度的负面影响。因此，当前主要任务是要做好封山育林，植树绿化工作，建立农田防护林示范区和沙化区防风林生态示范区。

三　合理规范渔业生产，维护生态系统的完整

由于酷渔滥捕，鄱阳湖渔业资源也遭到一定程度的破坏，水域生态系统的完整性受侵蚀。一定程度上威胁到候鸟的生存繁衍。所以，应在湖区对捕捞工具进行严格的限定，并根据各种鱼类的生活、繁殖习性，制定合理的湖禁措施。

四　加大环境治理力度，实现可持续发展

鄱阳湖目前水质较好，这是尤为值得珍惜的。但随着江西工业化进程的加快，境内的赣江、抚河、信江、饶河、修水五大河流废水排放量将迅速增加，将对鄱阳湖构成威胁。所以，各级政府要高度重视对工业废水的

治理，提高达标排放率，保护生态环境，实现可持续发展。

五　增加对交通基础设施的投入，建设完善的环湖交通网络

目前，鄱阳湖西部大的交通环境较好，境内有京九铁路、昌九高速公路、105 国道、316 国道和 320 国道经过，有昌北国际机场、九江马回岭机场，还有赣江、长江、鄱阳湖水上运输网络，但东部交通条件较差，如能修通鹰潭至景德镇的高速公路必将大大改善湖区东部的外围交通条件。另外，湖区周边各景区景点之间的公路、水运交通基础设施也有待于进一步完善。

六　旅游业带动传统产业发展，促进湖区经济腾飞

旅游业是世界上最具综合性特点的行业，同时又是一个劳动密集型行业，可以大量增加当地直接和间接就业岗位（比例约为 1∶5），这对于扩大湖区再就业工程，快速提高当地居民收入水平具有重要作用。旅游消费对当地国民经济而言是外部经济注入，旅游业不仅给当地带来直接经济收入而且会产生巨大的乘数效应。因此，鄱阳湖生态经济区旅游业发展必将对其他行业的发展产生极强的关联性和带动性。先是传统行业对发展旅游业的大力支持，当旅游业壮大后能够促进和带动其他行业共同发展。这是提高湖区人民生活水平，使湖区农民早日脱贫致富的一条重要途径。

第三篇
赣州市支柱产业的培育与发展研究

第十三章　赣州市资源现状及特色研究

第一节　自然资源

一　基本情况

（一）气候

赣南地处中亚热带向南亚热带的过渡地区，属中亚热带的南缘，具有典型的丘陵山区湿润季风气候，热量丰富，雨量充沛，阳光充足，四季分明。

（二）土地资源

赣州总土地面积为 3931714.1 公顷，地形以丘陵、山地为主，兼有盆地，整个地势周围高中间低，南高于北，四周山地环绕，中部丘陵延绵，其间分布数十个大小不一的盆地，水系呈辐辏状向中心汇聚。土壤以红壤占绝大多数，土层深厚，腐殖质层中厚，肥力较高，保肥能力较强。此外还有黄壤、黄红壤、紫色土等。

由于地质构造关系和受成土诸因素影响，形成了土地类型地域性强，土地利用差异明显；山地多、平原少，耕地面积小、耕地后备资源不足；土地绝对数量大，人均占有量少的特点。

（三）水资源

赣州境内大小河流 1270 条，河流面积为 14.49 万公顷，总长度为 16626.6 千米，河流密度为每平方公里 0.42 千米。多年年均水资源量为 335.7 亿立方米，人均占有量为 3900 立方米，略大于全省人均量，比全国人均 2300 立方米高出近 70%。赣州市属富水区。在水资源中，地表水资源量为 327.53 亿立方米，地下水资源可动量为 79.13 亿立方米，占河川总流量的 24.46%。此外，赣州境内温泉 53 处，除章贡区、赣县、南康外，其余 15 县（市）均有分布，以寻乌县最多，达 14 处。水温最高 79℃的有 1 处，最低 21℃～23℃的有 3 处。温泉水已有一部分开发用来养鱼、育秧、养殖、洗涤、旅游等。

（四）森林资源

赣南是我国商品林基地和重点开发的林区之一。植物区系种类繁多，成分复杂，现有乔、灌木树种 1500 多种，已采集的标本树种有 126 科 384 属 1170 余种，其中乔木约 500 种，灌木约 650 种，竹类约 20 种，乔木树种以马尾松、杉木、木荷、枫香、樟树、楠类、栲类、栎类、槠类为主，灌木包括继木、乌饭、黄端木、柃木、荚迷、杜鹃、乌药等，草本则以禾本科草、蕨类植物较为普遍。

二 特色资源——矿藏资源

（一）矿藏资源概况

赣南是全国重点有色金属基地之一，素有"世界钨都"、"稀土王国"之美誉。已发现矿产 62 种，其中有色金属 10 种（钨、锡、钼、铋、铜、铅、锌、锑、镍、钴），稀有金属 10 种（铌、钽、稀土、锂、铍、锆、铪、铷、铯、钪），贵重金属 4 种（金、银、铂、钯），黑色金属 4 种（铁、锰、钛、钒），放射性金属 2 种（铀、钍），非金属 25 种（盐、萤石、滑石、透闪石、硅石、高岭土、黏土、瓷土、膨润土、水晶、石墨、石棉、石膏、芝硝、重晶石、云母、冰洲石、钾长石、硫、磷、砷、碘、大理岩、石灰岩及白云岩），燃料4种（煤、石焰泥炭、油页岩、石油）。以上矿产中经勘查探明有工业储量的为钨、锡、稀土、铌、钽、铍、钼、铋、锂、铷、锆、铪、钪、铜、锌、铁、钛、煤、岩盐、萤石、硫、白云岩、石灰岩等20余种。全赣州市有大小矿床80余处，矿点1060余处，矿化点80余处，保有矿产储量的潜在经济价值达3000多亿元。境内发现的砷钇矿、黄钇钽矿为我国首次发现的矿物。1983年国际矿物协会新矿物与矿物命名委员会审查通过并正式确认的赣南矿，为世界首次发现的新矿物。

（二）"世界钨都"

1. 钨矿产业发展概况

钨是一种宝贵的稀有金属，钨在地壳中的含量为百万分之一。赣州是中国钨矿的发现地，赣州钨矿资源丰富，素有"世界钨都"之称，钨矿保有储量居全国第二位，约占全国的39%、世界的26%。其中，高品质黑钨矿保有储量约占全国同类矿的70%、世界的60%；钨矿产量占全国的20%～30%，是我国乃至全球钨的主产区。现已发现并探明有储量的矿区106处，累计探明储量117万吨，其中A＋B＋C级储量44.5万吨，占38%。截至2009年底，钨矿保有储量为546186吨。

赣州已探明钨矿储量有17个县（市、区），其中保有储量在5万吨以上的有大余、于都、全南、崇义4个县，合计40万吨，占赣州钨保有储量的80%。赣州钨矿主要类型之一是石英脉型黑钨矿床，以开发之早、产量之多、矿床规模之大而驰名中外，是一种易采、易选、品质优良、有害杂质少的矿种。用它做原料，不仅产品质量好，而且回收率高。该矿种的另一个特点是伴生组分多，除钨外共生、伴生有价金属元素达50多种，主要有铋、钼、铜、锡、锑、铅、锌、金、银等有色金属及贵金属，此外，还有铍、锂、铌、钽、铼、硒、碲等稀有金属，并有钇等稀土元素。其中，共伴生铋、铍资源储量分别排全国第3位和第4位，钼、锡排全国第6位。

目前，赣州市是全国最大的钨精矿及APT生产基地和集散地。赣州现有大小钨矿山 53 个，其中省属钨矿企业 9 个，地方钨矿企业 44 个。赣州钨矿总的生产能力为 618 万吨矿石/年，钨精矿生产能力为 4 万吨/年。全市现有钨冶炼加工企业 25 家，全国 2/3 的钨精矿在赣州实现冶炼主要产品为 APT、氧化钨、钨粉和碳化钨粉、合金粉、硬质合金、钨丝、钨铁、钨条，钨钛固溶体等产品。加工 APT 生产能力约为 3.4 万吨，氧化钨生产能力为 1.1 万吨，碳化钨粉生产能力为 1.1 万吨，硬质合金生产能力为 660 吨。APT 及钨粉产量约占全国的 60%，硬质合金产量约占全省的 60%，钨业销售收入和利税总额约占全国的 36%。

2. 钨矿产业发展存在的问题

虽然赣州有着丰富的钨矿资源，在钨的冶炼加工方面也具有国际先进水平，但是赣州钨矿产业依然存在不少问题。

（1）矿区多而小，资源开采利用总体水平偏低，有些还存在采掘失衡、采富弃贫的状况。

（2）环保形势严峻，一些矿山环保设施较差，废石、废水、尾砂随意排放，某些钨冶炼企业对环境的污染也较为严重。

（3）初级冶炼加工存在盲目扩产、产能过剩和低水平重复建设的问题，造成能力闲置和资源浪费。

（4）生产集中度低，企业以初级产品为主，缺乏高附加值的深加工产品，而且没有形成专业化的分工协作。

（5）钨企业技术人才少，产学研结合不紧密，大部分企业基本没有创新研发的能力，造成企业产品没有特色，市场竞争靠打"价格战"。

（三）"稀土王国"

1. 稀土产业发展概况

20 世纪 70 年代初，我国首先在赣州发现了世界罕见的离子吸附型稀土矿，该矿具有配份齐全、经济价值高、易选别、放射性低等特点。赣州具有得天独厚的离子型稀土资源优势，已探明储量约 47 万吨，远景储量约 940 万吨，占全国离子型矿产储量的 40% 左右。

离子型稀土分布在全市 17 个县（市、区）146 个乡镇，主要集中在龙南、定南、寻乌、信丰、安远、赣县、全南、宁都八个县，其中，寻乌以低钇轻稀土为主，龙南以高钇重稀土为主，其余六县则以中钇富铕型稀土为主，构成了赣州各具特色、轻、中、重齐全的离子型稀土矿山资源体系，占江西探明和评价预测储量的90%以上。按矿物的稀土配份可分为3种类型。

（1）以寻乌为代表的富镧少钇型离子矿。

轻稀土含量占74%（其中镧为30%～40%），中稀土占12%（其中Eu占0.4%～0.6%），重稀土占14%（其中钇占10%左右），原矿平均品位为0.107%。寻乌稀土矿矿化面积为150平方公里。

（2）以龙南为代表的高钇型矿。

重稀土含量占85%左右（其中氧化钇含量大于或等于60%，氧化镝大于7%），中稀土占8%，轻稀土占7%左右，矿化面积约40平方公里，平均品位为0.098%。

（3）以信丰为代表的中钇富铕型离子矿。

该类型矿物的最大特点是氧化铕配分特别高，平均为0.8%～1.2%，最高可达1.4%以上，重稀土含量为45%～50%（其中氧化钇为30%～40%），中稀土含量为10%，轻稀土含量为50%～60%。原矿平均品位达0.08%～0.1%。

以上三种类型矿物分别占探明储量的80%、5%和15%。总之，离子型稀土矿具有配份类型齐全，高价值元素含量高，开采提取工艺简单，放射性低等特点，是迄今为止国内外独具特色的优良稀土资源。

"十一五"期间，赣州加大稀土矿山管理力度，全市原有400余个矿点，整理整顿为170个。稀土矿山开采秩序大为好转。2010年，赣州市离子型稀土矿产量约8500吨（REO），占全国离子型稀土总产量的33%。赣州现有88个合法的稀土采矿许可证，采矿权人属于赣州稀土矿业有限公司一家国有企业。

赣州市现有矿山生产能力已超过10000吨/年，近三年来平均年产量达到10000吨左右，约占全国同类矿产品产量的40%。主要采取堆浸和原地浸矿的方法。离子型稀土原地浸矿新工艺在龙南、寻乌等地推广后，社会效益和经济效益显著，有效解决了传统池浸、堆浸工艺所带来的问题，且资源回收率提高至 75% ~ 80%。从 2007 年第四季度开始，赣州已全面取消池浸和堆浸工艺。

近几年，行业内创新的模糊萃取分离技术、南方离子矿 HAB 双溶剂萃取工艺两项成果分别达到国内、国际先进水平，特别是模糊萃取分离技术已在分离企业得到了广泛的推广应用。稀土分离企业新技术的应用和自动化水平提高，稀土分离生产工艺技术指标全面改善，产品的纯度和质量不断提升。

目前，全市以南方离子型稀土矿为原料的稀土分离企业共 16 家，离子型稀土矿分离规模达到 2.8 万吨/年。其中，赣县红金稀土、定南加华、安远明达等企业在规模、产品档次等方面均跻身全国稀土分离行业前列。

2. 稀土产业发展优势

（1）具有独特的资源优势。

赣州作为我国南方离子型稀土矿的重要生产基地，产量占全国同类资源的 40% 左右，在一定程度上赣州离子型稀土矿产品产销量的变化影响着国内外离子型稀土矿产品的市场价格。其中，龙南高钇型重稀土具有垄断性的优势，富含镝、铽、钇、铕等元素，是生产稀土永磁材料和发光材料等功能性材料的理想资源，具有其他稀土资源无法比拟的优势。

（2）具有长期的稀土开发管理经验。

赣州在加强稀土整合、实施保护性开采方面采取了一系列措施，对全市稀土矿产品生产经营管理实行统一管理、统一开采、统一经营、统一规划和统一招商，取得了显著成效，为产业的进一步发展营造了良好的政策环境。

（3）具有较好的产业发展基础。

经过多年的发展，赣州已成为全国最大的离子型稀土矿山开采、分离和金属冶炼的生产基地，部分产品的质量达国际和国内先进水平，在国内外稀土市场有了较大的影响。

（4）具备享受国家政策支持的条件。

目前赣州共有经国土资源部门批准的合法稀土采矿权证 88 个，占全国

103 个总量的 85.4%。2009 年国家下达全国中重稀土开采总量控制指标为 8320 吨，其中江西（主要是赣州）为 7000 吨，占全国总量的 84.1%。

（5）具有良好的区位优势。

赣州市是珠三角沿海开放地区通往内陆腹地的咽喉，在接受沿海辐射、承接产业转移方面具有内陆地区其他城市无法比拟的区位优势，特别是"赣粤承接走廊"的建设更为稀土产业的发展搭建了良好的投资平台。

3. 钨矿产业发展存在的问题

（1）矿山生产经营秩序没有得到根本性好转。

超计划开采、无证开采、越界开采以及掠夺性开采、采富弃贫的现象仍然存在。集约利用水平不高，全市稀土资源平均回采率仅达到 60% 左右。

（2）初级产品调控乏力，资源的深层次整合效果不佳。

全市 16 家分离企业中，仅有 2 家企业具有一次性生产 15 个单一高纯产品的全分离能力，相当部分企业没有进一步分离而是以初级富集物的形式销售，造成资源的二次浪费。2009 年，全市分离稀土 1.7 万吨，金属冶炼 1 万吨，其中 60% 的分离产品和 90% 的金属产品流向日本、西欧及国内浙江、广东等地。这直接导致国内外市场对赣州稀土资源依存度不高，削弱了赣州调控稀土资源的主动权。

（3）产业链"两头小、中间大、后面空"，结构性矛盾突出。

赣州市的稀土原矿、分离和金属产品、深加工产品产值比约为 15：80：5，应用产业则几乎为零。这组数据清楚地反映了赣州稀土产业的畸形结构，以及与国内外稀土产业发达地区的巨大差距。深加工应用产业的严重滞后，势必造成稀土初级产品供大于求，加剧初级产品的流失。一些新上和在建的稀土永磁项目又基本是中低档产品，造成了新一轮重复建设和产品趋同。

（4）配套产业发展滞后，影响了产业向精深发展。

全市分离企业加工所需的化工原材料大部分从外地购进。稀土磁材项目在后续机械加工和电镀方面不配套；资本市场、技术市场发育迟缓，影响了稀土的精深加工。

第二节 农业资源

一 赣州市农业产业和农产品发展基本情况

赣州农业资源丰富，是江西省的一个农业大区和经济作物主产区，现已建成为全国的重点林区和全省的糖业、烟叶、桔等生产基地。国家有关部门曾命名赣州市信丰县为脐橙之乡，南康市为中国甜柚之乡，安远县为中国九龙蜜柚之乡，寻乌县为中国蜜橘之乡，大余县为中国瑞香之乡，石城县为中国白莲之乡，崇义县为中国毛竹之乡，赣县为中国板鸭之乡，会昌县为中国肉兔之乡，兴国县为中国灰鹅和油茶之乡。

多年来，赣州市积极实施江西省委提出的建设"三个基地、一个后花园"的发展战略，围绕"十一五"重点发展的果业、生猪、商品蔬菜、草食畜禽与特种水产、园艺花卉、烟叶六大主导产业和其他优势产业，推行区域化布局、专业化生产，不断调优、做强农业主导产业，建设精品果、无害菜、放心肉、特种鱼、名贵花、绿色米、有机茶、优质茧等农产品生产基地，取得了较好的成效。

（一）主要种植产业及产品

1. 赣南脐橙

目前，赣南脐橙种植面积达世界第一，年产量世界第二，是全国种植脐橙的主产地，脐橙种植总面积达 180 多万亩，年产量达 140 万吨。赣南已建 500 亩以上脐橙基地 200 多个，面积达 120 万亩；已建无公害果品基地 120 个，面积达 12 万亩，现有脐橙龙头企业 20 多家。

2. 商品蔬菜

由于靠近东南沿海市场，交通便利，具有运距短、成本低的区位优势，赣州的南康、信丰、于都、兴国、龙南、赣县、宁都、全南、章贡等县（市、区），重点围绕特色蔬菜、高山蔬菜、反季节蔬菜和无公害蔬菜，采取"优选品种，扩大规模，提高质量，突出加工，抓好储运，搞活流通"等措施，逐步培育了商品蔬菜这一产业。2011年，全市商品蔬菜面积达231.04万亩，总产量为436万吨。

3. 花卉苗木

赣州的花卉苗木业种植面积现达2.7万亩，总产量为8100万盆（株），主要分布在大余、南康、龙南、章贡等县（市、区），主要品种是享誉境内外的金边瑞香、富贵籽、虎舌红、绿化苗木、盆景等特色花卉。近年来，通过引进先进技术、现代化设备，吸收先进的管理经验，赣州的花卉苗木业初步走上了工厂化和产业化发展道路，销售市场在不断扩大，除销往沿海城市和港澳外，现在已经打入了美国、英国等发达国家市场。

4. 绿色大米

凭借自然条件优越，大气、土壤、水质等环境总体质量良好，赣州市在"十一五"期间在稳定粮食生产能力、确保粮食安全的基础上，依靠科技，改善品质，提高单产，调整粮食结构，重点发展了绿色大米生产，并涌现了一批粮食加工骨干龙头企业和一系列名牌产品，粮食加工业在食品工业中占有重要的地位。

5. 果用瓜、甜玉米

随着产业结构调整的深入，果用瓜、甜玉米已成为赣州种植业中的重要产业。安远、宁都、信丰等县播种面积共达36万亩，总产量超过60万吨，特别是安远西甜瓜备受消费者青睐。

6. 茶叶、蚕桑

茶叶是赣南农业的一大品牌。定南云台山茶场、上犹梅岭茶场、宁都武华茶场等生产的茶叶获得中国有机茶、AA级绿色食品认证。赣州市的茶园面积为9.5万亩，总产量为1800吨，主要分布在上犹、宁都、崇义、定南等县。蚕桑业布局进一步优化，龙南、全南、宁都等县重点户、重点村、重点乡积极发展，现有桑园4.17万亩，推广高产优质新品种、小蚕联户共育、规模化经营，蚕茧产量达1900吨左右。

7. 中药材、食用菌

中药材、食用菌这两个产业都是新兴农业产业，发展速度很快，特别是黄姜、枳壳、黄枝子、吴茱萸、杜仲、板蓝根等木藤本药材和适销对路的菌陈等草木药材，发展较快。仅安远、信丰两县种植面积就达到了8.7万亩，其中耕地药材3.6万亩，山地木藤本药材5.3万亩。宁都、安远、信丰、章贡、瑞金、石城等地，以市场为导向，积极发展食用菌，现年产鲜菇可达9.4万吨。

（二）主要畜禽产业及产品

1. 外销生猪

赣州有运距短、成本低的发展生猪绝对优势，大力引进龙头企业，以基地和生态养殖小区（特别是25个万头以上生猪养殖小区）为依托，推行"猪－沼－果"和"四化一园"（即良种化、规模化、标准化、产业化和生态园）的饲养模式。在香港五丰牧业定南分公司、上海牧祥有限公司等龙头企业和南康生态生猪小区的带动下，现已初步建成以定南、信丰、南康、章贡、赣县、兴国等为重点的400万头外销生猪带，并在定南、信丰两县形成了三个稳定的供港生猪基地。

2. 草食畜禽

宁都黄鸡、兴国灰鹅、大余麻鸭、于都奶牛、上犹肉牛、崇义肉羊都是具有地方特色、市场效益较好的草食畜禽品牌。近年来，宁都黄鸡发展迅猛，全市年出笼已达6000多万羽规模，且规模饲养达85%以上；兴国灰鹅、大余麻鸭稳步增长，年出笼都在2000万羽左右，加工南安、沙地板鸭550多万只；牛奶业高速发展。2011年全市总产量达5.43万吨，并初步创出了于都"高山青草奶"这一品牌。

（三）主要水产业及产品

1. 特种水产

赣州特种水产以鳗鱼、罗非鱼、斑点叉尾鮰三种为主。鳗鱼主要分布在瑞金和石城两地，现有46家工厂化养鳗基地，3200多亩土池养鳗场以及年加工烤鳗4600吨能力的瑞金红都水产食品有限公司。罗非鱼、斑点叉尾鮰刚起步，主要集中在于都县、章贡区，目前全市产量分别为1800吨、520吨。于都现已在建可繁殖种苗4000万尾、保种3200斤的罗非鱼良种场。

2. 常规水产

兴国红鲤是赣州市特有的驰名中外优良品种，是江西"三红"之一。依托国家良种场和扩繁基地，南康三江生态甲鱼已逐步做大，市场前景广阔。此外，赣州是江西传统"四大家鱼"主要苗种生产供应地，已建成一批水产品引种、育种中心和水产科技示范园（在建中），全市现有 100 多家鱼种场，每年销苗总量超过 62 多亿尾，价值 4 亿多元，名列全省第一。

二　特色农业产业——"世界橙乡"

（一）产业发展优势

脐橙是国际上高品位水果之一，在国内外柑橘市场中，因其品质优、外观好、香气怡人、货架时间长，具有极强的市场竞争力。赣州发展脐橙产业具有得天独厚的优势。

1. 气候优势

赣南地区位于江西省南部，属中亚热带南缘，气候温和，雨量充沛，无霜期长。赣州年平均气温为 18.8 ℃，年平均降雨量为 1 605 毫米，无霜期平均 28 天，适宜脐橙生长，脐橙品质较好。

2. 地形土壤优势

赣南地区地形山地丘陵居多，可以因地制宜，种植脐橙，同时赣南的土壤是酸性红土壤，也有利于脐橙生长，吸取所需养分。

（二）产业发展现状

1. 产业规模日渐壮大，跃居世界脐橙种植面积最大的主产区

自 20 世纪 70 年代开始种植脐橙以来，赣州大力实施"兴果富民""建设世界著名脐橙主产区""培植超百亿元产业集群"等战略，经过 40 多年的发展，产业规模迅速得到壮大。目前赣州全市脐橙总面积达 180 多万亩，年产量 140 万吨。已建 500 亩以上脐橙基地 200 多个，面积达 120 万亩；已建无公害果品基地 120 个，面积达 12 万亩，现有脐橙龙头企业 20 多家。赣州已经发展成为种植面积世界第一、年产量世界第三、全国最大的脐橙主产区。农业部于 2003 年将赣南脐橙列入国家九大优势产业的优势区域发展规划，同年江西省人民政府将赣南脐橙列为全省农业十大优势产业和二十个重点扶持品牌之首。

2. 产业效益日益凸显，种植脐橙成为农民致富的主要来源

全市果业实现年总产值 60 亿元，其中，果品直接销售收入为 24 亿元，全市果农人均果业收入为 3300 元，果业已成为农民收入的重要来源，带动了养殖、农资、采后商品化处理、贮藏加工、流通运输、包装印刷、旅游、劳务等关联配套产业产值 36 亿元。果业产业的发展使全市 20 多万户果业种植户 60 多万名果农从中获益，并且解决了近 20 万名农村富余劳动力、留守劳力、返乡农民工和中老年劳力就业，先后有 60 多万名农村贫困人口通过种果实现脱贫致富，果业产业的经济效益和社会效益日渐凸显。

3. 技术水平不断提高，产业科研领先全国

推广了"七改"新技术，全面改革了落后的生产管理方式。建立了赣南脐橙工程技术研究中心，并成功申报升格为省级工程中心，建立了国际一流的柑橘无病毒良种繁育场，大面积推广使用了无病毒良种容器苗木。《赣南脐橙》国家标准成为我国首个脐橙国家标准。"柑橘优异种质资源发掘、创新与新品种选育和推广"项目荣获 2006 年度国家科学技术进步二等奖。

4. 产业结构日趋优化，精深加工取得突破性进展

在巩固以鲜食脐橙为主导地位的基础上，加快了产业结构的调整力度，高起点、高标准、高水平地开发种植了 20 万亩加工甜橙基地，引进了橙汁加工企业。全市有果品采后商品化处理加工销售企业 151 家，果品分级生产线 172 条，分级处理能力达 1968 吨/小时；建成大中型贮藏库 63 个，贮藏容量 18 万吨；大中型果品批发市场 3 个，百里果品加工长廊 1 个。

5. 销售市场不断拓展，脐橙产品遍布全国，远销海外

初步建立起了覆盖全国的市场营销体系，赣南脐橙果品不仅走进了国内所有省会城市市场，摆上了沃尔玛、家乐福等大型超市货架，而且远销香港、澳门、东南亚、俄罗斯、中东、蒙古、印度等 20 多个国家和地区。

6. 赣南脐橙品牌广为人知，驰名全国

赣南脐橙被列入国家 11 大优势农产品区域规划，获得国家"地理标志"产品保护、证明商标、"中华名果"等称号，赣南脐橙生产基地被批准为"全国农产品加工业示范基地"，"赣南脐橙"品牌荣获全国"十佳农产品区域公用品牌"之首，被列为全省重点扶持农产品品牌之首。

（三）产业发展存在的问题

经过40多年的发展，虽然取得了较大成绩，但目前赣南脐橙产业已经到了提升转型的关键时期，产业内部存在一些迫切需要解决的问题。

1. 规模不经济

在几个果业大县，人们坚定地认为脐橙种植面积越大越好，但专家们对此却表示忧虑。有的乡镇提出要发展3万亩、5万亩脐橙，这种想法不符合科学。首先是科技服务跟不上，品质无保证；其次是宜果山地面积小，是否会引起农民争执？盛产期时保鲜加工运输设施、措施难以配套，价格势必下跌；最后是引发水土流失问题。

2. 品种结构单一

90%以上的脐橙为纽贺尔品种，均为11月份开始上市，加上赣州每年在冬至前后有霜冻，对挂树果实有不同程度的冻伤，造成脐橙果品集中上市矛盾十分突出，应市期短，有效销售期仅为三个月左右。

3. 贮藏能力不足

特别是企业恒温贮藏能力严重不足。据不完全统计，目前全市仅建成大型贮藏库9个，贮藏能力5.2万吨，远达不到均衡上市、拉长销售期的要求。

4. 采后处理加工不足

目前只有60%左右的果品能进入分级，并且绝大多数还是按重量分级，按外观、内质分级的极少。"统货"和"一树下"直接销售的比例大，外观品质遭受严重影响。

（四）产业发展应牢牢把握的四大理念

1. 大果业理念

坚持以脐橙为主，调优品种结构，发展系列柑橘品种，形成以脐橙为主体，各类优势柑橘品种全面发展，其他优质水果为补充的大果业格局。

2. 大产业理念

大力发展贮运加工，延伸产业链条，形成集生产、加工、仓储、物流、贸易、服务、设备制造等方面于一体的赣南脐橙产业集群，扩大产业规模，促进产业升级，增强发展后劲。

3. 大市场理念

坚持立足全国、面向世界的思路，采取设立专销区、农超对接、连锁超市和网络直销等现代流通手段，形成覆盖国内大中城市和全球主要消费市场的营销体系。

4. 大品牌理念

把赣南脐橙全力打造成赣州农产品第一品牌、江西水果第一品牌、中国果品第一品牌和世界知名品牌，成为赣州一张真正的"国际名片"。

第三节　旅游资源

赣州地处江西省南部，又称赣南，国土面积达3.94万平方公里，人口达907万人。其南枕五岭，北归长江，东接八闽，西接潇湘，是江西省最大的一个设区市，也是内地连接东南沿海发达地区的前沿地带。赣州旅游资源丰富，人杰地灵，目前全市共有国家级文物保护单位10处64个点，省级文物保护单位54处；国家级风景名胜景区1处，省级名胜景区8处；国家自然保护区1处，省级自然保护区6处；国家级森林公园8个；国家4A级旅游景区10处，形成了"红色故都、江南宋城、客家摇篮、生态家园"四大旅游品牌。

一　赣州是客家摇篮

赣州是客家人的主要聚居地、发祥地、中转站和客家民系形成的摇篮。赣州人口中95%以上为客家人。客家先民的南迁，带来了传统的中原文化，这种文化与当地土著文化交流整合而逐步演变为富有客家特色的文化。这里有中国民居建筑史上的奇葩——上千座客家围屋；被学术界称为研究古汉语的"活化石"——客家方言；中国堪舆文化第一村——三僚村；赣南采茶戏、兴国山歌、于都唢呐"公婆吹"等非物质文化遗产。1994 年赣州被国务院命名为"国家历史文化名城"。

（一）客家民居建筑文化

客家民居最典型的代表是客家围屋，赣南客家围屋大都呈"口"字形分布，其墙体厚重，建筑材料多以砖石结构为主，四角建有碉楼，上开枪眼，具有良好的防御功能。在传统社会，客家人围屋而住，聚族而居，以围屋为单位而形成的聚落成为一个重要的社会单位和分类区隔，一个村子往往就是以一两个以围屋为中心而形成的。特别重要的是，围屋集祠堂与民宅为一体，神圣空间和世俗空间合一，是当地宗祠祖屋这类公共空间最为重要的载体。围屋是客家先民留下的一部凝固的变迁史，是客家人智慧和审美的结晶，构筑了客家民俗旅游的一道极富特色的风景线。

（二）客家饮食文化

赣南客家饮食品种多样，富有特色，如客家擂茶。擂茶的制作工具擂钵、擂棍和捞子被戏称为"擂茶三宝"；擂茶的制作原料主要有茶叶、芝麻、甘草、花生、大豆、蒜头和爆米花等；擂茶集香甜苦辣于一体，能生津止渴、清凉解暑，还具有消痰化气、健脾养胃和滋补长寿的功效。擂茶在赣南客家十分流行，日常招待客人要用擂茶，小孩出生、老人祝寿以及节日庆典等，擂茶更是必不可少。

（三）客家民俗文化

客家民俗文化极其丰富，客家民俗活动很多，如春节期间有龙灯、蛇灯、鲤鱼灯、狮灯、马灯等各种灯彩表演；端午节有龙舟竞渡等；中秋节有"放孔明灯""请月光姑姐"等活动；此外，兴国县的三僚村被誉为中国堪舆文化（风水文化）第一村。

（四）客家山歌和采茶戏

客家人喜欢客家山歌，一曲客家山歌会激起海外客家赤子对祖国、对家乡的无限情思。赣南客家山歌的代表当属兴国山歌，它既保留了客家先民古朴的中原音韵，又具有赣南浓郁的客家风情，一曲《十送红军》便是从兴国客家山歌中演化出来的，阐述了客家人的革命胸怀。赣南采茶戏以载歌载舞见长，诙谐风趣，具有浓厚的客家生活气息和鲜明的地方特色。

二 赣州是红色故都

中央革命根据地在此创建，中华苏维埃共和国在此奠基，中国共产党领导和管理国家政权在此首次预演，举世闻名的两万五千里长征从瑞金、于都等地出发，艰苦卓绝的南方红军三年游击战争在此浴血奋战，伟大的苏区精神在此孕育形成。就发展红色旅游的条件而言，赣州更是得天独厚。

（一）红色旅游资源丰富，而且分布率高

赣州在中国革命史上曾是风起云涌的地方，它是第二次国内革命战争的中央苏区所在地，是第一次至第五次反围剿的主战场，是红军两万五千里长征的出发地，是三年游击战争的发源地。毛泽东、周恩来、朱德、邓小平等老一辈无产阶级革命家曾在这块土地上导演了一出又一出波澜壮阔的革命史诗。在共和国的第一代将帅中，十大元帅中的九位、十大将中的七位都在赣南这块土地上生活战斗过。在当时中央苏区的 24 个县中，赣州占了 12 个。目前，全市拥有国家级文物保护单位 5 处 20 个点，省级文物保护单位 54 处。

（二）革命史上的诸多第一为赣州的红色旅游资源锦上添花

赣州曾创造了中国革命史上的诸多"第一"。中国共产党策动并领导的第一次的大规模的武装起义——"宁都起义"发生在其所属的宁都县；中国共产党领导的第一个全国性政权——中华苏维埃共和国临时中央政府诞生在这块土地上；由中国共产党领导制定的第一部宪法、第一部婚姻法，第一面国旗、第一个国徽在赣州的瑞金诞生；中国共产党领导的第一个"海关"、第一个兵工厂在赣南建成；举世闻名的两万五千里长征从赣

南的红土地迈开第一步；现在国家的大部分部、委、局，它们的根都在赣南的瑞金。这诸多的第一都是一部厚重的历史，都是红色旅游资源中的经典。

（三）历代领导人对赣州的青睐使赣州的红色旅游资源的影响力大大扩张

赣州作为共和国古都的所在地，毛泽东在此进行了建国的伟大尝试，邓小平在此进行了治县（第二次国内革命战争时期邓小平担任过会安寻中心县委书记）的尝试。自1996年以来，就有江泽民、李鹏、李瑞环、朱镕基、温家宝、曾庆红、吴邦国、贾庆林、吴官正等中央领导同志先后来到赣州。胡锦涛同志在担任中共中央总书记不久，就从北京直飞赣州，深入赣州所属的章贡区、于都县、会昌县、瑞金市、兴国县等地。这些领导同志来到赣州，一项重要活动就是参观革命旧址。中央领导对赣南红色旅游资源的关注，无疑是一种最好的宣传，使赣州红色资源的影响力大大扩张。

三　赣州是江南宋城

赣州建制于汉高祖六年，距今有2200多年的历史，曾为南方经济、文化重镇。唐代赣州成为"五岭之要冲""粤闽之咽喉"，到了宋朝，赣州"商贾如云，货物如雨"，成为全国三十六大名城之一。城内遍布历代文物，尤以宋城文化最为璀璨。现在，赣州仍遗存有巍然高耸的八境台、岩深通幽的江南第一石窟——通天岩、保存完好的宋代城墙、七里古窑遗址，还有惠民千年、沿用至今的地下排水系统——福寿沟。

其中，最有名的莫过于郁孤台。它位于赣州老城区内西北部的贺兰山山巅，取其地树木葱郁、山势孤独而得名。苏东坡、岳飞、文天祥以及王阳明等人都曾登临。南宋年间，著名词人辛弃疾曾任职赣州，留下千古绝唱《菩萨蛮·书江西造口壁》："郁孤台下清江水，中间多少行人泪。西北望长安，可怜无数山。青山遮不住，毕竟东流去。江晚正愁余，山深闻鹧鸪。"

四　赣州是生态家园

赣州是赣江和东江的源头，鄱阳湖水系的25%、香港和珠三角地区主要饮用水源东江水系10.4%的流量均源于赣州。赣州境内群山连绵，江河纵横。山以水奇，水以山秀，奇山秀水构成了赣州独特的山水风光，以及由此形成了怡情养性的山水文化。山水文化作为自然类旅游资源，其文化是通过人类的山水审美思维体现出来的。赣州市森林覆盖率达76%，居全省之首，且污染较少，是全国十八大重点林区和全国十大森林覆盖率最高的城市之一，享有"生态王国""绿色宝库"的美誉。

目前赣州市已将生态旅游列入全市总体规划，开辟了以崇义阳岭、上犹五指峰、安远三百山、宁都翠微峰、大余梅关古驿道、赣州陡水湖六个国家森林公园和龙南九连山国家自然保护区为主的生态旅游线路。

五　赣州发展旅游业的交通区位优势

从交通条件讲，京九铁路贯穿赣州辖区南北，赣龙铁路已通车，赣韶铁路即将动工；赣粤高速江西段已全线通车，正在建设中的昆厦高速途经赣州，105、319、323、206四条国道在市内星罗棋布；4C级的赣州黄金机场可供大型客机降落，开通了北京、上海、广州、厦门、深圳、南宁、贵阳、海口、南昌、成都等航线。同时，赣州是赣江、东江两条江的发源地，水路运输很有潜力，立体交通网络基本形成。从地理位置上讲，赣州是个边际城市，与粤、闽、湘交界，连接四省，与广州、厦门、南昌等大城市都在五个小时的路程范围内，游客的组织和线路的编排都非常便捷。就红色旅游区域而言，赣州地处中央革命根据地的中心，与井冈山、闽西革命根据地山水相连，与广东的韶关、梅州，福建的三明也都在三个小时的路程范围内，组织红色旅游既可以自成体系，又可以与这些周边地区连线。

六　当前旅游业存在的主要问题

第一，旅游资源开发滞后，旅游产品单一。赣州旅游资源虽然丰富，但没有国内乃至国际知名的旅游吸引物。

第二，旅游功能基础薄弱，发展后劲不足。现有的城市基础设施和旅游服务功能没得到很好的整合利用，旅游公路、高速（国道、省道）公路旅游标识标牌、旅游餐饮、旅游购物、旅游娱乐、旅游厕所等方面管理和建设亟待加强。

第三，旅游商品开发力度不足。缺乏能代表赣州整体旅游形象的特色商品，民间工艺品、地方特色小吃等亟待开发利用。

第四，旅游服务行业管理有待进一步完善。全市星级旅游酒店高级管理人才以及旅游景区、旅行社高级导游人才十分匮乏，旅游企业管理人员和从业人员素质参差不齐。

七 促进赣州旅游品牌文化发展的几点对策

（一）制定品牌战略规划，构筑旅游品牌化发展的框架体系

品牌规划是旅游品牌化发展的基础和关键。旅游产业是一个综合性产业，旅游品牌化发展需要不同影响范围、不同消费层次、不同行业旅游品牌的有力支撑。政府应发挥战略管理职能，根据国内外旅游业发展趋势和旅游市场需求变化，结合赣州旅游产业结构的实际，立足本地旅游资源优势和特色，遵循突出重点、统筹规划、梯度推进、协调发展的思路，制定系统的品牌发展中长期规划，形成多层次互动、多层面互促、多要素支持的动态导向性发展框架。

首先，树立旅游核心产业品牌。根据旅游产业高边缘性、高关联性特点，突出重点领域，着力发展以脐橙文化、红色文化、宋城文化、客家文化为主线的旅游景区和旅游商品品牌。

其次，大力培育旅游品牌企业。在重点发展的红色文化、宋城文化、客家文化领域，着力扶持发展3~5家龙头企业，按照规模化、集团化、连锁化经营模式，打造一批规模大、实力强、有特色、有影响的旅游企业或企业集团。

最后，打造区域旅游品牌。整合品牌资源，打造赣州"红色根据地、

古色宋城风、特色客家情"旅游城市品牌，根据旅游空间发展格局，将四大板块打造成具有强大市场影响力和召感力的区域品牌。围绕红色文化、宋城文化、客家文化等旅游产品，推出一批品牌旅游线路。

（二）挖掘区域特色文化，打造旅游品牌化发展的精品载体

文化是旅游品牌的灵魂，特色是旅游品牌的生命。赣州旅游资源的突出优势在于它独具特色的地域文化，深入挖掘区域特色文化内涵，凸显区域旅游整体形象，彰显旅游产品的特色和个性，形成一批高奇特度、强震撼力、持久吸引力和区域垄断力的旅游精品名品，为旅游品牌化发展提供重要支撑。

首先，培育区域文化旅游品牌。依托革命旧址群等革命历史教育基地，丰富红色文化旅游品牌；依托客家围屋等独特的客家风情，发展客家文化旅游品牌；培育脐橙文化旅游品牌；依托赣州市的宋代历史遗迹、遗址，形成宋城文化旅游品牌。

其次，开发特色旅游购物品牌。发挥赣州的特色优势，积极引进旅游商品开发商，推动赣州旅游商品的开发，提高档次，增添收藏或实用价值，增强吸引力，培育有规模、有特色、有品位的旅游购物品牌。重点发展具有资源优势、地方特色和文化底蕴的旅游商品，如红军服之类的红色文化商品、蕴含客家特色和以宋代风韵为主的纪念品等，运用文化手段进行包装、宣传，赋予旅游产品生命力，突出产品个性特色，逐步实现旅游商品的品牌化、系列化和规模化。

最后，开发旅游餐饮品牌。注重赣州客家饮食文化资源开发，积极推出富有赣州特色、文化浓郁的代表性客家风味和特色餐饮食品，培育赣州餐饮知名品牌。挖掘传统客家名菜、名吃，如梅菜扣肉、兴国鱼丝、赣州鱼饼、荷包肉等，推陈出新，丰富内涵，作为饮食文化中的"一绝"，开发新的名菜、名吃，推出代表赣州地方特色的餐饮，打造成知名品牌，满足游客"吃"的旅游需求。

（三）加快品牌人才队伍建设

首先，鼓励行业协会、中介组织对旅游企业经营者、品牌管理人员、

旅游从业人员进行品牌知识培训，培养造就一批品牌经营管理者、品牌导游和品牌服务员。鼓励引进高层次的品牌设计、品牌经营、质量管理等专业人才。

其次，依托赣州本地大中专院校，重点培养一批高素质的旅游从业人员。

最后，对旅游从业人员进行定期培训，从而直接提高从业人员文化素质和业务水平。

第十四章　赣州市经济发展阶段判断

第一节　经济发展阶段的划分

一　经济发展阶段的划分标准

国内外经济学家对于经济发展阶段的划分标准的讨论由来已久，但是并未取得一致的结果。对国内外经济学家的研究成果总结可以得出三类观点：一是总量主义观点；二是结构主义观点；三是综合主义观点。

总量主义观点。该观点认为，经济发展过程最终是一个总量扩张的过程。因此，经济发展阶段划分的简易方法是采用诸如人均 GDP 等的总量指标，其代表人物是西蒙·库兹涅茨。我国学者杨治也持类似观点。库兹涅茨认为：经济增长是一个总量的过程，部门变化是与总量变化交织在一起的，而且它们只有并入总量框架以后才能得到准确的衡量。因此，总量或人均产出是一个更为明确的经济增长尺度。在这里，库兹涅茨坚持用总量指标作为经济增长阶段划分的标准。与库兹涅茨相类似，我国学者杨治认为：经济发展的一个重要着眼点，就是经济社会运动的非连续性的跳跃过程——质的飞跃和阶段性；在衡量经济发展的程度时，人均国民收入是最主要最常用的指标之一。

结构主义观点。该观点认为，经济发展的本质是生产结构的变化，因此应设置结构性指标来划分经济发展的阶段，其代表人物是霍夫曼和罗斯托。霍夫曼认为，衡量经济发展阶段的标准"不是产值的绝对水平，也不是人均的产值，也不是资本存量的增长，而是经济中制造业部门的若干产业的增长率之间的关系"，即衡量标准是"消费品部门与资本品部门之间净产值的比例"。这个比例后来被称为"霍夫曼系数"。在此，霍夫曼强调，经济发展阶段划分标准不应当是人均收入等绝对标准，而应是从结构入手采用结构性的相对指标。可以看出，"霍夫曼系数"本身就是他提出的衡量经济发展阶段的一个标准。罗斯托认为，经济发展过程是"主导部门"序列变化的过程。对于每一个发展阶段，都有与之相适应的，并能起到带头作用的主导部门，来推动其他部门的经济发展。因此，要对经济发展阶段进行划分，"最基本的方法就是确定经济有效吸收特定技术的程度和吸收顺序。这意味着必须考察部门和分支部门，而不仅仅是总量"。在这里，罗斯托坚持应当用主导部门序列作为经济发展阶段划分的基础。主导部门的概念充分体现了他的结构主义倾向的经济发展观。

综合主义观点。该观点认为经济发展阶段的划分标准不应该是唯一的，而应该是若干指标的综合，其代表人物是日本的井村干男和我国的蒋清海博士。井村干男认为，一国经济发展的阶段和类型，应该从其基本条件或形态、工业化进展程度和贸易结构变化三个要素相结合的角度来进行划分。其中，基本条件或形态是指一国的自然资源和人力资源禀赋；工业化进展程度指一国制造业产值与国内生产总值的比重；贸易结构变化则用农业、轻工业产值与初级产品、轻工产品进口额之比，初级产品、轻工制品出口额与其进口额之比，重工业产值与重工业制品进口额之比，以及重工业出口额与其进口额之比这四个比例系数来衡量。蒋清海博士认为，划分区域经济发展阶段应以制度因素、产业结构、空间结构和总量水平四个项目为标准；并指出制度因素是区域经济发展阶段划分的背景性标准，产业结构是判别区域经济发展阶段的生产力标准，空间结构是区域经济发展阶段不同于其他经济发展阶段的标志，总量水平是测量经济发展高度的标准。

二　经济发展阶段划分的内容

关于经济发展阶段划分的内容，不同的经济学家有不同的划分内容，各阶段划分的内容和顺序以及侧重点也是不尽相同的。

德国历史学派代表毕雪的三阶段理论。他从商品交易的角度把经济发展划分为三个阶段：封闭性的家庭经济、城市经济和国民经济。

德国经济学家弗里德希·李斯特的区域经济发展理论。李斯特在1841年的《政治经济学的国民体系》一书中，以生产部门的发展状况为标准，通过历史分析、制度与结构分析以及部门分析方法，将区域经济发展阶段划分为五个阶段：原始未开化阶段、畜牧业阶段、农业阶段、农业和制造业阶段、农工商阶段。

马克思的发展阶段理论。马克思分别从社会经济形态和生产方式演进两个角度观察和划分经济发展的阶段。按社会经济形态的演进，整个人类社会及各个国家一般都要经历原始社会、奴隶社会、封建社会、资本主义社会和共产主义社会五个阶段，这种划分属于制度变迁的分析框架。按社会生产方式划分则分为手工生产、简单机器生产、机器大工业生产等阶段。

罗斯托的经济发展的线性阶段理论。1960年，在《经济增长的阶段》一书中，从世界经济史的角度，以经济"起飞"为核心概念，将经济发展阶段划分为：传统社会阶段、为起飞创造前提条件的阶段、起飞阶段、成熟阶段、高额消费阶段、追求生活质量阶段。

埃德加·胡佛－约瑟夫·费雪的区域经济发展阶段理论。1949年，在论文《区域经济增长研究》中，胡佛和费雪从产业结构和制度背景出发，将区域经济发展阶段分为五个阶段：自给自足经济阶段、乡村工业崛起阶段、农村生产结构转换阶段、工业化阶段、服务业输出阶段（成熟阶段）。

弗里德曼的区域经济发展阶段理论。1966年，在专著《区域发展政策》中，美国区域发展和区域规划专家弗里德曼提出了中心－外围理论，以空间结构、产业特征和制度背景为标准，将区域经济发展分为四个阶段：前工业阶段、过渡阶段、工业阶段、后工业阶段。

美国社会学家贝尔的发展阶段理论。他按照人与自然界相互竞争的关系把社会经济发展划分为三个阶段：前工业化社会、工业化社会和后工业化社会。

日本学者井村干男。他参照西方关于发展阶段的划分理论，提出了按基本条件与工业化进展程度、贸易结构变化相结合的思路，把工业化进程划分为三个阶段。

我国学者对区域经济增长过程也提出了自己的观点。陈栋生等人在1993年出版的《区域经济学》中认为，区域经济的增长是一个渐进的过程，可分为待开发、成长、成熟、衰退四个阶段。蒋清海以制度因素、产业结构、空间结构和总量水平为标准，将区域经济发展分为四个阶段——传统经济阶段、工业化初级阶段、全面工业化阶段、后工业化阶段。

第二节　经济发展进程指标

一般认为（张培刚，2003；库兹涅茨，1989等），工业化（Industrialization）即以机器化大生产代替手工劳动，是工业特别是制造业不断发展与提升的过程，其主要表现是，工业产值在工农业产值中的比重以及工业人口在总人口中的比重不断上升，同时农业产值的比重及农业人口的比重不断下降的过程。《新帕尔格雷夫经济学大辞典》认为，工业化"首先是国民收入（或地区收入）中制造业活动和第三产业所占比例的提高；其次，在制造业和第三产业就业的劳动人口的比例一般也有增加的趋势"。一般对一个国家或地区的经济发展阶段的研究，其逻辑起点都是先要对该地区的工业化阶段进行判定。从现有的研究看来，工业化阶段的判断主要有以下四种方法。

一　霍夫曼系数法

霍夫曼（Hoffmann，1965）对各国工业化过程中工业结构的演进规律进行了开拓性的研究，他根据20个国家的历史数据，分析了制造业中的消费资料工业和生产资料工业（以轻重工业划分）之间的净产值比例关系（消费资料工业净产值/资本品工业净产值）的变化，然后概括出有代表性的比值即霍夫曼系数，根据这一比值来划分工业化的阶段，从而把工业结构特征与工业化过程的阶段划分联系起来。得到的结论是，各国工业化无论开始于何时，一般具有相同的趋势，即提出随着一国工业化的进展，霍夫曼比例（即霍夫曼系数）呈现出不断下降的趋势。

他将工业化过程分成了四个阶段：

工业化第一阶段：霍夫曼比例 = 5（±1）

工业化第二阶段：霍夫曼比例 = 2.5（±1）

工业化第三阶段：霍夫曼比例 = 1（±0.5）

工业化第四阶段：霍夫曼比例 < 1

霍夫曼系数的意义在于从工业结构内部的分析上，把握产业结构高度化进展程度，进而把握发展阶段，说明产业结构演进中是如何实现初级产品生产比重优势被中间产品、最终产品替代，劳动密集型产业比重优势被资本、技术密集产业替代的。霍夫曼定理是关于经济发展中工业内部结构变化的分析，在确定地区工业化进程的研究中被广泛运用。

二 人均产值指标（人均 GDP）

著名发展经济学家 H. 钱纳里将经济增长理解为经济结构的调整、转变与提升过程，他根据人均 GDP 的数量，将经济演进的进程分为三个阶段、六个时期，如表 14－1 所示。

表 14－1 H. 钱纳里的工业化发展阶段论

时 期	人均 GDP（1982 年美元）	发展阶段
1	364 ~ 728	初级产品生产阶段
2	728 ~ 1456	工业化阶段
3	1456 ~ 2912	
4	2912 ~ 5460	
5	5460 ~ 8736	发达经济阶段
6	8736 ~ 13104	

资料来源：H. 钱纳里等：《工业化与经济增长的比较研究》，上海三联书店，1989，第 95 ~ 99 页。

三 劳动力结构指标

最早对国民经济进行部门划分的是配第，但他没有明确地阐述这种划分的意义，后来克拉克在《经济进步的条件》一书中将国民经济分为三个部门，并认为工业化的实现过程也是劳动生产率不断提升的过程，当劳动力由较低生产率的农业部门向工业部门转移时，不仅改变了产业结构与劳动力就业结构，而且经济增长的方式也发生了变化。此种现象被称为"配第－克拉克定理"。这说明劳动力就业结构的变化也是衡量经济发展阶段的重要指标（见表 14 - 2）。

表 14 - 2　配第－克拉克定理：收入与就业之互动

阶　　段	1	2	3	4	5
人均 GDP（1982 年美元）	357	746	1529	2548	5096
第一产业（%）①	80.5	63.3	46.1	31.4	17.0
第二产业（%）	9.6	17.0	26.8	36.0	45.6
第三产业（%）	9.9	19.7	27.1	32.6	37.4

注：①指的是就业人数的百分比。

资料来源：谭崇台主编《西方经济发展思想史》，武汉大学出版社，1993，第 428 ~ 429 页。

四　产业结构指标

美国经济学家 S. 库兹涅茨认为，在工业化的推进过程中产业结构的变动最为迅速、及时。在工业化初期与中期阶段，产业结构变动的核心问题是农业与工业之间的"二元结构"之变动与转化，即在起始阶段，第一产业比重高，第二产业比重低。随着工业化进程的发展，第一产业比重下降，第二产业和第三产业比重上升，且第二产业上升幅度大于第三产业，第一产业的优势地位被第二产业取代。当第一产业比重降到 20% 以下时，第二产业比重高于第三产业，此时，进入工业化的中期阶段。当第一产业比重降到 10% 以下时，第二产业比重上升到最高水平，工业化进入后期阶段，此后第二产业比重将逐渐下降。即工业部门的产值在国民经济中的份额将经历一个由小到大，稳定一段时间，然后再逐渐下降的过程。

第三节　赣州市经济发展阶段判断

根据上面四种工业化阶段的判断办法，我们结合改革开放后赣州的经济发展现实，尤其是工业经济的发展现实，研究赣州工业化发展的阶段。

一 统计数据及数据处理

（一）统计数据

我们主要采用《赣州市统计年鉴 2011》的统计数据，根据地区生产总值（GDP）、人均生产总值、年末总人口、工业总产值、三产就业人口等指标，分别按照人均产值指标、劳动力结构指标、产业结构指标，计算改革开放后（1978～2010 年）赣州市工业化发展的总体情况，分析赣州市经济发展进程的特点，并结合四个方法的判断结论，得出 2011 年赣州市经济发展阶段的初步判断。数据采用的有关说明如下。

（1）作为一个市域级的统计年鉴，工业数据没有区分消费品工业与生产资料工业增加值数据，因此利用霍夫曼系数没有办法计算，霍夫曼系数法对赣州市工业化进程的判断难以进行。

（2）利用人均产值指标法对赣州市工业化进程进行判断时，采用《赣州市统计年鉴》中的"户籍人均 GDP"指标作为人均产值指标，美元与人民币的换算按照每年的汇率均价。

（3）利用劳动力结构指标法对赣州工业化进程进行判断时，以《赣州市统计年鉴》中的"第一产业年末从业人员""第二产业年末从业人员""第三产业年末从业人员"作为三次产业就业人员指标。

（4）利用产业结构指标法对赣州工业化进程进行判断时，以《赣州市统计年鉴》中的"主要年份生产总值构成"的数据作为基础数据。

（二）数据处理

除特别指出外，数据处理都是依据原始数据，按照相关概念、理论及已有的通行数据处理办法，进行计算、核算和分析得出的。

二　赣州市经济发展阶段判断

(一) 人均产值指标

根据《赣州市统计年鉴 2011》，赣州市人均产值指标原始数据如表 14－3 所示。

表 14－3　1978～2010 年赣州市人均产值指标

年　份	人均产值 (元)①	美元汇率 (元/美元)②	人均产值 (当年价，美元)③	CPI 指数④	人均产值 (1982 年价，美元)⑤
1978	194	1.5549	124.8	100	142.7
1987	499	3.7271	133.9	159.6	96.0
1990	886	4.7832	185.2	216.4	97.9
1998	3047	8.2791	368.0	438.4	96.0
1999	3152	8.2783	380.8	432.2	100.8
2000	3407	8.2784	411.6	434.0	108.5
2001	3679	8.2770	444.5	437.0	116.4
2002	4039	8.2770	488.0	433.5	128.8
2003	4558	8.2770	550.7	438.7	143.6
2004	5263	8.2768	635.9	455.8	159.6
2005	6134	8.1917	748.8	464.0	184.6
2006	7098	7.9718	890.4	471.0	216.3
2007	8487	7.6040	1116.1	493.6	258.7
2008	10089	6.9451	1452.7	522.7	317.9
2009	11201	6.8310	1639.7	519.0	361.4
2010	13397	6.7695	1979.0	536.1	422.3

说明：①来源于《赣州市统计年鉴 2011》。

②来源于《中国统计年鉴 2011》，汇率为年平均价。

③人均产值当年美元价计算公式为：③＝①/②而得。

④1978～2010 年 CPI 指数来源于各年《中国统计年鉴》，为定基指数。

⑤1982 年人均产值美元价根据 1982 年的 CPI 指数 114.4 调整而得，具体调整公式为：⑤＝③×114.4/④。

通过表 14－3 的原始数据以及对相关数据的处理、分析和整理可知，改革开放以来，赣州市的经济得到了持续的发展，人均产值保持整体上升的趋势。根据人均产值法，虽然赣州市经济发展中人均产值的绝对值得到了较快的增加，但是我们应该考虑到美元汇率和 CPI 指数的变动。通过计算可以得到表中最后一列的赣州市人均产值（1982 年的美元价格），我们可以看到人均产值整体上保持了增长的态势，通过图 14 - 1 可以很直观地看出。

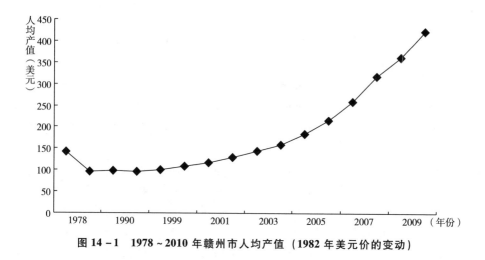

图 14 - 1　1978～2010 年赣州市人均产值（1982 年美元价的变动）

我们可以看到赣州市 2010 年人均产值（1982 年价）为 422.3 美元，根据 H. 钱纳里的工业化发展阶段论，处于 364～728 美元这一时期。也就是说，通过这种方法可以判断，到 2010 年赣州市尚处于初级产品生产阶段。

（二）劳动力结构指标

根据《赣州市统计年鉴 2011》，赣州市劳动力结构指标原始数据如表 14 - 4 所示。

表 14 - 4　1978～2010 年赣州市劳动力结构指标

单位：万人，%

年份	年末从业人员	第一产业		第二产业		第三产业	
		从业人员	比重（%）	从业人员	比重（%）	从业人员	比重（%）
1978	223.73	187.82	83.95	18.11	8.09	17.80	7.96
1980	233.59	195.43	83.66	18.97	8.12	19.19	8.22

续表

年份	年末从业人员	第一产业		第二产业		第三产业	
		从业人员	比重（%）	从业人员	比重（%）	从业人员	比重（%）
1985	289.49	223.00	77.03	32.87	11.35	33.62	11.61
1990	340.50	257.14	75.52	40.70	11.95	42.66	12.53
1995	410.16	251.70	61.37	59.38	14.48	99.08	24.16
1998	423.68	255.05	60.20	52.58	12.41	116.05	27.39
1999	416.09	250.50	60.20	54.44	13.08	111.15	26.71
2000	413.59	228.46	55.24	62.82	15.19	122.31	29.57
2001	418.31	228.08	54.52	57.19	13.67	133.04	31.80
2002	416.60	214.14	51.40	60.65	14.56	141.81	34.04
2003	419.55	216.82	51.68	69.93	16.67	132.80	31.65
2004	422.65	218.68	51.74	81.20	19.21	122.76	29.05
2005	429.60	218.45	50.85	94.05	21.89	117.10	27.26
2006	435.40	205.30	47.15	107.10	24.60	123.00	28.25
2007	441.45	200.08	45.32	116.74	26.44	124.63	28.23
2008	449.67	194.30	43.21	129.57	28.81	125.80	27.98
2009	458.02	191.88	41.89	137.41	30.00	128.73	28.11
2010	480.15	195.26	40.67	148.23	30.87	136.66	28.46

说明：数据来源于《赣州市统计年鉴2011》，其中各次产业从业人员比重根据原始数据计算而得，计算公式为：比重＝各次产业从业人员/年末从业人员。

通过对表14-4的分析可以看出，1987~2010年赣州市劳动力结构指标的变动。第一产业从业人数占总从业人数的比重整体上保持下降的态势，第二产业和第三产业从业人数占总从业人数的比重整体上保持上升的态势。改革开放的初期，赣州市第一产业从业人数占总从业人数的比重高达83.95%，也就是说当时赣州市的劳动力结构是农业占绝对主导的格局，第二、第三产业极不发达。经过改革开放30多年的发展，赣州市的劳动力结构发生了重大的变化，第一产业从业人数占总从业人数的比重下降，第二、第三产业从业人数的比重上升，到2010年赣州市三大产业从业人数的比重分别为40.67%、30.87%、28.46%，虽然第一产业的从业人数占比仍然最大，但是第二、第三产业的从业人数比重也上升到与第一产业比重比较接近的程度，表明赣州市三大产业结构日趋均衡发展（见图 14 - 2）。

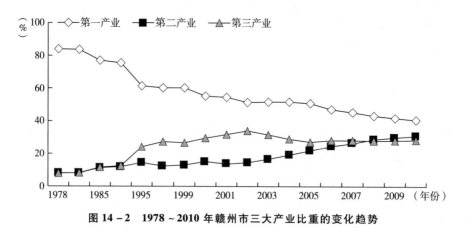

图 14 - 2 1978 ~ 2010 年赣州市三大产业比重的变化趋势

通过以上方法的计算，我们对照配第 - 克拉克定理判断赣州市工业化大致处于第三阶段。

（三）产业结构指标

根据《赣州市统计年鉴2011》，赣州市产业结构指标原始数据如表 14 - 5。

表 14 - 5 1978 ~ 2010 年赣州市产业结构指标

单位:%

年　份	第一产业比重	第二产业比重	第三产业比重
1978	61.1	24.8	14.1
1980	61.3	23.7	15.0
1985	54.3	26.9	18.8
1990	48.8	26.9	24.3
1995	44.3	30.2	25.5
1998	38.7	28.3	33.0
1999	36.7	28.6	34.7
2000	34.6	29.4	36.0
2001	33.2	29.5	37.3
2002	31.5	30.2	38.3
2003	29.4	32.1	38.5

续表

年　份	第一产业比重	第二产业比重	第三产业比重
2004	28.9	32.2	38.9
2005	25.8	36.4	37.8
2006	23.3	38.9	37.8
2007	21.8	41.0	37.2
2008	20.6	42.7	36.7
2009	20.8	42.3	36.9
2010	18.9	44.4	36.7

资料来源:《赣州市统计年鉴 2011》。

通过表 14 - 5，我们可以看出，在改革开放初期，以 1978 年为例，赣州市的三大产业比重分别为 61.1%、24.8%、14.1%，是典型的农业占主导的经济发展情况，第二、第三产业所占比重之和都没有第一产业的大。然而随着改革开放的推进，赣州市的产业结构发生了重大的变化，第一产业的比重总体上处于下降的态势，第二、第三产业的比重则保持了上升的态势。我们以 2010 年的数据为例，2010 年赣州市的三大产业比重分别为 18.9%、44.4%、36.7%。其中，第一产业不断下降，降到 20% 以下，而第二、第三产业则不断上升，第二产业的比重上升幅度大于第三产业的比重上升幅度，而且工业所占比重取代第一产业的传统优势，处于主导地位。图 14 - 3 非常形象地表现出赣州市改革开放 30 多年三大产业经济结构的变化。

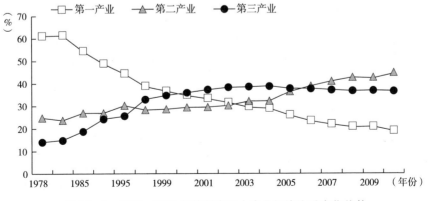

图 14 - 3　1978 ~ 2010 年赣州市三大产业经济比重变化趋势

根据美国经济学家 S. 库兹涅茨的观点，结合我们以上的分析，我们可以判断赣州市工业化刚刚进入中期阶段。

第四节 赣州市经济发展阶段核心特征描述

据以上三种方法的综合研究，我们可以判断赣州市工业化处于中期偏前阶段，这个阶段的核心特征如下。

一 "二三一"产业格局近期没有根本改变

赣州市的"二三一"产业格局在十年乃至更长时间内，不会发生根本性改变。产业格局的变化不是一蹴而就的，所以赣州市的产业经济发展格局在近期不会发生质的变化。赣州市在制定经济发展规划的时候应该清楚地认识到这一现状，要实事求是地根据自身特点来制定合理的发展规划，以便更好更快地促进赣州市产业格局的调整，缩短赣州市向更高经济发展阶段迈进的时间，使赣州实现赶超式的发展。

二 工业是推动赣州市经济社会发展的主要动力

结构调整在推动工业发展、加速经济增长方面起核心作用。在工业化的不同时期，结构调整的范围和特点不同。一般来讲，人均收入超过 1000 美元，就标志着进入工业化的加速发展时期。工业化加速发展时期，结构调整最频繁，结构变动最剧烈，对经济增长的作用最有力，然而赣州人均收入尚未超过 1000 美元，这意味着工业仍然是赣州经济发展的主要动力。

在生产的诸要素中，资本和技术进步是推动经济增长的主要力量。在工业化发展的不同阶段上，不同要素对经济增长贡献的重要性不同。在工业化中期，资本投入仍然是经济增长的主角，对经济增长的贡献最大，但总的趋势是逐步下降的。而因技术进步引起的全要素生产率的提高对经济增长的贡献逐步上升，到工业化持续发展时期，它已取代资本而成为经济增长最主要的因素。通过对赣州市经济发展阶段的判断，赣州处于中期偏前阶段，因此，此阶段赣州市经济增长的主要动力仍然是资金的驱动，但是其贡献率会不断下降，而技术的贡献率会不断上升。大力发展科学技术也是今后赣州市经济发展应该注意的地方。

在各类需求中，中间需求（生产需求、投资需求）的增长是总需求增长的主角。在工业化中期，相对于国内最终消费需求和出口需求来讲，中间需求的增加是制造业迅速成长、产业链拉长的主要原因。赣州市工业经济的发展需求中，工业需求和投资需求仍是主力军。

三　现代工业与现代服务业"双轮驱动"

服务业开始加速发展，并呈现高端化发展，形成现代工业与现代服务业"双轮驱动"。通过上文的介绍，我们可以发现，到 2010 年，赣州市的产业发展格局中，第二产业和第三产业的比重分别为 44.4%、36.7%，虽然第二产业比第三产业的比重更高，但是第三产业已经取得了较快的发展，并且呈现加快发展的趋势。在今后赣州市经济发展的 20 年间，第二产业和第三产业发展将并驾齐驱，推动赣州经济的发展，形成赣州市现代工业与现代服务业"双轮驱动"的经济发展格局。

四　产业结构调整为赣州市服务业的发展提供长足动力

产业结构调整是一个自然的过程，工业积累、体量扩张以及集约化的演进，是服务业获得大发展的前提基础。就像自然界的发展规律一样，产业结构的调整也是经济发展的一个规律。我们的服务业要取得长足的发展，工业的快速发展是前提，工业的高速发展为服务业的发展提供了保障的基石。要促进赣州市现代服务业的快速发展，积极地推动赣州市产业结构调整势在必行，通过产业结构调整，为赣州市服务业的发展提供长足的动力。

五　大力发展具有赣州市特色的服务业

赣州市目前的问题不是要不要发展服务业的问题，而是应该如何发展，重点发展什么服务业的问题。应该在加速工业、产业发展的同时，发展与工业、产业配套的具有核心竞争力，也具有赣州特色的服务业。虽然赣州市经济发展中，工业仍然占据着主导的地位，工业对经济发展的贡献最大，但是赣州市的第三产业也取得了快速的发展。要促进赣州市经济又好又快的发展，向更高经济水平的发展，大力发展具有赣州市特色的服务业很有必要。

第十五章 赣州市现代服务业发展预测

根据《国务院关于支持赣南等原中央苏区振兴发展的若干意见》的要求，到 2015 年，赣南等原中央苏区在解决突出的民生问题和制约发展的薄弱环节方面取得突破性进展。尽快完成赣州市农村安全饮水、农村危旧土坯房改造、农村电网改造升级、农村中小学薄弱学校改造等任务；基础设施建设取得重大进展，特色优势产业集群进一步壮大，城镇化率大幅提升，生态建设和环境保护取得显著成效；经济保持平稳较快发展；城乡居民收入增长与经济发展同步，基本公共服务水平接近或达到中西部地区平均水平。

到 2020 年，赣南等原中央苏区整体实现跨越式发展。现代综合交通运输体系和能源保障体系基本形成；现代产业体系基本建立，工业化、城镇化水平进一步提高；综合经济实力显著增强，人均主要经济指标与全国平均水平的差距明显缩小；人民生活水平和质量进一步提升，基本公共服务水平接近或达到全国平均水平，与全国同步实现全面建设小康社会目标。

加快发展现代服务业，增强城市综合服务功能和城区综合实力，对于调整城市经济结构、提升城市功能、增加就业、构建社会主义和谐社会、实现小康社会的目标都具有十分重要的意义。为科学制定赣州市现代服务业发展规划，需要对国民生产总值、现代服务业产值及未来发展趋势进行预测，预测主要涉及时间序列相关理论及方法，数据来源主要是赣州市历年统计年鉴。本章首先简要介绍时间序列预测理论及方法，然后对相关指标进行预测。

第一节 时间序列预测理论及方法

时间序列预测方法是将预测目标的历史数据按照时间的顺序排列成为时间序列，然后分析它随时间的变化趋势，并建立数学模型进行外推的定量预测方法。这类方法以连贯性原理为依据，以假设事物过去和现在的发展变化趋向会继续延续到未来为前提条件。[①] 它撇开对事物发展变化的因果关系的具体分析，直接从时间序列统计数据中找出反映事物发展的演变规律，从而预测目标的未来发展趋势。

时间序列预测技术在国外早已有应用，国内在 20 世纪 60 年代就应用于水文预测研究。到 70 年代，随着电子计算机技术的发展，气象、地震等方面也已广泛应用时间序列的预测方法。目前时间序列预测技术已被广泛地应用于经济指标分析中。

时间序列预测技术可分为随机型和确定型两大类，随机型时间序列预测技术使用了概率的方法，而确定型时间序列预测技术则使用非概率的方法。本节简要介绍确定型时间序列预测理论。

一 时间序列与时间序列模型

变量随时间变化，按等时间间隔所取得的观测值序列，称时间序列。表示为 Y：$\{y_1, y_2, \cdots, y_n\}$。

时间间隔可以是一年、一月、一天、一小时等。时间序列取值有两种方式。

（1）y_t 取观测时间点处的瞬时值，如某城市每日中午的气温值，仓库月末的存储量。

（2）y_t 取相邻时间点期间的累积值，如每年工农业总产值，某商场月销售额。

上述时间序列取值有一个特点，即离散型时间序列。当然也有连续型

[①] 王燕：《应用时间序列分析》，中国人民大学出版社，2008，第 70～75 页。

时间序列，如心电图、工业供电仪表记录结果，这里只讨论离散型时间序列。

时间序列通常含有四种成分。

（1）长期趋势（Long Term Trend），T。描述序列中长期运动趋势。

（2）循环分量（Cyclical Component），C。描述序列中不同幅度的扩张与收缩，且时间间隔不同的循环变动。经济问题中常指一年以上的起伏变化。

（3）季节分量（Seasonal Component），S。描述序列中一定周期的重复变动，周期常为一年、一季、一周等。

（4）不规则分量（Irregular Component），I。描述随机因素引起的变动，常带有偶然性。由于各种因素引起变化相互抑制抵消，变动幅度常较小。

经典的时间序列模型有两种[①]：

（1）加法模型：$Y = T + S + C + I$

（2）乘法模型：$Y = T \times S \times C \times I$

对于一个时间序列，采用哪种模型分析，取决于各成分之间关系。一般来讲，若4种成分是相互独立的用加法模型，若相互有关联用乘法模型。对于社会经济问题主要使用乘法模型。下面介绍对时间序列的分解。

二　序列的平滑和移动平均法

平滑是研究时间序列的一个基本方法，用它来平抑或削弱时间序列中的波动变化，从而获得序列变化趋势的信息。

平滑一组数据常用的方法为移动平均法。其基本思想是，每次取一定数量周期的数据平均，按时间顺序逐次推进。每推进一个周期时，舍去前一个周期的数据，增加一个新周期的数据，再进行平均。即求原序列的一个 k 项平均数序列。

$$\frac{y_t + y_{t+1} + \cdots + y_{t+k-1}}{k}, \ t = 1, \ 2, \ \cdots, \ T - k + 1$$

[①]　克莱尔：《时间序列分析及应用：R 语言》，机械工业出版社，2011，第 102 ~ 115 页。

如 3 项平均，5 项平均等。这样用 k 项平均数组成的新序列抑制和削弱了原序列中的波动性。这可以从下面一个例子中很好地反映出来。

某公司 1967 年至 1981 年各年利润如表 15-1 所示，并对其做 5 项平均。

表15-1 时间序列平滑

年	利润（Y）	平均值	5 项移动平均
1967	2		
1968	4		
1969	5	5.2	$= \dfrac{2+4+5+7+8}{5}$
1970	7	6.0	$= \dfrac{4+5+7+8+6}{5}$
1971	8	6.8	
1972	6	8.0	
1973	8	9.2	
1974	11	10.4	
1975	13	11.4	
1976	14	12.6	
1977	11	14.0	
1978	14	15.4	
1979	18	17.2	
1980	20		
1981	23		

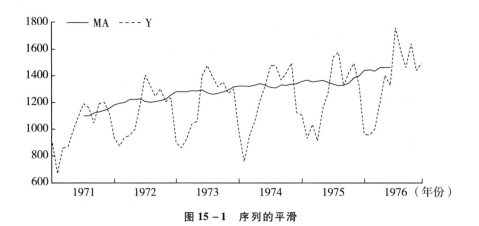

图 15-1 序列的平滑

k 值越大平滑的效果越好，但损失掉的项数 $(k-1)$ 也越大，所以要在保持足够的数据与消除波动之间做出选择，一般取 k 与循环波动周期相一致，这样可有效地抑制循环变化。

当 k 为偶数时，如 12 个月平均、4 项平均等，则算出的平均数只能对应在中心两项之间，这样很不方便，于是每两项再平均一次称作"中心化移动平均"（Centered Moving Average）。

当 k 为偶数时，目前移动平均的最新计算公式是：

$$MA_t = \frac{0.5 \times Y_{t-2} + Y_{t-1} + Y_t + Y_{t+1} + 0.5 \times Y_{t+2}}{4}, \quad （用于季节数据）$$

$$MA_t = \frac{0.5 \times Y_{t-6} + Y_{t-5} + Y_{t-4} + Y_{t-3} + Y_{t-2} + Y_{t-1} +}{12}$$

$$\frac{Y_t + Y_{t+1} + Y_{t+2} + Y_{t+3} + Y_{t+4} + Y_{t+5} + 0.5 \times Y_{t+6}}{12}, \quad （用于月度数据）$$

序列平滑只是部分消除 S、C、I 变动，不一定是全部。移动平均 MA 一般是 T 和 C 分量的乘积。

$$MA = TC$$

三　时间序列组成因素的分解

（一）趋势分量

求出移动平均序列，即 TC，下一步确定趋势分量 T（Trend）。在求趋势 T 之前，首先要观察趋势特征。这可以通过对原时间序列 Y 或移动平均序列 TC 的观察，而获得初步信息。趋势可分为线性和非线性两种。以线性趋势为例介绍趋势分量 T 的求法。用移动平均 TC 对时间 t 回归，模型是：

$$TC = \beta_0 + \beta_1 t + u。$$

则 TC 的拟合值 $\hat{TC}$ 就是趋势分量 T。

$$TC = \hat{\beta_0} + \hat{\beta_1} t + \hat{u} = \hat{TC} + \hat{u}$$

其中

$$T = \hat{TC} = \hat{\beta_0} + \hat{\beta_1} t$$

根据实际情况，也可以用非线性回归求趋势。在非线性趋势中有一种可用 Gompertz 曲线描述，其形式是：

$$Y = b_0 b_1^{\,b_2^{x_t}} \qquad (0 < b_1 < 1,\ 0 < b_2 < 1)$$

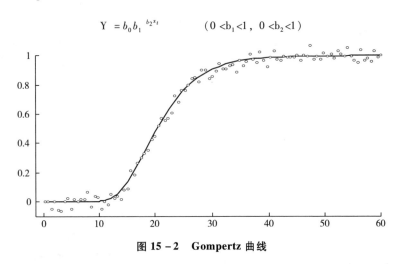

图 15 - 2　Gompertz 曲线

一项新技术或一种新产品的推广过程都属于这种类型。当 b_0 事先已知时（根据实际问题可以预估），上式可变换为，

$$Y/\,b_0 = b_1^{\,b_2^{x_t}},$$

$Ln\,(Y/\,b_0) = b_2^{\,x_t}\,Ln\,b_1$（把 Gompertz 曲线画在半对数格纸上就是指数曲线）

$Ln\,(Ln\,(Y/\,b_0)) = x_t\,Lnb_2 + Ln\,(Ln\,(b_1))$，$(Ln\,(Ln\,(Y/\,b_0))$ 与 x_t 是线性关系。

除了上述线性和 Gompertz 方法求趋势外，还可以用虚拟变量方法、指数模型、对数模型、抛物线模型、滞后变量模型、分布滞后模型、差分模型以及广义差分模型进行趋势预测[①]。

（二）循环分量（C）

用移动平均法平滑序列，所得结果为趋势循环分量 TC。用回归法求出趋势分量 T，用 T 除以 TC 得循环分量 C。

$$C = \frac{TC}{T}$$

---

① Ruey S. T.：《金融时间序列分析》，人民邮电出版社，2009，第 210～225 页。

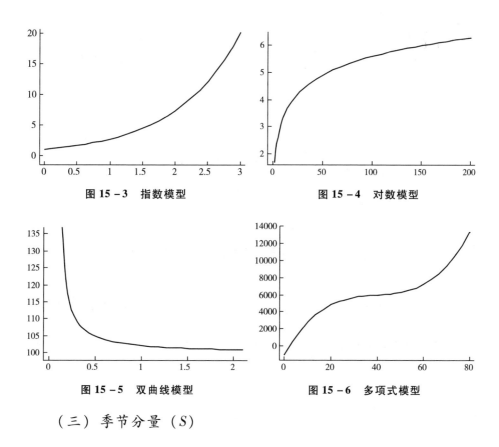

图 15 - 3　指数模型　　　　　　　　图 15 - 4　对数模型

图 15 - 5　双曲线模型　　　　　　　图 15 - 6　多项式模型

（三）季节分量（S）

在时间序列中含有季节分量是很常见的，如四季气候变化引起人们社会经济生活的一定变动，风俗习惯也呈现季节性变动（如春节期间肉销量大增）。季节分量常用季节指数（Seasoned index）表示，例如：$S = 1.04$ 表示由季节因素影响，时间序列值 Y 约高出平均值4%，$S = 0.93$，序列值低于平均值7%。求季节性指数可分三步进行。

（1）用移动平均法平滑序列，所得结果为趋势循环分量 TC。

（2）用趋势循环分量 TC 除序列值 Y，得季节不规则分量，$Y / TC = SI$。

（3）用 SI 分量相同期的全部值求平均数，有时也可以用这些全部值的中位数（这样可以避免极端不规则值的影响）作为季节因子 S 的初步值。由于季节因子必须在一年内求得平衡，所以乘法模型中的季节因子的平均值应改为1。因为季节因子 S 的初步值的平均值通常不能保证为1，所以需要做最后调整。

季节分量（季节因子、季节指数）序列常用来评价一个具体时期与平均水平的差别。例如，第 3 季度季节因子 1.78 的含义是第 3 季度的值平均高出年平均水平 78%。

（四）不规则分量

不规则分量求法：用 S 除以 SI，可求出 I。

$$I = \frac{SI}{S}$$

第二节　赣州市现代服务业发展预测

一　对 2015 年赣州市服务业占 GDP 比重和增长速度的预测

通过查找数据和比较分析，赣州市 GDP 和服务业产值处于赣南地区的领先水平。

（一）赣州市地区生产总值回归预测分析

表 15 – 2　赣州市地区生产总值和服务业产值

单位：亿元

年　份	地区生产总值	服务业产值
2001	290.34	108.3
2002	321.82	123.16
2003	366.39	141.02
2004	426.23	165.74
2005	500.11	188.93
2006	582.73	220.56
2007	701.97	261.38
2008	840.85	308.56
2009	940.63	347.32
2010	1119.74	411.14

资料来源：《赣州统计年鉴 2011》。

表 15 - 2 是赣州市地区生产总值和服务业产值。通过时间序列趋势图可以发现，地区生产总值的长期趋势并非直线变动（见图 15 - 8）。根据时间序列数据的特性，将地区生产总值取自然对数，其变动趋势接近于直线（见图 15 - 7）。

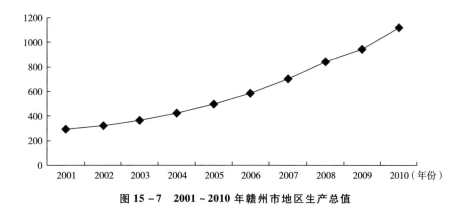

图 15 - 7　2001 ~ 2010 年赣州市地区生产总值

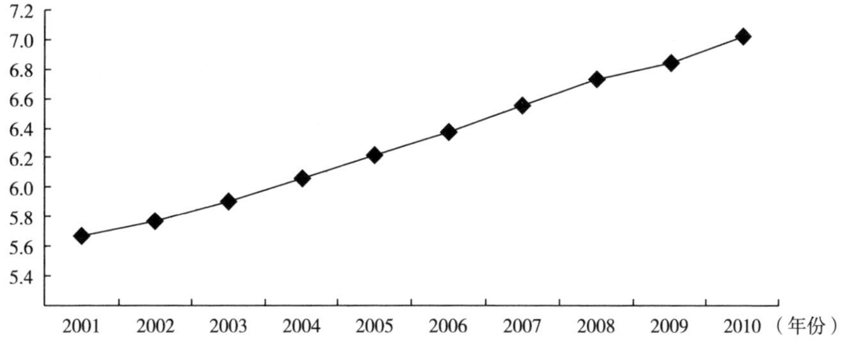

图 15 - 8　2001 ~ 2010 年赣州市地区生产总值的自然对数

设定赣州市地区生产总值与时间变量之间的模型为 $lny = b \times year + c$，通过 sas 软件的分析，计算出回归模型：

$$ln\hat{y} = 5.466 + 0.154 \times year$$

整理得：

$$\hat{y} = 236.512 \times (1.166)^{year} \tag{1}$$

计算得出 2011 年赣州市地区生产总值预测值约为 1286.91 亿元，考虑到其他因素的影响，并与赣州市 2011 年的实际地区生产总值（1330 亿元）相比较，表明预测结果比较满意，同时给予 1% 左右的修正（上调 0.6%），得到 2011 年赣州市地区生产总值预测值为 1330 亿元左右。

（二）赣州市第三产业产值回归预测分析

通过时间序列趋势图可以发现，服务业产值的长期趋势并非直线变动（见图 15 - 9）。同理，根据时间序列数据的特性，将服务业产值取自然对数，从而其变动趋势接近于直线（见图 15 - 10）。

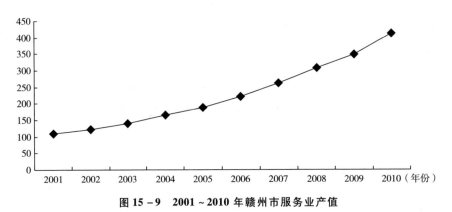

图 15 - 9   2001 ~ 2010 年赣州市服务业产值

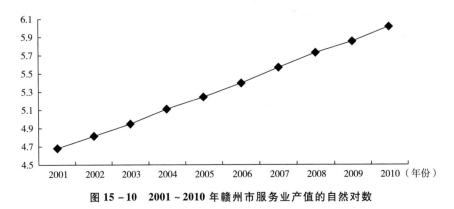

图 15 - 10   2001 ~ 2010 年赣州市服务业产值的自然对数

设定赣州市第三产业产值与时间变量之间的模型为 $lny = b \times year + c$，通过 sas 软件的分析，计算出回归模型：

$$ln\hat{y} = 4.513 + 0.148 \times year$$

整理得：

$$\hat{y} = 91.195 \times (1.159)^{year} \qquad (2)$$

计算得出 2011 年赣州市服务业产值预测值约为 464.52 亿元。

（三）赣州市 2011 年服务业发展目标的测算

通过式（1）与式（2）的预测，2011 年赣州市服务业占比为 37% 左右，2010 年之前的年份也一直保持着 36% 左右的比重。按照赣州市"十二五"规划纲要制定的目标"三大产业结构比调整为 10∶51∶39"，"到 2015 年全市生产总值达到 2500 亿元"，服务业占比需要调整到 40% 左右，即达到 975 亿元。

2010 年赣州市服务业产值为 411.14 亿元，设定服务业年均增长速度为 v，由 $411.14 \times (1 + v)^5 \geqslant 975$，得 $v \geqslant 0.189$，即年均增长速度要达到 19% 左右。

二 对 2015～2020 年赣州市服务业占 GDP 比重和增长速度的预测

（一）2015 年赣州市服务业发展目标的预测

从图 15-11 中可以看出，服务业比重在 2004 年达到近 39% 的高点之后有所下降，原因在于"十五""十一五"期间工业的快速提升和服务业的稳步发展，使得服务业所占 GDP 的比重有不同程度的波动，详细数据见表 15-3。

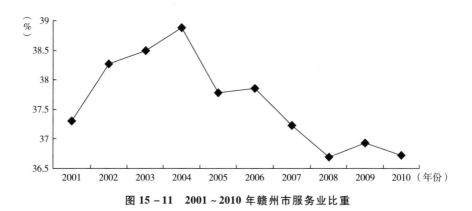

图 15-11 2001～2010 年赣州市服务业比重

表 15 - 3　赣州市三次产业增加值及三次产业结构比例

单位：亿元

年　份	GDP	第一产业增加值	第二产业增加值	第三产业增加值	三次产业结构比例
2001	282.77	92.66	85.48	104.63	32.8：30.2：37.0
2002	308.04	96.29	95.71	116.04	31.2：31.1：37.7
2003	344.82	101.61	112.73	130.48	29.5：32.7：37.8
2004	398.01	114.00	132.79	151.22	28.6：33.4：38.0
2005	500.31	129.48	175.81	195.02	25.9：35.1：39.0
2006	582.34	134.84	226.83	220.67	23.2：38.9：37.9
2007	701.68	153.51	287.05	261.12	21.8：41.0：37.2
2008	834.77	172.96	359.25	302.56	20.7：43.0：36.3
2009	940.02	195.25	398.07	346.71	20.8：42.3：36.9
2010	1119.47	211.89	496.70	410.88	18.9：44.4：36.7

资料来源：《赣州统计年鉴 2011》。

利用式（1）和式（2）的预测，赣州市 2015 年生产总值将达到 2400 亿元，服务业产值将达到 850 亿元，这是按照当前的增长速度预测的数据，相比"十二五"规划目标的生产总值 2500 亿元，服务业比重 39%（975 亿元）显然是偏低的。因此，按照目前服务业与工业的增长速度来看，要在 2015 年使服务业占比达到 40% 左右，在"十二五"期间必须通过一系列措施对服务业占比进行调整。

（二）2016 年赣州市服务业发展目标的预测

利用式（1）和式（2）的预测，赣州市 2016 年生产总值将达到 2780 亿元，服务业产值将达到 975 亿元。根据"十二五"规划纲要调整的 2015 年目标来看，这个数据是偏低的。根据年增长率预测，并考虑 1% 左右的修正，2016 年赣州市生产总值预期目标为 2900 亿元，服务业产值将达到 1150 亿元。

（三）2020 年赣州市服务业发展目标的预测

按照上述预测，2011 ~ 2015 年的高速增长使得赣州市生产总值和服务业总量增长很快，基数变大，2016~2020 年增长速度将略低，但在较大基数基础上的增长，其增长总量是很大的，符合赣州实际情况。在 2015 年预测的基础上，生产总值的平均增长率将保持在 16% 左右，而服务业增长率将保持在 19% 左右，因而可得：

$$2500 \times (1 + 16\%)^5 = 5250$$
$$975 \times (1 + 19\%)^5 = 2326$$
$$2326 \div 5250 = 44\%$$

2020 年赣州市预期生产总值和服务业产值分别为 5250 亿元和 2326 亿元，服务业占比将达到 44%。

第十六章 赣州市现代服务业发展现状研究

第一节 发展基础

一 服务业总量规模不断扩大

近年来，赣州市不断完善现代服务业发展机制，现代服务业逐渐发展壮大，总量持续增长，在全市经济和第三产业中的地位日益增强。2010 年，全市服务业增加值为 411.14 亿元，是 2005 年的 2.1 倍，占 GDP 的比重达 36.7%，比全省平均水平高出 4.5 个百分点。服务业对经济增长的年贡献率达 42%，三大产业结构比为 18.9：44.4：36.7，来自服务业的地税收入占全市地税总收入的 49.35%。全市现代服务业实现增加值 223 亿元，占第三产业的比重达到了 54%，比 2005 年提高了近 6 个百分点（见表 16 - 1、图 16 - 1 和图 16 - 2）。

表 16 - 1 2005 ~ 2010 年赣州市三次产业增加值及三次产业结构比例

年 份	GDP （亿元）	第一产业 增加值（亿元）	第二产业 增加值（亿元）	第三产业 增加值（亿元）	三次产业 结构比例
2005	500.31	129.48	175.81	195.02	25.9：35.1：39.0
2006	582.34	134.84	226.83	220.67	23.2：38.9：37.9
2007	701.68	153.51	287.05	261.12	21.8：41.0：37.2
2008	834.77	172.96	359.25	302.56	20.7：43.0：36.3
2009	940.02	195.25	398.07	346.71	20.8：42.3：36.9
2010	1119.74	211.89	496.70	411.14	18.9：44.4：36.7

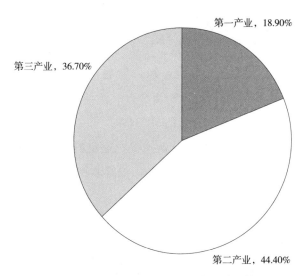

图 16 - 1　2010 年赣州市三次产业的结构

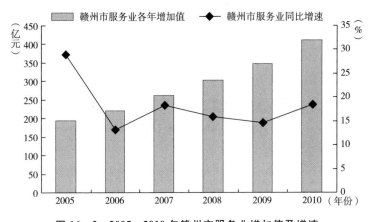

图 16 - 2　2005～2010 年赣州市服务业增加值及增速

从图 16 - 2 中可见，自 2005 年以来，赣州市服务业增加值逐年增长，节奏平稳。

二　服务业结构逐渐优化完善

传统服务业继续稳定发展。2010 年交通运输仓储邮政业、批发零售餐饮业比上年同比增长 17.6 个百分点和 12.9 个百分点。随着赣州作为赣、粤、闽、湘四省通衢区域性现代化中心城市的地位提升，传统服务业发展空间还将扩大。

新兴行业加快发展。信息传输、计算机服务和软件业，房地产业，公共管理和社会组织，教育，金融业加快发展，2010年同比增长4.0个、3.0个、25.8个、17.3个、35.3个百分点。新兴行业在服务业中的占比由2000年的36.45%上升到2010年的50.34%。

以服务业相关行业为主体，旅游业等产业集群经济规模逐步扩大。旅游业是服务业稳步发展的助推器。2010年旅游产业实现增加值96.37亿元，在服务业中所占比重达到23.44%。

随着赣州产业承接和工业升级进程的推进，以钨、稀土以及脐橙等优势主导产业为主的生产性服务业规模不断扩大，特别是产品检验检测、咨询评估等服务业得到快速发展，涌现出像国家钨与稀土产品质量监督检验中心、江西省钨和稀土工程研究中心、江西省脐橙工程技术研究中心等一批在全国范围内具有竞争优势的服务机构。

三 服务业从业人员逐渐增加

2010年赣州社会从业人员达480.15万人，分布在服务业的从业人员有136.66万人。现代服务业吸纳就业的比例稳中有升，服务业从业人员在三次产业从业人员中的占比最近几年基本保持在28%左右（见图16-3）。

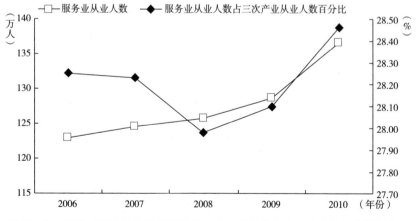

图16-3 2006~2010年赣州市服务业从业人数及其占三次产业从业人数百分比

四 服务业投入力度不断加强

随着投资规模的不断扩大，投向服务业的投资量持续加大，20 世纪 90 年代以来占全社会固定资产投资的比重稳定保持在 50% 以上（1990 年约为 61%，2009 年约为 53.52%，2010 年为 51.1%），尤其是对交通运输业等基础产业投资的突破性增长，为赣州服务业的进一步发展打下了稳定的物质基础。近年来，赣州服务业固定资产投资呈高位增长，2006～2010 年服务业全市新增固定资产投资分别为 114.03 亿元、147.33 亿元、184.68 亿元、286.81 亿元、351.69 亿元，每年以两位数的增速增长。2006～2010 年五年服务业累计投资 1084.54 亿元，大大增强了服务业的发展后劲。

"十一五"期间，全市 221 个重点工程项目中，服务业重点项目（含基础设施和社会事业）达 109 个，占项目总数的 49.3%。相关工业园区、产业园区的建成完善，也为赣州现代服务业的发展奠定了坚实的产业基础。

此外，赣州服务业发展的广阔前景，也吸引了更多的外资进入，服务业吸收外商投资的领域拓宽，规模扩大，水平提高。外商投资由餐饮业、旅馆业等行业逐步扩大到房地产、城市基础设施、商业零售、金融、教育、文化、医疗等领域。服务业吸收外资比重逐年增加，成为外商在赣州投资的热点之一。

五 服务业发展环境不断改善

近几年，赣州市新赣州机场、赣南大道、高校园区、赣州大桥、飞龙岛大桥等赣州服务业领域一批项目的建设和使用，大大增强了服务功能，明显缓解了电信、道路交通等基础设施的瓶颈制约；完成了宝葫芦农庄、外滩 1 号娱乐城、通天岩景区、老城区复原工程、妈祖岩景区、五龙客家风情园、杨仙岭景区、峰山景区、粮油大市场等一批城市形象工程，环保、城市绿化成绩显著，市容市貌明显改观；商业餐饮业、旅游业和社会服务业等行业快速发展，进一步完善了中心城区的政治中心、文化中心和物资集散中心的功能；教育、文化娱乐、医疗保健和体育健身等服务性消费的比重不断增加，市民的出行、居住和消费环境进一步改善，生活质量不断提高。

第二节　有利条件

一　国际和国内产业的转移为现代服务业发展带来机遇

长期以来，国际产业转移主要发生在制造业领域，但其内涵发生着不断变化。从资源密集度来看，产业转移从早期的劳动密集型产业，逐步过渡到资本密集型产业，再到技术、知识密集型产业；从附加值来看，由低附加值产业（如纺织业）发展到高附加值产业（如集成电路制造业）。改革开放以来，我国的产业结构升级大体经历了四个阶段：从劳动密集型的纺织化纤业，到资本密集型的钢铁、造船、化炼行业，再到兼具资本、技术密集型的汽车、机械、电器制造业，直到目前的技术密集型的微电子和信息技术制造业。一直以来，外商直接投资是我国接收国际产业转移的最主要方式。与我国经济发展的不平衡状况相对应，我国吸收国际产业转移也主要集中在东部沿海地区，特别是长江三角洲地区、珠江三角洲地区和环渤海经济区，幅员辽阔的中西部地区只占外商直接投资的 15% 左右。这一发展状况客观上形成了东西部的产业梯度差，并给我国东西部的进一步产业升级带来了机会。

国际范围的服务业转移已成为新一轮全球产业调整和布局的主要趋势，全球产业转移正在从高成本的成熟市场向低成本的新兴国家转移，从低附加值的劳动密集型制造业向高附加值的研发、服务、采购等领域纵深推进。这为赣州承接国际服务业转移，提升现代服务业发展水平带来难得的机遇。赣州地处广州、深圳、南昌、长沙和厦门五大城市的几何中心位置，区位优势明显，使赣州的现代服务业便于在更广的范围内参与国际和国内分工，加强与区域内兄弟城市的资源整合和协作，更好承接广州等大都市的资金、技术、人才和信息辐射，尤其是研发、服务外包等方面的辐射，从而扩大赣州现代服务业的发展空间。

二　国家宏观政策环境为现代服务业的发展带来机遇

国家把发展现代服务业提高到发展战略的高度，并提出了"十二五"期间"发展提速、比重提高、水平提升"的要求，研究编制了《"十二五"现代服务业发展规划》，"十二五"规划纲要明确提出，"把推动服务业大发展作为产业结构优化升级的战略重点"，要深刻理解加快发展服务业对转方式、调结构的重要战略意义。要适应产业结构优化升级新要求，无论是改造提升传统产业，还是发展战略性新兴产业，都离不开生产性服务业的提升。要以人为本，关注民生，满足人民群众提高生活水平的新期待。要立足科学发展，提高国际竞争力，开创服务业大发展的新局面，全力推进我国服务业现代化进程。市委、市政府近几年先后出台了一系列发展现代服务业的政策措施，努力把现代服务业培育成国民经济新的增长点。全市上下形成了一种浓厚的发展氛围，为现代服务业的发展提供了强有力的保障，为赣州现代服务业加快发展指明了方向、夯实了基础、优化了环境。

三　城镇化和工业化的推进拓展现代服务业发展空间

加快城市化进程，切实通过工业对农业的"反哺"、城市对农村的"反哺"，缩小城乡差别，缩小农民与市民之间的差别。在现代工业社会，城市是服务业发展的主要平台，服务业的规模和结构在很大程度上取决于城市水平和城市规模。"十二五"期间，赣州将加快赣县、南康、上犹融入中心城区进程，扩张城市功能，提升城市量级，加快建设成为面积达100平方公里、城市人口达100万人以上的特大城市。随着新型城镇化战略的实施，赣州的城镇化率每年将提高大约1个百分点，到2015年达到50％左右。服务业的消费群体将持续扩大，文化、教育、卫生、体育、保健、休闲、法律顾问等一些新兴的服务产业将渗透到城市居民家庭和个人的生活之中，而新的消费热点又会带动一系列服务业的发展。钨与稀土、氟盐化工、新能源新材料等主导产业向产业集群的转型，企业服务外包意识的不断增强，对物流、研发、金融、商务、信息等生产性服务业的需求将不断增长。另外，新型工业化、新型城镇化、农业与农村现代化和发展生态化战略的推进，居民收入水平的提高，消费层次的提升，消费结构的转换，将为现代服务业发展带来巨大潜力和广阔的市场空间。

四　区位优势为现代服务业的发展提供了坚实的基础

从交通条件看，赣州境内依托京九铁路、赣龙铁路、赣州机场、大广高速、厦蓉高速、泉南高速、赣州绕城高速等交通设施，形成了便捷的对外交通网络，加之完善的金融服务、海关、商检、铁海联运、口岸服务等设施，四省通衢的地位进一步凸显。赣州基础条件优势明显，服务业产业集聚程度明显提高，城市规模及承载力、扩张力、辐射力在周边四省九市中具有比较优势。2010 年，赣州市服务业经济总量在赣、粤、闽、湘边际九市中位居第一（见表 16 - 2、图 16 - 4 和表 16 - 3）。

表 16 - 2　2010 年赣州与周边地市服务业增加值比较

地市名称	增加值（亿元）	地市名称	增加值（亿元）
赣州	411.14	抚州	195.7
吉安	189	郴州	360.6
韶关	298	河源	151.71
梅州	231.43	龙岩	333.88
三明	324.89		

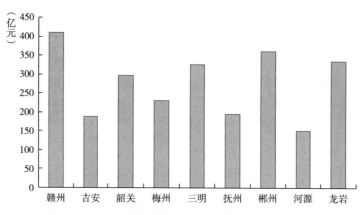

图 16 - 4　2010 年赣州与周边八市服务业增加值比较

表 16 - 3　2004～2010 年赣州与周边地市服务业增加值比较

单位：亿元

地区	吉安	抚州	韶关	梅州	河源	三明	龙岩	郴州	赣州
2004	77.04	54.09	107.09	86.75	60.01	124.51	120.93	153.1	151.22
2005	111.21	85.95	138.19	109.27	79.18	144.73	129.64	167.8	195.02

续表

地区	吉安	抚州	韶关	梅州	河源	三明	龙岩	郴州	赣州
2006	126.41	99.98	156.60	119.72	96.9	161.63	148.89	191.1	220.67
2007	135.59	115.89	179.83	142.88	109.58	190.21	176.81	220.4	261.12
2008	151.45	129.46	205.55	170.14	124.80	209.37	210.29	255.4	302.56
2009	180.05	155.9	255.90	197.61	140.52	231.88	246.01	300.6	346.71
2010	198.83	195.7	298.35	231.43	151.71	324.89	333.88	360.6	411.14

第三节 面临的挑战

"十一五"期间，赣州服务业发展稳中有升，招商引资和新兴行业培育等方面亮点纷呈，为服务业加快发展打下了扎实基础。但赣州市服务业发展基础较弱，总量不高，带动吸纳能力不强，对外辐射和集聚能力有限，与发达城市相比还有一定差距，存在不少亟待解决的问题。

一 总量不高

最近几年，赣州市服务业产值持续增长，发展势头颇好，其比重也一直保持在 37% 左右，从占比来看，赣州市服务业在经济发展中占据很重要的地位。2002 年以前，赣州市经济结构表现为"三一二"，2003～2005年，经济结构变为"三二一"，从比例结构看，赣州服务业好像实现了跨越式增长，提前进入服务经济。然而，实际的原因是，赣州的工业基础非常薄弱，经济增长长期依靠农业，服务业比重明显高于全国其他地区，但是，赣州服务业发展整体水平是很落后的。随着赣州近几年工业经济的发展，2006 年后，赣州经济结构调整为"二三一"（见图 16-5）。但是，像大多数欠发达地区一样，赣州市经济社会发展基础较差，而且经济结构相对单一，主要依靠资源创造 GDP，产业链很短，对生产性服务业依赖很弱，居民收入水平较低，消费性服务的购买力不足，加上高收入人群的购买力严重流失到外地较发达地区，因此，赣州的生产性服务业和消费性服务业都难以实现量上大幅度的增长，总体来说，服务业规模较小。

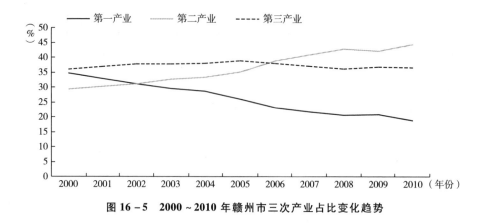

图 16 - 5　2000～2010 年赣州市三次产业占比变化趋势

　　赣州要打造特大城市，不仅要在地区 GDP、人口规模、城市面积上实现量的突破，而且在服务业占地区 GDP 比重、服务业总量以及现代服务业的结构等方面也要缩小差距。

二　结构不合理

　　首先，赣州服务业结构不合理体现在企业组织规模小，形成不了有品牌、投资主体多元化、大型集约化的企业集团，实现不了规模效益。这种情况在赣州服务业的各个行业普遍存在。

　　其次，行业结构不合理。2010 年，赣州交通运输、仓储和邮政业三大传统服务业增加值比重为 15.1%，而现代物流、金融保险、商务服务、科技信息等在中心城市高度聚集、需求潜力巨大的生产性现代服务业发展不够充分，比重明显偏低。赣州金融业实现增加值 31.02 亿元，占服务业经济的比重为 7.55%，商务服务、科技信息等服务业增加值所占比例不到 5%。

　　尽管近几年赣州服务业内部结构有所改善，新兴产业有一定的发展，但还没有成为产业增长的主体，传统产业和一般产业仍是带动服务业增长的主要力量。各项统计指标都显示，赣州服务业主要集中在商贸、餐饮、仓储、邮政等传统服务业上，传统服务业仍占主导地位，且升级改造的步伐不快。会展、软件与信息服务、咨询、科技服务等知识密集型和技术密集型的现代服务业发展不充分，服务业仍处于低层次结构水平，与厦门、杭州等国内发达城市有较大差距，与国外先进城市相比差距更大。而且，具有区域竞争力的产业优势不够突出，能在国际上"叫板"的服务业大集团、大公司几乎没有。

再次，人员结构不合理。现代服务业的发展需要各种人才，企业管理、市场服务、科技研发、技术推广、信息技术、电脑软件、电子商务、金融保险、咨询中介、综合物流等知识密集型服务行业的发展，更离不开高端人才的支撑。赣州虽然劳动资源丰富，但是缺乏高素质、高技能、有创新力的人才，特别是从事国际商贸、高级创意策划和现代科技服务的人才。赣州的高学历、高级职称人员主要集中在教育卫生、农业、机关团体、金融运作等部门，多数现代服务行业专门人才稀缺。

最后，技术结构不合理。现代服务业的发展离不开创新的技术支撑。赣州的现代服务业，如金融业、信息服务业、商务服务、文化创意、人力资源培训等行业的发展，明显缺乏应有的技术支持，尤其缺乏自主知识产权或技术核心竞争力的支撑。

三　城镇化水平偏低

城市化是服务业发展的需求基础，城市化过程诱发第三产业新行业出现，能推动传统行业的发展。城市化过程中的工业集聚促进了服务业中生产性服务业的发展。城市化过程中的人口聚集还促进了民生性服务业规模扩展，以及与劳动力配置相关的教育、科学、文化、卫生、培训、中介市场的发展。就此而言，城市化为服务业的发展提供了天然的土壤，城市化的过程就是服务业不断发展和升级的过程。2010 年赣州总人口为 836.84万人，城镇化率仅为 42.5%，低于全省城镇化率平均水平几个百分点。赣州第二产业发展迅速，在 GDP 中所占比重较大，对经济的贡献率很高，而城镇化还属于初级阶段，城镇化水平相对较低。《赣州市城市总体规划(2006~2020)》指出，力争到 2020 年，中心城市建成区面积达到 140 平方公里，规划区常住人口达到 168 万人，城镇人口达到 139 万人。虽然到2010 年赣州中心城区面积扩大至 81.2 平方公里，但与城市建设要求相比，城市规模的扩张速度较慢，与人口的聚集没有很好地衔接，限制了服务业消费市场的发育。

四　消费结构升级较慢

消费结构升级是一个十分复杂的过程，是经济水平、社会产品供给状况、居民收入状况、国家消费政策、居民消费习惯以及国家消费环境等综合经济指标的反映，受多方面条件的制约。同时，消费结构升级很难自发实现，需要有效的激发，在政策上加以引导尤其重要。因此，消费结构升级需要政府调控与市场机制共同作用。由于服务业涉及的行业门类多，而政府只在交通运输业、房地产业、旅游业等重点行业出台了一些配套政策，无法引导整个服务业的消费结构升级。2010 年赣州市虽然在全省的GDP 总量中排名第二位，但人均 GDP 只有 13377 元，与全省人均 GDP 的21170 元有很大的差距，农民人均纯收入仅有 4182 元。作为江西省南部重要的城市，赣州服务业发展的速度与工业发展的速度相比偏慢，占 GDP 的比重徘徊不前。2010 年赣州市城镇居民人均可支配收入为 14203 元，比全省 15481 元少 1278 元。在赣州居民的消费结构中，生存资料消费仍然占据了主导地位，发展资料消费和享受资料消费的比重偏低，特别是文化娱乐等方面的消费偏低。只有消费结构的升级和优化，才能进一步驱动经济的增长。

五　发展观念落后，投入相对不足

服务业是能耗低、就业量大、污染少、附加值高的产业，加快服务业发展是促进消费、扩大内需、调整经济结构的客观需要。但部分地方和部门存在轻视发展服务业的观念，认为服务业只是制造业的附属物，忽视服务业的发展，许多生产性服务业至今仍被当作工业。观念上的落后，直接导致对服务业发展的重视程度不够，服务业仍然是赣州市国民经济的薄弱环节。赣州还处于工业化加速发展阶段，相当长的时期内工业依旧保持高速增长，社会资源配置仍然向工业倾斜，客观上也会造成服务业发展相对较慢的现象。近几年，赣州市出台了一系列关于促进工业经济发展的政策措施，安排了 1600 万元工业发展专项引导资金，帮助企业争取电价扶持政策。从 2008 年起，赣州设立服务业发展引导资金，每年为 100 万元，但

2008 年以来实际用于扶持服务业项目的资金不到 30 万元。与工业相比，政府对服务业的投资太少。政府对科技含量高的信息传输服务业、科学研究服务业等投入不足，所产生的附加值低。

六　市场化程度低

改革开放的滞后导致服务业内部还存在着结构性低水平的状况。批发零售、餐饮类的生活性服务业长期占主导地位，而金融保险、物流、科技信息的生产性服务业严重落后。由于法人治理结构、执行会计准则以及财务管理等方面的缺陷，文化、体育、卫生等许多应当作为商业化经营的行业，融资能力比较差，主要依赖财政的投入，缺乏市场资源配置和自我发展的机制。当前生产性服务业的行业垄断现象较为普遍，市场准入的限制较多，竞争不充分，服务水平也不高。多数服务产品的价格仍主要由政府制定和管理，市场决定服务产品价格的机制尚未建立，市场对资源配置发挥的作用不大。

七　平台建设滞后，聚集度不高

首先，赣州市基础设施平台建设滞后，体现在两个方面。第一，赣州市服务业自身的基础设施不完善，如信息服务业、金融业、商务服务业、医疗社保业等服务行业的基础设施与发达城市相比，差距甚远。第二，为赣州市现代服务业发展提供必要保障条件的公共基础设施也有待改善，包括交通基础设施、能源基础设施、环保基础设施等。

其次，赣州市产业集聚区建设滞后。目前，赣州市服务业集聚区除部分专业市场以及赣州市总部经济集聚区正在实施之外，其他服务业集聚区尚未启动，赣州市服务业项目布局相对较小较散，服务业产业集聚度有待进一步提高。

八　对外辐射能力较弱

按照赣州市的城市定位，赣州市现代服务业的发展将来必须具有对外辐射的能力，成为赣、粤、闽、湘边际的增长极。这种辐射作用，一方面体现在就地提供服务，另一方面体现在"走出去"服务。然而，赣州市现代服务业发展不论是就地提供服务，还是异地提供服务，其辐射作用都还未显现。

就本地辐射能力而言，虽然赣州市面积达 3.94 万平方公里，2010 年末，其户籍总人口也达到 907.27 万人，但是，从目前来看，赣州市中心城区"首位度"偏低，辐射带动力不强。

第十七章　赣州市现代服务业发展顶层设计

第一节　发展思路

以科学发展观为统领，突出又好又快发展的主题，紧紧抓住赣州市纳入鄱阳湖生态经济区建设及积极申报原中央苏区振兴规划重大战略机遇，以产业结构调整和产业升级为主线，充分依托赣州市自然资源、生态资源和文化资源的基础和优势，以重大项目为抓手，以科技创新、体制机制创新为动力，积极构建"12475"现代服务业空间构架，推进"233"重点产业发展，构筑生态文明位于前列、结构优化位于前列、效能突出位于前列、布局合理位于前列的现代服务业产业体系，为建设创业、宜居、平安、生态、幸福赣州打下坚实基础。

以上指导思想的核心战略思路如下。

坚持"一个统领"。以科学发展观统领赣州市现代服务业发展全局，正确处理发展与可持续、资源开发与环境保护、产业文明与生态文明之间的关系。

策应"两大战略"。赣州市已纳入鄱阳湖生态经济区建设国家发展战略，并正积极申报原中央苏区振兴规划国家发展战略。赣州市现代服务业发展要紧紧抓住这两大国家发展战略机遇，一切服务于两大战略建设，一切支撑两大战略建设。

贯彻"两条主线"。赣州市现代服务业发展过程中，要始终贯彻"产业结构调整、产业升级"两条主线，提高产业发展质量。产业升级要求赣州市现有大量的传统服务业，通过产业升级换代，攀升至现代服务业状态；产业结构调整要求改变赣州市服务业各自为政的状态，加强资源整合，形成全市一盘棋的统筹发展格局。

依托"三种资源"。赣州市现代服务业发展要充分依托和挖掘具有核心竞争力的三种资源：以钨、稀土和脐橙为代表的自然资源，以森林覆盖率和负离子含量为代表的生态资源，以红色历史和客家文化为代表的文化资源。

构建"12475"空间布局。"1"："一核"即以赣州中心城区作为赣州市现代服务业发展的核心；"2"："两轴"指"京九沿线发展中心轴"和"赣粤闽文化旅游扩展轴"；"4"："四中心"即赣粤闽湘四省边际区域性金融中心、现代物流中心、旅游中心、商贸中心；"7"："七区"即赣粤闽湘四省边际区域性总部经济集聚区、现代商贸集聚区、现代商务服务集聚区、会展经济集聚区、文化创意产业集聚区、科技与信息服务集聚区、文化旅游集聚区；"5"："五基地"即钨稀科技服务基地、优质脐橙科技服务基地、客家文化体验基地、红色旅游休闲基地、现代物流服务基地。

推进"233"重点产业发展。"2"：两个先导产业，现代物流业、商务服务业；"3"：三个支柱产业，现代金融业、现代旅游业、现代商贸会展业；"3"：三个新兴产业，文化创意产业、信息和科技服务业、社区服务业。

力争"四个前列"。全面建设、构筑现代服务业产业体系，并力争生态文明位于前列、结构优化位于前列、效能突出位于前列、布局合理位于前列。

第二节　发展原则

一　坚持市场配置、政府调控

按照产业化、市场化、社会化的方向，充分发挥市场机制配置资源的基础性作用和企业的竞争主体作用，推进服务业的市场化、社会化进程，提升国际竞争力。加快政府职能转变，增强政府服务意识，发挥政府规划引导、资金支持和政策导向作用，创造良好的发展环境。

二 坚持重点突破、全面发展

坚持"高端、高效、高辐射力"的产业发展方向，促进现代服务与传统服务相结合、生产服务与消费服务相结合、外向服务与内向服务相结合、城区服务与郊区服务相结合，依托赣州的区位优势和产业基础，运用差异化政策推进重点产业、重点区域的发展，构建主业突出、联动互促、可持续发展的服务业体系，促进全市服务业的全面协调快速发展。图17 - 1是赣州市现代服务业体系图。

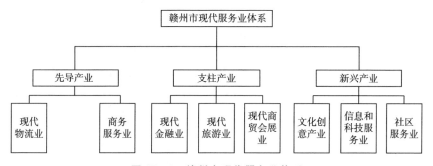

图 17 - 1 赣州市现代服务业体系

三 坚持统筹规划、各有侧重

按照"统筹协调、融合发展"的要求，在全市范围内优化配置资源，围绕自身特色和比较优势实现差异化错位发展，形成区域功能明确、产业特色鲜明、配套服务完善的服务业发展格局。坚持在一些有条件的区、市、县形成各具特色的服务业集聚区，对现代服务业的发展重点布局，逐步建立起与经济社会发展水平相吻合、与现代制造业相配套、与城市化进程相协调、与市民需求相适应的现代服务业体系，使现代服务业成为招商引资的支撑平台、先进制造业的服务平台、人民群众生活服务平台和提升城市功能的公共服务平台。经济发展相对落后的地区要坚持走新型工业化道路，加快社会主义新农村建设，重点发展服务于制造业、农业和农村经济的生产性服务业。

四　坚持改革开放、自主创新

充分发挥区位和资源优势，抓住经济全球化、产业转移的契机，不断深化体制改革，在更广领域、更深层次上参与国际分工与合作，以国际化带动服务业发展。以开放促创新，以创新促发展，加快制度创新和产业创新步伐，改善投资环境，吸引各种生产要素聚集，营造良好的外部环境与内在动力，促进资源优化配置，提高服务业发展的综合竞争力。

第三节　发展目标

一　规划期（2011～2015 年）

加快发展现代物流、商务服务等先导产业，做大做强现代金融业、现代旅游业、现代商贸会展业等支柱产业，积极培育文化创意产业、信息和科技服务业、社区服务业等新兴产业，着力构建"一核"（即以赣州市中心城区为核心，包括章贡区、赣州开发区、赣县、南康、上犹）、"二廊"（即由中心城区向南北延伸的赣粤产业走廊、向东西延伸的赣闽产业走廊）、"三圈"（即以中心城区为中心节点，瑞金和龙南两个次中心节点为核心的 3 个"半小时城市圈"）的区域发展格局，实现区域布局改善、结构优化、协调性提高，将赣州打造成赣粤闽湘四省边际的现代服务业区域性中心。

（一）总量目标

2011～2015 年，赣州市服务业发展的主要目标是：初步建立门类比较齐全、特色明显、优势突出的现代服务业体系，为逐步形成现代产业结构奠定坚实基础。2011～2013 年为服务业的增长提速期，三年内增速分别达12.4%、13.5%、15.1% 以上，到 2013 年，服务业增加值达到 655 亿元以上。2014～2015 年为服务业的发展提升期，两年内增速分别为 16.6% 和17.3%。到 2015 年，服务业增加值达到 975 亿元以上（见表 17－1）。服务业增加值年均增长 14.84%，实现 2015 年服务业增加值比 2011 年翻一番。

表 17 - 1　2011 ~ 2015 年赣州市服务业规划期总量目标

单位:%，亿元

指　标	增长提速期			发展提升期	
	2011 年	2012 年	2013 年	2014 年	2015 年
增　速	12.4	13.5	15.1	16.6	17.3
增加值	472.1	550	655.78	797.43	975.26

（二）结构目标

到 2015 年，服务业增加值占地区生产总值的比重超过 39%，为形成以服务经济为主的产业结构奠定基础。现代服务业得到快速发展，对第一产业和第二产业的支撑作用明显增强。

（三）空间发展目标

围绕建设赣粤闽湘四省边际区域性服务业中心的目标，初步形成以赣州中心城区为中心，"三圈互动"的现代服务业空间发展格局。

（四）吸纳就业目标

服务业固定资产投资（500 万元以上）项目年均增长 18%，2015 年投资额超过 800 亿元；服务业新增从业人数年均增长 8 万人，2015 年服务业吸纳就业人数达到或接近 180 万人，占全部就业人口的比重达 35% 左右，就业吸纳能力进一步增强。

二　展望期（2016 ~ 2020 年）

服务业对第一产业和第二产业的带动力显著增强，到 2020 年，形成层次合理、功能完善、特色鲜明的服务业体系，建立统一开放、公平竞争、规范有序的服务业发展市场体系，构建与国际接轨的服务业运行环境，力争使服务业增加值占地区生产总值的比重进一步提高，成为赣州市现代产业体系的核心，成功实现服务经济转型。

第十八章　赣州市现代服务业发展空间布局

第一节　战略定位与功能分区

一　战略定位

立足赣州市现有资源条件和产业基础，利用赣州市四省通衢的交通与区位优势，围绕建设创业、宜居、平安、生态、幸福赣州和赣粤闽湘四省通衢的特大型、区域性、现代化中心城市，着力打造"一核、两轴、四中心、七区、五基地"，将赣州打造成为江西省次中心城市、国家服务业示范城市、中国宜居宜业宜商城市，形成一批具有深厚影响力的平台，促进经济社会发展提速、提质、提效，努力实现发展规模、发展层次和发展水平的新跨越。

二　功能分区

（一）"一核"

"一核"即以赣州中心城区作为赣州市现代服务业发展的核心，包括章贡区、开发区、赣县、南康、上犹，其对赣州市建设成为赣粤闽湘四省通衢的特大型、区域性、现代化中心城市发挥最直接的龙头作用，具有最重要的战略地位。

以章贡区、开发区两区现代服务业的快速发展带动周边赣县、南康、上犹等地仓储基地、物资集散、物流中心、专业市场以及生态旅游、会展等经济，形成板块联动效应，从而形成稳定而高速的核心经济增长极，为全市现代服务业的发展发挥主导作用。

（二）"两轴"

"两轴"指"京九沿线发展中心轴"和"赣粤闽文化旅游扩展轴"。其中，"京九沿线发展中心轴"贯穿中心城区，承载了现代商贸、现代商务服务等核心产业的快速发展；"赣粤闽文化旅游扩展轴"以中心城区为焦点东西延伸，重点发展红色文化旅游、客家文化旅游、堪舆文化旅游、绿色生态休闲旅游等产业，成为赣州特色产业的聚集区，推动赣州经济再上新台阶。

（三）"四中心"

将赣州打造成赣粤闽湘四省边际区域性金融中心、区域性物流中心、区域性旅游中心、区域性商贸中心。

1. 区域性金融中心

以章贡区为核心发展对象，规划建设"金融商务核心区"和金融信息平台，积极整合赣州银行、赣州农业银行等本地金融资源，做大做强本地金融机构；优化金融生态，发展基金管理、金融租赁、财务管理、信托管理以及后台服务等新兴金融业态和金融产品，引进域外金融机构；探索建立稀有金属、土地使用权、林权、碳汇权等市场交易和金融结算平台，形成交易中心、结算中心；完善金融机构信贷投入激励机制，调动金融机构支持全市经济发展的积极性和主动性，搞活金融市场，从而有力构建四省通衢区域性金融中心。

2. 区域性物流中心

立足中心城区区位特点，以发展物流配送中心为重点，以物流企业为主体，加快发展现代物流业。规划建设中心城区物流配送中心和仓储运输中心，促进第三方、第四方物流企业发展，努力形成以中心城区为核心、覆盖四省八市的"三小时服务圈"。

同时，依托龙南口岸设施的优良条件，建立与经济发展水平相适应的、体系健全、结构合理、高效便捷和特色鲜明的现代物流服务体系，以龙南、瑞金两个次中心城市为赣州市物流发展的重要节点，积极创造条件，吸引国内外知名物流企业落户，引进国际大型物流企业设立分支机构，将赣州市打造成为赣粤闽湘四省边际功能最强、成本最低、流量最大的物流中心。

3. 区域性旅游中心

依托赣州市红色文化、客家文化、宋城文化与堪舆文化资源优势，推行"文化＋旅游"发展模式，大力发展赣南特色文化和生态休闲旅游，重点规划宋城游、乡村休闲游、生态休闲旅游、佛教文化游、堪舆文化游、民俗文化旅游等旅游形态和产品，积极配套发展关联产业，加快促进文化产业与旅游产业联动发展。加快旅游商品研发、生产销售体系建设，形成文化休闲中心和会务商务中心。充分利用上犹、崇义、大余等地的绿色生态资源，发展乡村生态旅游和农业休闲观光旅游，打造对接粤港澳、闽台地区的旅游后花园，力争成为江西省旅游强区和国内知名旅游目的地。

4. 区域性商贸中心

搞好中心城区商业网点规划，引导商业空间布局与城市建设同步发展；加大赣州开发区城市综合体和赣州开发区高校园区综合服务区招商推介力度，加快项目建设，提升服务业发展环境；扶持壮大现有专业市场，加快发展新兴特色批发市场和规模农产品交易市场，扩大区域辐射力和覆盖面。

重点发展大型百货、购物中心、专卖店、超市连锁、电子商务、产品批发配送、特色商业街、高档酒店、餐饮、社区便民店等产业。重点做好中心城区农产品交易市场升级改造，高品位打造中航城、国际时代广场、万盛MALL、粮油大市场、有色金属交易中心等重点建设项目，至2015年成为赣粤闽湘四省通衢的区域性商贸中心。

（四）"七区"

"七区"即赣粤闽湘四省边际区域性总部经济集聚区、现代商贸集聚区、现代商务服务集聚区、会展经济集聚区、文化创意产业集聚区、科技与信息服务集聚区、文化旅游集聚区。

1. 总部经济集聚区

总部经济是产业分工的高端环节。规划期内，积极吸引企业集团及现代服务业企业、研发机构等入驻总部经济区，初步形成总部经济区的基本框架，基本形成"总部企业集聚、科技含量高、现代服务业发达、功能配套齐全、辐射带动能力强"的格局，集中建设一批高档写字楼作为总部经济发展的载体，统筹规划建设总部经济区配套服务设施。

2. 现代商贸集聚区

以开发区原有商贸市场为依托，结合创新区赣州火车南站地区的建设，规划设立以大型生产资料专业交易市场和生活消费品大型专业交易市场为主体的商贸市场区。以南康家具与服装两个专业市场为依托，大力推进三江统筹城乡发展示范区商业设施布局规划、泓泰家具市场、成品服装市场等重点项目建设。同时，在该区内建立钨及稀土产品展示交易中心、稀有有色金属原料市场等生产服务型特色商贸平台。提升服务，做大做强，立足本区，辐射四省周边区域。

3. 现代商务服务集聚区

按照"全力打造赣州中心城区专业化商务服务中心"的要求，充分发挥以章贡区为核心的赣州中心城区的综合优势，提高服务功能，增强影响力、带动力和辐射力，整合资金、人才、信息等资源，引导各类社会商务中介服务组织集聚发展，规划发展现代中介服务街区，打造具有赣州特色的商务服务街，从而促进商务大发展，力争总量上一个新台阶，并逐步缩小地区间差别。

4. 会展经济集聚区

以赣州红博会、赣州钨稀交易会、赣州橙交会、赣州世客会"赣州四会"为平台，打造具有产业特色和地方特色的专业会展品牌。以电子信息技术装备赣州市会展业，推广借鉴"网上会展"等新型业态，提高会展业科技含量和技术水平，让赣州最具优势的钨、稀土和脐橙走向世界。同时，依托上犹地处赣州半小时经济圈和自然环境、生态旅游休闲度假等良好优势，面向赣州市，建设会务中心、休闲度假中心，使之成为赣州市举办国内和国际各类会议和展览活动的集聚地，积极申办和举办具有区域影响力的综合或单项特色活动，从而带动赣州加快融入全球经济一体化。

5. 文化创意产业集聚区

紧紧抓住创意产业兴起的机遇，突出创意、创新、创造，加快规划建设创意产业园，积极发展以服饰设计、箱包设计、包装设计等为主的工业与工艺设计创意，大力发展以广告设计、会展设计、景观艺术设计等为主的时尚设计创意，培育发展以智能媒体内容为代表的数码设计创意，鼓励发展文化创意服务外包，打造江西南部乃至赣粤闽湘四省边际区域重要的文化创意产业基地与文化创意产品展示和交易中心。

6. 科技与信息服务集聚区

按照建设"智能赣州"的要求，以信息网络建设为基础，以信息资源开发利用为核心，以信息技术创新为保障，全面推进政务信息化、企业信息化和社会公共领域信息化，初步形成信息资源开发、共享、应用体系，基本建成结构网络化、手段现代化、功能社会化、经营产业化的信息服务体系。以章贡区、开发区为科技与信息服务的龙头，带动周边县市区共同繁荣发展。

同时，构建以企业为主体的产学研技术创新联盟，发展一批国家级与省级工程技术研究中心、重点实验室等科技服务平台，着力打造钨和稀土等重点产业类的工程研究中心。加快发展一批科技评估、技术产权交易、工业设计和节能服务等专业化科技服务机构。

7. 文化旅游集聚区

依托赣州市丰富的旅游文化资源，推动文化旅游的集聚发展。以章贡区内全国保存最为完好的宋代古城墙及古建筑等文化遗产为基础，以中国赣州宋城文化节的举办为契机，打造宋城文化旅游集聚区；发挥瑞金、兴国、宁都、于都、石城、会昌、寻乌等红色资源优势，打造红色旅游集聚区；以五龙客家风情园、赣县白鹭民居、龙南燕翼围、关西新围、乌石围、石城九十九间半等客家文化景点为基础，打造客家文化旅游集聚区；依托章贡区杨仙岭风水文化旅游区、兴国三僚中国风水文化第一村等风水资源，打造堪舆文化旅游集聚区；塑造森林生态、温泉养生度假和休闲农业三大生态旅游品牌，推动旅游开发与生态保护共赢发展，重点建设石城九寨温泉度假庄园、于都黄麟温泉旅游度假村、龙南九龙湾国际温泉休闲度假区、会昌汉仙岩景区、通天岩风景区、瑞金红色旅游景区、峰山国家级森林公园、上犹陡水湖景区、龙南武当山风景名胜区、石城通天寨景区、大余梅关－丫山风景区、全南赣江源生态旅游区，打造休闲养生生态旅游集聚区。

第二节　特色基地

一　特色产业基地相关理论

（一）特色产业基地的内涵

产业基地一词最早是由简·霍兰德在研究企业战略联盟和产业集群时提出的。他认为，产业基地是指在一个相对集中的区域，积聚一个或几个产品特色鲜明、技术含量高、产业规模大、经济效益好、市场前景广的产业链或产业群体，是一个或几个相关产品密集区、企业密集区、研发密集区、人才密集区，是一种新型的生产和管理方式。

关于特色产业基地的定义，目前没有统一的、权威的标准界定。我国较早在政府文件中对特色产业基地定义的是，原国家科委在《国家火炬计划特色产业基地认定和管理办法》（国科火字〔2001〕号，2010年修改）中指出的，"特色产业基地是指在特定地域内，在实施火炬计划的基础上，发挥当地的资源和技术优势，依托一批产业特色鲜明、产业关联度大、技术水平高的高新技术企业而建立起来的高新技术产业集群"。由此可见，这一定义主要界定的是"火炬计划特色产业基地"，简称为特色产业基地。

此外，国家发展改革委员会对高技术产业基地的定义是："对高技术产业发展和区域经济发展具有支撑示范和带动功能的特色高技术产业集聚区。"这一定义也突出强调高技术特色，因此也被简称为特色产业基地。

辽宁科学技术计划项目软科学研究课题组经过多年的研究，在《特色产业基地的理论与实践》中，从揭示客观经济事物本质的角度做出定义：

特色产业基地是由民间组织或者政府，自发形成或者规划引导，以区域特色资源为基础，以特色产业或产品为轴心，以产业链的核心企业为主导，通过经济价值和地理位置形成具有较高关联度、经济上竞合发展、行政上有序和谐、文化上兼容相通、产业集群效应突出的产业聚集区域。

产业基地作为一种独特的产业组织形式，能够形成集群效应和规模经济，吸引区外的技术资本和劳动等经济资源向基地集中。产业基地本质上是一种产业集中区，产业集群是特色产业基地发展的基础。产业基地是适应产业集群发展的有效组织形式，是产业集群发展到一定阶段的产物。产业基地与产业集群最突出的共同点是地理的集中性，两者都是许多企业在某一区域聚集，形成一个以企业为主体的空间聚集体。产业基地与产业集群两者都具有公共服务基础设施等资源共享的特点。产业基地强调现代产业分工协作和园区内部企业的网络联系，这一特点与产业集群专业化经营的特点之间具有一定的一致性。

特色产业基地区域内部具有正向累积性因果循环效应，是地方产业结构优化升级和发展方式转变的重要载体和推动力量。在世界范围内，无论是发达国家还是发展中国家，建设以产业链为基础、相关配套产业高度聚集的产业基地已成为促进经济发展的一种崭新的形式，技术创新的组织形式被世界广泛采纳，并已经成为发展的必然趋势。

（二）特色产业基地的基本特征

产业基地作为一种空间经济集聚体，是许多工业企业在某地聚集的区域，这种聚集或是政府为发展区域经济事先划定一块区域，然后再引入企业而形成，或是企业基于该区域的某种资源优势自发聚集，政府再加以划定而形成，特色产业基地在此基础上更强调具有地方特色。显然，产业基地作为一种经济集聚现象，要体现规模经济、范围经济、外部经济以及特色经济效果，具有内在的形成机理。

特色产业基地一般出现在各类经济开发区体系内，多以产业园区模式形成。根据我国特色产业基地发展十几年的实践，特色产业基地一般具有三个基本特征。

1. 产业高度聚集特征

产业的高度聚集是特色产业基地的本质特征。特色产业基地由若干个成员间专业化分工、上下游协作配套的关联产业集群聚集而成。特色产业基地中至少有一个具有强大推动效应的龙头或者骨干企业。特色产业基地的企业以龙头企业和骨干企业为核心，在分工协作的基础上，以产业链为依托，形成层次分明的企业群。龙头或骨干企业在基地产业发展中起到领头羊作用，是特色产业基地的重心，通过集聚作用与辐射作用推动特色产业基地发展过程中支配、乘数和溢出效应的发挥。

2. 资源要素独特性特征

区域资源要素独特性特征是特色产业基地的基本特征。资源要素是特色产业基地形成与发展的基础，资源要素在空间上的不完全流动性是特色产业基地产生的根本原因。特色产业基地所处区域内资源要素的稀缺程度越高，独特性越强，特色产业基地的产业特色越突出，产业发展的竞争优势越强，向优势产业转变的潜力越大。

3. 比较优势特征

比较优势是特色产业基地的经济特征。特色产业基地中的产业发展依托于当地某种特色资源和技术优势，尤其是产业创新能力和产业技术能力。特色产业基地在对区域内特色资源或特色产品进行产业化开发中逐步形成产品优势或市场优势。这种比较优势包含区域间比较优势和区域内比较优势两个方面，主要表现在相比其他区域相同产业或者相同区域其他产业更具竞争力，更具备向顶端优势转变的潜力。

二　赣州市现代服务业特色基地

依托赣州市优越的自然环境、丰富的人文内涵、稀缺的自然资源与得天独厚的四省通衢区位优势，着力打造一个世界级特色基地——钨稀科技服务基地，两个国家级特色基地——优质脐橙科技服务基地、客家文化体验基地，两个省级特色基地——红色旅游休闲基地、现代物流服务基地。

（一）钨稀科技服务基地

赣州市稀有金属与矿产资源十分丰富，钨与稀土藏量在世界领先，且目前已初步形成了国家钨与稀土产品质量监督检验中心（被科技部授予国家科技兴贸创新基地，国家火炬计划赣州钨与稀土新材料特色产业基地），若干以稀有金属、电子产品、新能源加工等产业基地为代表的高新产业聚集区，具有良好的前期基础。规划期内，将以开发区内各高校园区、钨与稀土产品质量监督检验中心为主要依托对象，着力打造全球钨与稀土产品标准评测、质量监督、检验一体化的测定中心，提供钨与稀土矿等稀有金属的国际化认证，包括国际上最权威的钨与稀土产品标准评测定级、质量监督检验等。

（二）优质脐橙科技服务基地

赣南脐橙，全国闻名。近年来赣州已经形成了稳定的脐橙种植、销售（包括进出口贸易）的产业链，赣州境内几乎各县均有各自的品牌脐橙远销国内外。规划期内，将以信丰、瑞金、寻乌、安远等县的脐橙种植、交易为主要依托对象，联动周边县市区共同打造国家级优质脐橙科技服务基地，对国内各类脐橙品牌、种类及等级进行定标、定级等权威评测，构建全国最大的脐橙科技服务基地，进而带动以脐橙为代表的整个大宗农产品科技服务市场的发展。

（三）客家文化体验基地

结合赣州的客家文化底蕴与人文景观，以龙南、石城、赣县为依托，打造国家级的客家文化体验基地。一方面，让传统的客家文化资源得到更广泛的传播与延伸；另一方面，将客家文化与新兴科技服务产业结合，着力构建以客家文化理念为特色的各类文化创意产业，让全国乃至全世界更多人了解客家文化，让赣州成为一个繁华的客家文化体验基地。

（四）红色旅游休闲基地

结合江西省红色旅游的主题，发挥瑞金、兴国、宁都、于都、石城、会昌、寻乌等红色资源优势，打造江西省红色旅游产品展示基地。充分利用丰富的文化和竹木、地矿等资源，积极引导和支持旅游特色商品开发，努力培育名牌旅游商品；加强与高等院校、科研机构的合作，重视民间工艺品的创新，把传统工艺与现代意识有机地结合起来，着力开发一批特色红色旅游产品；将传统旅游与现代科技手段结合，提升一批红色旅游文化产品，如"红赣州·客天下"大型演艺项目、赣州红博会等，将赣州打造成红色旅游产品的综合展示基地。

（五）现代物流服务基地

以融入"长珠闽"区域物流网络体系为出发点，充分发挥区位和对外交通便捷的优势，通过整合和新建相结合的方式，积极开发赣粤闽湘四省通衢区域性物流中转和配送产业，构建赣州市现代物流基础设施平台和信息平台，建立多功能、多层次的现代物流服务网络体系。建成以综合物流园区、物流中心和配送中心以及运输服务中心为节点，以铁路和高速公路为主干线的高效的现代物流中心，并构建完善的物流综合信息平台，培育和完善"结构合理、设施配套、技术先进、运转高效"的现代物流体系，将赣州市打造成为面向"珠三角"现代物流网络体系中的重要枢纽和节点城市，进而成为江西省重要的省级现代物流服务基地。

第十九章 赣州市现代服务业先导产业发展

第一节 现代物流业

一 理论基础

(一) 现代物流业的概念

现代物流业是指原材料、产成品从起点至终点及相关信息有效流动的全过程。它将运输、仓储、装卸、加工、整理、配送、信息等方面有机结合，形成完整的供应链，为用户提供多功能、一体化的综合性服务。现代物流业是一个新型的跨行业、跨部门、跨区域、渗透性强的复合型产业。现代物流业所涉及的国民经济行业具体包括：铁路运输、道路运输、水上运输、装卸搬运及其他运输服务业、仓储业、批发业、零售业。

信息化技术的突飞猛进，为现代物流产业的发展带来巨大的推动作用。在促进物流产业加速发展的几个基本条件中，电子商务是最重要的因素。网上购物的兴起，信用制度的完善，使相应货品配送的服务需求量越来越大。专家预言，21世纪的物流与配送是把握市场的关键所在。

目前国际上流行的趋势，是运输、仓储、装卸搬运、包装、流通加工、配送、流通信息处理七个方面的现代物流企业，逐步向规模化、网络化、利用信息技术为客户提供低成本服务方向发展。有关研究人员认为，未来电子商务运作模式基于计算机网络间的信息交换，供应商、制造商及客户间通过信息网络交换货品订单等多项商务内容，直接由配送中心、物流企业来衔接生产、批发、零售和销售各环节。现代物流业不仅能使更多的企业实现"无仓库无车队"运作，更多商品实现"不停留不留地"卸运，而且能提高现有交通运输设施的使用效率，实现高效低耗的物流过程。

（二）现代物流业的发展特点

1. 物流基础设施建设迅猛增长

过去的20多年中，服务业在中国发展很快，其发展速度超过了工农业。服务业的比重在20多年中增长了10多个百分点。中国物流业的基础设施建设也迅猛增长，交通设施及工具、仓储设施、商业网点、配送体系、信息技术和配套服务设施等方面均已取得了长足进步。东部地区及东南沿海的物流"硬件"在许多方面已接近或达到世界先进水平。例如，我国一些港口设备、交通设施、仓储设备、商业自动化设备，由国家、地方和企业斥巨资建设得十分高档。有些装备的先进性超过了发达国家相应的设施。

但从整个国民经济运行质量和国民经济发展的要求来看，对物流业的投入仍显不足，今后首先要解决的是投资效益的准确计算、东西部协调发展和现有设备的充分利用问题。

2. 物流一体化程度不高

主要表现在：物流交易系统分内贸、外贸；运输行业分属数个部、委、局机关；流通受地方保护主义限制，导致各行业、各地区用尽一切办法进行物流垄断和不正当竞争。重复布点、重复投资造成浪费严重，而市场垄断又导致物流服务严重的低质量和低效益。

3. 物流国有化比例太大

外贸、民航、铁路、包装、通信等部门高度国有化，使得这些部门政企不分，官商作风严重。我国出现的经济犯罪也大多在物流领域发生，更使物流消费者失去对服务供应者的信任。

4. 物流各行业条块分割严重

物流各行业间的条块分割不是学术界、企业界所能解决的，急需国家总体协调，还要结合政府机构改革、法治改革、人事制度改革、全国经济改革、商业制度改革和社会保障体制改革。只有这样，才能从根本上理顺物流行业的各种关系。

但遗憾的是，目前现代物流的观念只在学术界讨论，"第三方物流"仅靠少数企业推动，供应链管理仍然困难重重。许多决策人士对物流的重视只是停留在加大基础设施建设的投资上。结果，重复投资给物流带来了更多的麻烦。

5. 与物流相关的服务体系落后

金融、结算、保险、通信、信息技术等行业同样处于高度垄断、低质低效的发展阶段，因而在物流领域推广电子商务是很困难的。物流服务水平的落后给我国生产行业增大了成本，而与物流服务相关的服务水平落后，又给物流业企业本身加大了成本。另外，我国物流业企业内部自办各类专业服务，其专业化程度又不高，致使物流服务整体效益低下。

（三）现代物流对国民经济的作用

1. 物流是国民经济的基础之一

物流是国民经济的基础，是从物流对国民经济的动脉作用这一点而言的。物流通过不断输送各种物质产品，使生产者不断获得原材料、燃料以保证生产过程的正常；物流又不断将产品运送给不同需求者，以便这些需求者的生产、生活得以正常进行。这些互相依赖的存在，是靠物流来维系的，国民经济因此才得以成为一个有内在联系的整体。

物流是国民经济的基础，也是从物流对某种经济体制和实现这一经济体制的资源配置的作用这一点而言的。经济体制的核心问题是资源配置，资源配置不仅要解决生产关系问题，而且要解决资源的实际运达问题。有时候，并不是某种体制不成功，而是物流不能保证资源配置的最终实现，这在我国尤为突出。物流还以本身的宏观效益支持国民经济的运行，改善国民经济的运行方式和结构，促使其优化。

2. 物流从某种意义上是国民经济的支柱

物流对国民经济起支柱作用，或者物流与其他生产活动一起起支柱作用。特别是在处于特定的地理位置或特定的产业结构条件下的国家和地区中，物流在国民经济和地区经济中能够发挥带动和支持整个国民经济的作用，成为国家或地区财政收入的主要来源，能创造更多的就业领域，成为科技进步的主要发源地和现代科技的应用领域。例如，亚洲的日本、新加坡、中国香港、巴拿马等国家和地区，尤其是日本，以流通立国，物流的支柱作用更加显而易见。

3. 物流现代化可以改善我国的经济运行

我国经济虽然取得了持续、快速、健康的发展，但是经济运行质量不高，"粗放式"的问题还很严重，尤其支撑国民经济运行的"物流平台"问题更为突出。各种物流方式分立，物流基础设施不足，物流技术落后等问题如果能够得到全面的、系统的解决，就可以使我国国民经济的运行水平得到很大的提高。

4. 物流产业可以有效改善我国产业结构

由于我国国土面积大，经济发展和物流的关系就显得更为密切，物流产业对我国而言，相对重要得多。物流产业过去没有受到我国经济界应有的重视，发展迟缓，这个问题如果仍然得不到解决，对于我国未来的经济发展是极为不利的。尤其是现代通信技术和计算机技术支持的电子商务普遍运行之后，一个落后的物流产业会制约国民经济的发展。

因此，重视建立新的物流产业，才可以使我国国民经济出现合理、协调的发展局面。

二　赣州市现代物流业发展实例研究

（一）发展目标

力争到 2015 年，初步建立起布局合理、技术先进、节能环保、便捷高效、安全有序的现代物流服务体系；基本建成赣粤闽湘四省通衢的现代物流网络体系中的重要枢纽和节点城市。

总体规模进一步扩大。全市社会物流总额年均增长 13 个百分点以上，赣州市社会物流增加值占 GDP 的 6% 以上，占服务业的比重达 16% 以上，对经济增长的贡献率提高 2~3 个百分点，社会物流成本占 GDP 的 18% 以下。

空间布局进一步优化。赣州城区核心区基本建成，龙南、瑞金两个中心区聚集能力不断提升，辐射功能不断增强，形成高效便捷、货畅其流、集散有序的现代物流网络，构建承东启西、沟通南北的大开放式物流框架。

基础设施进一步完善。一批园区配送工程基本建成并投入运营；赣州物流公共信息平台建成并投入使用；一批多式联运工程和专业物流基地基本建成。

物流企业进一步发展。到 2015 年，全市规模以上物流企业达 100 家，AA 级物流企业 5 家，AAA 级物流企业 2 家；培育 1~2 家年营业收入超亿元的第三方物流企业。

体制机制进一步完善。现代物流发展的体制机制性障碍基本消除，开放水平进一步提高；政府的引导作用和企业的主体作用得到充分发挥；形成统一开放、公平竞争、规范有序的现代物流业发展环境和市场环境。

（二）发展布局

形成"一个园区、两个交易平台、六个物流中心"的发展布局。"一个园区"即赣州综合物流园区国际物流业务，主要与东南沿海港口合作，实施铁海联运，实现货物联运换装，其作业主要涉及进出口商品检验检疫、海关监管、保税等环节。赣州综合物流园区主要提供物流分拨、仓储、加工增值、展览展销、运输与转换、物流信息、物流设备制造、物流管理办公及其他配套服务等。在此基础上，结合赣州市中心城区以及龙南、瑞金等次中心城市的信息化建设，建立一个功能强大、设施完备的物流信息平台。物流信息平台全面支持并满足赣州市物流系统运作的信息需求，通过数据交换和信息跟踪等现代技术手段实现社会物流资源的整体优化配置；运用物流公共信息平台，通过电子交易等手段进一步整合物流供需市场，强化物流市场机制的规范与管理，加强政府与企业的信息沟通与共享，从而强化政府对物流发展的宏观管理与调控，为物流发展及规划提供信息化决策支持手段；通过物流信息平台，建立起赣州市与国内外物流相关信息的沟通渠道，从而进一步扩大和提高赣州市在国内外的影响与综合竞争能力。"两个交易平台"其一指农产品电子交易平台。通过农产品电子交易平台实现赣南脐橙等大宗农产品网上拍卖、网上现货交易、现货订单交易和信息服务等主要功能，并通过赣州物流体系完成现货交割、"门到门"物流配送服务。农产品交易平台有利于创新脐橙的交易模式，促进赣南脐橙的标准化，拓宽市场销售渠道，打造赣南脐橙世界品牌。"两个交易平台"其二指有色金属电子交易平台。该平台主要功能包括有色金属现货贸易与流通、供应链融资、信息传导、商品投资和保值、商品定价。赣州市有色金属资源十分丰富，但一直没有现代化的电子交易平台，没有形成国际定价权、话语权，电子交易平台有望填补这一空白，提升赣州市有色金属产业链价值，而且矿产资源通过电子商务平台进行交易，使企业之间可进行"零距离"接触，交易成本将大幅降低。"六个物流中心"是结合赣州市"二纵二横二斜高速公路主骨架"和"三纵三横一环干线公路网"交通建设规划，结合赣州下辖县（区）区位优势以及产业特点，组建"六个物流中心"，分别是赣州黄金物流中心、章贡区沙河工业园物流中心、赣州水西货运码头物流中心、南康市龙岭物流中心、瑞金物流中心和龙南物流中心。

（三）发展重点

1. 建设一批物流基础设施

赣州综合物流园区。2014 年全面完成赣州综合物流园区建设，成为集仓储配送、包装加工、物流信息、展览展销等功能于一体的辐射江西中南部和赣粤闽湘四省边际区域，并在"长珠闽"体系中富有标志性、发挥核心作用的综合型物流园区。

赣州空港物流园区。本着统一规划、内外联动、多元投资、创新机制、多式联运的思路，高起点、高标准地把物流园区建成以国际中转、多式联运为主的国际空港物流园区。以铁路、公路、航空等运输方式为依托，以国际和国内现代综合物流运作为平台，以高附加值商品的航空运输为主导，以第四方物流服务为主，集快速集散、中转、配送等功能于一体，为赣州开发区、赣州出口加工区和周边地区企业提供国内外物流服务，成为综合航空港物流园区和区域性物流中心。

中心城区六大物流节点。2012 年全面启动中心城区六大物流节点建设，争取在三年内有 4～5 个物流节点全面完成建设，并在五年内发挥作用，满足中心城区物流需求，为工商企业和城乡居民提供物流服务。

县级物流中心。2013 年全面完成 16 个县级物流中心建设，成为本县范围内物流功能、物流企业和物流市场的集聚中心，为城区居民提供物流服务，为工业园区企业原材料和产成品提供运输、仓储配送服务，为农村生产资料和农副产品提供储运配送服务。

专业物流基地。2015 年基本完成专业物流基地建设，基于赣州坚实的产业基础，大力发展专业物流，规划建设粮食、家具、脐橙、果蔬、农产品、盐业、有色金属等专业物流基地。

多式联运物流工程。2015 年新开赣州－惠州、赣州－虎门、赣州－九江、赣州－香港 4 条农副产品绿色通道；基本完成赣州南、黄金机场、定南、龙南、瑞金无水港和定南县公路货运甩挂中心等多式联运物流节点规划建设。

2. 建立一套现代物流技术

赣州物流公共信息平台。2012 年正式启动赣州物流公共信息平台建设，三年全面完成监控中心、信息中心、交易中心、数据中心、增值服务中心和政府管理中心六大模块建设并投入运营，整合全社会微观物流资源，实现快捷、便利、实时的物流信息交流。

物流装备现代化。加强物流标准的推广和物流技术应用，鼓励物流企业应用供应链管理技术和信息技术，各级政府对物流企业的物流现代化建设要积极给予扶持。

赣州物流统计指标体系。建立和完善物流统计工作制度和物流统计指标体系，加强现代物流业发展的监测、预测和信息发布，发挥信息引导作用，促进现代物流业持续、快速、健康发展。

3. 发展一批大型物流企业

发展规模以上物流企业。坚持每年组织规模以上物流企业申报评审工作；对在赣州市新登记注册并纳税，且一次性固定资产投资额（下同）达

1000 万元以上的物流项目给予投资奖励。投资额为 1000 万元以上的，一次性奖励 5 万元；投资额为 2000 万元以上的，一次性奖励 10 万元；投资额为 5000 万元以上的，一次性奖励 15 万元。

发展品牌物流企业。对获得中国品牌、中国驰名商标的物流企业，受益财政一次性给予 10 万元奖励，对获得江西省著名商标、江西省知名商号的物流企业，受益财政一次性给予 5 万元奖励。

建设乡村物流网点。对设有配送中心，配送率达 40% 以上的物流企业，营业面积达 40 平方米以上和改造或建设网点 10 个以上、20 个以上的，受益财政分别一次性给予 500 元、5000 元、1 万元的奖励；建设农村烟花爆竹配送中心。

4. 优先发展农产品冷链物流

发展创新物流模式。发展"农超对接""农校对接""农企对接"等产地到销地的直接配送方式，发展农民专业合作组织，加强主产区大型农产品集散中心建设。

加大物流基础设施设备投入。2013 年完成规划建设各种冷库达 100 个，完善鲜活农产品储藏、加工、运输和配送等冷链物流设施，提高鲜活农产品冷藏运输比例。

完善农产品物流监管。推动农产品包装和标识标准化，完善原料基地生产标准与规范、预冷与贮藏标准、加工标准等，实现从田间到餐桌的全程控制，推行专业认证和市场准入制度，建立农产品冷链物流质量安全屏障。

第二节　商务服务业

一　理论基础

（一）商务服务业的概念

商务服务业属于现代服务业的范畴，包括企业管理服务、法律服务、咨询与调查、广告、职业中介服务等行业，是符合现代服务业要求的人力资本密集行业，也是高附加值行业。

商务服务业已成为拉动经济发展的重要力量。加快发展商务服务业，积极开发新的服务渠道和服务产品，提高服务质量，降低服务成本，扩大服务消费规模，提高服务业的比重，可以有效减少经济增长对资源的消耗及对环境的负面影响，对于节约能源资源、提高资源利用效率具有重要意义。我国历来重视服务业发展，近年来制定了一系列鼓励和支持服务业发展的政策措施，取得了明显成效，服务业规模继续扩大，结构和质量得到改善。

（二）商务服务业的产业特性

综合发达国家、地区和我国商务服务业发展的实践，商务服务业的产业特性有四个。

一是高成长性。商务服务业作为现代新兴的生产服务业（Advanced Producer Services，APS），一个突出的特点就是成长性强，尤其是在工业化中后期表现出较高的增长速度。

二是具有高人力资本含量、高技术含量和高附加值三高特征。商务服务业提供的服务以知识、技术和信息为基础，对商业活动的抽象分析和定制化程度高，以知识要素投入生产过程，表现为人力资本密集型。

三是具有顾客导向型的价值增值效应。商务服务企业通过与顾客的不断交流和合作，提供专业化的增值服务，使其自身蕴含的价值效应得以放大和增强。知识、经验、信息、品牌和信誉是知识密集的专业服务公司赖以创造价值的要素，也是专业服务公司各条价值链的主体部分。

四是强集聚性和辐射力。国际经验表明，商务服务业高度聚集于国际大城市，强力辐射相关工业产业。跨国公司以此进行全球统一管理和协调，提高其区域控制力。

（三）我国商务服务业发展的驱动机制[①]

1. 专业化分工深化产生的需求拉动

在工业化中后期，商务服务业成长性较强，不仅发展速度快于其他产

---

① 郭怀英：《商务服务业的产业特性与驱动机制分析》，《中国经贸导刊》2010 年第 7 期。

业，而且其发展过程还伴随着大量新产业和新业态的出现。究其原因，主要是经济专业化程度不断提高的结果。商务服务业中的每一个行业都是一定阶段经济分工深化的产物，特别是在制造业迂回程度和加工深度不断提高并呈现服务化的趋势下产生壮大。随着大规模生产体系的瓦解和灵活性生产组织理念的诞生，加上市场竞争的加剧，生产性企业追逐利润和创新发展的动力不断增强，专业化程度不断提高，内部分工不断细化，非核心业务外包出去的意愿和倾向逐渐增强，越来越多地需要利用分工更为专业、功能更为强大的服务型企业来整合自身的技术平台和服务平台。这样便派生出制造业对商务服务的需求，具体体现在对制造业链条上的各种技术咨询和专业服务、品牌管理和营销渠道等关键环节的强烈需求，以满足生产企业节约成本、降低风险，敏捷化和个性化的发展要求。

2. 体制改革释放的供需动力驱动

企业层面的体制改革，特别是国有企业改革的推进，使得企业对会计、法律服务的需求不断上升，从需求层面促进了会计、律师等专业服务的发展。1980 年中国出现了第一家会计师事务所。1992 年以后国家推动建立现代企业制度，开始重视相应的中介服务机构建设与管理，部分地区开始率先进行律师体制改革，国家统办律师事务所的体制被打破，企业与政府对律师服务的需求不断增加，律师事务所成为市场的专业服务组织。

政府层面的管理体制改革，从供给层面推动了咨询业的发展壮大。我国咨询业起步于改革开放初期。随着政府管理体制改革的不断推进，20 世纪 80 年代初全国相继出现了各类工程咨询、投资咨询、科技咨询、管理咨询以及信息咨询机构。随着投资体制改革的推进，政府明确规定了投资项目申报必须包括可行性研究报告，从而推动了投资咨询机构的发展。随着科技体制改革的深化，科研机构开始进入科技咨询服务领域，由此便产生了大量的科技咨询机构。进入 21 世纪后，随着政府体制改革的逐步深化，我国咨询机构呈多元化发展趋势，无限责任、私营、合资咨询机构的数量迅速增加，非国有咨询机构数量远远超过国有咨询机构。

3. 国际化程度提高产生的供需拉动

商务服务业是应国际经济对全球市场细分、产业转移和生产型企业应对全球化发展需要而产生壮大的。随着中国商务服务贸易开放步伐的加快，各种形式的中外合资、合作商务服务企业数量逐步增加，增强和增加了国内商务服务领域供给能力和业务品种。同时，国际化程度提高还从三方面增加对中国专业服务的需求。一是中国经济国际化程度的加深，加速了跨国公司资本、劳动和技术在中国范围内的优化配置，跨国企业业务模式日趋细分。为了提高其对中国的区域控制力，需要对散布于中国的生产基地、原材料基地、销售网络进行统一管理和协调，需要在中国设立亚太总部和适应性的研发基地、物流基地，由此便产生了对部分国内法律、会计、管理咨询、市场研究等专业服务方面的需求。二是国际和国内市场的双向开放，加速了企业建立现代企业制度及改组、重组的步伐，增加了国内企业对国外东道国的投资环境、相关政策、市场需求等方面的咨询需求。三是随着国内市场国际化程度的不断提高，市场竞争更加激烈，市场的不确定性和信息的不对称性加强，对专业服务咨询的需求增加。

4. 信息网络技术产生的供给驱动

20 世纪 90 年代以来，信息通信技术应用领域不断扩大，技术竞争逐步加剧，第二产业和第三产业融合趋势不断增强，商务服务范畴更加广泛。加速发展的信息网络技术，刷新了传统商务服务概念，创新了服务提供的途径以及用户界面的互动方式，创造了商务服务的新途径，大大拓展了服务提供的范围和可交易性，许多新的服务模式、新的商务服务品种和种类由此而不断产生。一些行业的共性技术服务平台、信息服务平台和商务服务平台就是这方面的典型。新技术的应用，促进了传统的科技服务形式和电子商务相结合，引起了服务模式的创新，使得这些服务平台能够集成各方资源和信息，整合政府、研究部门、企业、协会等多方力量，为企业、政府提供更为强大、更为专业化的服务。

二　赣州市商务服务业发展实例研究

（一）发展目标

到 2015 年，全市商务服务业增加值力争达到 10 亿元以上。集聚一批国内外商务服务企业和总部企业，以提供全面、优质、高效的商务服务为重点，拓宽商务服务领域，扩大商务服务规模，完善商务服务体系，增强商务服务功能，规范商务服务市场，提高商务服务水平，基本形成符合市场经济要求、与国际通行规则衔接、门类齐全、运作规范的现代商务服务体系。

（二）发展布局

构建"两区、两中心"的商务服务业发展格局。打造章贡区商务中心。结合南门广场整体改造，规划设计建设一栋功能齐全的智能化商务中心。积极引导经济鉴证类、市场经营类、信息和咨询类、投资与资产管理类、技术创新类及法律类专业服务企业和服务机构入驻，进一步发展和繁荣"楼宇经济"。

大力建设章江新区滨江金融商务办公区、总部经济区。集中打造"总部经济"，加快规划建设现代商务运营中心和商务总部大厦，营造人文化、便捷化、国际化的商务环境，吸引境内外的银行、保险公司、证券公司等金融机构的分支机构和办事处进驻。积极引入本市名牌企业、上市公司和赣州籍在外商会、企业等在总部经济区设立企业总部或商务运营中心、结算中心等分支机构，鼓励境外跨国公司、国内大企业在总部经济区设立采购中心、营销中心等分支机构。

（三）发展重点

努力提升商务服务业发展水平。结合赣州建设的需要，用科学发展观统领商务服务的全局，在原有商务服务发展的基础上，注重吸收和利用外资的质量和水平，发挥商务服务的集散辐射能力和内在活力，充分发挥赣州中心城区的综合优势，提高服务功能，增强影响力、带动力和辐射力，扩大人流、物流、资金流，努力培育新优势，促进商务大发展，力争总量上一个新台阶，并逐步缩小地区间差别。

完善商务中介服务体系，大力培育生产性中介服务业和经济鉴证中介服务业，基本形成种类齐全、布局合理、运作规范、功能完善的现代社会商务中介服务业体系；培育优秀的商务中介服务机构。加大开放力度，降低商务服务机构市场准入条件，引进一批国内外知名的商务中介机构在赣州设立分支机构，提升整体服务能力。选择一些具有较雄厚的专业实力、有一定市场基础的商务服务机构作为重点扶持对象。通过政府的重点扶持和政策倾斜，使这些商务服务机构成为商务服务行业的重点骨干，把这些商务服务企业培养并造就成为国内外有一定知名度的商务服务机构；全面促进商务中介服务产品创新，进一步培育和发展有较大潜力的投资咨询、形象设计、企业形象包装、市场营销与策划、专业技术培训等专业服务，培育一批在国内有一定知名度的商务服务企业，推进中介服务向市场化、规模化、国际化方向发展。建立各类中介服务行业协会，规范中介行为，促进行业发展。

大力发展咨询服务业。重点发展会计、审计、资产评估、法律事务等专业服务。推进公共关系、商业咨询、市场调查和包装策划等领域加快发展。引进和培育人力资源咨询、市场开拓与销售咨询、公司与组织发展咨询、产品和营运管理咨询等服务机构。

培育科技服务业。充分发挥和调动周边科研机构及高校的积极性，规划建设赣州职业教育园区，依托江西理工大学、赣南师范学院等科研院所，大力扶持区域内的创业服务中心，探索建立科技企业孵化器、科技咨询机构、科技风险中心、科技评估机构、技术转移中心等层次和结构合理的科技服务体系，建设四省边际区域科技服务中心。

大力拓展农村商务服务，力争农村商务服务在服务的品种上不断增加，服务领域不断拓宽，服务质量不断提高，逐步提升赣州农村商务服务业整体服务能力，特别是发展法律、信息咨询、农产品交易中介、职业中介等新兴行业，使之更好地服务于新农村建设。

大力实施总部经济带动战略。围绕章江新区滨江金融总部经济区的建设，着力延伸总部经济产业链，重点引进国内外企业的管理总部、投资总部、研发总部、营销总部、采购总部和结算总部等，建成立足江西、辐射周边的"赣粤闽湘四省通衢的区域总部经济摇篮"。

打造商务服务集聚区。鼓励各类社会商务中介服务企业根据自身优势和市场需要，整合资金、人才、信息等资源，采用内部改制扩股分权、外部兼并扩张、吸引外资合作等手段做大做强企业。引导各类社会商务中介服务组织集聚发展，规划发展现代中介服务街区，打造具有赣州特色的商务服务街。

第二十章　赣州市现代服务业支柱产业发展

支柱产业是现代服务业体系的主体，它提供现代服务业中的大部分国民收入，相对于其他产业对现代服务业经济增长贡献份额最大。因此，有效支持现代服务业支柱产业对整个地区的经济发展意义重大，可以促进支柱产业的企业直接利用先进国家和地区的高新技术，实现产业结构的跳跃式非均衡转换，加快由主导产业向支柱产业的转换，提高支柱产业的技术开发能力和创新能力，以延长产业本身的生命周期。

对赣州市现代服务业中所有产业进行分析，根据经济增长贡献率、市场需求份额比重、企业市场集中度、产业发展的成熟度等因素，确定现代金融业、现代旅游业及现代商贸会展业为赣州市现代服务业中的支柱产业。

第一节　现代金融业

一　理论基础

（一）现代金融业的定义

理论界对现代金融业的定义一直存在争议，截至目前，尚无一个确切的、统一的定义。英国学者亚瑟·梅丹（2000）将现代金融业界定为"金融机构运用货币交易手段，融通有价物品，向金融活动参与者或者是顾客提供的共同收益、获得满足的活动"。美国国会1999年通过的《金融服务现代化法》认为，金融包括银行、证券公司、保险公司、储蓄协会、住宅贷款协会及经纪人等中介服务。在我国，按照《国民经济行业分类》（GB/T4754－2002）的界定，现代金融业包括银行业、证券业、保险业和其他金融活动四个大类。

（二）现代金融业在经济中的作用

金融在现代经济中的作用体现在以下几个方面。

首先，金融在现代经济中的核心地位，是由其自身的特殊性质和作用所决定的。现代经济是市场经济，市场经济从本质上讲就是一种发达的货币信用经济或金融经济，它的运行表现为价值流导向实物流，货币资金运动导向物质资源运动。金融运行正常有效，则货币资金的筹集、融通和使用就充分而有效，社会资源的配置也就合理，对国民经济走向良性循环所起的作用也就明显。

其次，金融是现代经济中调节宏观经济的重要杠杆。现代经济是市场机制对资源配置起基础性作用的经济，其显著特征之一是宏观调控的间接化。而金融在建立和完善国家宏观调控体系中具有十分重要的地位。金融业是联结国民经济各方面的纽带，它能够比较深入、全面地反映成千上万家企事业单位的经济活动。同时，利率、汇率、信贷、结算等金融手段又对微观经济主体有着直接的影响，国家可以根据宏观经济政策的需求，通过中央银行制定货币政策，运用各种金融调控手段，适时地调控货币供应的数量、结构和利率，从而调节经济发展的规模、速度和结构，在稳定物价的基础上，促进经济发展。

最后，在现代经济生活中，货币资金作为重要的经济资源和财富，成为沟通整个社会经济生活的命脉和媒介。现代一切经济活动几乎都离不开货币资金运动。从国内看，金融连接着各部门、各行业、各单位的生产经营，联系每个社会成员和千家万户，成为国家管理、监督和调控国民经济运行的重要杠杆和手段；从国际看，金融成为国际文化交往、实现国际贸易、引进外资、加强国际经济技术合作的纽带。

（三）加快金融业发展的基本思路

加快现代金融业的发展，需要从观念、体制及资本市场结构几个方面来实现。

1. 创新金融发展理念

树立金融是现代经济核心的理念。确立现代经济发展中金融先导的价值观，注重发挥金融配置资源、调节经济、服务发展的功能，加快经济的货币化、信用化、金融化进程，形成价值流导向实物流的超前定位范式，使金融成为深化经济体制改革的助推器和促进经济发展的放大器。

树立把金融业作为重要的现代产业来发展的理念。树立金融业是现代经济的龙头产业的理念，把金融业作为独立的产业来整体、系统地规划和研究，增强赣州市金融业的综合实力、竞争力、抗风险能力和服务水平，加快构建与省域副中心城市相适应的现代金融服务体系，做大做强区域性金融产业。

树立金融业全面发展的理念。树立金融产业全面发展的理念，就必须促进银行业、证券业、保险业及其他金融业态的同步发展，真正建立起资本市场、保险市场与货币市场协调发展，全面、多层次的金融市场体系。

树立金融引导转变经济发展方式的理念。要深刻认识到，"从紧"不是抑制发展而是促进科学发展，不是一味限制投资，而是通过优化信贷结构，抑制对高耗能、高排放和产能过剩行业的投资，从而建立加快转变经济发展方式的一个新契机。要紧紧抓住这个契机，引导金融资源优化配置。

2. 加速金融体制改革

以建设现代银行制度为目标，继续支持各类银行深化改革。应积极创造条件，引导和支持国有商业银行将改革引向深入，将股份制改革的成果落实到增强提高自身的创新能力、竞争力和效益上去。

把农村金融改革发展作为金融工作的重点，健全农村金融基础服务体系。要把农村信用社的改革作为重点，把信用社逐步办成由农民、农村工商户和各类经济组织入股，为农民、农村和农业经济发展服务的社区性地方金融机构，同时支持邮政储蓄银行在广大农村拓展业务。要大力引导国有商业银行、政策性银行的金融资源向农村配置，鼓励发展各种贷款公司、村镇银行和民间资金互助社等新型农村金融机构，逐步形成多层次、广覆盖、可持续的农村金融体系。

大力优化银行业格局。大力优化银行结构，一方面加快市商业银行改制步伐，提高其竞争力；另一方面，大力引进外地各类型商业银行，探索发展乡村银行等新型金融组织，改善银行业整体结构，提升银行业经营水平。

3. 优化资本市场结构

大力推动本地企业上市。应当抓住有利时机，支持已上市企业扩大股票市场融资比例，迅速做大做强；建立对未上市股份制企业的培育和辅导机制，帮助它们尽快进入资本市场；大力扶持中小企业和创业型企业，实现中小企业创业板上市的突破。

着力发展债券市场。要尽早研究资本市场的发展态势，密切关注国家在发展债券市场上的政策走向，大力支持和鼓励具备条件的企业通过公开发行债券融资。

大力拓展保险市场。首先，要提高市场主体的经营水平，促进保险业主体不断提高从业人员素质，提升经营水平和实力；其次，要加强保险教育，增强市民保险意识；最后，要大力培育保险中介，逐步形成保险代理人、保险经纪人和保险公估人协调发展的模式。

4. 开发特色金融产品

开发特色金融产品，必须坚持人性化、个性化、特色化和社会化的原则；必须以客户为本，充分体现消费者需求，直接服务于公众需求最强烈的领域。开发特色金融产品，既要注重吸纳性和移植性的产品创新，也要注重原创性的金融产品创新；要促进金融产品创新面向社会、面向大众，积极开展投资咨询、项目评估、市场调查、信息分析等多方面配套业务，不断拓展金融业务的广度和深度。

优化银行网点布局。对银行业发展进行系统研究和整体规划，引导各类银行合理布局，增加业务多样、产品丰富的精品网点和便利快捷的自助银行，拓展农村金融网点覆盖面，促进银行业经营水平的整体提高。

5. 突破中小企业融资难点

目前，在我国大部分地区，中小企业融资难问题已成为制约中小企业发展的因素。

当务之急是积极推进信用担保体系建设，建立由政策性担保、多元化投资的商业担保以及再担保公司构成的信用担保体系，加强政策引导和扶持，增强担保功能，通过信用担保分散和化解银行信用风险；通过建立起担保公司、中小企业协会、银行三位一体的担保平台，将协会会员的互助性担保、担保公司的市场性担保和政府的政策性支持紧密结合在一起，较好地解决中小企业贷款难问题。

6. 营造良好的金融生态环境

适宜的金融生态环境是金融业健康发展的重要基础，也是吸引金融资源进入的最重要"资源"。

一是增强全社会的诚信意识，树立良好形象。通过政府、银行、企业以及全社会的共同努力，共建、共享一个诚实守信、人人有责的健康金融生态环境。二是积极推进征信体系建设，不断完善企业和个人征信系统，逐步建立信用评价制度机制，为信用环境和金融生态建设提供良好的硬件支撑。三是加快完善市场主体信用管理制度，发挥信用制度在规范市场行为、防范金融风险中的积极作用。

二　赣州市现代金融业发展实例研究

（一）发展现状

近年来，赣州市金融工作取得了突出成绩。全市上下积极应对国际金融危机的冲击，保增长、调结构、惠民生，经济社会保持平稳较快发展，经济总量、财政收入分别跃上千亿元、百亿元大台阶。在取得成绩的同时，当前赣州市金融工作还存在一些亟待解决和需要高度关注的问题，离建设区域性金融中心的目标还有很大差距，仍然存在金融总量偏小、创新不足、直接融资占比过低、人才严重缺乏等多种困难。

（二）发展目标

到 2015 年，金融业增加值达到 118 亿元，年均增长 27%，占全市

GDP 的比重达到 4.64%，金融业地位进一步增强，努力把赣州市建设成为赣粤闽湘四省边际区域性金融中心，构建大金融格局。大力培育总部金融，建成金融机构齐全、金融市场发达、金融辐射功能强劲的金融企业总部集聚中心。

（三）发展布局

以章江新城区为核心，形成"一核、两点"的现代金融业布局。

一核：在章江新城区建立金融总部商务区，引导各类金融机构将其区域性总部或分行向金融区集中、集聚，形成规模效应和集合效应，形成投资机构密集、要素市场完备、集散功能强大的金融集聚区。以赣州市中心城区红旗大道、文清路为主体线路，大力发展银行、证券、基金、信托、保险以及与之配套的商务服务，加快建设机构密集、市场完善、创新活跃、科技先进、服务高效的现代金融体系；建立赣州金融交易中心，成为区域性票据交易中心，集货币市场、股票市场、债券市场、担保抵押市场于一体，实现货币、外汇、资本等金融市场的互联互通，强化中心城区经济圈金融业的辐射功能；形成以金融创新、金融信息服务等金融衍生服务创新为主的金融集聚发展区。

两点：在瑞金、龙南两个次中心城市建立金融网点，与章江新区金融中心对接。

（四）发展重点

健全金融组织体系。推进以赣州市金融商务核心区为主体的工程建设，加大金融机构引进力度，积极引进股份制银行、外资银行及域外银行等金融机构，吸引和支持其金融机构在章江新区设立营销总部、地区总部、票据中心、研发中心和人才培训基地等，使章江新区成为中外金融机构集聚之地；积极培育地方法人金融机构，支持地方商业银行做大做强，推动地方银行业金融机构重组升级，引导推动有实力的大企业参股、控股或出资组建地方金融机构，发挥各类金融机构服务当地经济建设和社会发展的重要作用；鼓励大企业集团在达到条件的前提下设立财务公司；积极扶持证券、信托、期货、货币经纪、金融租赁、基金管理等非银行金融机构设立和完善分支机构，支持企业通过股票市场、债券市场、基金市场和产权市场进行直接融资，帮助和扶持具备条件的企业完成上市；争取金融监管部门和金融机构总部的支持，将已具有发展规模和潜力的金融分支机构发展为区域管辖机构；创新信贷管理机制；出台现代服务业信贷管理办法、制度或操作规程，落实服务业信贷奖励措施，根据现代服务业类型分类完善贷款利率定价机制，充分发挥信贷管理运营机制的引导、激励作用；创新担保运营方式；银行主动扩大抵（质）押物范围，引入存货、应收账款、收费权等现金流比较稳定的抵（质）押物，创新担保抵押方式；银行加大与商业性担保机构合作，推行联保、"银行＋保险"等担保新方式，运用基于现金流、货物流和盈利能力分析等的贷款新技术。

优化金融服务体系。对现代服务业提供全方位的金融服务和金融支持，从整体上把握现代服务业的金融服务需求，搭建涵盖资金信贷、支付清算、现金供应、社会信用、外汇管理、企业咨询的现代金融服务体系，为现代服务业发展营造良好的金融服务环境。提供多元化的金融服务方式，既提供信贷、结算、现金等传统服务；又提供利率、汇率、咨询等新型服务。指导企业运用新型金融工具，降低融资成本；优化中小企业生存的金融生态环境。完善现代服务中小企业信用信息基础数据库建设，加快培育现代服务业信用评级市场，提高企业贷款资质水平；加紧建设和完善现代化支付体系。大力发展电子银行、网上银行、电话银行业务，优化对现代服务企业的结算服务，提高资金运转效率；积极创新金融产品，积极开办中短期流动资金贷款、商业票据、票据贴现等业务。对具有一定还贷能力的水利开发项目和城市环保、供水、供热、公交等公共服务业，逐步探索开办以项目收益权或收费权为质押的贷款业务。

发展新兴金融业态。积极发展财务公司、金融租赁、小额贷款、融资性担保等新兴金融业态。着力扩大金融总量，改善区域金融服务环境。积极支持和引导金融机构创新产品和服务，重点加强对商贸流通、现代物流、信息服务等现代服务业的支持和帮助，扩大对现代服务业的保障范围和力度。做大做强金融服务业，紧紧围绕把赣州市建设成区域性金融中心的目标，抓住国家金融政策开放的难得机遇，以做强地方金融机构、健全金融服务体系、优化金融结构、促进金融创新、引导聚集民间资本、维护金融安全稳定为着力点，将赣州市中心城区建设成为资金流、信息流、人气流融通交会的四省边际区域性金融中心，实现金融与经济的良性互动和协调发展。

加快保险市场的培育和发展。进一步发挥保险业在社会管理、经济补偿和资金融通等方面的功能，规范发展保险业，提高公众的保险意识，扩展保险的覆盖面，提升保险业的服务水平和档次。围绕将赣州市建成区域性保险机构聚集中心、保险人才交流培训中心的目标，做大企业财产保险、货物运输保险、出口信用保险等传统险种。加大结构调整力度，注重发展保障型保险品种，大力发展养老保险、健康保险、意外伤害保险，促进医疗保险发展，不断扩大商业养老保险和健康保险的覆盖面。大力发展适应民营企业需要的保险产品，为高新技术企业风险投资提供保险服务。

营造有利于金融业发展的外部环境。以保持金融市场安全稳健运行、防范和化解金融风险为前提，逐步形成诚实守信、资金流动畅通、经济金融和谐良性互动发展的环境。扎实推进社会信用体系建设，健全完善企业和个人征信系统，大力推进企业资信评级工作，建立不良企业信息查询机制，构建统一高效的信息平台。优化区域金融生态环境，稳步推进创建金融安全区工作，完善金融生态环境评价体系，形成金融生态环境建设的长效机制，进一步积聚资本要素市场，将章江新区打造为金融核心区，使赣州市成为名副其实的赣粤闽湘四省边际区域性金融中心。

第二节　现代旅游业

一　理论基础

（一）现代旅游业的定义

世界旅游组织规定：旅游是指人们为休闲、商务或其他目的离开惯常环境，到其他地方访问，连续停留时间不超过一年的活动。在此定义的基础上，从事旅游活动的这些人不会在旅游目的地定居和就业。所谓现代旅游业，是指第二次世界大战以后，特别是 20 世纪 60 年代以来迅速普及于世界各地的社会化大众旅游。大众旅游时代的到来，使旅游日益成为现代人类社会主要的生活方式和社会经济活动，旅游业也以其强劲的势头而成为全球经济产业中最具活力的"朝阳产业"。

（二）现代旅游业的新特征

现代旅游业是对传统旅游业的继承、创新和提升，但又具有传统旅游业所没有的新特征、新业态、新功能。

1. 旅游资源

传统旅游业主要依托自然生态资源和历史文化资源，而现代旅游业更注重挖掘当代各种社会资源（工业、农业、文化、科技、教育、重大节事、现代科技成就、军事工程等），依托整个现代城乡环境，依托日新月异的现代科技，不断地增加和提升旅游供给的品种和质量。社会旅游资源以现代社会、经济、文化和科技军事成果为旅游吸引物，其核心是人，即人的生活、人的风情、人的精神、人的创造，因而可以不断创造、不断挖掘、不断利用。传统旅游资源观的有限论观念应该重新审视。社会资源无限论为旅游的可持续发展开辟了无限广阔的前景。

2. 旅游产品

传统旅游业主要提供观光、度假和健身等休闲娱乐产品，通常被认定为生活性服务产品。现代旅游业进一步扩展到公务、商务、会议、展览、人才培训和企业推广等产品，具有生产性服务的功能。以工业旅游为例，既有为旅游者提供观光、休闲、增智、娱乐等生活性服务的功能，又有为工矿企业宣传企业形象、培育企业品牌、扩大企业社会影响力的生产性服务的功能。

3. 客源市场

传统旅游业的市场半径较短，主要在国内和周边邻近地区，而现代旅游业进一步扩展到全球。每年有八九亿人次的国际游客在世界各地进行跨洲、跨国旅游活动。传统旅游业的市场群体有限，主要是贵族、富商和名流等社会上层富裕阶层。随着社会福利的普及、公民带薪休假制度的建立，休闲权被国际公认为人权的内容之一，旅游休闲已从少数群体的奢侈性消费变为大众化的文明生活方式的一部分。

4. 科技支撑

传统旅游业主要依托近代以蒸汽机发明使用为标志的第一次产业革命成果（火车、汽车、轮船等）、以电气发明使用为标志的第二次产业革命的成果（电话、传真等），而现代旅游业则是在以数字电子为标志的第三次产业革命成果的基础上，广泛地吸收、利用现代科技的各方面成果，从而使旅游的生产、营销、服务和管理等各个领域发生革命性的变革，极地旅游、太空旅游、海底旅游、虚拟景观和网络营销、网上预定与结算等电子商务形式层出不穷。

5. 旅游企业

从近代欧美出现旅游服务业以来，旅游业一直在市场经济基础上以企业作为经营主体。传统旅游企业一般在国内或洲内从事经营活动，由旅行社、宾馆旅店、餐饮店、商店、娱乐机构和运输公司等不同类型的企业各自承担相应的旅游服务环节，形成招徕、组织、客运、观光、住宿、餐饮、娱乐、购物等旅游服务链。在科技现代化、经济全球化、区域一体化深度推进的背景下，现代旅游业逐步形成了跨地区、跨国家、跨洲界、跨行业（旅行商、饭店、航空公司、游船公司、娱乐公司、度假村等）的全球性旅游集团，产生了一大批各有专长、各具特色的国内外著名旅游品牌企业。在这些著名旅游集团的主导下，形成了由批发、代理、零售组成的全球性旅游产销体系。

6. 产业队伍

传统旅游业主要是劳动密集型产业，就业门槛相对较低。现代旅游业以高新科技为支撑、知识经济为依托，拥有一支优秀的企业家队伍、高素质的管理团队、各有所长的专家群体以及训练有素的员工队伍。像迪士尼这样的全球性休闲娱乐、旅游度假品牌，无疑集合着一支策划创意、设计制作、经营管理和市场营销等方面的专家和高素质的员工队伍。在世界范围内，旅游已经成为重要的就业渠道（约占就业总量的1/9），旅游从业者已成为一支重要的产业队伍。

7. 产业形态

传统旅游业主要由客运、住宿、餐饮等行业组成，配套的有通信、购物、娱乐、康疗等行业，产业构成较为简单。现代旅游业由于其地域延伸、规模扩张和产品深化，与国民经济的众多产业有着千丝万缕的联系。它是以行、游、住、食、购、娱为核心，由旅游服务行业和与该行业直接、间接相关的第一、第二、第三产业共同构成的旅游产业，由众多行业链（或行业群）组成的产业集合体。有些行业和部门，由于旅游业发展的巨大需求，已形成某些相对独立的分支行业，如旅游教育业、旅游咨询业、旅游广告业、旅游农业等。

8. 与自然环境的关系

传统旅游业依托良好的生态环境和优美奇特的自然风光，侧重对自然生态环境的利用开发，更多的是对自然生态环境的"索取"。现代旅游业在依托生态环境和自然风光的同时，更注重对自然生态环境的保护、培育和优化，主张开发绿色产品、推广绿色经营，提倡绿色消费、开展绿色宣传，提高旅游管理者、经营者、旅游者和旅游目的地居民的环境意识、生态意识和绿色旅游意识，建立绿色旅游管理体制，日益成为资源节约型、环境友好型产业。

9. 政府引导

欧美国家传统旅游业一般从国内旅游起步，主要利用原有的风景园林、文化博览和体育医疗等观光休闲、娱乐康体资源，依托日趋完善的交通客运、邮电通信、商业服务设施和相关的商法体系，在市场经济的环境中自然发展，政府对旅游行业的行政干预较少。发展中国家旅游业大多从接待入境游客起步，交通客运、邮电通信、商业服务设施和相关消费法规又很不完善，为了处理和协调接待入境游客中面临的众多问题，在发展旅游业的初期，政府采取较多的行政干预措施，甚至直接开发旅游接待设施、经营旅游企业。随着现代旅游业的普遍、深入发展，市场经济的发育与成熟，越来越多的国家设立了专门的旅游行政管理机构，把引导旅游业的发展列入政府的职能范围。同时，随着中央政府与地方政府旅游管理分权化的趋向，政府主管机构与旅游行业组织及企业之间"公私合作伙伴"关系的形成，国有旅游企业民营化或国有民营的趋势，旅游行业组织规范、协调、自律和服务功能的强化，政府对旅游业的管理方式也不断改变。政府逐步从直接开发、经营和管辖具体的旅游服务运行中退出，而主要采取政策指导、社会协调、信息引导和法律规范手段，规范市场秩序，提升产业素质。

10. 国际协调

第二次世界大战以前，旅游业的国际联系与协调主要由旅游企业自发进行，各国政府间的官方协调微乎其微。1946 年在伦敦召开首届国家旅游组织国际大会的基础上成立的世界旅游组织（WTO），1969 年正式被联合国大会批准，现今已有 139 个国家、6 个区域性组织和 350 个公司会员，其成员遍及全球，在协调各国政府旅游政策、制定旅游规范标准、促进各国旅游合作等方面开展了卓有成效的活动。除此之外，还有国际研究机构世界旅行旅游理事会（WTTC），区域性的国际合作组织有欧洲旅游委员会（ETC）、亚太旅游协会（PATA）、东盟贸易和旅游委员会（ASEAN – TTC）和拉丁美洲旅游组织联盟（CTOLA）等，以及各旅游服务行业（航空、饭店、旅行社、度假村等）的世界性和区域性的国际旅游商组织，国际协调逐步加强，旅游经济的全球国际化、区域一体化程度越来越高。

总之，现代旅游业的实质是传统旅游业的现代化，其国际背景是科技现代化、经济全球化、区域一体化和文化多元化，其国内基础是经济现代化、社会城市化、服务体验化和休闲大众化。

（三）影响我国现代旅游业发展的因素

1. 积极因素

（1）和平与发展成为当今世界主题。

现在人类社会正处在飞速前进的大潮中，和平与发展是最重要的两个主题。世界旅游业自二战以后得到迅猛发展，中国旅游业是伴随改革开放发展的，二者都有一个共同的基础——和平与发展的国内和国际环境。

（2）信息技术的广泛运用。

现代信息技术已经成为影响人类生活和经济活动的重要力量。旅游业是信息依托型产业，信息技术的迅速发展和应用对未来旅游业发展有着深远的影响。旅游者通过使用信息技术，可以方便地获取各方面信息，从而安排自己的行程，使旅游更加科学化。旅游企业通过信息技术实现科学管理，降低经营成本，提高劳动效率，有助于旅游服务质量的提高、旅游产品的开发和经营理念的创新，从而提高企业的竞争力。同时，信息技术的广泛运用，也促使旅游产业结构调整步伐加快和市场进一步细分，有利于旅游市场经营更加科学合理。

（3）节庆会展孕育新机。

旅游吸引物分为场所吸引物和时间吸引物，而大型事件活动目前已日益成为各地发展旅游业，振奋旅游经济的重要方式。事件活动的举办不仅集中了大众媒体的传播报道，能迅速提升旅游目的地的知名度和美誉度，从而大大增强旅游吸引力，而且对举办地具有深远的经济意义和社会意义。

（4）旅游企业的创新发展。

知识经济是 21 世纪发展的主流，旅游业作为未来的支柱产业，必然与知识经济紧密结合，作为旅游活动媒介的旅游企业也必然如此。如今，旅游企业不断依靠科技进步，采用新的科技手段，特别是新的信息传输手段，推动旅游业的发展。旅游企业在牢固树立传统的服务观念的基础上，不断创新出新的思路、新的理念。同时，国家和企业在优化旅游市场、提高旅游形象方面创新发展制度，不断探索新的经验，以求寻找促进发展的最佳机制。

（5）旅游时间常年化。

目前我国旅游市场状况淡旺季已逐步减缓，很多地方感觉淡季不淡、旺季较旺。以前我国基本形成了春节黄金周、"五一"黄金周、暑假和"十一"黄金周四个旅游高峰，这四个旅游高峰使旅游企业在旺季时应接不暇，在淡季时接待能力等方面产生了许多浪费和分配不均。后来，随着我国带薪休假政策的实施，居民旅游时间的常年化可以得到保证。伴随奖励旅游制度、福利旅游制度的逐步推行和完善，旅游时间逐步走向常年化，有利于旅游资源的合理分配和旅游环境的发展。

2. 消极因素

（1）不可抗力。

近年来，局部战争、恐怖主义等对旅游业的影响不容忽视，经济全球化更使得这些恶性事件的后果扩大到世界范围。继美国"9·11"恐怖袭击事件后，一系列反恐战争伴随而来。"9·11"事件后，以美国为主要客源市场的旅游目的地损失惨重，加勒比海地区的游客也减少了65%。2003年伊拉克战争使全球出境旅游业都出现了剧烈波动。2008年美国次贷危机爆发，很快席卷了全球的经济金融业，全球经济增长减缓，经济发展不稳定，严重打击了消费者的信心。近年来，世界旅游业受到SARS、禽流感和地震与海啸等自然灾害突发的影响。2003年春天开始在我国蔓延的SARS疫情沉重打击了我国旅游业，使我国旅游业陷入历史上较为低迷的发展时期之一。因此，突发的自然灾害对旅游业的影响是不容小觑的。

（2）旅游资源的不合理开发。

在我国旅游资源开发过程中，不少地区不顾本地的实际情况，不考虑本地区的旅游资源优势，不经过充分的市场调研论证就将本地区的山水作为重大旅游资源，开始大力招商引资予以开发，花费了大量的人力、财力，结果却收效甚微。另外，有些地方在没有考虑市场容量、发展潜力的情况下，过于乐观地估计旅游形势，兴办高级宾馆、饭店等高消费场所，盲目开发旅游资源，造成短期旅游市场火爆却难以为继的局面。

（3）旅游监管体系不完善。

由于旅游法规不健全，经营秩序混乱，旅游者的正当权益得不到保护。旅游资源的稀缺和不可再生性，容易导致垄断价格，有些地方保护主义严重，自行定价，巧立名目，价格多变。这些混乱的市场秩序严重侵害消费者权益，阻碍了当地旅游业以及旅游业整体的健康快速发展。

（4）旅游设施与旅游服务不完善。

我国国内旅游的配套设施和服务设施进一步完善，各级政府和主管部门采取了不少措施，但是，我国国内旅游市场庞大，由于财政困难，我国对旅游设施的物质投入少，基本上是贯彻"以旅游养旅游"的方针，花钱多的项目上不去，只能因陋就简，以致设施不全。我国中西部的有些旅游景点，交通不够便捷，民航不能直接到达，或由于航班限制，客运能力差；铁路也经常处于超载状态；邮电传递、信息通信欠完善，这些都严重制约着我国旅游业的发展。

（四）现代旅游业的发展趋势

从全球经济和政治发展的趋势来看，世界经济不断发展，和平环境也日益稳定，现代旅游业也相继得到了发展。随着现代旅游理念的转变，人们对之前的大众旅游进行了深刻反思，倡导可持续旅游并且从"人类中心论"转变为"生态中心论"。在新的理念指导下，消费模式也发生了巨大变化：参与型专项旅游受到推崇，团队旅游向散客旅游转变，背包游和自驾车游兴起等。这些理念与消费模式的转变给旅游业带来新的发展。

1. 旅游多样化、大众化趋势

旅游目的的不同，使目前占统治性地位的观光型旅游向多样化发展，如商务会展旅游、文化宗教旅游、专项旅游和新兴高端旅游。旅游不再是高消费活动而是作为日常生活的一部分进入了千家万户。旅游有广泛的群众基础，人们的工作、生活都可能是远距离的长途旅行方式，形成空前广泛而庞大的人群交流和迁移。传统的地域观念、民族观念被进一步打破，旅游的淡旺季已不再明显。

2. 文化性是旅游业发展的新亮点

旅游本身的文化功能是内在的。旅游企业是生产文化、经营文化和销售文化的企业，旅游者进行旅游，本质上也是购买文化、消费文化、享受文化。在旅游开发、管理和经营的过程之中没有文化就没有竞争力。因此，旅游业发展首先要注重文化内涵。无论是文化性、生态性、探险性还是度假性的旅游项目，也无论是办旅行社，还是建饭店，都要充分挖掘文化内涵。可以说，对文化内涵的注重已经成为旅游业竞争的起点，起点高则发展余地大。

3. 形式与内容的多元化是旅游业发展的主旋律

在旅游发展的初级阶段，人们主要以游览名胜古迹和自然景观为目的。但随着经济、文化和教育的发展，人们不再满足于单纯地"观山看水"，而更多的是要求在旅游的过程中获取知识和体验生活。人们旅游需求的多层次发展势必迫使旅游业无论在形式上还是在内容上均呈现出多元化的特点。从形式上讲，自助游等旅游形式将越来越普遍；从内容上讲，工业旅游、农业旅游、会展旅游等将会成为新的热点。

4. 旅游服务逐渐向人性化和社会化方向发展

随着旅游业从经验管理走向科学管理，标准化服务的实施使服务质量有了很大提高。然而，由于旅游需求的多样性、多变性等特点，标准化服务的弊端逐渐显露。因此，未来旅游服务将通过人性化的服务满足不同游客的需要，努力使所有的游客满意。一方面，通过开展度假游等继续为旅游者提供服务；另一方面，通过积极开展商务游、会展游扩大对企业和政府的服务。通过承揽其他各种专项旅游服务，真正实现旅游服务全面化、社会化。

5. 旅游业科技化趋势日益突出

高科技在旅游业中的应用范围十分广泛。随着旅游资源开发的高科技化，海底游、南北极游、太空游等旅游方式已成为可能；旅游服务的高科技化，如旅游目的地信息系统、计算机预订系统、饭店管理系统、开张与结算计划等信息网络技术能够极大地促进旅游业的发展。

二　赣州市现代旅游业发展实例研究

（一）发展目标

通过多方面的共同努力，全面提升赣州市旅游产业素质和旅游对外整体形象，推进旅游产业又好又快发展，实现江西品牌旅游目的地和精品名牌旅游产品建设的重大突破；实现旅游经济增长方式的重大转变，推动旅游发展走上质量效益型增长之路；实现旅游资源大市向旅游经济大市的跨越和旅游业在江西省乃至中部地区的逐步崛起，把赣州市建成海内外"旅游休闲后花园"、"观光度假胜地"和红色旅游强市、生态旅游强市、旅游经济大市，旅游业成为赣州市国民经济的重要支柱产业，为全市经济社会发展做出新的更大的贡献。力争到 2015 年，高星级旅游饭店达到 20 家以上，旅游接待人数突破 5000 万人次，旅游总收入突破 500 亿元。

（二）发展布局

紧紧围绕"打造旅游休闲后花园""休闲度假胜地"与建设红色旅游强市、生态旅游强市、旅游经济大市的战略目标，以市场需求为导向，以产品开发为中心，以建设旅游目的地、打造旅游精品为重点，提升旅游整体品位，坚持红色旅游与多彩旅游相融合，城市旅游与乡村旅游相促进，国际旅游与国内旅游相协调，质量效益与规模速度相统一，服务质量与设施水准相对应，体制机制与经营管理相适应，旅游经济功能与社会功能相彰显的原则，以对接"长珠闽"、联通"港澳台"、融入全球化为抓手，以红色旅游为龙头引领绿色、古色旅游全面发展。通过全面整合旅游资源、产业、体制、机制，全面优化旅游产业结构，提高旅游管理和服务水平，提升旅游产业整体素质，形成大旅游、大产业、大市场、大发展的格局。加快建设赣州"五大旅游圈"，即红色经典旅游圈、江南宋城旅游圈、客家风情旅游圈、生态旅游圈和堪舆宗教文化旅游圈。同时，打造一条旅游精品线路，包括在河套老城区，依托古城墙、八境台、郁孤台、蒋经国故居、古浮桥、福寿沟等旅游资源，重点发展江南宋城游；在章江新区，依托城市中央公园、城展馆、自然博物馆、市民中心、章江南岸滨江公园、章江大桥桥头公园，以及即将兴建的钨与稀土集散中心、商务中心和流转中心，大力发展商务休闲游；在水东片区，依托马祖岩文化生态公园，建设集文化生态旅游、休闲养生、佛教朝圣于一体的风景区，成为全省乃至全国知名、东南亚有影响力的佛教文化圣地；在峰山片区，依托赣州植物园、中国（赣州）国际花木城、体育公园和赣州美食城，为市民及游客提供一个集休闲、观光、购物于一体的理想去处；在陡水湖景区，依托陡水湖国家森林公园、赣南树木园、京明度假村、上犹圆村省级乡村旅游示范点、森林小火车等旅游资源，打造中国的"月亮湖"。

（三）发展重点

乡村休闲旅游。发展乡村休闲旅游，是在原生态环境相对较好、城市化水平相对较低的赣州探索新城镇建设和发展山区经济的一条新路，是新农村建设的重要内容与途径，是缩小城乡差别的有力举措，是促进社会和谐的"润滑剂"。赣州应依托历史文化丰厚、古村资源丰富、民俗事项多样、田园风光优美、山水环境宜人的优势，积极发展乡村休闲旅游，重点开发竹乡、莲乡、橙乡、茶乡、傩舞之乡、客家围屋之乡等特色旅游村镇；培育一批"农家乐"特色乡村旅游产品和旅游项目，形成休闲农业旅游的"一县一特"和"一镇一品"的产业发展格局。鼓励农民以土地使用权、固定资产、资金、技术等资源投资入股，以股份合作的方式兴办休闲农业旅游，支持农业企业兴办现代农业园区旅游项目，实行政府、企业多方合作建设集聚型农业旅游基地。

山水度假旅游。发展山水度假旅游，是依托赣州的名山胜水，依靠赣州优良的生态环境而发展的山水经济。赣州山清水秀，森林覆盖率达76.2%，山地环境宜人，山里气候温和，且大多是山水相依，应该大力发展山水度假旅游，做足山水资源文章。重点将崇义、上犹、安远、寻乌、定南、赣县等打造成为绿色山水休闲度假胜地，将瑞金、兴国、宁都、大余打造成为文化山水休闲度假旅游胜地，将宁都、石城打造成为丹霞山水观光休闲旅游经典，将定南打造成东江源生态休闲旅游点。

文化旅游和红色旅游。充分利用赣州丰富且极具特色的红色文化、客家文化、宋城文化、风水文化等文化资源，大力发展各具特色的文化旅游，尤其是要抓住国家发展红色旅游的机遇，加快实现红色旅游上水平、上质量，将红色旅游作为赣州旅游产业发展的着力点和领跑器。高标准建设好一批重点红色旅游景区，打造出一批在国内具有震撼力的红色旅游精品，把赣州市建成红色旅游强市，使赣州市主要红色旅游区成为国内外旅游热点，使红色旅游产业成为推动全市经济社会发展的重要动力。重点建设好瑞金红色故都景区、陈毅三年游击战争景区、于都长征始发地景区、兴国将军县景区、宁都起义和中央苏区反"围剿"战争纪念景区、寻乌调查纪念馆、南方红军三年游击战纪念园等景区，并注意连片开发，形成红色旅游精品线路。在发展好市内红色旅游区域的基础上，与周边省市加强红色旅游合作，逐步建设好"中央苏区"红色旅游协作区和江西红色旅游协作区。在大力发展红色旅游的基础上，努力拓展红色旅游产品链，提高红色旅游的影响力、招揽力、带动力、辐射力，促进红色旅游形成规模效益和整体效应。

政府扶持发展。制定扶持旅游业发展的政策，特别是产业培育、市场营销的奖励性政策。政府应有计划地对发展乡村旅游的村庄进行卫生、环境和基础设施的重点投入，对旅游业可考虑适当减免税收，启动农户旅游发展的小额贷款，支持乡村旅游发展；鼓励民间资本、外资进入赣州旅游业；开发具有赣州特色、文化内涵、纪念意义的旅游商品，可举办由政府参与的旅游商品设计和制作大奖赛，推出一系列的优质品牌；加强导游队伍建设，定期举办全市导游大赛，推出一批市级优秀导游员。积极探讨采用租赁制、股份制、合作制的方式，吸引外资投资旅游景区、景点和旅游基础设施的建设。加大旅游景区管理体制创新力度，对旅游景区实行统一管理，对资源开发、产品包装、宣传促销等实行统一运作和整体推进。

对旅游资源进行整合。以突出赣州的地域特色、进行适度性开发、保证各区域均衡发展、力争旅游资源开发适度超前为区域旅游资源整合的基本原则，在空间上和功能上实现旅游资源的整合。确定并强化旅游据点，选取资源丰富、基础设施良好、交通便利、信息富集的旅游地作为据点，使其加强和积聚周边各旅游地的资源优势，实现优势互补，形成一定范围内旅游地的吸引力合力，带动周边地区旅游业的发展。同时，通过各据点在区域上的相互连接，形成各具特色的旅游单元，并通过多样化、特色化旅游项目的推出，形成对旅游者的持久吸引力，促进区域旅游的整体发展；构筑旅游网络，进一步强化已有的旅游区并开发新的特色旅游带，打造更多的精品旅游线路，实现红色旅游、宋城旅游、客家旅游、生态旅游及堪舆文化旅游在空间和功能上的整合，提升旅游产品质量；抓好旅游商品开发，建设购物旅游品牌，在重点旅游区建立完善的购物网点，在全市培育建设几个规模大、拉动力强、辐射面广的大型旅游商品市场，聚集赣州乃至江西的重点优势旅游商品和纪念品，满足游客的购物需求，打响"购物旅游"品牌；确定资源开发序列，将那些旅游资源价值高、区位条件好、社会经济发展水平较高的旅游风景区或中心城镇作为旅游增长极进行重点开发培育。

提高旅游企业核心竞争力。积极推进国有旅游企业的改革，建立起符合现代科学的企业水平分工和垂直分工管理的体制，努力提升行业整体素质，使之走上健康良性发展的道路。加快企业改组改制步伐，引导和支持不同行业、不同所有制的旅游企业参与改革和重组，促进旅游企业向市场化、品牌化和集约化方向发展，推进旅游饭店连锁化、景区集团化、旅游运输联合化和导游服务公司化，促进市场主体规范化、市场分工合理化、市场竞争有序化。积极组建区域性、专业性旅游集团，使其在全市旅游产业发展中发挥龙头和骨干作用，努力促进中小企业向专、精、特方向发展，做精一批中小旅游企业，形成大旅游企业与中小旅游企业协调发展的良好格局。扶持和培育农民旅游经济服务组织；发展同业合作联盟，推进利益共享的连锁经营和集约式服务；优化旅行社行业结构，切实解决赣州市旅行社行业规模小、组织结构松散、竞争实力弱、适应市场和市场开发能力差的问题；支持具备条件的旅游企业，通过股票上市、发行债券、项目融资、股权置换等方式，拓展融资管道，尽快做大做强。

第三节　现代商贸会展业

一　理论基础

（一）现代商贸会展业的定义

在西方，会展业是会议与展览行业的总称。所谓会展业是举办各种形式的会议和展览展销，带来直接或间接的经济效益和社会效益的一种经济现象和经济行为，也被称为会展产业或会展市场。会展业是集信息通信、交通运输、城市建设、旅游发展等在内的，综合性的和关联度非常高的服务贸易行业。由于它能够创造高额的经济价值，提供广泛的就业机会和对社会综合经济指数增长起拉动作用，并表现出一种经济现象的多种形态，因而可以作为会展经济来对待。

它是一个新兴的服务行业，影响面广，关联度高。以商贸为主要目的的会展业称为商贸会展业。现代商贸会展经济逐步发展成为新的增长点，而且商贸会展业是发展潜力大的行业之一。在新时期，必须大力发展商贸会展业，全面提升会展经济。

（二）会展经济的界定与功能

1. 会展经济的界定

综合国内学术界对会展经济的界定，可以认为会展经济至少应包括以下三层含义：①会展经济是一种新的经济形式或现象，具有巨大的综合效益；②实现会展经济发展的途径是举办各种形式的会议或展览、博览活动；③会展经济具有明显的产业关联性，但其有序发展也需要相关部门的协调与配合。综上所述，可以认为会展经济是指以现代化的会展场馆为基础，以完善的城市设施和健全的服务体系为支撑，通过举办各种形式的会议或展览活动，吸引大批与会、参展人员及一般观众前来进行经贸洽谈、文化交流或参观展览，在获得直接经济效益的同时带动相关产业发展的一种经济现象。

会展经济是一种新的经济形式，其发展状况不仅会直接影响城市经济的长足发展，还将关系到社会的诸多方面。一般认为，会展经济具有以下几个特点：综合效益大、产业关联强、互动性能好、投资回收快、游客数量多等。

2. 会展经济的功能

会展经济的功能就是指会展业依据自身成长机制，在实现自我发展的过程中，对会展举办地社会进步、经济发展与环境改善的综合贡献。会展经济是商务交流、城市发展和第三产业共同发展的产物。从会展经济在发展过程中的具体表现来看，它主要具有以下五种功能。

（1）整合功能。由于会展与旅游活动一样都涉及食、住、行、游、购、娱以及运输、通信、广告等众多行业，因而一次策划成功的会议或展览能有效整合举办地的各类资源，如会展场馆、旅游景点、旅游配套设施、城市基础设施甚至城市形象等。由此可见，会展活动的组织对城市发展至关重要，因为资源的有机整合能有效提高一个城市的综合竞争力。

（2）纽带功能。大规模的会展活动尤其是国际性会议或博览会能为众多参展商提供理想的交易平台，并有助于加强会展举办地与国内外的经济、技术交流与合作，推动城市间的人员互访和文化交流。另外，通过积极参展，企业可以了解有关产品技术的最新动态，学习和借鉴发达国家的先进技术和管理经验。

（3）展示功能。通过举办大型会议或展览会，举办地可以向全国甚至世界各地的与会者、参展商、经营人员和游客宣传本地的经济建设成就与科技发展水平，充分展示城市的现代风貌。同时，通过为参展商和观展人员提供高品质的服务，能有效提高城市的美誉度。

（4）连带功能。会展业的连带功能指的是除其本身所带来的高额收入外，会展活动还将推动旅游业、展览业、商务、运输业、电信业、广告业等产业的发展，并能创造大量的就业机会，从而使会展举办地的综合竞争力得到全面提升。

（5）促销功能。在以城市整体形象为依托的前提下，展会促销与旅游营销活动等有机结合起来，可以提高整个城市的国际影响力。当然，最重要的还是会展活动为本地企业提供了一个充分展示自己的舞台，企业可以借机宣传自己的经营理念和产品品牌，加强同行之间的交流与合作，从而将产品推向国际市场。

二　赣州市现代商贸会展业发展实例研究

（一）发展目标

继续巩固和强化现代商贸业既有优势，进一步拉开发展框架，优化现代商贸业空间布局，加快各种商贸集聚区块建设，提升对外辐射能力。着力增强各类商品市场发展的动力和活力，建立健全资本和产权、人力资源、信息等要素市场，大力发展独立公正、规范运作的专业化市场中介服务机构，在省内率先建立起统一开放、竞争有序、高效运行的现代市场体系。到2015年，全市社会消费品零售总额年均增长16%，总额达到900亿元。

（二）发展布局

按照建设赣粤闽湘边界商贸中心目标定位，构建"一圈、多点"的商业空间体系，并全力打造以信丰、龙南为主要依托的两个会展中心。

一圈：以章贡区、南康市为核心商贸圈。以文清路步行街、南康家具市场、南康纺织服装市场为发展重点，高品位规划、改造提升现有市场群，依托赣县仓储物流产业优势，重点打造现代化的家具、纺织服装及农副产品交易专业市场。

多点：市县级区域商业中心。依托各县（市、区）已有及在建特色商业街，大力发展区域商贸产业，形成若干商业中心。

（三）发展重点

加大资源整合力度，加速引进与培育大型流通企业。以存量盘活、增资配股、上市募集、股权转让等为手段，加快农副产品批发和加工业、纺织服装业及家具建材业等大型商贸流通集团的建设步伐；吸引内外资著名批发、零售和贸易企业以及国际著名品牌工厂、商业连锁巨头，来赣州市开设大型连锁商业网点。

优化商业布局，形成功能完善、互为补充的三级商业网络体系。积极推进章贡中心商贸区建设，努力建成人流、信息流、资金流高度集聚的现代化新城。强化城中商业区购物、休闲、娱乐、美食、都市旅游等功能，突出休闲娱乐主题，为"体验消费"等服务型消费增长及综合功能的开发提供基础和条件，营造独特的消费文化，力争把章贡区打造成为赣州市商业购物、餐饮、文化娱乐最繁华的商业地段和零售中心；全方位建设县（市、区）级商业中心及城镇商业网点，按照人口流向、人口结构及分布规律，完善商业网点布局和商业综合配套，形成多家集购物、服务、餐饮、休闲、娱乐为一体的县（市、区）级购物中心；重点建设文清路商业步行街区，一方面继续增强现有各类商业街的集中程度，另一方面通过完善的信息化配套服务、交通服务以及物流服务增强商业街区的集聚和辐射功能。

积极拓展商贸经营特色，引领市民扩大消费。加快"夜间服务业"发展，繁荣夜间经济，拉动消费内需，推进夜间消费设施建设，完善夜间消费配套服务体系，拓展公交线路，实施公交延时服务，开展各类参与性强的娱乐活动，鼓励夜间餐饮、购物、娱乐、休闲、观光、保健以及曲艺业态等的多层次、多元化发展，满足不同消费内容、消费方式的需要。积极发展连锁经营和电子商务等新型商业业态，力争引进和培育一批大型专业店、便利店，加快连锁业向服务业各业延伸的步伐。

立足培育大市场，加快现代市场体系建设。结合赣州城市建设总体规划，不断优化市场布局，形成以中心城为核心，向外辐射的市场建设规划布局；引导市场对现有资源进行整合和重组，加快建设具有赣州特色的区域性大市场，创建全国重要的家具、纺织服装、脐橙、有色金属产品等市场集群，鼓励同类市场联合、兼并，形成以资产为纽带的集团型市场，促进市场二次创业和新的发展；加快组织形式和交易方式的创新，全面提升市场档次，逐步形成现代商品物资流通协作共同体，促进传统商品市场与新型业态的有机结合，拓展新型交易方式；完善生产要素价格市场，促进生产要素合理有序流动；加强市场监管，建立社会信用机制，规范市场主体行为，推进"诚信市场"建设，建立健全现代市场经济信用体系，建立常规性市场准入机制和退出机制；加强对市场体系建设的指导服务，加大调控力度，提高协调能力，培育和发展各类新兴市场，规范新建市场的规模、数量、功能等。

加快会展业产业化，扶持品牌会展业发展。完善会展基础设施，合理规划会展场馆，充分考虑城市会展业发展迅速的特点，着眼长远、科学规划、整体布局，有效结合适用性和观赏性，发挥赣州市旅游资源优势，对场馆及周边设施的建设给予前瞻性的考虑；充分发挥赣州市有色金属、脐橙等特色产业比较优势，重点发展专业性的会展服务，努力培育定期定点举办的会展品牌，全力打造有色金属展览交易中心、家具博览交易中心以及脐橙展览交易中心。加强有关会展场馆与政府部门、社团组织、大型集团企业的协调与合作，力争形成若干持久性的自主品牌展会。大力引进和培育上规模上水平的专业会展企业。

第二十一章　赣州市现代服务业新兴产业发展

新兴产业产生的原因大致有三点。第一，通过新技术产业化形成新型产业。新技术刚产生时属于一种知识形态，在发展过程中其成果逐步产业化，最后形成一种产业，如信息产业，由于数字技术的发展，已被认为是一个新的朝阳行业。

第二，用高新技术改造传统产业，形成新产业。例如，钢铁行业通过新技术改造，形成了新材料产业，生产复合材料以及抗酸、抗碱、耐磨、柔韧性好的新兴材料。同样，用新技术改造传统的商业，变成现代物流产业。这些产业改造的核心是，使经济效益比传统产业有较大幅度的提高。

第三，对原来认为是社会公益事业的行业进行产业化运作。以往人们把传媒当作事业来看待，需要各级部门的拨款。如我国的电影产业，以几十家电影厂为基础，国家不间断地拨款。相反，美国仅一个好莱坞，通过几个大的传媒公司运作，每年产生几十亿美元，甚至上百亿美元的利润。

伴随着信息技术的发展和知识经济的出现，社会分工的细化和消费结构的升级，利用现代化的新技术、新业态和新的服务方式改造提升传统服务业，产生了高附加值、满足社会高层次和多样化需求的众多现代服务业新兴产业。例如，文化与创意产业、计算机服务业、软件服务业、科技交流业、推广服务业、居民服务业、社会福利业等。结合赣州市经济与社会发展基础，赣州市应大力发展文化创意产业、信息和科技服务业和社区服务业。

第一节　文化创意产业

一　文化创意产业的核心和内涵

文化创意产业（Cultural and Creative Industries），是一种在经济全球化背景下产生的以创造力为核心的新兴产业，强调一种主体文化或文化因素依靠个人（团队）通过技术、创意和产业化的方式开发、营销知识产权的行业。文化创意产业主要包括广播影视、动漫、音像、传媒、视觉艺术、表演艺术、工艺与设计、雕塑、环境艺术、广告装潢、服装设计、软件和计算机服务等方面的创意群体[①]。《国家"十二五"时期文化改革发展规划纲要》明确提出了国家发展文化创意产业的主要任务，全国各大城市也都推出相关政策支持和推动文化创意产业的发展。

（一）文化创意产业产生和发展的社会背景

创意产业的概念最早出现在 1998 年出台的《英国创意产业路径文件》中。该文件明确提出："所谓创意产业，就是指那些从个人的创造力、技能和天分中获取发展动力的企业，以及那些通过对知识产权的开发可创造潜在财富和就业机会的活动。"

创意产业概念的出现有三个大的历史背景。第一，欧美发达国家完成了工业化，开始向服务业、高附加值的制造业转变。它们一方面把一些粗加工工业、重工业向低成本的发展中国家转移；另一方面它们的很多传统产业、传统工业城市出现了衰落，这时候就出现了经济转型的实际需要。第二，20 世纪 60 年代，欧美出现了大规模的社会运动，亚文化、流行文化、社会思潮等风起云涌，对传统的工业社会结构产生很大的冲击。人们更重视差异，反对主流文化，张扬个性的解放，对以前普遍认为怪异的多元文化逐渐开始承认，社会文化更加多样和多元，形成了有利于发挥个人

---

① 凯夫斯：《创意产业经济学》，新华出版社，2004。

创造力的氛围。第三，20 世纪 80 年代英国首相撒切尔夫人、美国总统里根上台以后的经济政策更加鼓励私有化和自由竞争，企业和个人要创新，有差异化才能有市场，这也刺激了创意产业的发展。

在此时代背景下，创意产业在西方发达国家得以萌生和不断发展。就世界范围来说，美国的文化产业最为发达，美国文化产业在其国内 GDP 中所占的比重非常大。文化创意产业在给美国带来巨大经济效益的同时，也将美国的文化价值体系迅速地向世界其他国家和民族进行推广，美国的价值观念通过美国的影视作品在全世界范围内得到了传播。亚洲的韩国和日本在发展文化创意产业方面也取得了巨大的成绩。

当今世界，创意产业已不再仅仅是一个理念，也有着巨大的经济效益。全世界创意经济每天创造 220 亿美元，并以 5% 的速度递增[①]。一些国家增长的速度更快，美国达 14%，英国为 12%。

（二）文化创意产业的核心

文化创意产业在发达国家也叫"文化产业"或"创意产业"，称"创意产业"的有英国、韩国。欧洲其他国家称之为"文化产业"。在美国没有"文化创意产业"的概念。美国是一个高度法治的国家，一切由创造力产生的产品都有知识产权，因此把相关行业叫作"版权产业"。因此，在发达国家文化创意产业的概念和内涵也有所不同。

我们认为，文化创意产业最核心的就是"创意"，即创造力。文化创意产业的核心其实就在于人的创造力以及最大限度地发挥人的创造力。"创意"是产生新事物的能力，这些创意必须是独特的、原创的以及有意义的。在"内容为一切"的时代，无论是电视影像这样的传统媒介产品，还是数码动漫等新兴产业，所有资本运作的基础就是优良的产品，而在竞争中脱颖而出的优良产品恰恰来源于人的丰富的创造力。因此，文化创意产业的本质就是一种"创意经济"，其核心竞争力就是人自身的创造力。由原创激发的"差异"和"个性"是文化创意产业的根基和生命。创造力

---

① John Howkins, *The Creative Economy*, The Penguin Press, 2007.

和高技术含量已经是现代经济活动最为显著的特征，美国已经发出"资本的时代已经过去，创意的时代已经来临"的宣言①。

"创意"或者"创造力"包括两个方面。第一是"原创"，这个东西是前人和其他人没有的，完全是自己首创的。第二就是"创新"，它的意义在于虽然是别人首先创造的，但将它进一步地改造，形成一个新的东西，就给人以新的感觉。

文化创意产业的发展，依靠的是人，最核心的就是人的创造力的释放和解放。中国文化产业真正发达需要充分释放中国人的创造力，提高人的素质，打开人的视野，让人看得多、知道得多，人的无限创新能力才可能被最大限度地激发出来。任何文化遗产或资源并不能天然地成为产品或商品，只有经过一定形式的再创造，才能成为具有丰厚知识产权的文化产品。文化人、艺术家的创作能力可以说就是文化创造的"技术因素"，个人的创造力与素养是整个文化创意产业的最关键环节，是产业链条的基础，同时，他们创造所需的社会氛围、制度条件也是这类"技术"的组成部分。

新经济时代的创意产业对物质基础和自然资源依赖度不高。文化创意产业高度依赖文化的创新意识，对文化创造力和创造型人才有更迫切的需求。加快我国文化创意产业发展，一定要解放人的创造力，努力营造鼓励创新的宽松的社会环境，鼓励文化生活的多元化。

二 赣州市文化创意产业发展

（一）发展目标

按照"全面建设小康社会，必须大力发展社会主义文化"的指导思路，实施"文化大市"和小康文化工程，整合文化资源，做大做强文化创意产业，加快知名品牌和特色文化创意产业的发展。初步建立与社会主义市场经济体制相适应、政府调控市场、市场引导企业的文化创意产业运行

---

① 阿特金森和科特明确指出，新经济就是知识经济，而创意经济则是知识经济的核心和动力。

框架，积极推进文化与经济的协调发展与融合，切实发展经营性的文化创意产业。到 2015 年，文化创意产业成为赣州市新的经济增长点和新兴支柱产业。

（二）发展布局

充分利用赣州市文化资源优势和特色，突出重点，以点带面，形成"一核两点三带"的产业发展格局。

"一核"是指按照"全力打造赣州中心城区特色文化创意服务中心"的要求，突出章贡区历史文化名城和多元文化中心的优势，推进发展文化创意产业，培育文化创意品牌，基本形成公益性文化事业和经营性文化产业协调发展、互为补充、相互促进的文化创意产业体系。重点建设印刷包装产业园和文化创意产业园、客家文化体验主题公园、杨仙岭风水文化体验主题公园、宋城历史文化区、娱乐休闲文化体验区等。

"两点"是指形成瑞金和龙南两个文化创意产业节点。首先，瑞金要进一步深化文化体制改革，不断解放和发展文化生产力，切实做大做强文化产业。组建报业、广播电视集团；加快红色文化创意产业园建设，承载更多的文化产业项目；推进红色影视业发展，努力把瑞金发展成为中国南方主要的红色题材影视产业的主创和拍摄基地；加快演艺业发展，重视演艺人员的培养和引进，推出一批具有重大影响力和市场开拓潜力的舞台艺术精品，力争使《八子参军》入围国家"五个一"工程。其次，龙南要以塑造客家名城为目标，以商业文化中心为龙头，规划建设 2~3 条客家特色消费街，扶持一批上档次、上规模的娱乐文化企业，重点发展歌舞、茶庄、餐饮、购物、保健服务产业，培植城市茶庄、餐饮、娱乐消费品牌，打造辐射赣州南部的消费娱乐产业群，建设赣粤边界消费娱乐中心。

"三带"是指构建红色文化产业带、客家文化产业带、古色文化产业带三个文化产业带。红色文化产业带：赣州、瑞金、于都、兴国、宁都、信丰、寻乌、石城等地，重点发展以红色文化为主要题材的文化创意产业园、影视业、演艺业等。客家文化产业带：涵盖几乎全市所有县区（市），主要以章贡区、赣县、石城、龙南、定南等为代表，重点建设体验客家文化的主题公园、民俗村、客家风情大舞台、客家庙会等。古色文化产业带：以章贡区、兴国为代表，重点开发以发掘、整理、展示风水文化和宋城历史文化为主要内容的体验主题公园和历史文化区等（见图21-1）。

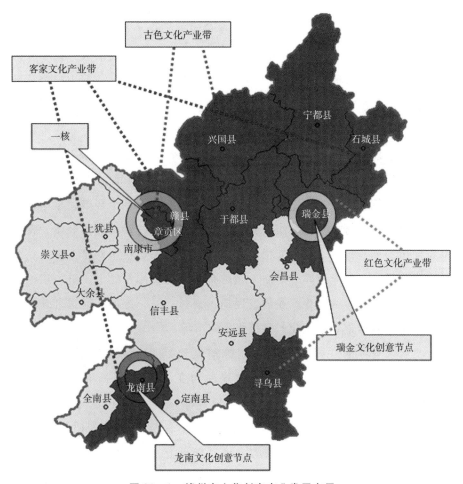

图 21-1 赣州市文化创意产业发展布局

（三）发展重点

加快文化创意产业园建设。加快完善基础设施建设，重点建设一个文化创意产业园，完善相关基础设施，进一步完善创意产业园区的服务功能，鼓励周边玩具、动漫企业将研发设计总部进驻文化创意产业园。

以特色资源创造文化品牌。集中打造赣州红博会精品文化品牌，整合原中央苏区、古宋城、赣南围屋及傩舞等文化资源，提升红博会品位，形成赣州文化品牌。实施以大品牌促大发展战略，发展相关衍生产业和子品牌，构建赣州文化创意产业品牌发展体系。

大力发展文化创意行业。大力发展传媒业，做大做强"存量"媒体，新办或引进"增量媒体"，创办有影响力的全国发行的报纸或杂志；大力发展广告业，在提高三大传统传媒广告承载能力的基础上，着力推进移动电视、网络、楼宇等多种新型媒体广告业发展；积极培育工业外观设计、生产工艺设计、建筑艺术设计、艺术创作策划、民间艺术设计、广告创意设计等创意设计产业；加强知识产权保护，完善版权服务体系，进一步依法开放文化创意市场，营造良好的文化创意产业发展环境。

实现价值创造链条化。文化创意产业的发展涉及多个环节，根据已有的文化资源，进行创作、制作，形成产品，然后通过渠道进行展示，将产品推向市场创造价值。整个文化创意产业环节的关键在于两个方面，一个是内容，另一个是渠道。一方面，在已有的文化资源基础上，进一步挖掘赣州的文化资源，为文化产业的发展提供素材；另一方面，通过合理的运作，拓宽营销渠道，将文化产品最终推向市场。

支持文化与旅游的融合促进，推动文化产品向旅游产品转化。丰富赣州的旅游文化内涵，提升旅游产品的文化创意水平和旅游服务的人文特质，开启独具魅力的赣州文化体验之旅。依托原中央苏区等"红色"文化资源，大力发展"红色"旅游；依托赣南围屋等客家文化资源，加快发展客家文化旅游；依托章贡区及兴国的古宋城文化资源，推动发展历史文化型旅游；依托赣南的脐橙及相关生态资源、温泉及优美的自然景观等环境资源，积极发展生态休闲旅游；依托兴国等地的堪舆文化资源，促进发展堪舆文化旅游。不断发掘本地人文历史、客家文化和特色古建筑的潜在价值，开发提升赣州市内博物馆、纪念馆及历史旧址等场馆的旅游功能，形成文化旅游业的新亮点。以赣州红博会、国际脐橙节及市内其他大型展会、重要文化活动为平台，培育新的文化旅游消费热点。

第二节 信息和科技服务业

一 信息服务业与科技服务业

（一）信息服务业

信息和科技服务业是信息与科学技术产业的重要组成部分，具有知识、技术、人才密集和高成长等特性，在推动各行业领域信息化建设和创新发展方面具有重要的支撑引领作用。当前，大力发展以信息与科技服务为主要内容的信息与研发服务业已成为世界各国提升本国经济社会发展水平和国际竞争力的必然选择。

21 世纪以来，全球各主要发达国家的产业结构均呈现由"工业型"向"服务型"的导向转变。有了较高发展水平的工业为依托，应运而生的现代服务业以信息和技术密集为特征，涵盖了金融、通信、信息服务等领域。

信息技术服务业就是伴随着当今快速推进的信息技术革命浪潮而出现的新型现代服务业。一方面，现代服务业的发展，离不开科学技术尤其是信息技术的重要支撑和引导作用。只有依托信息网络的传播和信息技术的广泛应用，现代服务业才能得到快速的发展。另一方面，服务业是信息技术应用的重要领域，现代服务业的高级阶段就是以信息化为特征的阶段。信息技术服务业是信息技术和现代服务业高度融合的产物。

当前一般将信息技术服务定义为：为支持组织用户的业务运营或个人用户任务，贯穿信息技术应用系统整个生命周期的各项服务的统称。

对信息技术服务进行划分，可以概括为以下两类业务。第一类是传统的信息技术支持与维护业务。①硬件产品支持，主要指对信息传递硬件设施的维修和优化，包括基本安装、依照服务条款进行的日常维护以及故障维修。电话热线解决问题和收费的升级维护也包括在硬件产品支持范围内。②软件产品支持，主要指对信息传递软件设施的维护和更新，包括依照服务协议进行的软件产品的安装、调试、维护、更新升级等。

第二类是新兴的信息技术咨询与外包业务。①信息技术咨询，主要指协助客户对各种技术策略进行评估，从而将技术策略同客户的商业及生产策略结合起来，为客户提供具备可实施性的规则。例如，信息技术战略规划、信息技术工程管理及监理等服务。②信息技术系统集成与开发，主要指信息技术服务提供者为客户专门开发定制，将不同的软硬件产品集成起来，最终设计出满足客户需要的信息技术应用系统。例如，定制软件开发、应用软件平台转换、新增功能的开发等。③信息数据处理，主要指向客户提供的数据（包括数值的和非数值的）分析、整理、计算、编辑、恢复等加工和处理服务。④信息技术测试，主要指信息技术服务提供者（包括第三方测试机构）提供的对软件、硬件、网络及信息安全等是否满足规定要求而进行的测试和检验服务。例如，网络测试服务、信息安全测试服务等。⑤信息技术培训，主要指针对信息技术系统的概念、使用、管理等方面知识所进行的培训。⑥信息技术外包业务，主要指企业利用外部专业技术和资源以取代内部部门和人员承担企业信息技术系统的运营维护的相关服务，其核心业务是业务流程外包（BPO）。业务流程外包是指客户出于降低成本、提升核心业务能力的考虑，将支持性职能或核心业务流程中的某项任务的管理与执行责任转移给外部服务供应商的一种组织运营方式。其内容通常包括客服、人力资源、采购、财会、单据处理等。

随着信息技术的迅猛发展、信息技术应用广度和深度的不断拓展，信息技术与科学技术服务业发展进入了新的阶段，市场需求持续旺盛，业务领域不断细分。当前，我国正处于经济结构调整和发展方式转变的关键时期，"两化融合"[①]进程不断推进和信息化建设向纵深发展都为信息技术服务业提供了巨大的发展空间，也对提升信息服务业发展水平提出了客观要求。我国必须进一步加大对信息服务业的支持力度，推动产业向专业化、高端化、规范化方向发展。

---

① 两化融合是信息化和工业化的高层次的深度结合，是指以信息化带动工业化、以工业化促进信息化，走新型工业化道路；两化融合的核心就是信息化支撑，追求可持续发展模式。

（二）科技服务业

科技服务业是在研究开发链和科技产业链中，不可缺少的服务性机构和服务性活动的总和。科技服务业包括研究开发、工业设计、技术转移、知识产权服务、科技风险投资等业务，具有知识密集型、高度专业化分工、高附加值等特征。科技服务业本身具有高成长性、巨大市场需求和引领带动作用，是培育发展战略性新兴产业的主攻方向之一。

科技服务业涵盖的业务范围非常广泛，包括科学计划、成果评审、科技信息、科研条件、科技金融、专利技术、技术标准化、计量、科技咨询、技术贸易、专业人才培训等围绕着科技成果产业化进程的各种服务。可以按服务内容的差异性、服务对象的差异性、服务方式的差异性、组织性质的差异性等进行分类。

根据我国现行科技管理体制特征和市场运行特征，我们按服务内容的差异性将科技服务业系统划分为科技信息、科技设施、科技贸易、科技金融和企业孵化器五个子系统，每一子系统以自身服务内容特征构成相对独立的服务平台，即科技信息服务平台、科技设施服务平台、科技贸易服务平台、科技金融服务平台和企业孵化器服务平台。其中，科技信息服务平台提供科学数据、信息情报、计量与标准化、评估、论证、培训、会展、技术论坛等服务；科技设施服务平台提供科技成果产业化各阶段基础设施条件服务，包括大型仪器设备等硬件设施、大型尖端软件技术设施等服务；科技贸易服务平台提供有形和无形技术产品的交易、产权交易、技术扩散等所需的服务；科技金融服务平台提供科技成果产业化所需的政府科技基金、风险投资、商业融资等服务；企业孵化器服务平台为高新技术中小企业的成长提供从硬件条件到政策环境方面的服务。五个服务平台既独立运行又相互协作。

二　赣州市信息和科技服务业发展

（一）发展目标

广泛应用现代信息技术，进一步完善通信、计算机、广播电视等基础网络，深度开发利用信息资源，不断拓展服务领域，推进信息服务业的产业化、集约化和现代化，建设一批信息服务产业基地与综合信息平台，逐步建立门类齐全、完整高效的信息服务产业体系。围绕赣州市主导产业发展，构建以企业为主体的产学研技术创新联盟，发展一批国家级和省级工程技术研究中心、重点实验室等科技服务平台，着力打造钨和稀土等重点产业类的工程研究中心。加快发展一批科技评估、技术产权交易、工业设计和节能服务等专业化科技服务机构。

（二）发展布局

形成"一个平台、两个中心、若干基地"的产业发展布局。"一个平台"是指打造赣州市公共信息服务平台，以"智能赣州"建设为契机，推进"无线城市"和"智慧工程"建设，全面提高全市信息化及其服务水平。"两个中心"指建立国家钨稀产品检测检验中心和脐橙工程技术研究中心，为钨和稀土标准的制定和打造国际品牌提供智力支持（见图 21-2）。积极推进国家脐橙工程（技术）研究中心建设，研究建立脐橙交易中心；围绕赣州开发区硬质合金及刀钻具生产基地、稀土永磁材料及永磁电机产业基地、电子信息基地、生物制药基地、氟化工新材料基地、LED 照明基地、脐橙技术研究基地等一批特色产业基地提供科技咨询和中介信息服务。

（三）发展重点

加强信息基础设施建设。构建统一的网络传输体系、数据资源与灾备体系、信息安全体系和信息化应用支撑体系，加大核心技术和先进适用技术的开发应用，为产业发展提供技术支持，推进"智能赣州"、"无线城市"、"智慧工程"、电子政务外网平台、数字电视服务平台、制造业信息化服务平台、城市综合信息服务平台、信息技术综合服务平台等工程建设，全面提高全市信息化水平。

引进国内外知名中介服务机构。努力吸引国内外知名的会计、法律、咨询、评估等市场中介组织设立分支机构，大力引进和培育科技研发中心、设计中心、科创中心。

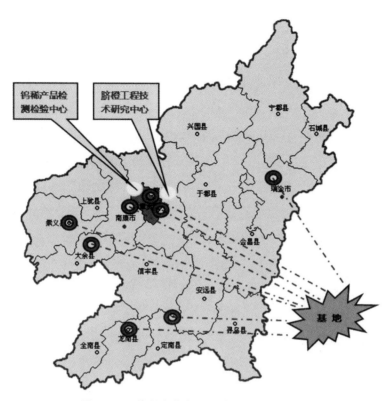

图 21 - 2　赣州市休息和科技服务业发展布局

推动公共科技服务平台建设，促进人力、智力和优势科技资源向园区、基地聚集，以赣州开发区硬质合金及刀钻具、稀土永磁材料及永磁电机产业基地、新能源汽车及动力电池基地等一批特色产业基地为重点，为赣州市战略性新兴产业提供优质的科技咨询和中介信息服务，促进一批重点企业拥有关键技术与自主知识产权、培育自主品牌和提升产品研发能力，使科技和信息服务成为推动赣州市经济发展新的增长极。

拓展信息服务和科技应用领域。建设完善各领域的重点数据库，积极推进金融、商贸等领域的电子交易，大力推进教育培训、医疗保健、文化娱乐、社区服务等社会事业信息化步伐。支持和鼓励社会性信息咨询业的发展，开展培训、咨询、方案推介、软硬件选型、项目监理、设备租赁、业务委托、网络安全等各种类型的增值服务。

第四篇
东湖区支柱产业的培育与发展

第二十二章　东湖区金融服务业发展现状

第一节　金融业发展的重要性

一　金融能够提高投融资水平和效率

金融对区域经济发展主要有两方面的促进作用：一是可以增加要素总量，起到要素的集聚效应；二是提高要素生产率。

二　金融能够促进技术进步，吸引优秀人才

金融业不仅可以通过资金融通，促进经济增长，而且自身也可以吸纳就业，提供金融服务。从就业结构来看，随着金融业的发展，金融部门的从业人员比重在不断上升。而金融业是知识密集型的产业，对人力资本的集聚效应明显。

三　金融可以改变企业组织结构和企业规模

如果没有金融的支持，企业的成长和规模扩张是不可能实现的。企业的规模扩张往往要借助银行或资本市场或通过资本市场完成。

四　金融能够促进区域经济的产业结构优化和升级

首先，金融业的发展直接体现为金融业的产出较大，这不仅表现为GDP总量的扩大，也表现为第三产业增长加快、第三产业比重增大、产业

结构优化。其次，金融业的发展可以促进各产业不同程度的增长，实现产业结构的优化。

第二节　东湖区发展金融服务业的现实基础分析

2012 年，在东湖区各税务局纳税的金融企业共有 108 户，其中银行 43 户，保险公司 25 户，证券公司 24 户，财务公司 4 户，担保公司 4 户，小额贷款公司 4 户，租赁融资公司 1 户，期货公司 1 户，信托投资公司 1 户，典当企业 1 户。

一　银行业

东湖区已形成中山路 - 八一大道 - 叠山路的金融服务带。目前，全区共有银行省级分行区域性总部机构 15 个，2012 年银行省级分行纳税情况见表 22 - 1。

表 22 - 1　2012 年东湖区银行省级分行纳税情况

单位：万元

企业名称	纳税额
南昌银行股份有限公司	67006
江西省农村信用社联合社	15668
招商银行股份有限公司南昌分行	14406
中国民生银行股份有限公司南昌分行	7357
中国邮政储蓄银行股份有限公司江西省分行	7092
兴业银行股份有限公司南昌分行	4534
九江银行股份有限公司南昌分行	3073
中国工商银行股份有限公司江西省分行	1397
中国农业银行股份有限公司江西省分行	1225
中国建设银行股份有限公司江西省分行	1108
北京银行股份有限公司南昌分行	791
上饶银行股份有限公司南昌分行	704
大新银行（中国）有限公司南昌分行	299

企业名称	纳税额
渣打银行（中国）有限公司南昌分行	185
中国人民银行南昌中心支行	45
其他银行分支机构	5751
总　计	130641

注：纳税额不含金融保险业营业税。

二　保险业

近年来，共有平安财险江西公司、大地财险江西公司、华安财险江西公司、太平人寿江西公司、中邮人寿江西公司等 10 家保险公司在东湖区先后落户及发展。目前，全区共有保险公司省级分公司 12 个，2012 年保险公司省级分公司纳税情况见表 22 - 2。

表 22 - 2　2012 年东湖区保险公司省级分公司纳税情况

单位：万元

纳税人名称	财政总收入
中国平安财产保险股份有限公司江西分公司	4104
太平人寿保险有限公司江西分公司	545
华泰财产保险有限公司江西省分公司	267
阳光人寿保险股份有限公司江西分公司	190
天安保险股份有限公司江西省分公司	128
中邮人寿保险股份有限公司江西分公司	95
阳光财产保险股份有限公司江西省分公司	60
安邦财产保险股份有限公司江西分公司	52
太平养老保险股份有限公司江西分公司	45
平安养老保险股份有限公司江西分公司	28
安邦人寿保险股份有限公司江西分公司	8
合众人寿保险股份有限公司江西分公司	4
其他保险分支机构	1981
总　计	7507

注：纳税额不含金融保险业营业税。

三　证券业

东湖区证券业发展平稳，上市融资取得新突破。全市 48 家证券公司，19 家市级营业部设在东湖区。新入驻的证券公司有东北证券、齐鲁证券等省级总部落户东湖区。目前，全区共有证券公司营业部 24 个。2012 年证券公司营业部纳税情况见表 22-3。

表 22-3　2012 年东湖区证券公司营业部纳税情况表

单位：万元

纳税人名称	财政总收入
中信建投证券股份有限公司南昌子固路证券营业部	153
安信证券股份有限公司南昌胜利路证券营业部	95
中信建投证券股份有限公司南昌北京东路证券营业部	87
华泰证券股份有限公司南昌苏圃路证券营业部	78
东兴证券股份有限公司南昌抚河北路滕王阁证券营业部	63
中信建投证券股份有限公司南昌抚河中路证券营业部	57
世纪证券有限责任公司南昌北京西路证券营业部	56
中国中投证券有限责任公司南昌叠山路证券营业部	44
长城证券有限责任公司南昌福州路证券营业部	39
中信证券（浙江）有限责任公司南昌贤士一路证券营业部	30
国盛证券有限责任公司南昌物资大楼证券营业部	27
招商证券股份有限公司南昌北京西路证券营业部	26
国盛证券有限责任公司南昌洪都大道证券营业部	20
方正证券股份有限公司南昌南京西路证券营业部	20
国泰君安证券股份有限公司南昌象山北路证券营业部	17
海通证券股份有限公司江西分公司	16
世纪证券有限责任公司南昌阳明路证券营业部	16
世纪证券有限责任公司南昌民德路证券营业部	15
齐鲁证券有限公司南昌叠山路证券营业部	12
华泰联合证券有限责任公司南昌苏圃路证券营业部	8
上海证券有限责任公司南昌民德路证券营业部	8
东北证券股份有限公司南昌阳明路证券营业部	6
海通证券股份有限公司南昌广场北路证券营业部	4
国元证券股份有限公司南昌青山南路证券营业部	3

注：纳税额不含金融保险业营业税。

四 小额贷款公司

东湖区辖区内目前共有三家小贷公司已落户,另有一家已通过相关审批手续并即将开业。其中,东湖区捷信小额贷款公司注册资金已增资至 3 亿元,开业三年来累计发放贷款 19.96 亿元,贷款余额 4.51 亿元;光正小额贷款公司注册资金为 1.3 亿元,累计发放贷款 1.53 亿元,贷款余额为 1.21 亿元;中金小额贷款公司注册资金为 1 亿元,截至 2012 年 10 月,累计发放贷款 1.91 亿元,贷款余额为 1.01 亿元。

五 创投公司

东湖区引进了江西建信金牛投资管理有限公司和江西鄱阳湖产业投资管理有限公司。其中,江西建信金牛投资管理有限公司成立于 2011 年 11 月 18 日,注册资金为 3000 万元,基金规模设定为 50 亿元,存续期 7 年,投资期 2~4 年。江西鄱阳湖产业投资管理有限公司成立于 2008 年底,由中国工商银行境外全资子公司工银国际与江西省人民政府最大的投资平台江西省投资集团公司(简称"江投集团")共同投资组建。鄱阳湖投资具备可覆盖省内、国内的丰沛项目网络,项目分布在包括江西在内的全国各地。

六 担保公司

东湖辖区的担保公司有 20 余家,注册资本近 20 亿元,主要有南昌市东湖中小企业信用担保公司、南昌市科技担保公司、南昌鑫实担保公司、江西中金汉辰担保公司等。截至 2012 年 9 月底,东湖区担保公司已为全市 1293 户企业提供贷款担保 62.3 亿元,其中为东湖区 132 户企业提供 6.5 亿元贷款担保。

近年来,随着东湖区金融业的不断发展和壮大,金融企业所缴纳的税收及可用财力在全区税收总量中已逐步占据举足轻重的地位,取代"两业"成为东湖区新的重要支柱产业。金融企业缴纳的税收中,银行业企业所占比例最高,共缴纳税收为 130640 万元,占整个金融业所缴税收的 90.34%。2012 年各类金融机构纳税及比例情况见表 22-4。

表 22 - 4　2012 年东湖区各类金融机构纳税及比例情况

单位：万元

行业名称	税收额	占总量比例
银行	130640	90.33%
保险公司	7509	5.19%
信托投资公司	2811	1.94%
财务公司	1740	1.2%
证券公司	1008	0.7%
小额贷款公司	710	0.49%
期货公司	148	0.1%
担保公司	43	0.03%
租赁融资公司	24	0.02%
总　计	144633	

注：纳税额不含金融业营业税。

第三节　南昌市其他辖区金融服务业发展的比较分析

（一）红谷滩新区

红谷滩新区对于金融服务业的发展目标是：大力强化金融服务业，建设省域金融中心。红谷滩新区将"十二五"视为打造省域金融中心的关键时期，计划按照市委市政府的要求，全面强化红谷滩金融服务体系建设。积极引进跨国金融机构、代表处和全国性银行的区域总部入驻红谷滩，加大对地方性银行总部的引进力度，吸引全国性保险、证券机构的江西区域总部入驻红谷滩，引导金融机构集聚发展，力争五年后在红谷滩的中外金融机构接近 50 家，成为中部品种最齐全、创新最活跃、环境最完善的金融中心核心功能区。

红谷滩新区力求营造金融服务软环境，打造红谷滩金融品牌。加快推动组建中部地区金融研究中心，搭建金融行政、研究方面高层人员、专家永久性论坛和与企业高层人员对话平台，营造金融服务软环境，提供金融服务业信息服务，保持与金融机构的紧密联系。在市金融办和有关部门的支持下，出台红谷滩新区金融扶持政策，降低入驻成本，凸显金融贸易区的吸引力，做好机构入驻咨询以及已入驻金融机构的服务工作。争取新型金融业务试点，鼓励金融产品创新。争取国家支持，设立或发展风险投资基金、产业投资基金、城市公共基础设施建设集合资金信托，积极吸引碳排放交易市场等国内空白但战略意义重大的金融及其衍生品交易市场进驻新城，鼓励已入驻的金融机构创新金融工具和服务产品，完善管理结构。积极利用全民创业的机遇，激活南昌的民间资本市场，为金融业更好更快的发展带来新鲜血液。"十二五"期间，红谷滩新区争取将全区打造成江西省"金融机构、金融资金、金融人才"三个金融集聚核心区和金融服务标准区。

金融机构：成为省内金融机构高度集聚的核心地区，到"十二五"末，入驻的金融机构达到50家，初步形成立足本省、辐射周边、服务中部的新兴区域性金融中心。

金融资金：基本建成相对完善的金融体系，多层次的金融市场进一步发展，成为省内资金运用的中心。

金融人才：高素质金融人才队伍进一步壮大，成为我国中部中高端金融人才高地，到"十二五"末，从事金融服务业的人员超过全区就业人员总量的10%。

（二）西湖区

西湖区对于发展现代服务业的政策是，着力推进生产性服务业和生活性服务业的发展，把全区建设成为有较大影响力和辐射力的区域性现代服务业中心。其中，有关金融服务业的发展目标是，重点发展金融保险业，加强知名金融保险业的引进力度，精心培育打造恒茂华城、抚河路等金融服务圈和金融服务街区，使西湖区成为有影响力的区域性金融机构聚集区。

东湖区全面建设"省级金融服务业集聚区"的主要竞争对手是红谷滩新区。不断提升东湖区金融服务业发展的总量规模和质量水平，使金融服务业继续成为推动全区经济持续发展的重要引擎，需要与红谷滩区形成错位发展、相互补充的金融业发展格局。在东湖区已形成较大规模金融聚集的前提下，对全市金融产业布局进行微调，形成金融产业的"一江两岸，错位互补"发展模式。老城区集中力量做存量，新城区加大力度做增量。可以提请市政府引导红谷滩新区积极发展外向型经济，将招商引资金融产业的重心转为引进省外、市外金融企业，而不是针对原有的省属、市属重点金融企业进行吸收，有效提高南昌市财税收入增量。面对金融机构总部、地区分行大量外迁的现实，应主动创新思路，错位发展，重点打造金融后台服业产业，大力引进金融配套服务机构，打造金融要素市场，坚定不移地发展金融综合服务区，着力打造金融后台服务聚集区，与红谷滩区互补双赢。

第四节　南昌市东湖区金融服务业发展的机遇和挑战

近年来，南昌市金融业继续平稳快速发展，但随着红谷滩新区金融业的迅速崛起，整个南昌市将面临金融业产业布局调整的问题，而作为南昌金融产业集聚区的东湖区就会面临前所未有的机遇和挑战。

一　东湖区金融服务业发展的机遇

（一）政策优势

近年来，国家经济发展战略在以东部沿海地区为主的情况下，逐步关注中部、西部和东北地区，并推出了"中部崛起"战略；国际经济发展趋势和我国东部地区经济发展态势促使产业向中、西部转移。在中部地区的经济发展竞争格局中，东湖区具有一定的金融产业集群的发展优势，受到一定的中央政策支持。

2009年12月12日，国务院正式批复《鄱阳湖生态经济区规划》，标志着建设鄱阳湖生态经济区正式上升为国家战略。这也是新中国成立以来，江西省第一个被纳入国家战略的区域性发展规划，是江西发展史上的重大里程碑，鄱阳湖生态经济区建设上升为国家战略，南昌市被列入国家低碳试点城市。对东湖区来说，这是实现该区金融业崛起的历史机遇。

（二）金融集聚区优势

为构建金融产业集聚区，增强东湖区对全省经济活动的辐射力和影响力，东湖区着力引进外资银行和省级股份制银行、证券机构、融资担保企业等，到2011年底全区拥有渣打银行、大新银行、北京银行、民生银行等海内外知名银行省级分行15家，占全市的63%；平安财险、安邦财险、大地保险、合众人寿等全国性保险公司省级总部9家，占全市的36%；东北证券、齐鲁证券等知名证券公司市级营业部20家，占全市的40%；东湖信用担保、南昌科技担保、东湖捷信小额贷款等担保公司和小额贷款公司26家，占全市的40%；法律服务、咨询调查等金融配套服务机构占全市的比重达45%以上，初步形成了以叠山路为主导的金融产业集聚区。金融集聚区的基本形成，使金融服务业获得了强大的竞争优势。

（三）企业资源丰富，金融服务需求旺盛

据统计，目前，全区共有中小微企业3万余家，企业数量每年都以15%以上的增速在递增。这些企业对财务管理、投资管理、资产评估和融资担保等金融服务的需求与日俱增，为金融机构各项业务开展提供了广阔空间，并推动了各项金融业务的改革和创新，为整个东湖区金融服务业的发展创造了前所未有的机遇。

（四）政府重视优势

金融业的发展离不开当地政府的重视和支持，香港成为亚洲中心、上海成为全国金融中心，与政府的发展导向和政策扶持密不可分。东湖区作为南昌市核心商业区，具有发展金融业的天然优势，而近年来区政府的发展思路也凸显了对金融业的重视，一方面注重加强基础设施建设，优化政务环境，同步提升东湖区"硬、软"两个层面的金融发展环境，增强对金融企业的吸引力；另一方面着力加大招商引资力度，为金融企业来昌、来赣发展提供了良好的政策扶持和优惠条件，取得了较好的成效。

（五）环境优势

"十一五"期间，东湖区以改善城市环境质量为中心，以创建工作为抓手，通过加快城区基础设施建设、开展系列文明创建活动，提升城区品位，提高市民素质。综合改造各类道路，改建改造 D 级危房、低洼危旧房，完成了城内东、南、北"三湖"的整治和美化亮化工程，推进滨江规划路网建设，打造豫章路等文明街巷，完成了八一大道、胜利路等 21 条道路沿街立面美化亮化，建设方志敏广场，完成八一公园改造，兴建了二七北路、百花洲等市民休闲绿地广场，贤士湖公园、铁线湖公园、八一公园等公园的新建和改造，城市基础设施不断完善，不仅为金融机构的入驻提供了必要条件，而且为金融机构参与地方经济建设提供了良好的平台和通道。

（六）空间地理优势

东湖区所在的南昌市是一座区位优势非常明显的开放城市，地处长江中下游，素有"吴头楚尾、粤户闽庭"的盛誉，现为京九线上唯一的省会城市，京九、浙赣、皖赣铁路线在此交会。南昌作为开放型内陆城市，目前正在形成一个通过高速公路 6 小时可以通达 8 个省会城市、涵盖 4.6 亿人的"6 小时经济圈"。而东湖区作为南昌市的核心城区，区内驻有省、市党政军领导机构及中央、省部属单位，并驻有江西师范大学、江西医学院等高等院校，是全省政治、经济、商业、交通、文化、教育、科技、信息、医疗卫生的中心，是南昌市的一个重要行政区。东湖区的地理位置优势有利于承接国际金融服务业转移。

（七）经济消费基础优势

经济快速发展，为金融业在东湖区的发展提供了良好的基础。"十一五"期间，全区地区生产总值、社会消费品零售总额、全社会固定资产投资、财政总收入、地方一般预算收入、实际利用外资、实际利用内资等指标年均递增 13.47%、18.01%、43.94%、21.16%、14.72%、14.19%、11.02%。全区第三产业占地区生产总值的比重由"十五"期末的 83.9%

提高到"十一五"期末的 95%。

人均可支配收入增长迅速。2010 年全区常住人口为 51.64 万人,居民户数为 14.30 万户,平均每户家庭人口 3.63 人。2010 年全区人口的人均实际收入为 13700 元左右,人均社会消费品零售额为 28546 元。统计调查表明,全区居民实际消费总额为 79.33 亿元,人均消费为 15364 元,全区外来流动人口(包括本市其他行政区)对东湖区社会消费品零售总额的贡献为 52.37 亿元。城市居民的人均可支配收入用于消费的比例为 64.7%。东湖区目前进入城市居民收入快速增长时期,从而为城市现代服务业发展提供了巨大的购买力。

二 东湖区金融服务业发展的挑战

(一)金融企业总部外迁

中国人民银行南昌中心支行、兴业银行南昌分行、民生银行南昌分行、北京银行南昌分行、邮政储蓄银行江西省分行、上饶银行南昌分行、阳光财险江西分公司等金融企业已与红谷滩新区签订入驻合约。

中航信托股份有限公司、中航证券有限公司于 2010 年已迁入红谷滩新区办公,九江银行南昌分行于 2012 年下半年迁入红谷滩新区新址办公。

按照 2011 年基数测算,表 22-5 所列的 11 家金融企业全年可实现财政税收为 39320 万元。而企业搬迁后,东湖区财政总收入预计减少 39319.99 万元,一般预算收入预计减少 2227.62 万元,可用财力预计减少 8000 万元,迁移所带来的税收流失,势必给东湖区财政工作带来极大冲击(见表 22-5)。

表 22-5 2011 年东湖区拟迁出金融企业纳税情况

单位:万元

企业名称	财政总收入	一般预算收入	可用财力	营业税	企业所得税	个人所得税	印花税
中国人民银行南昌中心支行	186	35	35	5	0	166	0
兴业银行南昌分行	3111	180	2148	0	1942	708	66

续表

企业名称	财政总收入	一般预算收入	可用财力	营业税	企业所得税	个人所得税	印花税
民生银行南昌分行	3585	714	2659	0	1653	1461	86
北京银行南昌分行	84	8	166	0	0	52	0
邮政储蓄银行江西省分行	8178	54	54	0	7919	191	0
上饶银行南昌分行	92	14	171	0	0	55	6
阳光财险江西分公司	64	5	5	0	35	29	0
中航信托	983	216	216	220	0	523	1
中航证券	990	171	171	2	0	935	0
九江银行南昌分行	909	197	851	0	546	205	27
南昌银行	21138	635	635	0	17580	2154	110
合　计	39320	2229	7111	227	29675	6479	296

（二）金融专业性人才短缺

东湖区金融服务业各领域的从业人员总体素质不高，服务质量较低，服务价格偏高，竞争力弱。特别是国际金融服务贸易对从业人员的教育、技能要求很高，金融人才将是未来金融服务贸易竞争的焦点。

（三）探索金融服务业新型发展模式的任务艰巨

目前，金融服务业竞争日趋激烈，要使东湖区金融服务业适应市场需求并长期稳定发展下去，就必须根据东湖区金融服务业的实际发展现状探索出适宜东湖区的新型发展模式，而这也是东湖区金融服务业发展面临的严峻挑战之一。

第二十三章　东湖区金融服务业实证分析

第一节　东湖区近三年各行业税收分析

中国人民银行南昌市中心支行、银监会江西监管局、证监会江西监管局、省金融工作办公室等金融主管机构均坐落于南昌市的中心城区东湖区，因此东湖区的金融服务业是该区市场经济的血脉和现代服务业的先导产业。作为省级金融服务业集聚区的东湖区，金融服务业近些年来占据主导地位，东湖区委、区政府以加快发展为主题，高度重视金融服务业的发展，坚持"经济发展，金融先行"的理念，强化金融杠杆，推进机构建设和体制建设。金融服务业的快速发展，推动了经济快速增长，成为东湖区产业发展中的一道亮丽的风景线。

近三年来，东湖区作为南昌市商贸中心和金融集聚中心地带，承担了南昌市老城区绝大多数的商贸业态和金融门市机构。东湖区由于城区地理位置优越，城区资源配套齐全，给予第三产业尤其是商贸、服务及旅游等行业带来了很大的支撑性作用。

因此，政府的财政税收也从这几个行业中受益良多，结合东湖区近三年主要行业税收数据，我们应用相应的分析手段对金融业及相关行业在东湖区经济发展中的突出作用做了以下的实证分析。结果表明，东湖区金融集聚成型，且金融行业和其他行业有较大的关联性。

表 23 - 1 反映出 2010 ~ 2011 年东湖各行业的税收额，可以看出金融业是东湖区的主要税收来源之一，而且增长非常迅速。2010 年，金融业税

表 23-1 2010~2011 年东湖区行业税收分析

单位:万元

行业	地税东湖局		国税东湖局		地税直属局		国税直属局		国税国际局		总计					
	本期	同期	本期	同期	本期	同期	本期	同期	本期	同期	本期	总量比重	同期	总量比重	增量	增幅
金融	87	62	2786	717	30429	21882	59493	24488	0	0	92795	27.65%	47148	18.31%	45647	96.81%
商贸	4895	6150	31680	27860	8265	10533	10946	9164	6041	4819	61827	18.42%	58526	22.73%	3301	5.64%
建筑安装	22197	18239	0	0	3108	2497	0	7	5	5	25310	7.54%	20748	8.06%	4562	21.99%
房地产	11301	13724	2439	3278	2950	5459	0	0	1301	552	17992	5.36%	23013	8.94%	-5021	-21.82%
餐饮	4409	4360	0	0	23	29	0	0	55	43	4488	1.34%	4432	1.72%	56	1.25%
住宿	2323	2077	0	0	1486	1321	0	0	16	23	3825	1.14%	3421	1.33%	404	11.81%
娱乐	855	544	0	0	102	92	0	0	0	0	957	0.29%	636	0.25%	321	50.46%
其他	29691	23095	3124	1489	56657	40640	37136	33044	1802	1303	128410	38.26%	99572	38.67%	28838	28.96%
总计	75758	68251	40029	33344	103020	82453	107575	66703	9220	6745	335604		257496		78108	30.33%

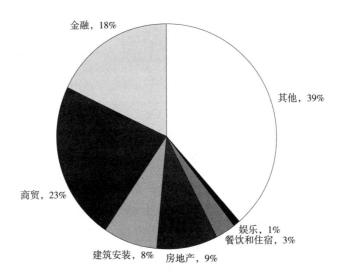

图 23 - 1　2010 年东湖区各行业税收比重

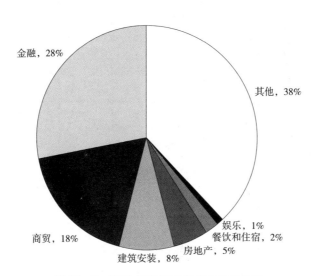

图 23 - 2　2011 年东湖区各行业税收比重

收收入占东湖区全部税收收入的 18%，而 2011 年就提高至 28%，增长了 10 个百分点（见图 23 - 1 和图 23 - 2）。相比地税东湖局和国税东湖局，国税直属局和地税直属局的税源基础最为丰富，税收总收入也最为巨大。

表 23-2 2012 年东湖区行业税收分析

单位：万元

行　业	地税东湖局		国税东湖局		地税直属局		国税直属局		国税国际局		总　计		增减额	增减幅
	本期	同期	本期	同期	本期	同期	本期	同期	本期	同期	本期	同期		
金融业	137	0	9712	2792	34386	30429	100249	59493	148	0	144632	92714	51918	56.00%
批发零售业	3963	4895	30755	28056	8865	8265	19712	10946	7487	6041	70782	58203	12579	21.61%
建筑业	19448	22197	104	138	2379	3108	0	0	22	5	21953	25448	-3495	-13.73%
房地产业	14163	11301	751	2684	1200	2950	0	0	826	1301	16940	18236	-1296	-7.11%
餐饮和住宿业	7598	6732	36	73	1443	1509	0	0	90	71	9167	8385	782	9.33%
文化体育娱乐	967	855	0	0	120	102	0	0	2	0	1089	957	132	13.79%
其他	30783	29778	10991	6285	85443	57914	36800	37136	1102	1804	165119	132917	32202	24.23%
总　计	77059	75758	52349	40028	133836	104277	156761	107575	9677	9222	429682	336860	92822	27.56%

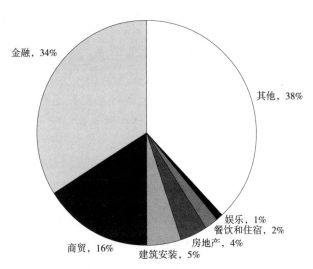

图 23 - 3　2012 年东湖区各行业税收比重

表 23 - 2 反映出 2012 年东湖区各行业的税收额,结合图 23 - 3 可知金融业税收收入 2012 年占东湖区全部税收收入的 34%,相比 2011 年的占比 28%,增长了 6 个百分点。2011 年东湖区的金融业税收总收入经修正后为 92794 万元,2012 年为 144632 万元,增幅达到 56.00%。与 2011 年相比,2012 年金融业税收占税收总收入的比重增长值由 10% 下降至 6%;金融业税收额增长值由 96.81% 下降至 56.00%。可以看出,2012 年虽然东湖区金融业的税收收入仍保持增长势头,但增速已经明显放缓。

东湖区金融业的税收不论是从百分比还是从绝对数上来看都占据重要地位,商贸业紧随其后,从绝对数来说,商贸业排名第三,这说明东湖区商业模式相对多样化、系统化。

第二节　基于 SPSS 的东湖区税收组成的主成分分析

理论界对于数据关系实证研究方法大致可分为两种,一种方法是针对某年份的截面数据对一个行业或者全社会的样本企业进行回归分析,但该种实证方法在一定程度上忽略了相应政策的连续性。另一种方法是选取多年多样本的面板数据作为研究对象进行回归分析,这种方法不仅考虑到了不同行业之间可能存在的差异,同时也将时间序列的因素纳入考虑,回归结果的有效性更高。由于东湖区区域较小，公司普遍数据收集较少，加上截面数量的限制，此处的实证分析以前者为主，将实证分析分为两个部分。具体步骤是，首先选取现有主要统计行业的截面数据通过因子分析－多元线性回归的方法挑选出两个对于金融行业发展起影响作用的主要因素，然后对两个主要因素进行充分阐释以证明其在时空中的有效性，最终得出自变量与因变量之间的线性关系。

一 应用 SPSS 的数据准备

我们应用 SPSS17.0 进行主成分分析，因子分析是多元回归中一种有效的降维方法，主要目的是将一些信息重叠，把具有错综复杂关系的变量归结为少数几个不相关的综合因子，即去除效应不显著的变量以及变量之间可能存在的多重共线性影响。由于此处所选的自变量都是行业的税收指标，存在多重共线性的可能，所以在进行多元线性回归之前先通过 SPSS 软件对截面数据进行因子分析，剔除多元共线性计算出新的因子，提高模型的稳定性。从原有变量的相关系数矩阵及其检验中可以看出大部分的相关系数都较高（大于 0.3，单边检验值小于 0.05，考虑到数据量的问题，已属不易），各变量呈较高的线性关系，能够从中提取公共因子，适合进行因子分析（见表 23－3）。

表 23－3 公因子方差

	初 始	提 取
金　　融	1.000	1.000
商　　贸	1.000	1.000
建 筑 安 装	1.000	1.000
房 地 产	1.000	1.000
餐饮和住宿	1.000	1.000
娱　　乐	1.000	1.000
其　　他	1.000	1.000

提取方法：主成分分析。

之后运用 Kaiser－Meyer－Olkin（KMO）进行 Bartlett Test，检验值为 0.469，介于 0～1，且大于 0.5，即适合做因子分析。而巴特莱球形检验值为 224.971，伴随概率小于 0.05，拒绝原假设（相关矩阵是单位阵），综合 KMO 检验和巴特莱特球度检验，原有变量适合做因子分析（见表 23 - 4）。

表 23 - 4 KMO 检验和巴特莱球形检验

Kaiser – Meyer – Olkin Measure of Sampling Adequacy.		0.469
Bartlett's Test of Sphericity	Approx. Chi – Square	224.971
	Df	45
	Sig.	0.000

因子分析提取了 2 个因子，各个新因子的方差贡献率表示因子对原有变量信息的解释程度，而累积方差贡献率表示公共因子组合对原有变量的累积解释效果。本计算中累计方差贡献率达到 82.877%，说明总体上 2 个因子反映了原有变量的大部分信息，因子分析效果较理想。而从第三组数据可以看出，因子旋转后累计方差并没有改变，这主要是数据样本不足所引致的不确定性因素无法充分显现出来。

二 应用 SPSS 的成分分析

由于目前能确定的已有两个因子，根据碎石图可以选出最为重要的几个公因子作为后续研究对象。第一个因子的特征值很高，对解释原有变量的贡献最大，第二个因子之后的其余因子特征值都较小，可以判定为可忽略的"高山下的碎石"。因此提取前两个因子作为公共因子是合理的。

表 23 - 5 解释的总方差

成 份	初始特征值			提取平方和载入		
	合 计	R 方差的 %	R 累积 %	R 合计	R 方差的 %	R 累积 %
1	5.801	82.877	82.877	5.801	82.877	82.877
2	1.199	17.123	100.000	1.199	17.123	100.000
3	$5.764E - 16$	$8.234E - 15$	100.000			
4	$1.262E - 16$	$1.803E - 15$	100.000			
5	$4.448E - 17$	$6.354E - 16$	100.000			
6	$3.147E - 17$	$4.496E - 16$	100.000			
7	$-8.132E - 17$	$-1.162E - 15$	100.000			

提取方法：主成分分析。

由表 23 - 5 可以看出，第一个因子累积可解释变量共同特征为 82.877%，第二个因子累积可解释变量为剩下的 17.123%。我们可以看出东湖区的金融行业、商贸行业、餐饮和住宿业、娱乐业及其他行业受第一个因子影响深刻，考虑上述行业都来自第三产业，因此我们可以把第一个因子命名为服务行业发展外部环境因子。东湖区服务行业发展的外部环境条件是非常好的。第二个因子对建筑安装行业有巨大影响，其次为娱乐行业，对其他主要行业的影响为负值，因此我们考虑可把第二个因子命名为城市建设与功能分配因子，考虑到近年东湖区响应南昌市的城市建设相应举措，区内呈现一派繁忙的工地景象，这间接影响了第三产业和区内主要税收行业的正常发展，一定程度上打乱了相关服务行业的正常集聚态势和服务提升能力，短时间内影响了主要税收行业的正向发展水平。考虑到东湖区为南昌市的人口密集区，区内已经形成了微细交通格局，大的交通枢纽和交通站点建设以及大型建筑工程和安装活动开展从长远来看并不一定符合东湖区未来发展需要。

第三节　东湖区税收组成的两个主成分解释

我们继续用 SPSS 相关模块做成分图的集聚分析。东湖区的金融、商贸、娱乐、餐饮和住宿等行业相对非常集中，呈现一体化发展趋势；而建筑安装和房地产行业分割得比较散，建筑安装业受两个成分因子的共同影响，且成分二的影响大于成分一的影响，这主要是由于建筑安装业与房地产业关联比其与第三产业的关联性更强（见图 23 - 3 和表 23 - 6）。房地产业之所以和上述服务行业呈直接负向关系，是因为东湖区已经形成了相对稳定的商业活动结构、人口居住状态和服务配套水平，房地产行业作为近十年来大力发展的行业，其吞噬效应在东湖区是比较明显的。

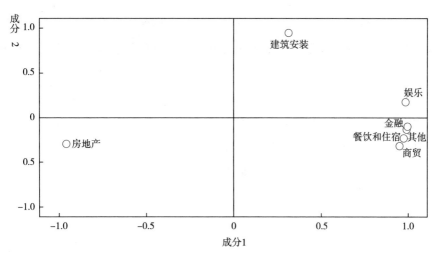

图 23 - 3　成分图

表 23 - 6　成分得分系数矩阵

	成　份	
	1	2
金　　　融	0.172	- .082
商　　　贸	0.164	- .264
建　筑　安　装	0.054	.792
房　地　产	- 0.165	- .246
餐　饮　和　住　宿	0.168	- 0.193
娱　　　乐	0.170	.145
其　　　他	0.171	- .109

提取方法：主成分分析。

第四节　基于 SPSS 分析的主要结论

由上述 SPSS 分析，我们可以得出以下主要结论。

东湖区已经形成了一个较良好的金融业和相关服务行业的行业集聚态势，各自关联性和一体化程度都相对比较高，且存在方向一致性的特点，任何一个服务行业的衰落或者发展不足都会对其他现有行业产生较大的负面影响。

首先，东湖区金融总部外迁是个不争的事实，但就东湖整体经济发展而言，重点打造金融服务的工作不能放松，东湖区需从其他角度考虑发展金融服务业。其次，东湖区服务业充分利用特有的比较优势，在此基础上考虑服务业之间的协同互动发展，推动金融服务业的发展。

金融业及主要服务行业与房地产等近十年大力发展的行业存在结构性上的方向不一致，即房地产行业的发展会给金融及其他主要服务业带来直接负面影响。考虑到东湖区现有商业模式和商贸一体化水平，不能盲目发展房地产业。如果政策改变程度很大的话，会至少在较长的一段时间内影响东湖区整体经济发展态势，可能还会造成区内塌陷的状态，这对南昌市整体经济发展是非常不利的。

当然，由于数据可获得性的限制，该结论需要更多的行业和历史数据佐证。

第二十四章　东湖区金融服务业发展总体原则及策略

第一节　东湖区金融服务业发展基本原则

一　加快发展金融服务业的核心问题

东湖区金融服务业的加快发展，首先需要解决以下最为核心的三个问题。

一是解决金融服务业发展过程中区域竞争的问题。通过与竞争区域错位互补，在较短的时间内，利用省市政策上的优势，结合本区域内商、旅、文等服务业现有的基础，促进金融与商、旅、文等服务业协同发展，最大限度地发挥城市的辐射和聚集功能。

二是解决金融服务业集聚的问题。解决今后工业化、城市化快速发展进程当中，东湖区如何加快现有金融服务业存量的发展，引进发展新金融机构，开发新的金融服务产品，实现产业结构的优化，打造南昌金融服务集聚区的问题。

三是解决空间局限问题。东湖区金融服务业的布局空间受市域内独特地理地貌的局限较大，解决如何在现代服务业的发展中，有效拓展辐射区域空间的问题。

二　坚持"错位互补、夯实存量、集聚增量、发挥优势、协同推进"的原则

第一，产业定位要注重错位互补。做好与南昌市金融服务业发展定位的衔接，按照"差异性、特质性、独特性"的要求，突出区域特色，找准

产业定位，实现错层竞争与差异化发展，避免结构趋同与恶性竞争。

第二，产业布局要努力夯实存量。着力引进、建立和发展区域性的法人金融机构，形成城市商业银行、保险业、证券公司、小额贷款公司、创投公司、担保公司等法人机构类型多样、优势互补、资金调度能力强、结算功能完备、中间业务较为发达的传统金融服务体系。

第三，产业布局要集聚增量。把注意力集中到新金融服务方式的引进和创新开发方面，着力优化东湖新型金融服务业空间布局，打造集聚和特色平台，引导重点产业集聚发展，推进空间资源集约利用，形成集聚效应。

第四，行业培育要坚持发挥优势。对东湖资源优势明显、发展潜力较大的行业，要加强引导和扶持，形成比较优势和竞争优势。

第五，产业发展要体现统筹协同。坚持把东湖金融服务业发展与商、旅、文协同，与地铁城市建设统筹推进，努力形成产业协同发展与城市建设协调推进的局面。

第二节　东湖区金融服务业的主要功能定位

举全市之力，强化红谷滩新区的金融服务业，把其打造成为省域金融中心，尤其是金融总部中心和商务中心。在此背景下，东湖区面临金融总部大量外迁，原有金融功能逐步弱化，金融地位矮化的问题。基于此，东湖区如何解决错位互补发展，重塑金融功能，明晰本区域的主要功能定位，显得尤为重要。

市场经济并非只充斥着优胜劣汰的竞争，同时也可以有各种形式的合作，竞争不排斥合作。省域金融中心的建设，是一个庞大的系统工程，足够容纳红谷滩新区和东湖区的共同发展。东湖区和红谷滩新区在客观上都存在着互补的可能性。东湖金融服务业要想脱颖而出，就必须围绕自己的优势和亮点做足文章。

呼应全省金融商务区"一江两岸"金融产业格局，依托本区域金融机构相对集中优势和商务、文化、旅游服务业发展基础，围绕强化集聚效应，创造性地开展金融服务业的各项工作，不断提高金融产业增加值在服务业中的比重，进一步做强东湖区的金融品牌，提升辐射能级，在扩大规模、优化结构、提升效益上下功夫，积极引进金融机构、金融市场和专业服务业总部，努力打造成与红谷滩新区错位互补、协同发展的银行、证券、保险、信托、基金、担保、投融资、租赁、中介、咨询等门类比较齐全，国有、股份制、民营、外资多种经济成分共同发展，融通资金规模比较大，金融创新活跃、产品丰富、服务完备、环境优良，具有较强辐射力，集金融产业、创新金融、消费金融、产融结合等配套服务金融于一体的南昌综合性金融服务区。

金融业的发展需要强有力的支撑点，这个支撑点，必须是以具有较强综合经济实力，较广的经济辐射力，较大的人流、物流、商流、信息流、资金流为依托。东湖区需着力打造"两区一平台"：两区即"金融产业聚集区"和"商、旅、文产业配套联动区"；一平台即产融结合平台。

一　金融产业聚集区

（一）完善金融服务体系

按照"差异性、特质性、独特性"的要求，与其他城区错位发展，与南昌市整体和谐一致发展，着力引进、建立和发展区域性的中小型法人金融机构，形成城市商业银行、保险业、证券公司、小额贷款公司、创投公司、担保公司等法人机构类型多样、优势互补、资金调度能力强、结算功能完备、中间业务较为发达的传统金融服务体系。把注意力集中到引进和创新开发"便民、聚集人气、带来效益"的新型业态。引导重点产业集聚发展，推进空间资源集约利用，形成集聚效应。努力完善金融组织体系，通过改革、调整、引进、合作等形式，形成一个既有内资也有外资，既有高规格也有低规格，包括银行、证券、保险、基金、财务、信托和融资租赁等在内的种类各异、功能互补的金融机构体系。做足配套红谷滩的文章，大力发展金融配套服务，如将会计、审计、律师等中介机构吸引到东湖；将金融产品生产线放在东湖；将金融业中的电脑、软件、咨询等辅助环节外包给东湖，以降低金融成本。

（二）优化区域内金融机构布局

科学规划和引导优化区域内金融机构布局。加速形成以政策性银行、国有商业银行、股份制商业银行、地方性金融机构以及外资银行等构成的结构合理、竞争比较充分、运行高效的银行体系，形成省市级金融监管机构、各大商业银行的江西省分行的聚集区，促进金融业监管机构的集群化发展。与此同时，积极推动信托业和财务公司发展，大力支持保险与证券业发展，积极拓展市场，建立产权交易市场，支持拓宽民间资金、新型融资组织多元化的企业融资渠道，积极促进基金、创投发展。合理布局包括"金融服务平台""中小企业融资中心""金融信息服务中心""金融配套服务中心""金融中介服务中心""金融后台服务结算中心"等节点区域。打造立足南昌，辐射周边省市，金融机构聚集，金融市场辐射力强劲，金融产业化程度较高的区域性金融中心。

初步形成立足南昌，辐射周边省市，金融机构聚集，金融市场辐射力强劲，金融产业化程度较高的金融产业聚集区。

二 商、旅、文产业配套联动区

投资者对投资环境的关注正在从单方面税收优惠转向全面的产业配套能力。国内外区域发展实践证明，任何一个富有活力和竞争力的区域性产业都不可能孤立发展，相反，在发达的优势产业背后必定有发达完善的产业配套体系支撑。

在东湖金融服务集聚区内，商贸商务、旅游休闲等服务设施的完善与金融服务业的功能提升拓展存在一种客观的内在的联系。金融服务业是这一区域的主导产业。商业繁荣是以金融服务业企业的高度集聚及从业群体的综合消费为条件的，而高端商业的发展及服务功能的增强，又将进一步促进金融服务业的功能提升和拓展。

东湖区地处南昌市繁华核心，商贾云集，经济繁荣，是典型的服务业核心城区，同时也是省政府确定的"现代服务业发展基地"。金融、商贸商务、旅游休闲、文化创意占较大比重。其中，商贸服务业和金融业是两大支撑产业，两者在现代服务业中所占的比例是 59.72%，占了绝大的比重。旅游休闲产业的发展对东湖区经济的增长做出了积极的贡献，仅旅游休闲产业链中的住宿业和餐饮业共缴所得税就占区所得税总额的 18.6%。文化产业增加值占第三产业的比重是 8.74%，成为东湖区现代服务业的重要组成部分。初具规模的商、旅、文产业具备了支撑金融发展的配套联动能力。

（一）完善商、旅、文产业配套

可以通过完善消费中心构成元素，建设高品质消费载体，构建特色消费热点，加速建设区域性消费中心；可以围绕环湖环阁为主体的城南片，打造"旅游文化及现代服务业集聚区"；围绕滨水滨江为主体的城西北片"商务商贸服务集聚区"；围绕洪都北大道——青山湖西岸为主体的城东北片"城市综合体集聚功能区"，通过科学规划各项配套设施布局，优化配置精品商业、都市旅游、时尚文化的产业资源，搞好商、旅、文产业布局，增强商、旅、文功能配套，为东湖金融发展提供强有力的商、旅、文产业配套。

（二）打造商、旅、文联动平台

一是配比合理，即服务设施与金融服务业的发展规模相匹配。二是功能齐全，即服务设施得到合理配置，有较强的综合配套功能。三是交通条件便利，动态、静态交通设施设置合理，有良好的交通组织。四是有全天候运行的工作。五是政府在规划和引导金融服务业发展方面作用明显，通过载体和环境的规划建设，形成产业集群的外在形态。根据功能聚合、资源整合、产业融合，充分发挥东湖区所特有的商、旅、文优势资源，推进项目建设，加强产业联动，进一步形成商、旅、文联动的倍增效应，精心打造有利于金融服务业发展的软环境。

东湖区可以考虑以文化为灵魂，以旅游为核心，以商业为根本，积极推动商、旅、文联动，科学规划各项配套设施布局，优化配置精品商业、都市旅游、时尚文化的产业资源，搞好商、旅、文产业布局，增强商、旅、文功能配套。

三　产融结合平台

产融结合的内涵包括三个方面。一是金融资本主动与产业和企业相结合。例如，银行、信托等金融机构逐渐向产业输出资本，进行直接投资，控制重要的战略产业；或以债务融资、咨询等业务方式，为产业和企业发展提供各种金融支持。二是产业资本进入金融业。对于产业资本来说，之所以要积极进入金融业，一方面是为了使自身更容易获得各种金融资源的支持；另一方面则是进行业务链条的扩展，获得多元化的盈利来源。三是企业内部的金融资源整合。如企业集团内部的财务公司，就可以既能够进行资金的集约化管理，又能够为企业进行金融资本运作，从而成为产融结合的重要途径。

从东湖区乃至江西省情况看，产融结合道路尚处于初级阶段，如何确定产融结合的发展重点，是一个非常值得研究的问题。

第一，完善金融组织体系。包括内资和外资，高规格和低规格，包括银行、证券、保险、基金、财务、信托和融资租赁等在内的种类各异、功能互补的金融机构体系。可以考虑创造条件发展项目融资、股权融资、企业并购，探索投资基金、证券基金等新的利用外资方式。

第二，搭建产融结合平台。无论是扩大对外贸易，加快高新技术及产品的研究与开发，还是推动工业战略调整和结构优化升级，都需要拓宽融资渠道。江西省装备、医药、食品、飞行器械等优势产业，在全国占有一席之地，东湖区拥有数量众多的小微企业，汽车、房地产、通信、旅游、文体、会展六大消费热点正在兴起，这些条件为东湖搭建产融结合平台提供了良好的基础。

第三节　东湖区金融服务业的空间布局

在空间布局上，要特别注意金融服务业对聚集区、服务规模的要求，要注意布局空间在城市化和商业成本之间可能的平衡，还要注意与第二产业的合理衔接。因此，东湖区依托区域资源和产业基础，按照集聚发展原则，完善现代服务业布局规划，着力打造特色鲜明的服务业功能区，构建"一带、三区"。即叠山路－八一大道－中山路金融服务集聚带，滨水、滨江、滨路为主体的"商务商贸服务集聚区"，环湖环阁为主体的"旅游文化及现代服务业集聚区"，以滕王阁为核心的"文化创意区、特色文化创意示范区"。

一　叠山路－八一大道－中山路金融服务集聚带

沿线区域汇集了中国人民银行、中国银行、建设银行、农业银行、工商银行、兴业银行、中信银行、南昌银行、渣打银行、省银监会等多家银行办事和管理机构，聚集着南方证券、平安保险、太平洋人寿等大批证券和保险机构。从产业布局的角度看，以叠山路为轴心的区域，已发展成为以金融、保险、证券为特色的金融服务产业带。今后，通过鼓励和引导国内外新的金融机构进驻周边区域，以企业品牌树立东湖区的"金融中心"形象。

在此基础上，着力打造叠山路金融街，推动叠山路金融服务业产业向纵深发展。在项目的推进过程中，可考虑在叠山路东端、中部、西端三处方位的11个节点区域进行着力打造。其中6个节点区域即东湖区机关地块规划改造成的"金融信息服务中心"、天河大厦地块规划改造成的"金融服务平台"、南昌供电公司地块规划改造成的"中小企业融资中心"、环湖宾馆拟提升改造为的"金融配套服务中心"、南昌晚报地块规划改造成的"金融中介服务中心"、和平里大酒店商务楼宇规划改造成的"金融后台服务结算中心"。在其他的节点上，考虑设立诸如"一站式"服务、金融超市等新型服务业态。这些节点的建成将对新兴金融业态的发展起到巨大推动作用。最终把叠山路－阳明路－八一大道－中山路打造成立足南昌，辐射周边省市，金融机构聚集，金融市场辐射力强劲，金融产业化程度较高的区域性金融集聚区。

二　滨水、滨江、滨路为主体的"商务商贸服务集聚区"

支撑金融业发展的重要支点之一就是商务商贸的集聚和发展。东湖区可考虑以滨水、滨江、滨路为主体，打造相应的集聚区和紫金城、财富、大众以及太平洋四个大型的购物中心。

中山路——胜利路时尚购物商业集聚带。该区域大型商业服务机构云集，拥有多家全市知名商贸企业，街区商业专业特色明显，已初步形成了以百货大楼、洪客隆、百盛、步步高等大型百货超市为龙头，中山路精品服饰专卖一条街、胜利路步行街为轴线的时尚购物带。引导其发展为集服装潮流引领、时尚消费展示、流行趋势跟踪、新型科技产品应用展示和精品专卖于一身的时尚购物休闲带，实时发布现代流行时尚信息，打造南昌市流行时尚核心区。鼓励发展专业店、精品店、品牌店和流行时尚发布型行业，同时调整行业结构，实行商业街区的错位经营，降低同质化竞争密度。

紫金城高端商贸与商务服务集聚区。以紫金城为依托，包括下正街－聆江花园半月形地带、蓝天碧水购物广场，利用临近赣江的优势，充分发挥紫金城的大型购物中心 SHOPPINGMALL 功能，打造南昌市体现高端休闲购物消费特点的商贸与商务服务集聚区。

（一）滨江路－沿江北路文化创意商务休闲带

以滨江路、沿江北大道（北段）为轴线，依托赣江滨水景观特色，突出滕王阁、方志敏广场等人文特色，美化亮化沿街建筑，增设城市雕塑群和亲水空间，为市民提供丰富多彩的交流空间，重点突出商务、文化、旅游、休闲功能，控制周边商住建设规模，大力发展凸显城市品位的高档商务服务和休闲产业，打造南昌城市时尚新地标，努力将其建设成南昌最具魅力的新型商务休闲风光带。

（二）阳明（东）路－青山路－洪都北大道景观商务商业带

在阳明（东）路升级改造和景观面貌焕然一新的基础上，积极推进央央春天等大型楼宇建设，加速实施青山路的改造工程，大力发展商业、娱乐、休闲、餐饮和商务服务，使之成为东湖区新的具有浓郁文化气息的景观商业街区，促进城区的综合发展。

三 环湖环阁为主体的"旅游文化及现代服务业集聚区"

在该区域内，着力打造三大旅游板块。古文化旅游板块：充分利用滕王阁的知名度和邻近赣江的区位优势，以滕王阁为中心，以百花洲、佑民寺、榕门路古玩街等旅游景点为腹地，挖掘区内旅游资源的历史文化背景，打造古文化旅游板块；红色旅游板块：以叶挺指挥部旧址、朱德军官教育团旧址、革命烈士纪念堂、朱德旧居、贺龙指挥部旧址等为历史革命教育基地，突出革命传统教育意义，打造红色旅游板块；绿色科技旅游板块：以八一公园、人民公园、东南北三湖、抚河周边的省科技馆、博物馆、体育馆等为核心，以环湖路、苏圃路、民德路和百花洲路、抚河路为依托，突出优美风光和人文景观，打造绿色科技旅游板块。通过有效整合"行、游、住、食、购、体、娱"等综合资源的配套开发，发展旅游产业链条，不断增加产品的文化含量和地方特色，逐步形成多层次的旅游文化及现代服务业体系和集聚区。

四　滕王阁为核心的"文化创意区、特色文化创意示范区"

东湖区文化创意区主要应以滕王阁为核心区域，着力构建"文化传媒创意、研发设计创意、咨询策划创意和时尚消费创意"四大创意产业发展体系。在后墙路、榕门路、章江路、子固路区域重点发展信息服务业、动漫游戏业、设计服务业、现代传媒业、艺术品业、时尚消费设计业；在中山路、胜利路打造服装展销中心，联合江西服装学院，进行品牌服装设计，成立品牌服装设计工作室，建立以服装设计、时尚消费为主体的特色文化创意示范区。以筑成奥斯卡等一批现代商务楼宇为依托，引导现有的强势文化创意企业，以文化传媒创意、研发设计创意、咨询策划创意、时尚消费创意、建筑设计创意为主导，推动文化创意产业实现跨越式发展。逐步形成产业配套合理、专业分工明晰、集群效应明显、知名品牌众多、专业人才集聚的文化创意产业发展格局。

第四节　东湖区金融服务业发展方向和重点

一　金融产业集聚区：错位发展、优势互补、夯实存量，扩张增量

（一）发展方向

以加快发展为主题，确定"金融先行"发展战略，错位发展、优势互

补、夯实存量、扩张增量，创造性地开展金融服务业的各项工作，在做足增量金融上做文章，即要在不主动损害其他相关方的现有利益的基础上，突破银行业、证券业、保险业行政区划的限制，争取"先行先试"的权利，遵循市场规律和现有法规，努力从金融服务的增量中寻求最大的份额。东湖区要利用国家金融产业布局调整和整合改制的机会，科学规划和引导优化区域内金融机构布局，吸引金融机构，特别是低规格的金融机构、非银行金融机构、内资金融机构，率先移到东湖区来。要引进符合我国开放条件的证券、基金、咨询服务公司，引进合格的境外机构投资者和风险投资机构；应设法让更多的保险公司将它们的投资中心搬到东湖区来；组建中小民营银行，积极引进新兴商业银行设置分支机构，推动已设立办事处的银行升格为营业性机构。

着力营造有利于南昌综合性金融服务区形成的硬件和软件环境，制定综合性金融服务区发展和基础设施建设的中长期规划，不断提高金融产业增加值在服务业中的比重，形成门类齐全、功能发达、内外互补、区域结合、全面开放的金融组织体系。

为实现这一目标，要尽快实现四个突破。一是要实现中小法人金融机构入驻的突破；二是要实现法人证券公司、法人保险公司、法人基金管理公司、法人信托投资公司和财务公司、金融租赁公司入驻的突破；三是要取得金融业务创新的突破；四是要取得企业融资渠道多元化，包括规范和引导民间金融的突破。

（二）发展重点——培育产业金融带

在构建这一金融带过程中，既要突出金融的支柱产业地位，实现金融业规模发展与效益发展并重，引进发展与对外辐射发展并重，传统金融业与现代金融业并重，国有金融与多种经济成分金融并重，力争成为各类金融机构的聚集区；又要针对产业金融带内的产业结构特点，突出金融对产业的服务和支持。

一是科学规划和引导优化区域内金融机构布局。以吸引低规格的金融机构为主；以吸引非银行金融机构为主；以吸引内资金融机构为主。重点是要实现本土金融业零的突破，发挥地方金融立足于地方经济、吸纳地方资金资源服务于地方经济建设的功能优势。加速形成股份制商业银行、地方性金融机构以及外资银行等构成的结构合理、竞争比较充分、运行高效的银行体系，促进金融业的集群化发展。

二是在技术创新上，南昌高科技企业，尤其是软件企业，应瞄准金融单位，要致力于推动金融、证券等行业领域的技术发展，开发银行、证券、基金等多个行业的应用产品和服务项目，为金融机构提供电子自动化技术和服务，直接把金融单位变成自己的客户。同时，金融也要为企业进行金融技术创新提供融资平台，特别是要让数量众多、具有成长性的服务于金融技术创新的优质高科技企业上市，以加强对金融产品关键技术、共性技术的研究。

三是在机构创新上，东湖区需要另辟蹊径。例如，成立金融租赁公司和基金管理公司；建立地方性保险公司，培育和引进多样的保险公司和再保险公司；吸引境内外金融机构；等等。充分发挥这些机构的资产管理、融资、中介、代理、内部资金管理等特色金融功能，推进信托业规范与创新，充分发挥信托理财作用。

四是在金融产品创新上，项目融资和资产证券化这两类产品创新更加值得关注。积极引进和鼓励外地证券机构拓展业务，培育和引进证券公司营业部、资产评估公司和证券投资公司等资本市场中介机构，着力打造中资、外资、中外合资保险公司和保险中介机构并存的主体多元化、竞争差异化的开放有序的现代保险市场体系。

五是积极拓展市场，建立产权交易市场，建立金融不良资产交易平台，研究开发专利等知识产权和技术产权交易品种，大力发展跨区域产权交易。加强区域间的业务交流和合作，增强金融集聚和辐射功能。

六是在金融服务创新上，创新金融服务方式，不断完善现代化支付系统、同城票据交换系统、银行卡网络系统、电子缴税入库系统、企业和个人征信系统等金融基础设施，提高金融业竞争能力和服务水平；要打造更具特色的金融服务品牌，形成服务对象更加细分、与市场需求基本相匹配的金融产品市场。

二　产融结合平台：环境培育、规范发展、创新金融、做强品牌

（一）发展方向

1. 产融结合平台的环境培育

产融结合在产业和金融发展进程中有一定的必然性，是产业资本的积累积聚和金融管制的放松两种力量共同作用的结果。因此，对产融结合的发展应从政策导向、制度跟进、监督与管理职能配置、人才培养等方面进行环境培育，为其规范、健康、良性发展创造条件。

2. 规范产融结合发展

一是针对东湖区的金融特点，首先鼓励中小银行进行从金融到产业的资本融合；二是发展产业投资基金，以其为媒介沟通产业与金融，形成间接产融结合模式以回避风险的跨行业传递；三是允许并鼓励有实力的大型企业集团参与产融结合型企业集团或金融集团，促进产融结合向纵深发展。

3. 创新金融

在金融机构海内外合作上，要积极探索多种形式的产业基金，将东湖区建成江西的基金中心。在创业金融上找出路，即利用南昌中小型民营科技企业众多、创业投资机构多的特点，将东湖区建成创业的乐土。信贷的支持不足，已经成为制约民间创业的主要因素。发展小额信贷支持创业企业融资，为中小企业和民营企业服务，加速解决中小企业融资难的问题。

4. 打造东湖区的地域品牌

错位互补发展，把东湖区打造成中小银行的集聚区。要在南昌高科技产业集中的背景下发展产业基金和风险投资市场，鼓励其通过金融市场，将融资功能做大做强。根据东湖商、旅、文经济较为发达这一实际，要积极开展消费金融业务。通过培育产业金融带、创新金融中心、消费金融中心、金融配套服务中心等，进一步做强东湖区的金融品牌，打造江西省金融产业聚集区。

（二）发展重点

1. 产融结合方式的发展重点

对于从金融到产业的资本融合，应首先围绕中小银行来展开，发展面向中小企业的主办银行制度。努力把地方城商行、农商行改造成为专门的中小企业服务银行；还可以选择引进在中小企业融资方面成绩突出的中小城商行，开展中小企业主办银行制度的试点，通过给予政策支持与制度突破，使其能够更好地为中小企业服务。具有资本优势的中小企业可选择入股中小金融机构，而获得支持的中小金融机构可以反哺中小企业。支持拓宽民间资金、新型融资组织多元化的企业融资渠道；积极鼓励设立贷款公司、村（城中村）级银行等新型金融组织，健全信用担保体系，扶持中小企业信用担保公司、地方小额信贷组织的发展。

其次，对于从产业到金融的资本融合，发展到更高阶段，主要应该围绕大型企业集团来推动创新。可考虑吸引直接控（参）股金融企业、财务公司、（准）金融控股公司进入东湖区。允许并鼓励成立产融结合型企业集团或金融集团，鼓励有实力的大型企业集团参与金融体制改革，促进产融结合向纵深发展。

2. 产融结合区域发展的重点

可以分为两个阶段：第一阶段，金融资本主动与产业和企业相结合。立足东湖区的几万家小微企业，促进中小银行金融资本与小微企业产业资本结合；第二阶段，鄱阳湖生态经济区发展规划已上升为国家战略，产融结合在政策层面上已经没有限制。南昌是江西发展核心增长极的重点地区，工业基础和规模效益在全省名列前茅，在产业集聚和金融集聚方面都已取得空前业绩，具备了产融结合的基础和条件。同时，南昌也正在开展区域金融中心建设，促进产业资本与金融资本更加紧密结合是其发展的突出特色。因此，把东湖区作为产融结合的试点区，开展多种形式的产融结合创新，引导金融资本进入实体经济。通过试点，探索产融结合的发展道路。

3. 把小微企业和具有发展潜力的集团公司作为发展重点

利用南昌中小型民营科技企业众多，创业投资机构多、规模大的特点，发展小额信贷支持创业企业融资。发展低规格的金融机构，通过它开办个人创业贷款、动产质押贷款、仓单质押贷款、知识产权质押贷款、出口退税托管账户贷款等新型贷款品种，为中小企业和民营企业服务，加速解决中小企业融资难的问题。

重点支持江铃、南飞、江烟等大型国有企业在东湖区设立财务公司、金融租赁公司、信托投资公司等非银行金融机构。重点支持大型企业建立金融控股公司，开展资本市场运营业务，实现产业资本与金融资本的股权型融合，促进产业结构优化和升级。

4. 培育金融配套服务中心区

一是发展成为金融数据中心、客户服务中心。鉴于红谷滩新区金融总部和商务中心的省域金融中心定位和打造，和西湖区区域性现代服务业中心的定位，东湖区凭借西靠东顾的区位优势，发展成为金融数据中心、客户服务中心。当务之急要加快金融网络化、电子化建设，提高金融基础设施的现代化水平；要加快电子数据交换、电子商务、电子金融和电子货币等信息技术的应用，不断完善高速、宽带的信息基础设施，发展网上银行、网上证券和网上保险等金融信息化服务，倾力打造银行卡资金的清算中心、电子货币流通体系的枢纽和票据交换中心，提供票据清算和账单处理等专业化服务。

二是培育消费金融中心。围绕东湖区建设区域性消费中心的目标，努力打造良好的城市品质、生态环境和消费品牌，强力吸引消费人群，做大消费市场，加速建立区域性消费中心。

首先，加快完善消费中心构成元素。其次，建设高品质消费载体、提升消费能级，重点是优化商业布局，加强特色商业街区的建设，培育区域商业中心和社区商业中心，构建便利的消费网络；强力推进精品市场建设和商贸项目招商引资，积极促进战略投资者投资精品综合性商业地产项目，建设精品综合消费体，提升东湖区商业设施水平。最后，构建特色消费热点，增强消费引力。鼓励市民合理安排及即期消费，提倡敢于消费、善于消费和适度超前消费的理念；加快引导消费结构调整，扩大和提升传统消费，着力促进汽车、房地产、旅游、文体等消费热点，鼓励品牌消费和高端消费；支持并规范网上消费，做大一批知名度高、实力强、运作规范的专业网络购物企业；开发适合老年客户的防御性产品。老年人具有较高的储蓄意愿，银行理财产品营销手段要符合老年人的特点，开发适合老年客户的"定活通"和"人民币定活两便存款"等防御性产品，同时理财产品的说明要简单易懂。可以加快引导消费结构调整，扩大和提升传统消费，着力促进汽车、房地产、通信、旅游、文体、会展六大消费热点，鼓励品牌消费和高端消费；支持并规范发展网上消费；充分挖掘地域文化、地域特色的消费载体，精心打造特色消费产业链，培育特色消费。在此基础上提供相应的消费融资服务。

三是打造产业投资基金中心。江西省装备、医药、食品、飞行器械等优势产业，在全国占有一席之地。这些条件为江西省设立产业投资基金在资金需求和供给方面提供了良好的基础。可以通过建立产业投资基金发展服务平台、专项扶持基金、提供民间资本进入通道等方式，搭建产融结合平台。在金融机构海内外合作上，要积极探索多种形式的产业基金，加大发展私募股权投融资力度，打造基金管理中心，发展风险投资基金，开放和发展风险投资基金，将东湖区建成江西的基金中心。

四是搭建中小企业快速融资中心。针对数量众多的小微企业，可以通过金融一站式服务、金融超市等方式，搭建小微企业融资平台，打造中小企业快速融资中心。

五是打造金融孵化中心。首先，把科技创新与金融创新相结合，打造金融孵化中心，通过逐步成熟的风险投资体系，可以为南昌众多科技园区和创业企业提供相应的风险资金支持，直接解决中小企业的融资难问题，有利于提高科技型企业的创业速度和成功率，进而逐渐发展出一种成熟的适应高科技发展需求的投融资体制。其次，完整的金融服务体系，即各类风险投资机构、中介咨询公司、项目交易场所以及专业的风险投资银行一应俱全，定会吸引风险资本，发挥整合资源、中介服务的作用，使东湖区成为南昌乃至江西金融孵化的"核心区域"。

三　商、旅、文产业配套——配套互动协同

（一）发展方向

针对产业金融圈内的产业结构特点，突出金融对产业的服务和支持。

在东湖区赣江右岸综合性金融服务中心的形成和发展过程中，一定要注重经济，特别是支柱产业对金融中心的支撑和推动作用。要加速在核心区建成商务商贸中心、旅游中心和文化创意中心，通过经济发展带来各种资源的集聚，特别是资金的集聚；要对实行产业化、投资主体明确、有偿还能力的商、旅、文等领域，积极给予信贷支持；深化东湖发展带的商、旅、文产业规划，调整功能，完善设施，美化环境，扩大金融贸易功能；拓展商务商业功能；补充时尚娱乐功能，开拓文化博览功能；加快商、旅、文产业集聚，形成产业规模效应和品牌聚合效应。

围绕东湖区金融服务集聚区功能定位，充分发挥东湖区所特有的商、旅、文优势资源，推进项目建设，加强产业联动，不断完善信息服务，积极举办特色活动，进一步形成商、旅、文联动的倍增效应，精心打造有利于金融服务业发展的软环境，有效促进东湖区赣江右岸综合性金融服务中心的持续发展。配套开发综合项目，大力发展观光旅游、购物旅游、会展旅游、人文旅游等都市旅游活动，促进商、旅、文由自成一体的单一功能向购物旅游、休闲、娱乐、体验等复合功能转变，提升东湖区金融服务集聚区的整体能级。

（二）重点领域

1. 大力引进和培育商、旅、文服务机构

依托金融集聚区和企业总部带动，重点围绕咨询、会计、审计、经纪、法律、租赁、会展、科技研发、专业设计等商、旅、文服务业，积极引进国内外知名的各类服务机构。重点扶持一批有实力、有品牌的商、旅、文服务机构向综合化、规模化和外向型方向发展，引导一般商、旅、文服务业企业向"精、特、新"方向发展，形成以国际知名、国内领先的商务服务品牌企业为骨干，以特色商务企业为补充，结构合理、特色明显的商务服务企业体系。

2. 大力优化金融商务业发展环境

增加政府性资金投入，完善金融商务集聚区基础设施及相关公共配套设施，支持和鼓励重点商务楼宇项目及休闲、娱乐、健身、商业等金融商

务集聚区配套项目建设。支持建立、壮大各类金融商务行业协会，积极搭建金融机构、总部企业、专业服务业机构和政府的四方联系平台，努力改善金融商务业发展软环境。完善金融商务扶持政策，对贡献突出的总部企业、金融机构、专业服务机构和个人进行扶持奖励，鼓励和支持企业、个人开展金融商务产品创新和业务创新。

3. 加强商、旅、文联动发展

一是围绕东湖区赣江右岸综合性金融服务中心功能定位，配套开发综合项目。

二是加速新项目系列开发。以商、旅、文结合为抓手，加快推进重点项目（暂缺）建设，进一步促进商、旅、文产业联动，力求在东湖地区形成更多展示东湖区经典形象的新亮点。不断完善东湖区"商务商贸服务集聚区"的等功能，不断挖掘东湖文化、旅游资源，以商业、文化和旅游活动为平台和载体进行市场化运作，实现商贸商务、旅游、文化联动发展。

三是促进节假日商业营销的协同运作。加强市区联手促进部门协调。注重政企结合，形成节假日商业营销的整体合力，以紫金城、财富、大众和太平洋四个大型的购物中心，以及一流会所、餐馆、酒吧、俱乐部、娱乐厅和世界顶级品牌专卖店（旗舰店）等商家为主体。积极办好购物节、旅游节、文化节三节活动，促进东湖区商旅文产业在更大范围、更高层次上联动发展。

四是完善信息化系统服务。从完善信息化服务角度出发，抓紧搭建金融信息平台，促进金融业加快发展。建议集全区合力，整合政府社会、企业信息资源，面向汽车金融、航天金融、消费金融等现代服务业企业与工商系统现代服务业公共服务平台。加强信息沟通，提供专业服务，努力营造有助于金融服务业发展的软环境，吸引更多金融服务企业和中介企业入驻东湖区。

第五节　政策保障措施

金融中心区是地方经济发展的资金供给者，地方是金融中心区发展的条件保证者和环境供给者。政府政策资源是区域经济和金融发展的重要推动力甚至是基本推动力。要想建成东湖区赣江右岸综合性金融服务中心，就必须举全区之力，实现"五个最优"。

一 最优化的规划

为避免让金融中心区建设陷入分散、凌乱、效率低下的局面，需要政府从总体布局的战略高度上，统一规划、统一设计、统一开发、统一招商，特别是要对金融布局、功能定位、财税政策、组织体系、行业监管以及交通、通信、信息、生活等方面进行全面的规划，以强化资金流、信息流、人流、物流等要素资源在空间上的聚集，确保金融中心区功能的有效发挥。在规划中应重点突出如下几点。

一是要加强金融中心区发展战略的前瞻性研究。建议设立金融发展决策咨询委员会，为政府制定金融发展战略出谋划策，结合东湖区经济发展实际，学习和借鉴国内外经验，提出具有特色的综合金融服务中心建设思路和合理的发展规划，制定科学的金融发展目标。

二是要找准东湖区的定位。区域统筹，调整规划思路，即要从整个南昌区域协调发展的角度去思考和规划东湖区金融服务业的发展。错位互补，相互协调和统筹规划，实现区域内的合理分工，在金融服务业发展中突出各自的特色，形成产业在不同地区的发展梯度。

三是要千方百计地筑好引凤的巢。东湖区综合金融服务中心只有聚集了"成堆"的金融机构才能产生巨大的集聚效应，各类金融机构才能将东湖区变成金融掘金的宝地和乐园。所以，核心区应集中全区最好的各类资源，不仅要引进金融机构这类"凤凰"，而且要引进相关产业链和配套企业，才能形成"百鸟朝凤"的聚集效应。

二 最优质的服务

按照国际经验，建立综合金融服务中心的一个重要条件是地方政府开明。因此，政府要重视金融对经济的巨大促进作用，加强对综合金融服务中心建设工作的领导，主动与金融机构沟通，并帮助解决其发展过程中的难题。

一是要成立以区长为组长的综合金融服务中心发展领导小组，在宏观上向上沟通与协调。宏观上涉及金融方面的政策，可先由金融系统拿出方案，然后由政府领导协调；中观上做好综合金融服务中心发展统筹规划、政策制定、组织协调、指导推动等工作；微观上敦促工商、税务、人事、劳动、教育、环保等职能部门制订近期、中期、远期引入计划，做好金融企业的相关配套服务。应及时研究解决金融服务业发展中的节点难点问题，领导小组下设办公室负责日常工作。

二是要设立综合金融服务中心服务工作办公室，发挥其协调和服务职能，对属地银行、证券、保险、期货、财务公司、担保、金融租赁等行业，行使组织、协调职能，形成辖区金融机构与政府的沟通、对话机制，建立金融信息、动态报告制度，对新设立的各类金融机构，工商、税务等部门要简化相关手续，为金融机构办理注册登记提供"一站式"服务和"贴身服务"。

三是建立综合金融服务中心工作联系协调机制，如建立联席会议制度、金融机构与经济部门经济金融形势分析例会制度、金融业运行分析体系和信息通报制度，加强政府与金融部门的信息交流、情况沟通和业务研讨工作，及时研究和反馈经济金融运行中的问题，特别是要重点研究在金融体制发生重大变化的情况下，如何配合支持金融工作、如何努力创造条件给地方经济发展予以更多的支持，寻找经济和金融的衔接点，实现地方金融中心发展战略与国家金融政策的有效对接。

四是要成立东湖区金融家联谊会、金融俱乐部，为金融业人士定期举办金融论坛、学术研讨会、金融新产品展示会、金融服务日、座谈会和主题晚会等多种形式的交流活动。

三　最优惠的政策

金融集聚在提高规模效益的同时，也会带来集聚成本的上升，如地价上涨、工资和办公费用上升、交通拥挤等。从国际经验来看，东湖区能否建成综合金融服务中心，在相当大的程度上取决于金融交易成本的高低。从某种程度上说，金融中心区之间的竞争实际上就是降低金融交易成本的竞争。构建综合金融服务中心对于东湖区而言，需要在资源、用地上向金融业倾斜。

一是土地优惠政策。对新入驻的金融机构需要建设办公场所的，金融机构可按协议地价的方式购买，大楼建成之后，政府还将返还并免征建设配套费。同时，将最好的地块控制起来留给金融机构，在金融机构征地、用地等方面，尽量提供方便，给予优惠支持。对现有金融机构在原地翻建或异地新建办公设施的，优先给予规划定点。

二是税收优惠政策。政府要出台减免税收的一系列优惠政策。对新引进的金融机构实现的营业收入形成东湖区地方财力部分，给予一定年限补贴。

三是资金优惠政策。要设立综合金融服务中心发展专项资金。这笔资金将主要用于：鼓励金融机构金融业务创新和增加对东湖区信贷资金的投资；表彰奖励对东湖区重点建设项目、重点企业在银行信贷、直接融资、保险等方面给予大力支持的金融企业；鼓励金融机构在东湖区筹建地方金融机构。

四是用电优惠政策。不仅要保证金融机构的电力供应，而且要以最优惠的价格供电。

四 最优异的金融生态

一是要营造优异的政务环境。首先，要营造良好的行政环境。政府部门要以贯彻实施行政许可法为契机，规范自己的行为，坚持依法行政。积极推进包括政务环境、政策环境、法治环境、市场环境和人文环境在内的软环境建设，完善经济立法体系和行政审批管理程序，提高行政服务意识和办事效率。其次，要营造良好的司法环境。以政府为主导，清理有关阻碍金融生态环境建设的地方性法规，强化司法公正，克服地方保护主义，严厉打击恶意逃废金融企业债务的行为，依法维护金融债权。

二是要营造优异的营商环境。要营造"守信则荣，失信则耻"的信用环境，深入开展"信用南山"创建活动，举办"诚信经营先进单位"评选，建议由地方政府组织银行、工商、税务、司法、技术监督等部门在南山范围内分别评选出诚实、守信、经营规范的首批百户或千户中小企业，银行对这些企业在办理银行承兑汇票、开具信用证时给予降低保证金比例的优惠措施，在发放贷款时，给予简化手续，采用信用贷款形式等鼓励措施，从而树立以诚信为本，守法、规范为重，"诚信南山"的良好风气和良好形象。

三是要壮大现有信贷担保机构实力。建立各种类型的担保机构和多元化担保制度，完善对中小企业的担保服务体系。要组建适应地区经济发展的新型担保机构，进一步完善贷款风险担保基金的筹集机制，制定减免税政策，提供政府贴息和建立政府补损机制，鼓励、引导战略投资者、民间资本和社会资本进入担保市场，投资兴办信用担保公司，扩大担保基金的总体规模，建立多组织形式、多层次结构的民营企业担保体系。同时，要引导金融机构创新适应民营企业特点的担保方式，保险公司应试办中小企业贷款保险业务，提高区域整体信用能力。探索组建具备一定规模和实力的再担保机构，完善再担保功能，通过担保能力的不断扩大，为金融发展提供有力保障。

四是要致力于创建金融安全区。建立以金融企业监管指标体系、风险监测考评体系为主要内容的金融系统风险预警机制，协助监管机构推动金融机构完善内部控制体系、风险防范体系，建立防范和化解系统性金融风险的工作机制和政策措施，完善金融风险应急处理预案，从体制、业务经营、金融创新和诚信道德上防范和化解金融风险，求得一方金融安全。

五是突破金融准入限制，提供民间资本进入通道。中国民间资本储量巨大，但金融抑制政策的巨大市场挤出效应致使大量民间资本进入地下金融或高投机领域，加大了隐性风险和创新难度。产业投资基金给民间资本开辟了合法公开的进入渠道，实现供需双方的共赢。

六是支持商、旅、文产业的金融推动。很多商、旅、文产业公司因缺乏足够的银行融资而无法实现规模扩张和业务增值。这种情况下，金融租赁、小额贷款、融资担保等业务形态可为企业解决资金难题。可考虑建立产业投资基金发展服务平台。根据建设重点和企业需要，积极组织各类优质项目资源与产业投资基金实施对接活动。设立具有一定规模、体现非营利性目标的产业投资专项扶持基金，与商业化运作的基金管理公司匹配投资（但不参与被投资企业的经营管理），或拿出一定比例资金补贴基金管理公司对基础设施建设项目、重点发展产业项目和科技成果产业化项目的投资损失，从而间接扶持产业投资基金的行业发展。

五　最优秀的形象

要树立东湖区综合金融服务中心的形象，一是要提高各级政府和各方面对发展金融业的重要性和紧迫性的认识，增强"发展经济，金融先行"的现代金融意识，树立把金融作为产业来抓和"大金融"的观念，加强东湖区综合金融服务中心建设重大意义的宣传和金融知识的社会普及工作。二是要定期和不定期地召开各种各样的金融会议，创办"金融中心高峰论坛"，聚集国内外重量级金融专家、金融企业就综合金融服务中心建设、金融生态建设与区域间金融业如何共谋发展等发表真知灼见，既可纵论东湖区综合金融服务中心构建方略问题，又可借机提升知名度。

参考文献

[1] 〔美〕胡佛：《区域经济学导论》，商务印书馆，1990。

[5] 〔日〕筱原三代平：《产业结构与投资分配》，《一桥大学经济研究》1957 年第 4 期。

[6] 〔美〕赫希曼：《经济发展战略》，曹征海、潘照东译，经济科学出版社，1991。

[8] 王家新：《论支柱产业的概念、选择及作用机理》，《江苏社会科学》1995 年第 4 期。

[9] 马晓燕：《支柱产业理论探析》，《西南民族大学学报》（人文社科版）2004 年第 2 期。

[10] 秦华芳：《中部崛起背景下的河南省支柱产业选择和培育研究》，郑州大学硕士学位论文，2007。

[11] 王秀模：《中国区域性支柱产业成长研究》，中国经济出版社，2005。

[12] 朱佩枫、周德群等：《走出区域支柱产业选择的误区》，《工业技术经济》2006 年第 7 期。

[13] 崔贵芹：《河北省区域农业支柱产业发展研究》，河北农业大学硕士学位论文，2007。

[14] 李丹：《东北地区工业支柱产业发展问题研究》，东北财经大学硕士学位论文，2008。

[15] 王佑生：《宁远县主导产业的选择和培育》，国防科技大学硕士学位论文，2004。

[16] 郭朝先：《美国支柱产业的发展变迁及其对中国的启示》，《人民论

坛》2009年第4期。

[17] 邓聚龙：《灰色系统基本方法》，华中理工大学出版社，1996。

[18] 谭天：《万州支柱产业的选择及发展》，重庆大学硕士学位论文。

[19] 赵强、路春梅、滕延秀：《基于主成分分析的沈阳市支柱产业比较研究》，《商场现代化》2010年第4期。

[20] 马晓燕：《基于支柱产业理论体系构建的研究》，《财经科学》2005年第5期。

[21] 蒋昭侠：《支柱产业的选择分析》，《经济经纬》2004年第4期。

[22] 张炳、陆明祥：《广东工业支柱产业的集群化发展及其升级》，《广东经济》2006年第7期。

[23] 陈扬：《贵州支柱产业的培育和发展》，《中共贵州省委党校学报》2006。

[24] 田建军：《基于区域自主创新的支柱产业发展对策分析》，《商场现代化》2008年第2期。

[25] 江世银：《区域产业结构调整与主导产业选择研究》，上海人民出版社，2004。

[26] 李新、王敏晰：《区域主导产业选择理论研究述评》，《工业技术经济》2007年第7期。

[27] 刘干：《基于投入产出分析的浙江支柱产业演变研究》，《杭州电子科技大学学报》（社会科学版）2011年第2期。

[28] 周振华：《产业结构优化论》，上海人民出版社，1992。

[29] 陈刚：《区域主导产业选择的含义、原则与基准》，《理论探索》2004年第2期。

[29] 王稼琼，李卫：《城市区域主导产业选择的基准和方法再分析》，《数量经济技术经济研究》1999年第5期。

[30] 张魁伟：《区域主导产业评价指标体系的构建》，《科技进步与对策》2004年第8期。

[31] 张圣祖：《区域主导产业选择基准的分析》，《经济问题》2001年第1期。

[32] 丁任重：《区域产业结构调整与主导产业选择的关联分析》，《经济评

论》2005 年第 3 期。

[33] 李新，王敏晰：《区域主导产业选择理论研究述评》，《工业技术经济》2007 年第 7 期。

[34] 张圣祖：《区域主导产业选择基准的分析》，《经济问题》2001 年第 1 期。

[35] 卢正惠：《区域开发中主导产业的选择基准》，《经济问题探索》2001 年。

[36] 钱雪亚、严勤芳：《主导产业选择的原则及评价体系》，《统计与探索》2002 年第 1 期。

[37] 关爱萍、王瑜：《区域主导产业的选择基准研究》，《统计研究》2002 年 12 月。

[38] 顾六宝、李群英：《主导产业的评价选择模型》，《统计与探索》2002 年第 3 期。

[39] 陈红儿、陈刚：《区域产业竞争力评价模型与案例分析》，《中国软科学》2002 年第 1 期。

[40] 江世银：《区域产业结构调整与主导产业选择研究》，上海人民出版社，2004。

[41] 邹义钧，邱钧：《产业经济学》，中国统计出版社，2001。

[42] 国有重点大型企业监事会考察团：《着力培育和发展具有比较优势的支柱产业》，《宏观经济研究》2011 年 6 月。

[43] 晏敬东、万君康：《武汉市"十五"星火技术密集区和区域性支柱产业建设总体方案的基本思路》，《科技进步与对策》2000 年。

[44] 黄丽馨：《广西传统支柱产业竞争力的实证分析》，《改革与战略》2003 年第 1 期。

[45] 何景明，卢旭：《主导产业选择基准的探讨》，《西南师范大学学报》（哲学社会科学版）1998 年第 1 期。

[46] 周耀东：《中国主导产业理论与实践的反思》，《上海经济研究》1998 年第 1 期。

[47] 杨莹、吴伟伟、于渤：《产业技术学习率的动态双因素测度模型研

究》，《工业技术经济》2012 年第 9 期。

[48] 戴川：《我国农业企业自主创新能力现状与提升战略》，《农业经济》2012 年第 9 期。

[49] 罗宏斌、匡程新：《基于 AHP - 熵权法的地方可持续支柱产业财源建设研究》，《湖南社会科学》2011 年第 5 期。

[50] 曲飞宇：《区域支柱产业与新兴产业集群选择及发展探析》，《改革与开放》2011 年第 3 期。

[51] 赵辉、潘春铃：《经济转型过程中区域支柱产业发展的制约因素分析——以吉林省现代农业发展为例》，《工业技术经济》2014 年第 10 期。

[52] 孟玉静：《战略性新兴产业集群推进产业结构升级和经济发展方式转变的研究》，《商业时代》2011 年第 3 期。

[53] 李扬、沈志渔：《战略性新兴产业集群的创新发展规律研究》，《经济与管理研究》2010 年第 10 期。

[54] 刘志阳、程海狮：《战略性新兴产业的集群培育与网络特征》，《改革》2010 年第 5 期。

[55] 黄淑华、周觊喆：《科学发展江西优势产业的几点思考》，《金融与经济》2008 年第 1 期。

[57] Weber, A. , *Theory of the Location of Industries* . Chicago：The University of Chicago Press, 1929.

[58] Boudeville, J. R. , *Problems of Regional Planning*. Edinburgh University Press, 1966.

[59] Rostow, W. , *The Stages of Economic Growth*：*A Noncommunist Manifesto*. Cambridge University Press, 1960.

[60] Friedman, J. , Regional. *Development Policy*：*A Case Study of Venezuela*. Massachusetts Institute of Technology Press, 1966.

图书在版编目（CIP）数据

支柱产业培育和发展研究：以江西省为例/黄新建等著. —北京：
社会科学文献出版社，2015.7
ISBN 978 - 7 - 5097 - 7671 - 1

Ⅰ.①支…　Ⅱ.①黄…　Ⅲ.①支柱产业－产业发展－研究－
江西省　Ⅳ.①F127.56

中国版本图书馆 CIP 数据核字（2015）第 147322 号

支柱产业培育和发展研究
——以江西省为例

著　　者／黄新建 等

出 版 人／谢寿光
项目统筹／高　雁
责任编辑／林　尧

出　　版／社会科学文献出版社·经济与管理出版分社 （010）59367226
　　　　　　地址：北京市北三环中路甲 29 号院华龙大厦　邮编：100029
　　　　　　网址：www. ssap. com. cn
发　　行／市场营销中心（010）59367081　　59367090
　　　　　　读者服务中心（010）59367028
印　　装／三河市东方印刷有限公司

规　　格／开　本：787mm × 1092mm　1/16
　　　　　　印　张：26.5　字　数：400 千字
版　　次／2015 年 7 月第 1 版　2015 年 7 月第 1 次印刷
书　　号／ISBN 978 - 7 - 5097 - 7671 - 1
定　　价／89.00 元